商晚期武丁时刻牛肩胛骨

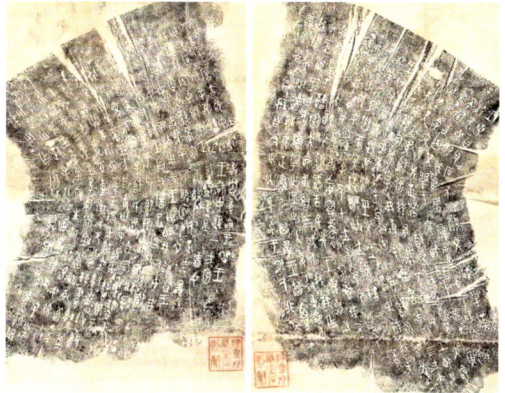

清道光二十三年（1843）
陕西岐山出土西周晚期青铜器
《毛公鼎》全形拓本

湖北荆门郭店 1 号战国楚墓出土竹简
《老子（甲、乙、丙）》

湖南长沙马王堆 3 号汉墓出土帛书《周易》

东汉熹平石经残碑

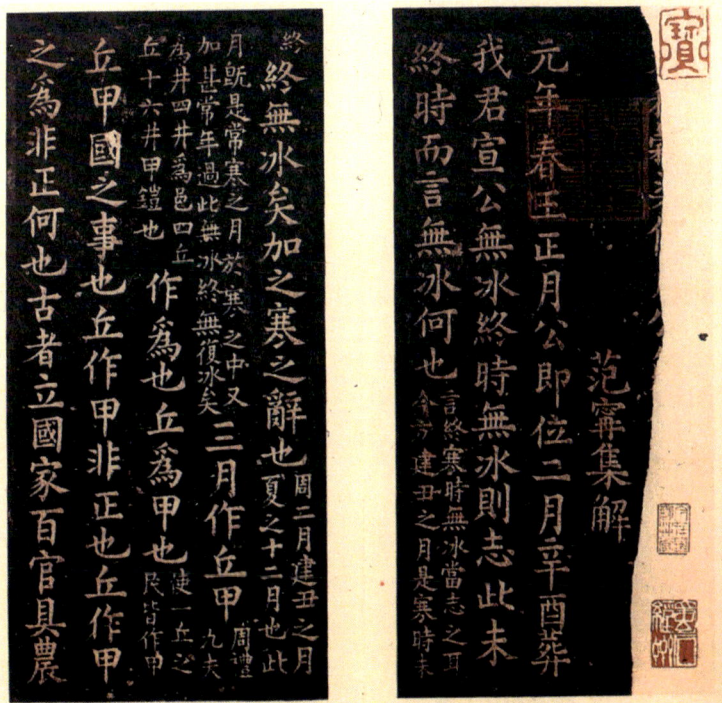

十国后蜀广政初年至南宋乾道六年（1170）刻石宋元拓本《春秋榖梁传》

南北朝写本《杂阿毗昙心论》

明万历十年（1582）郑氏高石山房《新编目连救母劝善戏文》三卷雕版

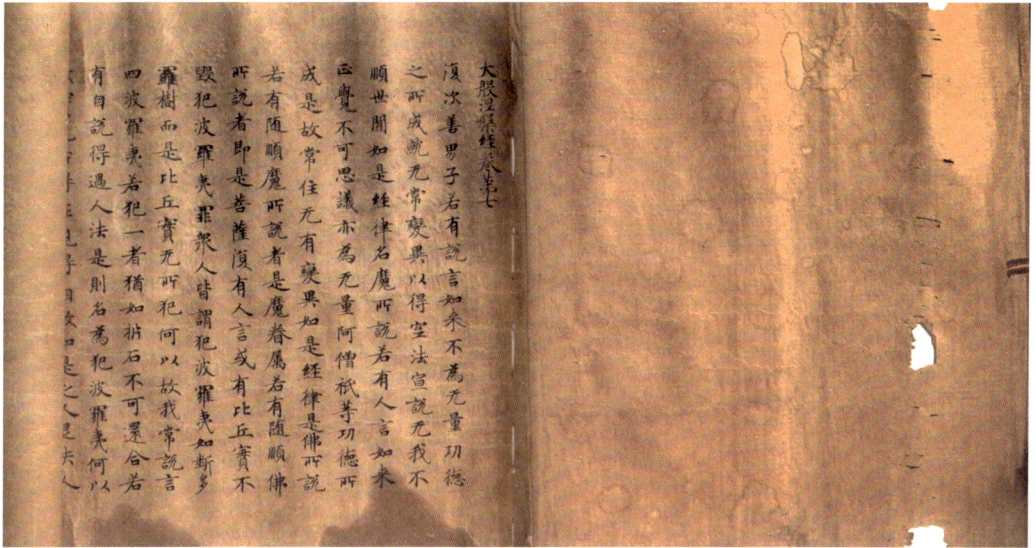

隋写本《大般涅磐经卷七》（卷轴装）

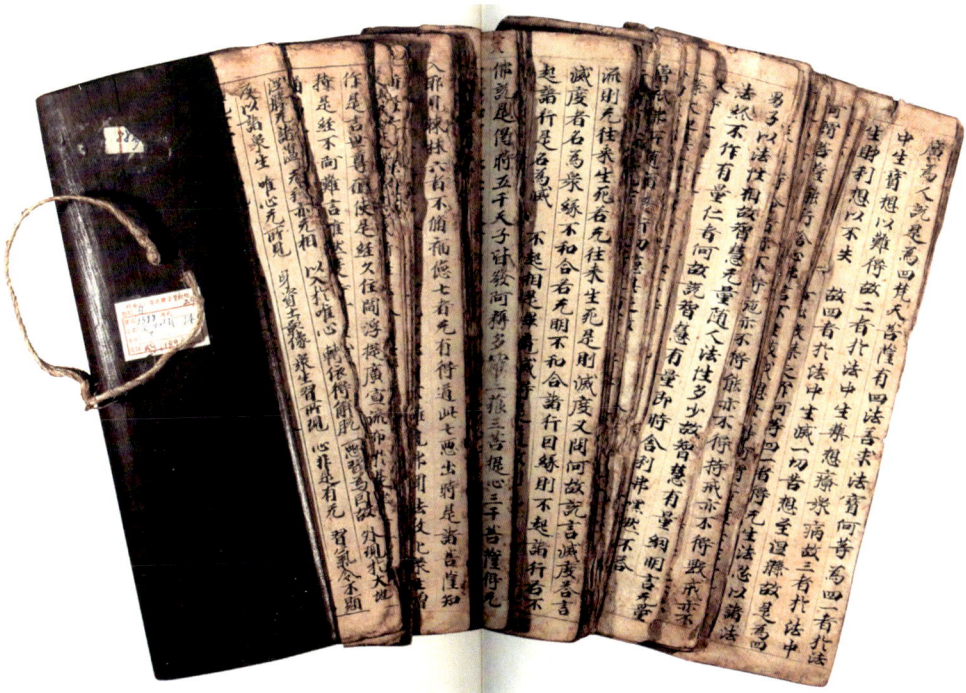

吐蕃统治敦煌时期写本《思益梵天所问经》四卷（梵夹装）

经折装

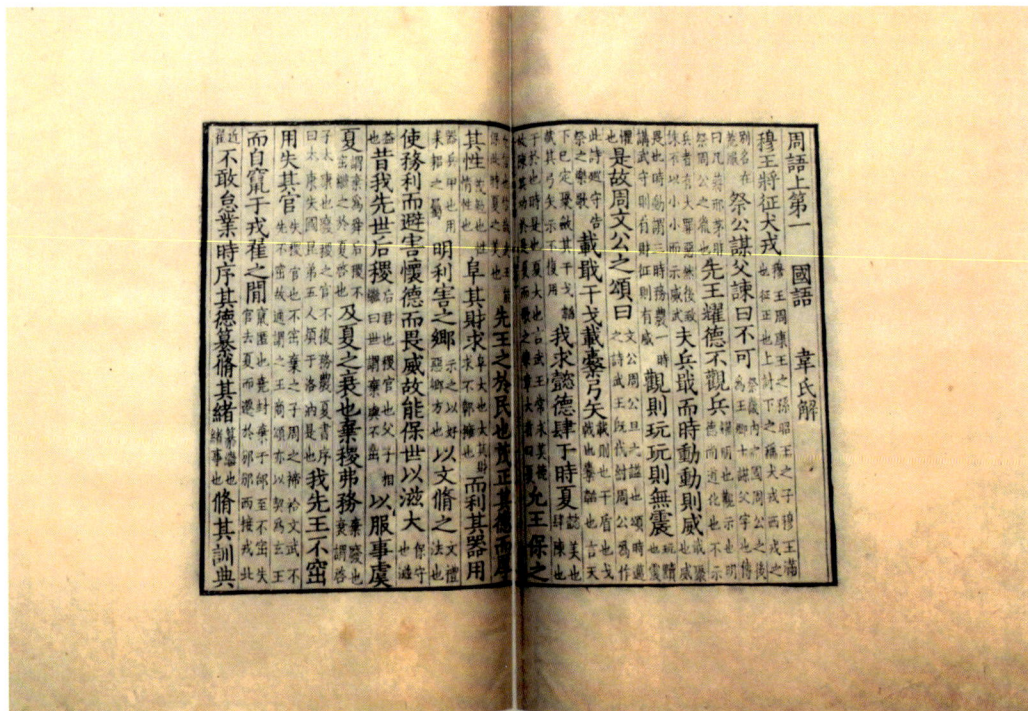

宋刻宋元递修本《国语》二十一卷《补音》三卷（蝴蝶装）

包背装

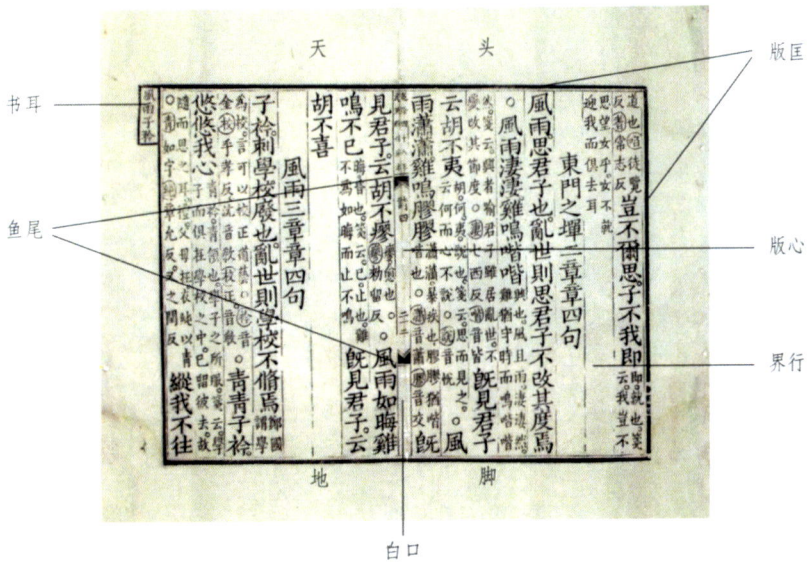

古籍版式

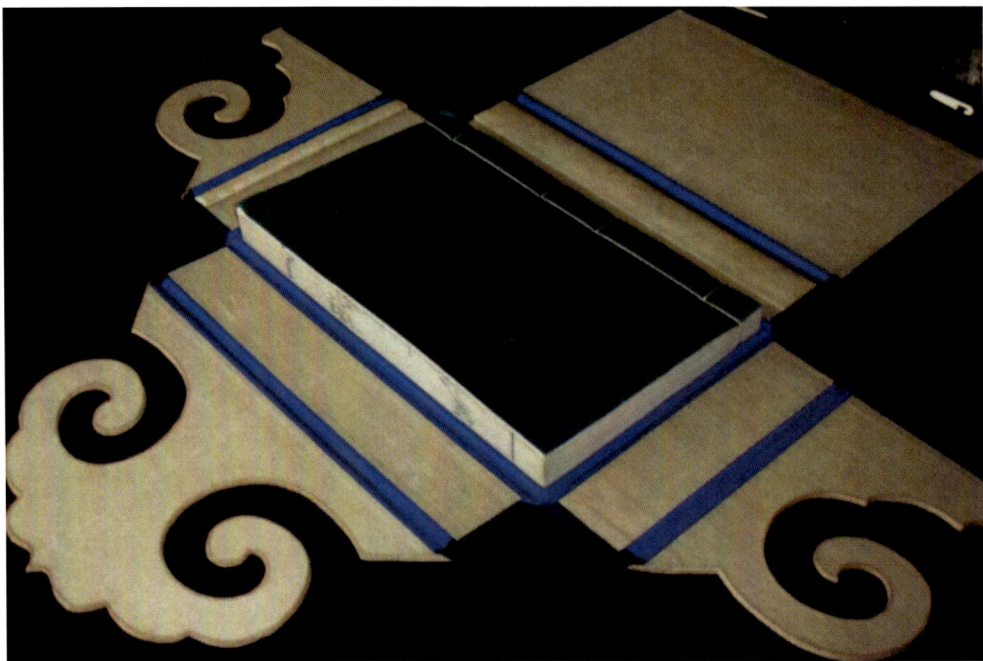

古籍函套

清乾隆四库全书馆抄文津阁本《钦定四库全书》

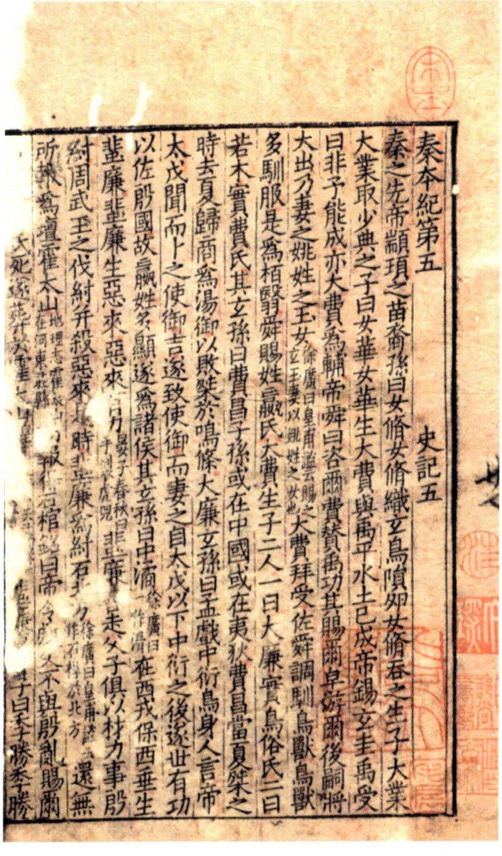
秦本紀第五　史記五

秦之先帝顓頊之苗裔孫曰女脩女脩織玄鳥隕卵女脩吞之生子大業大業取少典之子曰女華女華生大費與禹平水土已成帝錫玄圭禹受曰非予能成亦大費爲輔帝舜曰咨爾費贊禹功其賜爾皁游爾後嗣將大出乃妻之姚姓之玉女大費拜受佐舜調馴鳥獸鳥獸多馴服是爲柏翳舜賜姓嬴氏大費生子二人一曰大廉實鳥俗氏二曰若木實費氏其玄孫曰費昌子孫或在中國或在夷狄費昌當夏桀之時去夏歸商爲湯御以敗桀於鳴條大廉玄孫曰孟戲中衍鳥身人言帝太戊聞而卜之使御吉遂致使御而妻之自太戊以下中衍之後遂世有功以佐殷國故嬴姓多顯遂爲諸侯其玄孫曰中潏在西戎保西垂生蜚廉蜚廉生惡來惡來有力蜚廉善走父子俱以材力事殷紂周武王之伐紂并殺惡來是時蜚廉爲紂石北方還無所報爲壇霍太山

北宋刻本《史记》一百三十卷

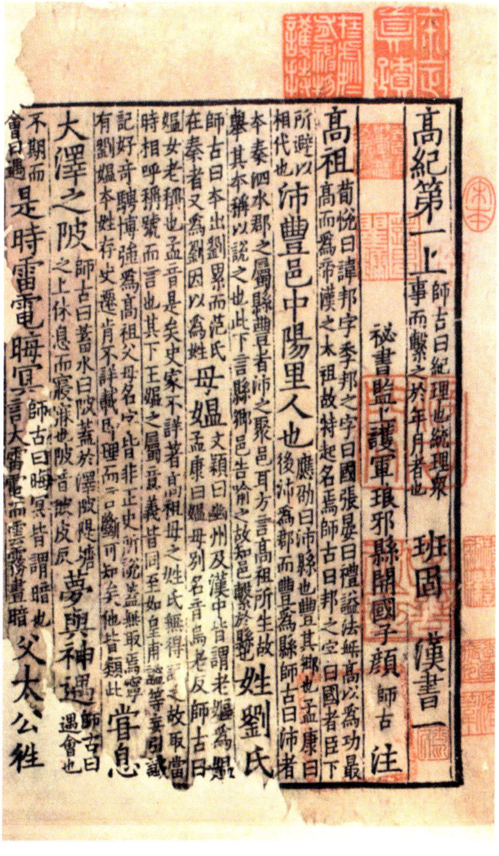
高紀第一上　師古曰紀理也統理衆事而繫之於年月者也　班固　漢書一

秘書監上護軍琅邪縣開國子顏師古注

高祖 荀悅曰諱邦字季邦之字曰國張晏曰禮謚法無高以爲功最高而爲漢帝之太祖故特起名焉師古曰邦之字曰國者臣下所避以相代也

沛豐邑中陽里人也 姓劉氏 母媼 …… 嘗息大澤之陂 …… 夢與神遇 …… 是時雷電晦冥 …… 父太公往

北宋刻递修本《汉书》一百卷

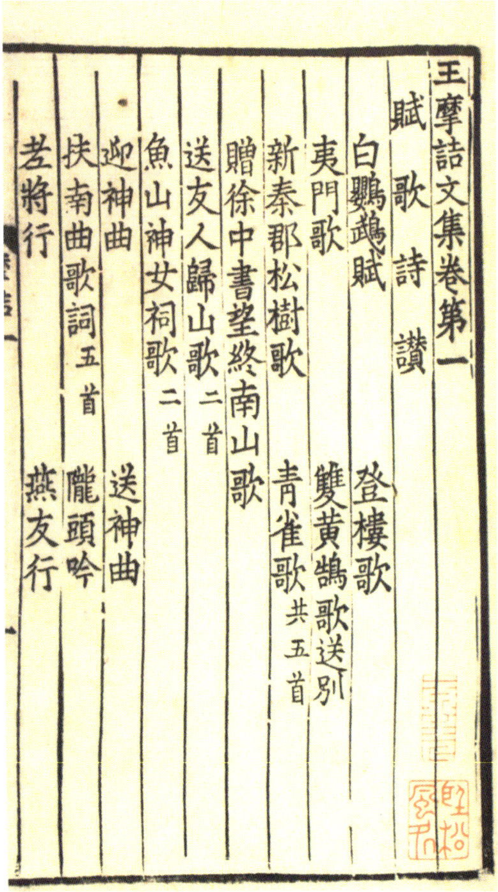

北宋末蜀刻本《王摩诘文集》十卷

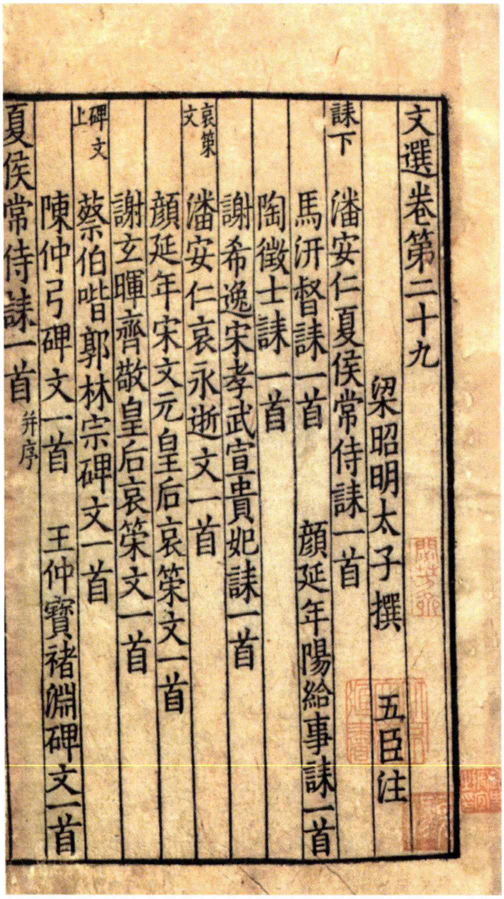

浙江 南宋杭州开牋纸马铺钟家刻本
《文选》三十卷

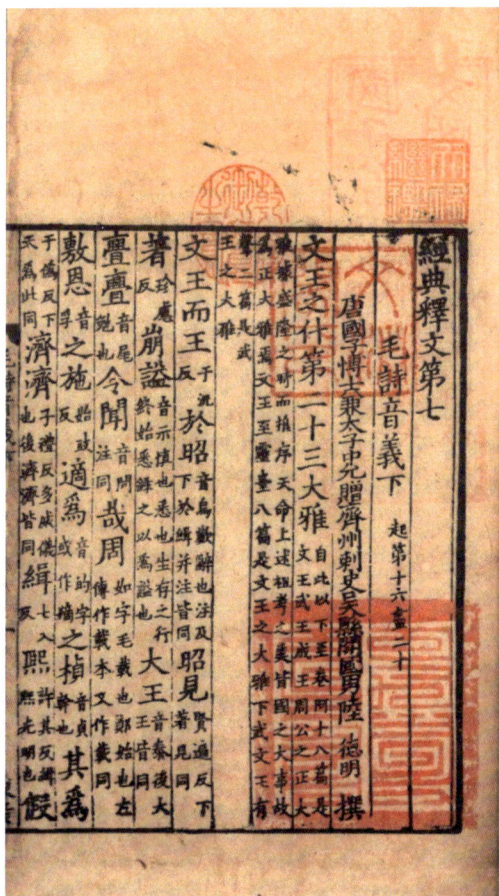

浙江 宋刻宋元递本《经典释文》三十卷

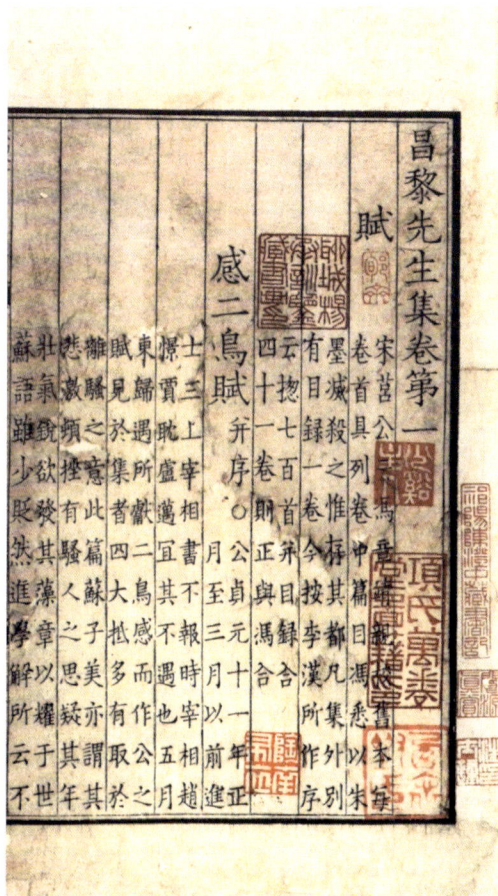

浙江 南宋咸淳廖氏世彩堂刻本
《昌黎先生集》四十卷《外集》十卷
《遗文》一卷

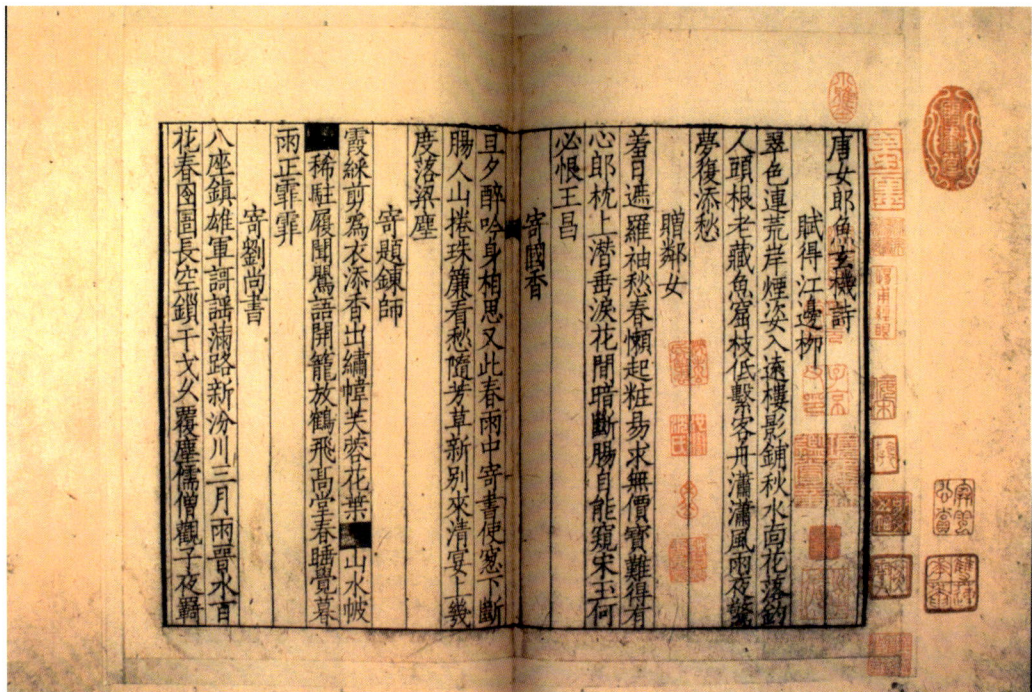

浙江 南宋临安府陈宅书籍铺刻本《唐女郎鱼玄机诗》一卷

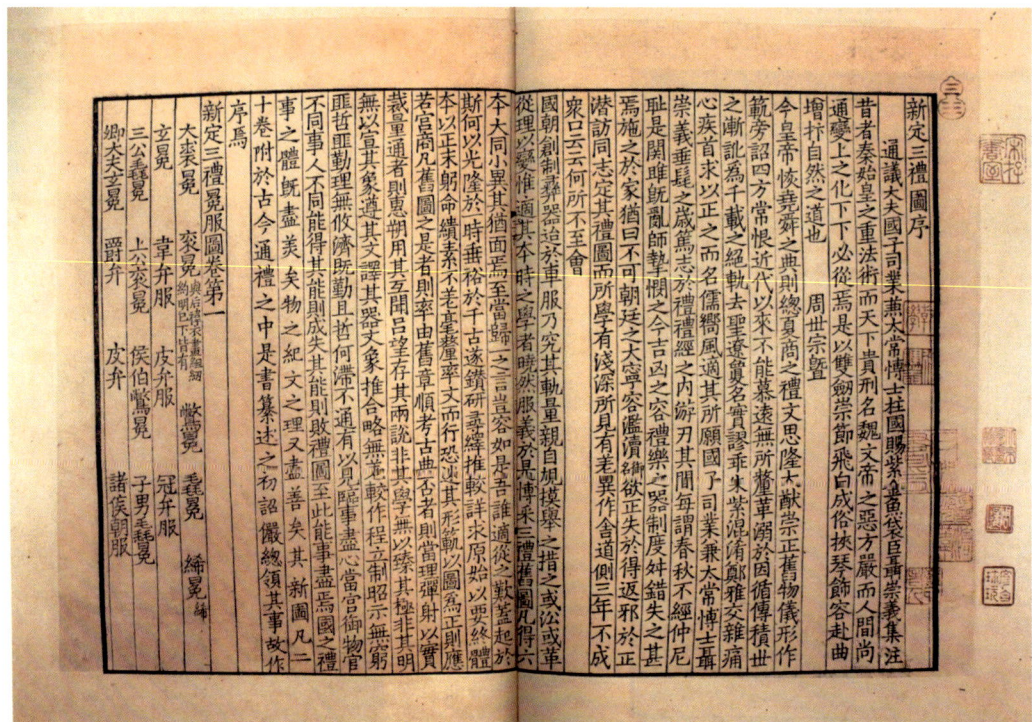

江苏 南宋淳熙二年（1175）镇江府学刻公文纸印本《新定三礼图》二十卷（蝴蝶装）

安徽 南宋淳熙龙舒郡斋刻重修本
《金石录》三十卷

江西 南宋淳熙四年（1177）
抚州公使库刻咸淳九年（1273）
高梦炎重修本《礼记》二十卷《释文》四卷

福建 宋钱塘王叔边建阳刻本
《后汉书》九十卷《志》三十卷

福建 南宋绍熙二年（1191）余仁仲
万卷堂刻本《春秋公羊经传解诂》十二卷

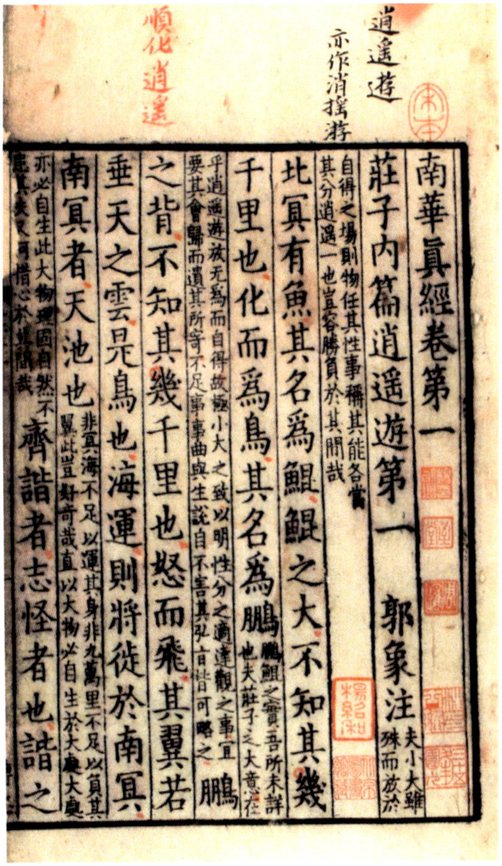

湖北 宋刻本《南华真经》十卷

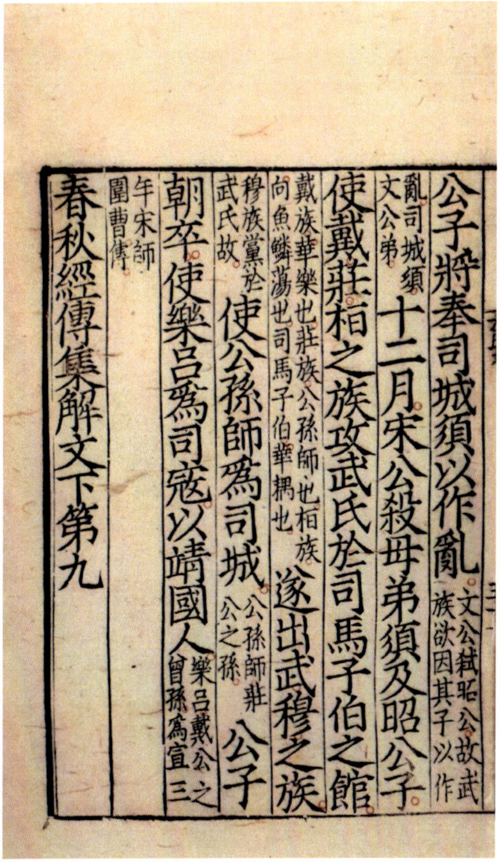

四川 宋蜀刻大字本

《春秋经传集解》三十卷

金皇统九年至大定十三年（1149–1173）解州天宁寺刻本《赵城金藏》六千九百八十卷

蒙古定宗四年（1249）平阳张存惠晦明轩刻本《重修政和经史证类备用本草》三十卷

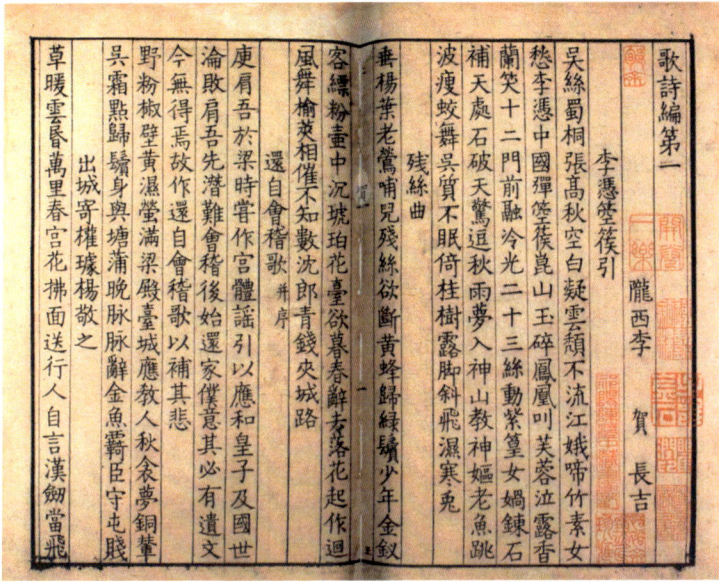

蒙古宪宗六年（1256）赵衍燕京刻本《歌诗编》四卷（蝴蝶装）

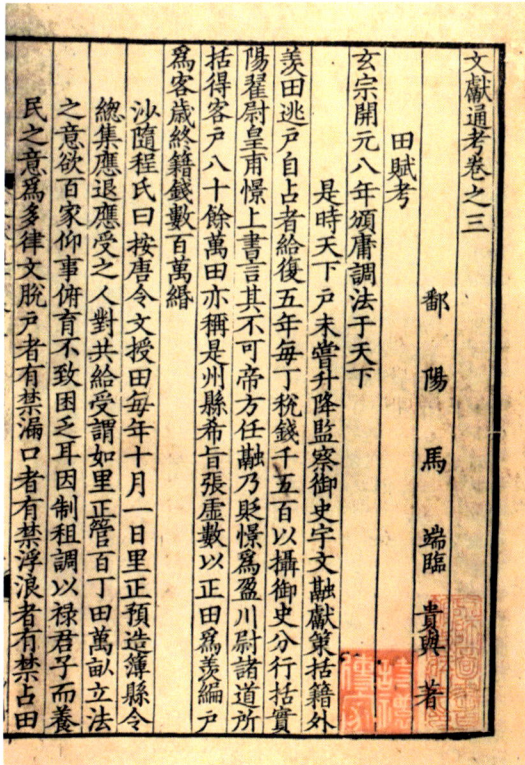

元泰定元年（1324）西湖书院刻本《文献通考》三百四十八卷（包背装）

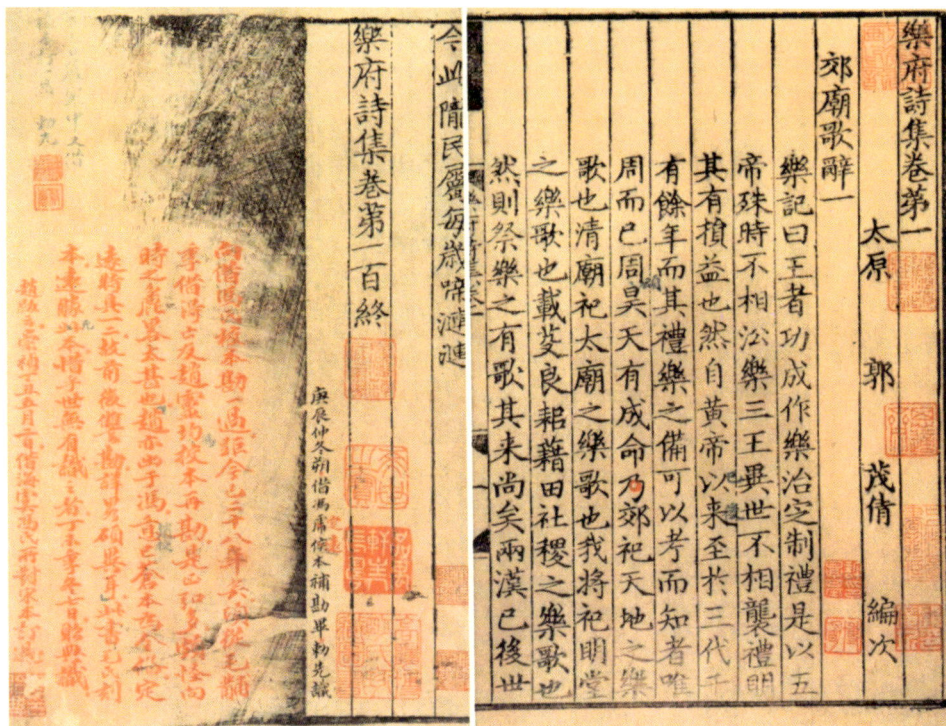

元至正元年（1341）集庆路儒学刻本《乐府诗集》一百卷《目录》二卷

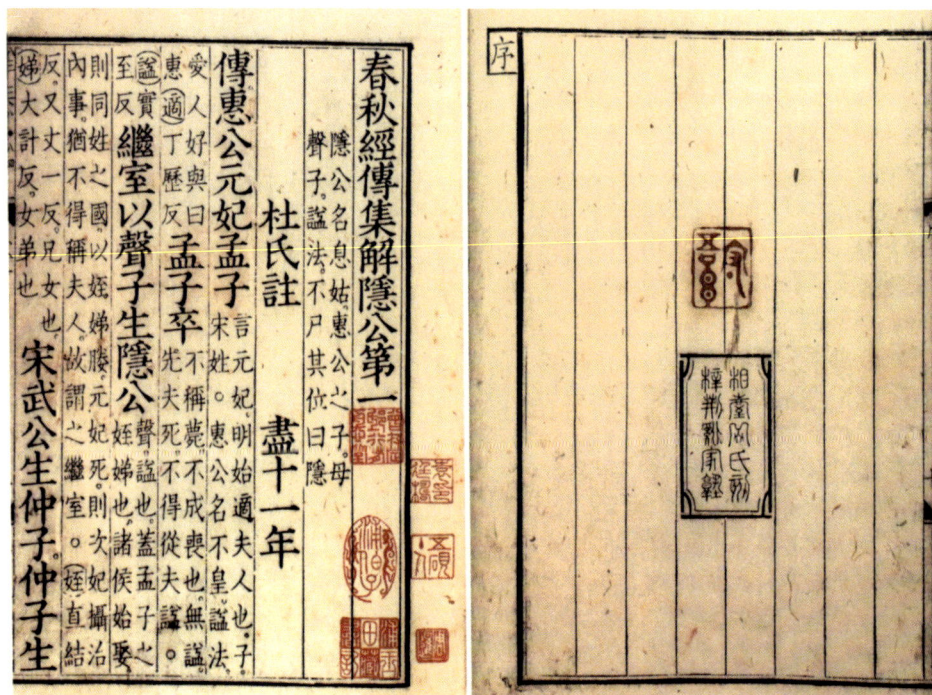

元岳氏荆谿家塾刻本《春秋经传集解》三十卷《春秋名号归一图》二卷《年表》一卷

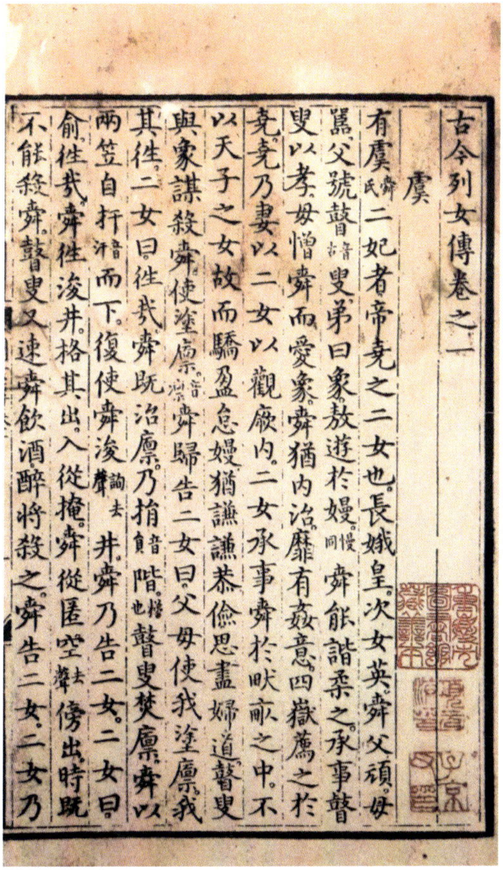
古今列女傳卷之一

虞

有虞氏二妃者帝堯之二女也長娥皇次女英舜父頑母嚚父號瞽叟弟曰象敖遊於嫚舜能諧柔之承事瞽叟以孝母憎舜而愛象舜猶内治靡有姦意四嶽薦之於堯堯乃妻以二女以觀厥内二女承事舜於畎畝之中不以天子之女故而驕盈怠嫚猶謙謙恭儉思盡婦道瞽叟與象謀殺舜使塗廩舜歸告二女曰父母使我塗廩我其往二女曰往哉舜既治廩乃捐階瞽叟焚廩舜以兩笠自扞而下復使舜浚井舜乃告二女二女曰俞往哉舜往浚井格其出入從掩舜從匿空旁出時既不能殺舜瞽叟又速舜飲酒醉將殺之舜告二女二女乃

明永乐元年（1403）
内府刻本《古今列女传》三卷

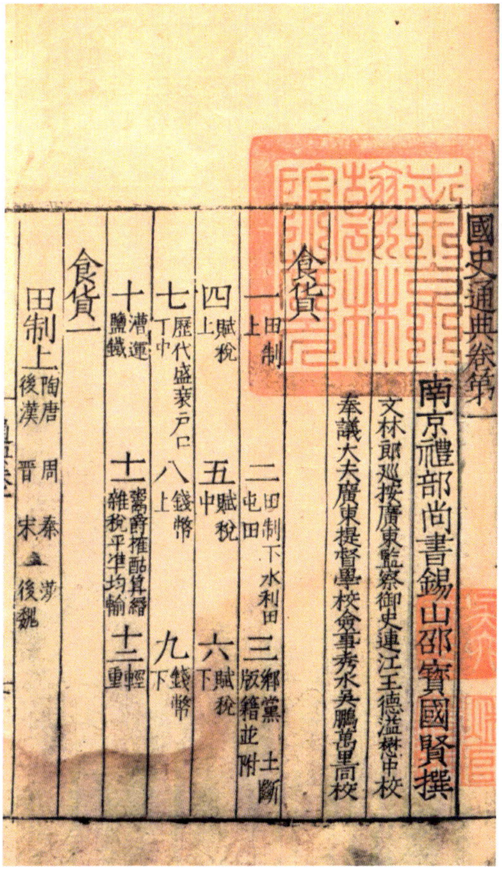
國史通典卷第一

南京禮部尚書錫山邵寶國賢撰

文林郎巡按廣東監察御史連江王德溢懋中校

奉議大夫廣東提督學校僉事秀水吳鵬萬里同校

食貨

一田制上　二田制下 水利田 屯田　三鄉黨 土斷 版籍並附

四賦稅上　五賦稅中　六賦稅下

七歷代盛衰戶口丁中　八錢幣上　九錢幣下

十漕運 鹽鐵　十一鬻爵 榷酤 算緡 雜稅 平準 均輸　十二輕重

食貨一

田制上 陶唐 周 秦 漢 後漢 晉 宋 後魏

明嘉靖十八年（1539）王德溢、吴鹏刻本
《杜氏通典》二百卷

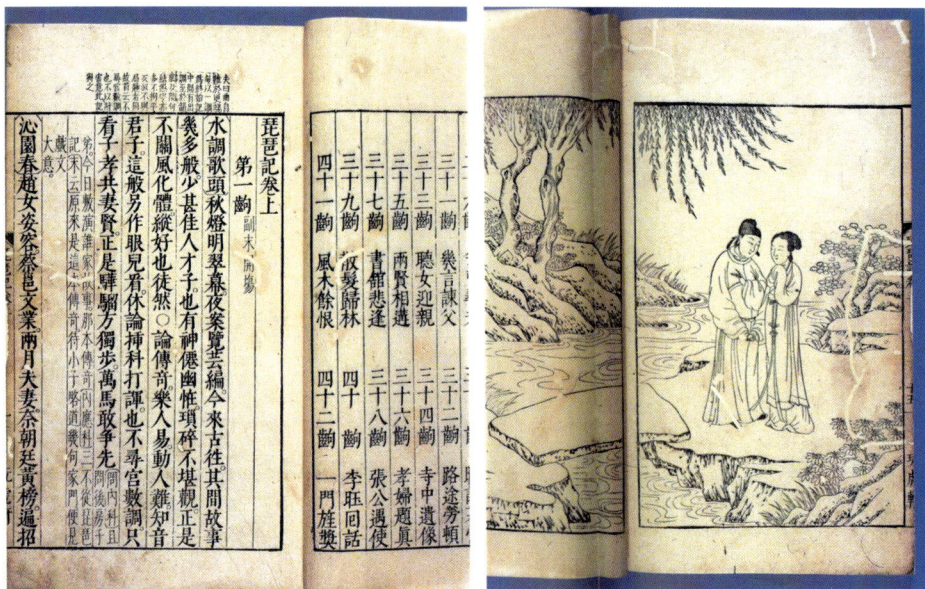

明万历二十五年（1597）汪光华玩虎轩刻本《琵琶记》三卷

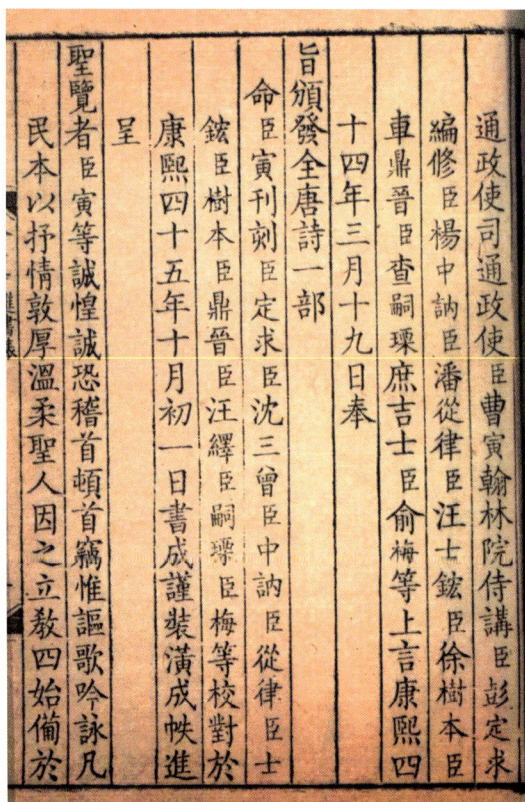

清康熙四十四年至四十六年（1705-1707）扬州诗局刻本《全唐诗》九百卷

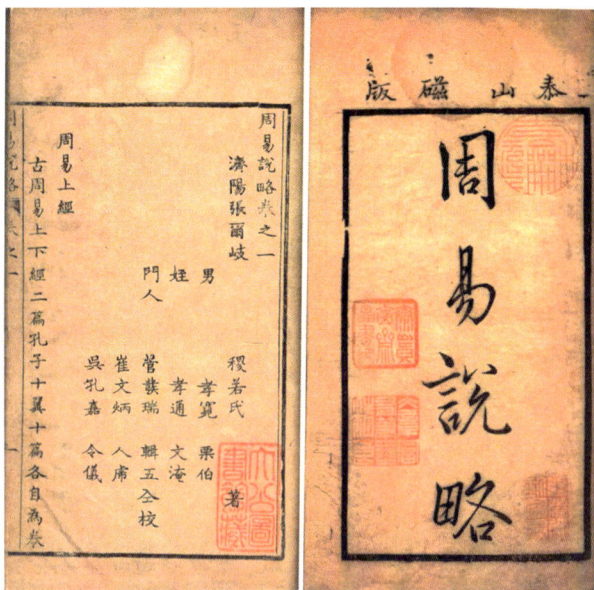

清康熙五十八年（1719）刻泰山徐志定真合斋磁版印本《周易说略》八卷

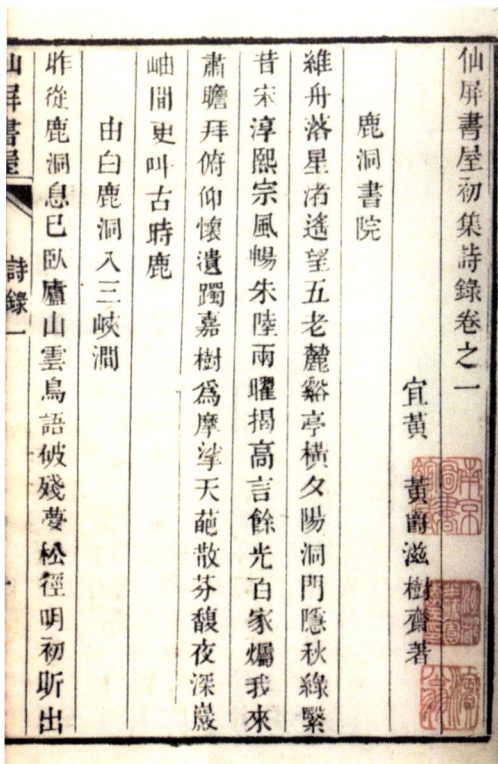

清道光二十七年（1847）泾县翟金生泥活字印本
《仙屏书屋初集诗录》十六卷《后录》二卷

孟子

梁惠王

孟子見梁惠王王曰叟不遠千里而來亦將有
以利吾國乎孟子對曰王何必曰利亦有仁義
而巳矣王曰何以利吾國大夫曰何以利吾家
士庶人曰何以利吾身上下交征利而國危矣
萬乘之國弒其君者必千乘之家千乘之國弒
其君者必百乘之家萬取千焉千取百焉不為

西廂記第一本

元　王實甫　填詞

張君瑞鬧道場雜劇

楔子

(外扮老夫人上開)老身姓鄭夫主姓崔官拜前
朝相國不幸因病告殂只生得箇小姐小字鶯
鶯年一十九歲針指女工詩詞書筭無不能者
老相公在日曾許下老身之姪乃鄭尚書之長

明万历吴兴闵齐伋刻三色套印本
《孟子》二卷

明凌氏刻套印本
《西厢记》五卷《解证》五卷
《会真记》一卷《附录》一卷

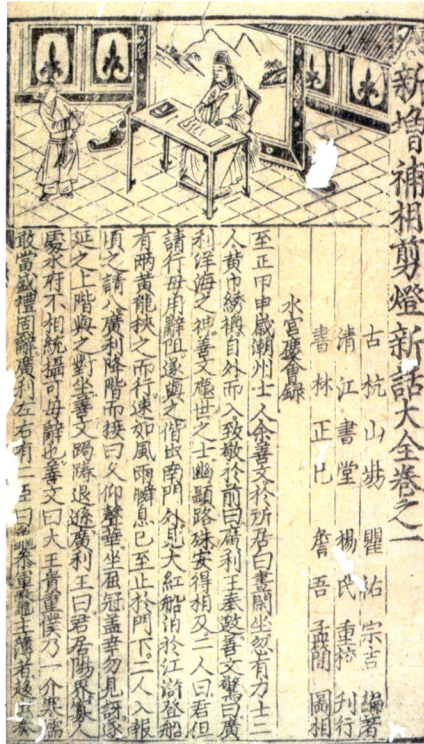

明正德六年（1511）杨氏清江堂刻本《新增补相剪灯新话大全》四卷《附录》一卷

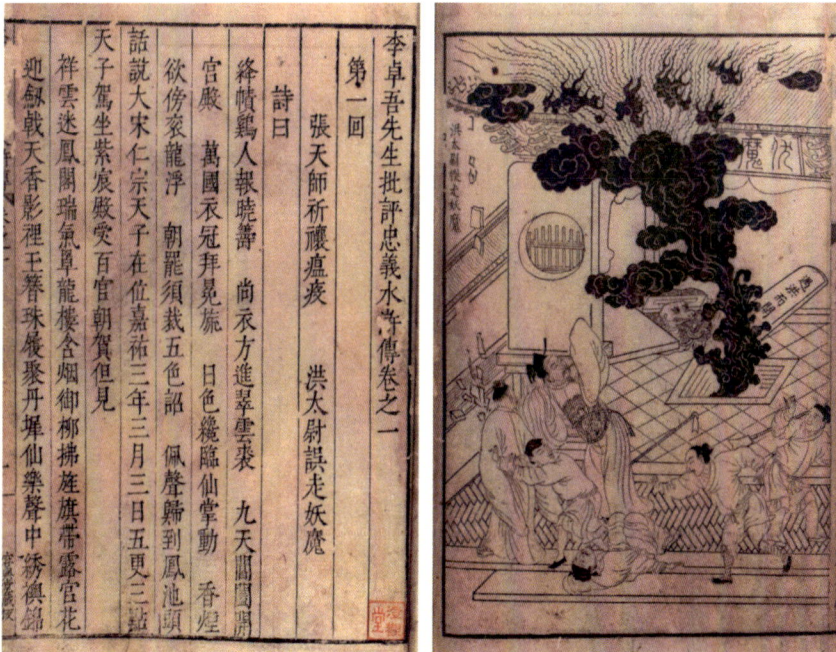

明容与堂刻本《李卓吾先生批评忠义水浒传》一百卷《引诗》一首

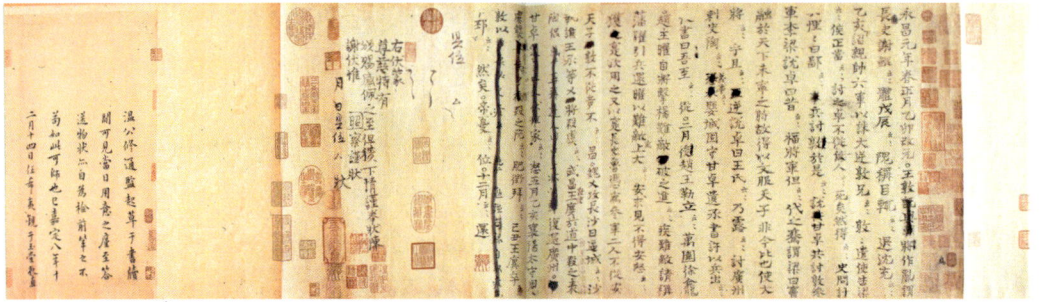

北宋司马光《资治通鉴》残稿

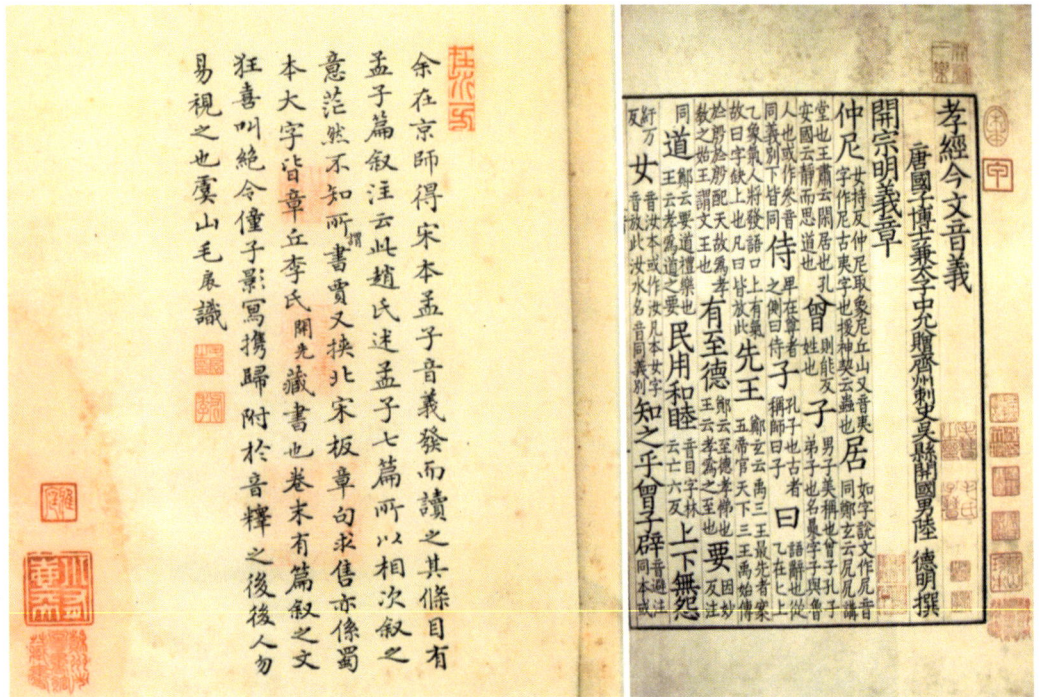

明汲古阁影宋抄本《孝经今文音义》一卷《论语音义》一卷《孟子音义》二卷

扫码浏览更多图片

中国古典文献学的理论与方法（第2版）

郭英德　于雪棠　李小龙／编著

北京师范大学出版集团
BEIJING NORMAL UNIVERSITY PUBLISHING GROUP
北京师范大学出版社

图书在版编目（CIP）数据

中国古典文献学的理论与方法 / 郭英德，于雪棠，李小龙编著.
—2 版. —北京：北京师范大学出版社，2024.5（2025.7 重印）
　ISBN 978-7-303-24183-5

Ⅰ. ①中… Ⅱ. ①郭… ②于… ③李… Ⅲ. ①古文献学－中国－
研究生－教材　Ⅳ. ①G256.1

中国版本图书馆 CIP 数据核字（2018）第 213893 号

ZHONGGUO GUDIAN WENXIANXUE DE LILUN YU FANGFA

出版发行：北京师范大学出版社 https：//www. bnupg. com
　　　　　北京市西城区新街口外大街 12-3 号
　　　　　邮政编码：100088

印　　刷：北京虎彩文化传播有限公司
经　　销：全国新华书店
开　　本：730 mm×980 mm　1/16
印　　张：21.75
字　　数：426 千字
版　　次：2024 年 5 月第 2 版
印　　次：2025 年 7 月第 3 次印刷
定　　价：49.80 元

策划编辑：周劲含　　　　　　责任编辑：王艳平
美术编辑：焦　丽　李向昕　　装帧设计：焦　丽　李向昕
责任校对：康　悦　　　　　　责任印制：马　洁

前　言

在中国，"文献学"的概念最早是 1920 年梁启超在《清代学术概论》一书中提出的，而以"中国文献学"作为一门学问立名，则始于郑鹤声、郑鹤春兄弟 1928 年撰著、1930 年出版的《中国文献学概要》①。该书共七章，首章导言，其余六章分述结集、审订、讲习、翻译、编纂、刻印，涉及目录学、校勘学、编纂学、版本学等内容。至于以"古典文献"作为学科立名，则始于 1959 年北京大学中文系创设古典文献专业，开始招收本科生。

北京师范大学的中国古典文献学学科具有悠久而深厚的传统。自 19 世纪末以来，大批优秀的古典文献学者在该学科从事文学古籍整理与研究工作，如鲁迅、高步瀛、吴承仕、马瑞藻、马叙伦、余嘉锡、沈兼士、罗常培、罗根泽、顾随、孙楷第、唐兰、刘盼遂、谭丕模、李长之、王汝弼等，为该学科奠定了坚实的学术基础。

自 1984 年被批准为全国第二批博士点学科以来，北京师范大学的中国古典文献学学科以国学大师、著名文献学家启功教授为学术带头人，以郭预衡、聂石樵、邓魁英、李修生、韩兆琦、张俊等著名学者为骨干，在文学古籍整理与研究领域取得了大量卓著的成果，在国内外中国古典文献学研究界产生了重要影响。《中国古典文献学的理论与方法》一书，就是该学科点多年教学与科研的学术成果之一。

自 1982 年至今，全国先后出版了三十多部以"文献学"命名的教材或著作，主要有：吴枫的《中国古典文献学》(1982)，张舜徽的《中国文献学》(1982)，王欣夫的《文献学讲义》(1986)，张君炎的《中国文学文献学》(1986)，王余光的《中国历史文献学》(1988)，罗孟祯的《古典文献学》(1989)，杨燕起等的《中国历史文献学》(1989)，张家璠、黄宝权主编的《中国历史文献学》(1989)，倪波主编的《文献学概论》(1990)，张传玺主编的《中国历史文献简明教程》(1990)，周彦文主编的《中国文献学》(1993)，洪湛侯的《中国文献学新编》(1994)，王燕玉的《中国文献学综说》(1997)，潘树广等的《文献学纲要》(2000)，熊笃、许廷桂的《中国古典文献学》(2000)，余嘉锡的《余嘉锡说文献学》(2001)，迟铎、党怀兴的《中国古典文献学》(2001)，杜泽逊的《文献学概要》(2001)，刘青松的《中国古典文献学概要》(2002)，黄永年的《古文献学四讲》(2003)，王以宪的《中国文献学纲要》(2003)，张三夕主编的《中国古典文献学》(2003)，孙钦善的《中国古文献学》(2006)，冯浩菲的《文献学理论研究导论》(2009)，黄爱平的《中国历史文献

---

① 郑鹤声、郑鹤春：《中国文献学概要》，商务印书馆，1930 年初版，1933 年重版，1935 年再版，1983 年上海书店重印，2001 年上海古籍出版社出版郑一奇导读本。

学》（2010），项楚、罗鹭主编的《中国古典文献学》（2013）等。① 与上述同类教材和著作相比，本书具有以下特点。

第一，高度切合中国语言文学学科研究生培养的教学实际。本书的初稿草创于1995 年，二十多年来，编著者每年都为北京师范大学中国古典文献学与中国古代文学两个专业的研究生讲授该门课程，并在课堂讲授、师生讨论和课外作业的基础上，对本书的内容进行了反复修订。可以说，本书凝聚着编著者二十多年的教学与研究心得，也凝聚着二十多届研究生的学习心得，是师生教学互动的结晶。

第二，充分体现编著者对中国古典文献学学科体系的基本构想。中国古典文献学学科是以古籍整理与研究为基本对象的学科，而古籍整理与研究应该包括文献形态、版本、校勘、目录、注释、考证、编纂、检索等相关的组成部分，由此构成完整的学科体系。因此古典文献形态学、古籍版本学、古籍校勘学、古籍目录学、古籍注释学、古籍考证学、古籍编纂学和古籍检索学等，便构成了本书自成体系的结构内容。本书对上述各个学术板块的内容进行了科学的整合，使全书具有较为严整的逻辑体系和相当独特的理论色彩。书中将传统的辨伪学并入古籍考证学，将辑佚学并入古籍编纂学，也体现出实事求是的科学精神。

第三，在"中国古典文献学"的整体构架中偏重于文学文献学的内容。文献学在现有的学科体制中属于二级学科，设在"中国语言文学"一级学科下称为"中国古典文献学"，设在"中国史"一级学科下称为"历史文献学"。虽然中国自古以来就有"文史不分家"的说法，但在现代学科体制中，二者的研究对象和研究内容还是有所区别的，前者侧重于语言文学文献，后者侧重于历史文献。在北京师范大学，中国古典文献学课程一直是中国语言文学一级学科下属的两个二级学科——中国古典文献学和中国古代文学——的研究生基础课，在一年级第一学期开设，作为研究生学术入门的基础。根据教学对象的特点和需要，本书在讲授中国古典文献学基本理论与方法的前提下，偏重于介绍文学文献学的基本理论与方法，书中列举了大量的文学古籍整理与研究的实例。当然，本书所说的"文学"，不是指 20 世纪以来界定的"纯文学"，而是指中国古代传统意义上的"大文学"或"泛文学"，而这也是适应古典文献学自身的时代特征的。同时，遵照启功先生制定的基本方针，北京师范大学的中国古典文献学学科也始终坚持以整理为基础，以研究为导引，古籍整理与古籍研究并重、文学研究与文化研究贯通、学术研究与文化普及结合的学术特色，这一点在本书的叙述中也有所体现。

第四，重视传授具体而实用的研究方法，有意识地引导研究生进行科研实践。中国古典文献学既是一门理论课程，也是一门实践课程，正如王欣夫在《文献学讲义》开篇所说的："既称为'文献学'，就必须名副其实，至少要掌握怎样来认识、运用、处理、接受文献的方法。"因此研究方法应该在这门课程中占据核心地位，并贯穿于教材的各个章节，成为教材的主干部分。诸如版本鉴定、古籍校勘、目录编撰、诗文

---

① 上述部分教材与著作的版本情况，参见本书附录"阅读参考书目"。

注释、史实考证等，本书大都加以详细介绍，以期为研究生提供学术研究之梯航。而本书对中国古典文献学的相关理论的解析，也格外注重以实践为基础，以实践为目的，以具体而实用的实例作为理论的支撑。本书在每一节后还设计了一些"思考与练习"的题目，可供学生进行学术实践时参考、选择。

本书2008年的初版，绪论和第一章至第五章由郭英德执笔，第六章和第七章由于雪棠执笔，最后由郭英德统稿。这次全书修订，绪论由郭英德执笔，第一章至第三章由李小龙执笔，第四章至第六章由于雪棠执笔，第七章由诸雨辰执笔，最后由郭英德统稿。研究生车祎、颜婧协助校对全书的引文。在书稿撰写和修订过程中，我们参考了许多相关的研究论著和教材，在全书附录的"阅读参考书目"中已全部列出，为了避免文字烦冗复沓，行文中未能一一注明，尚祈见谅。《礼记·学记》云："学然后知不足，教然后知困。"我们深感自身的学识有限，书稿若有讹误之处，敬请读者随时批评指正，以便将来再做进一步的修订。

郭英德

目　录

绪论　中国古典文献学发凡

文献是人类文明的产物，是人类智慧的结晶，是一种物化的精神财富。文献在人类文明的生成、传承和发展中，起着不可替代的重要作用。

第一节　文献与中国古典文献

"文献"一词，在中国始见于《论语·八佾》：

> 子曰："夏礼吾能言之，杞不足征也；殷礼吾能言之，宋不足征也；文献不足故也。足则吾能征之矣。"

郑玄注："献，犹贤也。我不以礼成之者，以此二国之君文章贤才不足故也。"① 朱熹在《四书章句集注》中进一步解释说："征，证也。文，典籍也。献，贤也。"② 据此，"文"指"文章""典籍"，即固化的历史资料，是一种书面信息；"献"即"贤"，指"贤才"，引申指故老贤人的言论，凭借记忆，口口相传，是一种非书面的信息。古人所说的"征文考献"，意思是说要了解过去的历史，一方面必须取证于典籍记载的内容，另一方面应该考求于耆旧的言论。而耆旧的言论，既包括口耳相传的历史传说，也包括针对这些历史传说的评论。

取"文献"二字作为书名，据现有资料，始于马端临（约 1254—1323）记录历代典章制度的《文献通考》。该书撰成于元大德十一年（1307），刊成于泰定元年（1324），其自序说：

> 凡叙事，则本之经史，而参之以历代会要，以及百家传记之书，信而有证者从之，乖异传疑者不录，所谓"文"也。凡论事，则先取当时臣僚之奏疏，次及近代诸儒之评论，以至名流之燕谈，稗官之纪录，凡一话一言可以订典故之得失，证史传之是非者，则采而录之，所谓"献"也。③

他认为"文"是历代的各类书籍，"献"是学士名流的议论，二者都有赖于文字的记录。这就在一定程度上排斥了口耳相传的传说。

---

① （清）阮元：《十三经注疏》，2466 页，北京，中华书局，1980。
② （宋）朱熹：《四书章句集注》，63 页，北京，中华书局，1983。
③ （元）马端临：《文献通考》，3 页，北京，中华书局，1986。

到元末，杨维桢（1296—1370）的《送僧归日本》诗云："我欲东夷访文献，归来中土校全经。"① 他所说的"文献"，已专指图书典籍了。明初编纂的《永乐大典》，初名《文献大成》；稍后，程敏政（1445—1499）的《新安文献志》，清代钱林（1762—1828）所辑《文献征存录》，都已明确地把"文献"作为图书典籍的代称。

作为固化的历史资料，文献无疑主要由图书典籍构成，但却不等于图书典籍，因为文献还包括图书典籍以外的甲骨文本、金石文本、竹简、碑拓、文书、档案、信札、契约、手稿等各种形式。此外，文献无疑以情报（信息）为基本内容，但它仅仅是情报（信息）的一种载体，而且有相对静止性、普泛性等特点，与具有动态性、针对性特点的情报截然不同。

那么文献的定义是什么呢？1983 年制定的国家标准《文献著录总则》给"文献"下的定义是："记录有知识的一切载体。"② 就其广义而言："文献是记录有信息可作为存贮、利用或传递的过程中一个单元处理的人工固态附载物。"③ 就其狭义而言，凡用文字表述的、具有历史价值和科学价值的图书资料，就是文献。本书在实际使用中，取"文献"一词的狭义定义。

按照文献自身的内容和形式特点，可以分为古典文献和现代文献。中国古典文献，指以 1911 年之前的历史文化为内容、用古代文字表述、具有历史价值和科学价值的所有图书资料，其中既包括以甲骨、金石、竹帛等古代载体保存的信息资料及手抄本、刻印本，也包括以现代印刷技术以及缩微、声像、机读、数字化等现代技术保存的图书资料。古代图书典籍（即古籍）无疑是中国古典文献的主要组成部分，本书所说的文献即主要指古籍。

第二节　文献学与中国古典文献学

文献在长期的流传和积累过程中，易出现三个突出的问题：一是文献的原本性和完整性可能遭到损伤，二是文献的可读性和可解性可能形成障碍，三是文献的庞杂性和无序性可能愈益严重。于是就需要进行文献整理和文献研究工作，以便对文献进行科学有效的实证、解释和揭示。文献实证，即运用版本学、校勘学、辨伪学、辑佚学等知识，力求证明或恢复文献的原本性和完整性；文献解释，即运用标点、注释、翻译、阐释等手段，力求实现文献的可读性和可解性；文献揭示，即运用编目、索引、提要等，对文献进行清理和整序，力求系统地揭示文献的内容，以解决文献的庞杂性和无序性。而研究文献实证、文献解释、文献揭示的历史、理论与方法，就构成文献学的主要内容。

---

① （明）孙原理：《元音》卷十二，见《景印文渊阁四库全书》第 1370 册，569 页，台北，商务印书馆，1986。

② 《中华人民共和国国家标准 GB3792.1-83——文献著录总则》，载《图书馆学通讯》，1983（4）。

③ 倪波：《文献学概论》，4 页，南京，江苏教育出版社，1990。

　　简单地说，文献学就是关于文献整理和文献研究的历史、理论与方法的学问，而中国古典文献学就是关于中国古典文献整理和中国古典文献研究的历史、理论与方法的学问。

　　按照文献学的学科性质和内容特点，可以分为传统文献学和现代文献学。

　　从汉代刘向（约前77—前6）、刘歆（约前53—23）父子开始，尤其是两晋刘宋以来，古人整理图书典籍时，总是先广收异本，校勘文字，著为定本，然后对群书进行分类编目，撰写叙录。后人往往将这种包括版本学、校勘学、目录学、注释学、辨伪学、辑佚学、编纂学等内容的文献整理和文献研究工作称为"校雠学"。

　　如清章学诚（1738—1801）在《校雠通义》自序中评宋郑樵说："因取历朝著录，略其鱼鲁豕亥之细，而特以部次条别，疏通伦类，考其得失之故，而为之校雠。"[1]《章氏遗书·外编·信摭》又说："校雠之学，自刘氏父子渊源流别，最为推见古人大体，而校订字句，则其小焉者也。绝学不传，千载而后，郑樵始有窥见，特著《较雠》之略，而未尽其奥，人亦无由知之。世之论校雠者，惟争辩于行墨字句之间，不复知有渊源流别矣。近人不得其说，而于古书有篇卷参差，叙例同异，当考辨者，乃谓古人别有目录之学，真属诧闻。"[2]

　　近人范希曾（1899—1930）在《校雠学杂述》中说："校雠学者，治书之学也。比勘篇籍文字同异而求其正，钩稽作述指要以见其凡……故细辨乎一字之微，广极夫古今内外载籍之浩瀚。其事以校勘始，以分类终，明其体用，斯称校雠学。"[3]

　　张舜徽（1911—1992）在《广校雠略》卷一《校雠学名义及封域论二篇》说："（刘）向校书时，广储副本……博求诸本，用以雠正一书，盖即后世致详板本之意。……然则向校雠时，留心文字讹误之是正，盖即后世校勘之权舆。由此论之，目录、板本、校勘，皆校雠家事也。但举校雠，自足该之。语其大用，固在辨章学术，考镜原流。后世为流略之学者，多不识校雠，而好言目录，此大谬也。"[4]

　　以上章学诚、范希曾、张舜徽三人所说的"校雠学"，都囊括了目录、版本、校勘等文献整理工作，这正是传统文献学的内容。

　　1920年，梁启超在《清代学术概论》中第一次提到文献学，说："其后（万）斯同同县有全祖望，亦私淑（黄）宗羲，言'文献学'者宗焉。"[5] 三年后，他在《中国近三百年学术史》的《清初史学之建设》一章中又说："明清之交各大师，大率都重视史学——或广义的史学，即文献学。"[6] 他认为，文献学是研究中国古代文化的基础，所做的工作是校勘注释、去粗取精、去伪存真等，为学科提供材料，而不是一门独立的学科。

---

① （清）章学诚：《校雠通义》，1页，上海，大中书局，1934。
② （清）章学诚：《章氏遗书》第26册，9页，北京，文物出版社，1982。
③ 范希曾：《校雠学杂述》，载《史学杂志》，第1卷，第1期，1929。
④ 张舜徽：《广校雠略　汉书艺文志通释》，7～8页，武汉，华中师范大学出版社，2004。
⑤ 梁启超：《清代学术概论》，18页，北京，东方出版社，1996。
⑥ 梁启超：《中国近三百年学术史》，85页，上海，中华书局，1943。

其后，1928 年郑鹤声、郑鹤春编写了《中国文献学概要》一书，在"例言"中援引马端临的《文献通考》中关于"文献"一词的解释后说："本编亦采其谊，结集、翻译、编纂诸端，谓之文，审订、讲习、印刻诸端，谓之献。叙而述之，故曰文献学。"① 其实他们所谓"文献学"与古人所谓"校雠学"并无二致。

总之，中国传统的文献学，是指包括版本、校勘、目录、注释、辨伪、辑佚、编纂、典藏等内容的文献整理和文献研究的学问。

至于现代文献学的内涵，国外学者有种种说法。英国文献学家 S. C. 布拉福德认为，文献学（文献工作）"是搜集、分类和迅速提供所有形式的精神活动记录的技艺"②。J. H. 希拉指出，文献学研究（文献工作）的主要目的"在于发展新的分析、组织与检索方法，以充分利用各种记录起来的知识"③。J. D. 麦克和 R. S. 泰勒认为，文献学（文献工作）"……指一系列的技术而言，其目的是为了有条不紊地提供、组织和传递记录的专业知识，使所包含的情报达到最高的取得率和利用率"④。

1990 年，江苏教育出版社出版了倪波主编的《文献学概论》，该书对现代文献学的建立做了有益的尝试。全书的主要内容包括文献概述、文献结构、文献信息研究、文献载体及其形态、文献族系、文献类型研究、文献生产、文献交流、文献规律的研究、文献工作标准化、文献工作现代化等方面，构成初具规模的文献学体系。

可见现代文献学已不囿于文献资料的分类编目、鉴别版本、校勘注释、编纂典藏等工作模式，而是更注重于文献的产生、分布、交流、利用等规律的探讨。其特点是从对文献的静态特征的研究转化为对文献的动态特征的研究。因此，文献学不仅涵容了版本学、校勘学、目录学等传统学科，而且还与图书馆学、情报学、社会学、心理学、教育学、计算机科学、数学等现代学科密切相关，并将这些学科的部分内容作为文献学本身的有机构成部分。

综合传统文献学与现代文献学的性质与内容，概言之，中国古典文献学是综合运用版本、校勘、目录、注释、考证、辨伪、辑佚、编纂、检索等方面的理论与方法，科学地分析、整理、研究中国古代文献，进而探讨古代文献的产生、分布、交流和利用的规律，并总结对古代文献进行分析、整理、研究工作的规律与方法的学科。

分而析之，中国古典文献学大致包括以下分支，即古典文献形态学、古籍版本学、古籍校勘学、古籍目录学、古籍注释学、古籍考证学、古籍辨伪学、古籍辑佚学、古籍编纂学、古籍检索学。以上分支构成本书结构的主要框架。

中国古典文献学的主要任务，是要综合运用各方面的知识，对中国古代文献进行一番去粗取精、去伪存真、条别源流、甄论得失的工作，力图通过对古代文献的考

① 郑鹤声、关鹤春撰，郑奇导读：《中国文献学概要》，1 页，上海古籍出版社，2001。

② S. C. Bradford, *Documentation*, London：Csroby Lockwood, 1953, p. 49.

③ J. H. Shera, *Documentation in Action*, New York：Reinhold Publishing Co.，1956，p. 20.

④ J. D. Mack ＆ R. S. Taylor "What is Documentation?", Speciallibraries, 1963, Vol. 54 (3), p. 168.

证、解释和揭示，准确、丰富而系统地介绍有关古代文献的信息，帮助人们正确地、便利地阅读和利用古代文献，有效地推进学术研究。

思考与练习

    1. 什么是文献？什么是古典文献？

    2. 为什么需要进行文献整理和文献研究工作？

    3. 传统文献学包括哪些内容？试比较传统文献学与现代文献学的异同。

第一章　古典文献形态学

文献是一定的物质属性（即具体形态）和一定的知识内容（即抽象形态）的统一体。在这一章里，我们将集中讨论中国古典文献的物质形态和抽象形态的各个组成部分及其基本特征。

第一节　古典文献的物质形态

文献的知识内容必通过一定的物质形态才能得以存在和体现，也就是说，物质形态是文献的具体可见的存在方式。中国古典文献的物质形态，自内而外、从小到大由四个部分组成，即图文符号、版式设计、载体材料、装帧形式。

一、图文符号

中国古代文献的图文符号，包括文字字体和辅助符号。

（一）文字字体

中国古代文献的信息存储与传递更多是由文字来承担的。古代文献中的文字包括汉文、西夏文、藏文、满文、蒙文等。汉文文献是中国古代文献的主体。汉文文献的图文符号首先是指汉字的字体。汉字的字体以汉字发展演变的过程而论，有甲骨文、金文、古文、大篆、小篆、隶书、草书、楷书、行书等。

"甲骨文"是刻在龟甲和兽骨上的文字，本为商代的一种占卜记录，也是商代后期字体的代表。它以象形字为基础，初步具备了后代汉字用来记录汉语的各种方法，但形体结构还没有完全定型。目前我国收藏的甲骨已有 15 万片左右，发现甲骨文字达 4500 个左右，已辨认出的有 1700 余字。[①]

"金文"是在各种青铜器上或铸或刻而成的文字，又称"青铜器铭文"。金文延续时间很长，但长篇铭文主要是西周和春秋时代的，所以一般把金文作为春秋时期通用字体的代表。现存青铜器铭文最长的是西周的毛公鼎，有 497 个字。据统计，周代以前的金文，现在可以释读的有 1800 余字，难以释读的有 1200 多字；秦汉的金文，可释读的有近 1000 字，未能解读的仅有 30 余字。[②]

"古文"指战国时期的六国文字，今多见于出土的战国时期的简策、帛书、陶器、

---

① 主要研究成果如下。郭沫若主编：《甲骨文合集》，北京，中华书局，1978 年至 1982 年版；胡厚宣主编：《甲骨文合集释文》，北京，中国社会科学出版社，1999；彭邦炯等：《甲骨文合集补编》，北京，语文出版社，1999；孙海波：《甲骨文编》，北京，中华书局，1965。

② 主要研究成果有中国社会科学院考古研究所编的《殷周金文集成》，于 1994 年由中华书局出版。

玺印、货币及玉石盟书上。六国古文种类既多，字体结构也很不固定，异体字繁多，因而简体字盛行，其形似蝌蚪，又被称作"蝌蚪文"。

"大篆"又称"籀文"，相传为周宣王时太史籀所创，实系春秋战国时秦国的文字。现在人们常将石鼓文作为大篆的代表。石鼓文是刻在 10 个形状似鼓的石头上的文字，系 10 首描写歌颂田猎宫囿的四言诗，原文有 700 字左右，现仅存 300 余字，且模糊不清，难以辨认。因此，确证石鼓文中字即为大篆，根据不足。

"小篆"是在大篆基础上发展而来的一种秦国字体，秦统一后，经李斯等人整理规范，通行天下，成为秦朝官方的标准文字。小篆以匀称的曲线和直线所构成的规整字形，代替了过去笔画大小粗细不一致的字体，并且废除了众多繁复的异体，使汉字得到空前的规范和统一。汉代许慎的《说文解字》中的字头和三国时曹魏正始年间（240—249）刻立的《三体石经》均是小篆的代表。

"隶书"产生于战国末期至秦，盛行于汉代，是由篆书简化而成。据《汉书·艺文志》"施之于徒隶"一句，名为隶书。可见隶书是下级官吏为了应付繁多的官狱事务而创制的。隶书是一种彻底线条化、符号化的字体，以基本笔画取代了汉字象形的面貌，成为纯符号性的交际辅助工具。

"草书"是隶书的快写和简省形式，有很强的实用性，形成于东汉初年，后来又发展为"章草""今草""狂草"等类型。

"楷书"由汉隶演变而成，本名"正书"或"真书"，唐以后改名为"楷书"。楷书笔画平直，形体方正，较隶书更为规整。楷书萌芽于东汉，魏晋南北朝时期北方的碑刻楷书字体尚留有隶书笔意，通称"魏碑体"。直到唐初，楷书才完全成熟定型。

"行书"形成于魏晋，盛行于盛唐，是介乎楷书和草书之间的一种字体。因既便于书写，又易于辨认，所以使用极为广泛。

在现存各种古籍中，最常见的字体是楷书，因为楷书具有易写、易刻、易认、整齐、美观等优点，所以多用于古籍正文的抄写和刊刻。至于其他字体，隶书多用于书衣和内封的书名题签，行书多用于序跋，小篆多用于书牌、木记的文字说明及各种藏书印章的印文。因此，要阅读古籍，尤其是要鉴定古籍，不能不熟悉各种字体。

从明代中叶开始，出现了一种横平竖直、横细竖粗、整齐方正的字体，这是明代工匠模仿宋刊本中的字体加以改造而成的，故称"宋体字"，但这个名称容易让人误解其为宋代刻书之字体，所以亦有专家建议改以"明体字"称之。另外，由于此种字体中规中矩，已无书法之韵致，故又称"匠体字"，以是亦多招致后人的批评。如清人钱泳在《履园丛话》中便说："有明中叶，写书匠改为方笔，非颜非欧，已不成字。"① 然而由于这种字体笔画棱角分明，易于工匠于刻板上雕刊，提高了工效，所以在明清两代大为流行，其影响在今天仍存在，目前的出版物绝大部分即以"宋体字"印刷。另外，由于这种字体转折生硬，所以也常被称为"硬体字"，反之，手写体楷书则被称为"软体字"。

---

① （清）钱泳：《履园丛话》，217 页，上海，上海古籍出版社，2012。

（二）辅助符号

中国古代文献除了最为常见的文字之外，还有一些辅助符号。在古代图书正文中，常用的符号有墨钉、墨围、阴文、标点符号等。

"墨钉"，又叫"黑钉"。古代刻本图书正文中，偶有一二字的阙文，常以正方形或长方形的黑块（■、▇）表示。由于古代刻书多以阳文雕版，故墨钉相当于保留一部分未刻，从而便于有善本可校时再以合适的文字补刻。在古籍版本的鉴定中，若某一版本有墨钉，可以推知刊刻者比较谨慎，则其版本可靠性亦高；同一版本系统中有墨钉的印本也多为早期印本。所以，墨钉的存在在版本鉴定上有重要的意义。

"墨围"，即"□"，一般用于古书正文中阙字、脱文的标识，一个"□"代表一个字。一定要注意这种辅助符号易与"口"字混淆。周亮工的《因树屋书影》卷二有云：

> 古逸书如《穆天子传》《汲冢周书》类，凡阙字类作□。武王《几铭》："皇皇惟敬□，□□生垢，□戕□"，亦阙文也，钟、谭目"□"为"口"字。友夏云："四口字叠出，妙语不以为纤。"伯敬云："读口戕口三字，竦然骨惊。"不知《几铭》与四口字何涉！可发一噱。①

虽然此处之指责并不妥当②，亦可见墨围易被误认。

古书正文中为醒目起见，常将一些需要强调的字如"注""疏""重言""重意"等，用墨线圈起，也叫作"墨围"，如"注"和"疏"等。古代经典注疏多用此符号来标识。

"阴文"，古代图书刻版时，将文中某些需强调的文字笔画凹刻，周围刻成墨钉，刷印后效果如同碑拓文字，字迹笔画不沾墨色，形成白文，所以又称"黑钉白文"。

"重文"，古书正文中的重叠字，在抄书或刻书时，常省标为"〃"（"ⅱ"）或"々"，书于字的右下角。如"寻〃觅〃"（或"寻々觅々"）即"寻寻觅觅"；"适〃彼〃乐〃土〃"（或"适々彼々乐々土々"），即"适彼乐土，适彼乐土"等。

标点符号是当代图书不可或缺的组成部分，一般人会以此为舶来品，其实，标点符号在中国古代文献中早已有之，且极为丰富。许慎的《说文解字》说："丶，有所绝止，丶而识之也。"③ 这便是后世所谓"读"（dòu），今天的逗号。又云："乀，钩识也。从反丿，读若捕鸟窢（居月切）。"④ 这便是今天的句号。段玉裁的《说文解字注》引褚少孙补《史记·滑稽传》说："东方朔上书，凡用三千奏牍。人主从上方读之，止，辄乙其处。二月乃尽。"段玉裁解释道："此非甲乙字，乃正乚字也。今人读书有所钩

---

① （清）周亮工：《因树屋书影》，52 页，南京，凤凰出版社，2018。

② 据钱锺书《管锥编》所录，清人王应奎的《柳南随笔》、严元照的《蕙榜杂记》、张宗泰的《鲁岩所学集》均曾指出《几铭》之"口"并非墨围；王培军的《武王〈几铭〉"口"非阙文证补》（《中国典籍与文化》2008 年第 2 期）一文有详尽补证。

③ （汉）许慎：《说文解书》，105 页，北京，中华书局，1963。

④ （汉）许慎：《说文解字》，267 页，北京，中华书局，1963。

勒，即此。"① 除此之外，像顿号、括号、破折号、省略号、着重号等当下常用的标点符号，古典文献中也均有使用，只是名称不同，形体也稍异而已；而像圈号、专名号，乃至评点家使用的复杂的点、抹、截等符号，能在古典文献中更能对文字信息起积极的辅助作用的，已在当下的新式标点中消失了。

不过，虽然中国古典文献的标点符号极为丰富，但不得不说，还有比例更大的古籍文献并不使用这些辅助符号。

二、版式设计

版式，指图书版面的安排方式。不同载体形式的古典文献，版式是不尽相同的。

(一) 简册、帛书、纸写本书的版式

简册指编在一起的简。一根简上通常只写一行文字，也有写两行甚至三行的。书写顺序取从上往下、从右向左的定制，这种形式一直影响着我国历代的书写和阅读习惯。

帛书的版式安排基本与简册相同，但出现了用朱砂或黑墨画出的行格，后人称红的为"朱丝栏"，称黑的为"乌丝栏"。这是后世图书界行和边栏的滥觞。

早期的纸写本书偶尔也有描栏画界的，但一般版面简洁，多数仅只有文字而已。后期的纸写本书有边栏和界行的越来越多了。

(二) 印本书的版式

古代印本书的版式名目繁多，有版框、栏线、界行、书耳、版心、鱼尾、象鼻、白口、黑口、天头、地脚、行款等。

"版框"，指书版一页文字四周的边框。

"栏线"，指围成版框的四周黑线。上方的称"上栏"，下方的称"下栏"，两边的称"左栏""右栏"，统称为"边栏"或"边阑"。四周单线印的称"四周单边"或"单栏"，单栏多是粗线；四周双线印的叫"四周双边"，双线一般是外粗内细，所以又称为"文武边栏"；上下单线、左右双线印的称"左右双边"。此外还有"卍字栏"(卍字花纹图案)、"竹节栏"(竹节花纹图案)、"博古栏"(多种古乐器花纹图案)等诸多形式，总称为"花边"。

"界行"，又称"界栏""边准"，即版框内分行的直线，由古代帛书中的朱丝栏、乌丝栏而来。

"版心"，即版框内中心一行，用于折缝，又称"版口""书口""中缝"。书口印有黑线的称为"黑口"，未印黑线的称"白口"；其中刻有文字的称"口题"，或称"花口"。

在版心中，距离上边约四分之一版高处，印有一个形状像鱼的尾巴似的图形，称为"鱼尾"，它是折叠书页的标记。只刻有一个的称"单鱼尾"；如上下方对称位置各有一个鱼尾，则合称"双鱼尾"；鱼尾方向相反的称"对鱼尾"或"逆鱼尾"，方向相同的称"顺鱼尾"；全涂黑的称"黑鱼尾"(▰)，线中空白的称"白鱼尾"(▱)，由平行线构成的称"线鱼尾"(▱)，鱼尾下部为曲线形的称"花鱼尾"(▱)。鱼尾

---

① (清) 段玉裁：《说文解字注》，633 页，上海，上海古籍出版社，1981。

将版心分为三个部分：中部一般用来题写书名、卷次、页数；上部原来多印有一页总字数，后来多刊印书名；下部原来多记刻工姓名，后来多记出版者斋堂名号或丛书总名。除单鱼尾与双鱼尾外，亦偶有三鱼尾甚至更多的例子。

"象鼻"，指黑口本版心上下的黑线，好像象的鼻子垂在胸前之状。黑线较细的称"细黑口""线黑口""小黑口"，黑线较粗的或全黑的称"粗黑口""大黑口""宽黑口"；刻在上栏的称"上黑口"，刻在下栏的称"下黑口"，上下都刻有黑线的称"上下黑口"。象鼻中的黑口同鱼尾一样，也是折叠书页的标记。

"书耳"，又称"耳子""耳格"，指刻在版框左栏或右栏外上角的小长方格，像是人的耳朵。书耳内多刻本书的篇名（又称"小题"）。耳格中所刻文字称为"耳题"，在左称"左耳题"，在右称"右耳题"，多见于宋版、元版书。

"天头"，又称"书眉"，是指每张书页上端版框以外的空白处，即上栏以外的空白纸。"地脚"，又称"下脚"，指每张书面下端版框以外的空白处，即从下栏至切口的空白纸。中国古籍一般天头阔而地脚窄。

"行款"，又称"行格"，指版框中正文的字数和行数，通常按半叶计数（古籍的一个完整叶会折为两个面，因此，称古籍之整叶习惯以上用"叶"字而不用"页"字），称半叶几行，行多少字。如每行字数不一致，则取其最少及最多者记之，另注"不等"二字，如说"十四行，行二十五六字不等"，或"十五行，行二十七字至三十字"。如有双行小字，而一行中字数与大字相同，则称"小字双行同"；如不同，则径称"小字双行，行多少字"。行款是判断版本的重要特征。

三、载体材料

文献的知识内容通过文字手段，又必须要依赖于一定的载体材料才能存在和体现。如古代西亚楔形文字是刻写在软泥板上的，古印度人以棕榈叶为书写材料，古埃及人以莎草为书写材料，古希腊人以加工过的羊皮作为"书写的纸"。纸张发明以后，成为世界上最通用的文献载体。现在又有胶片、胶卷、磁带、光盘等。

中国古代文献的载体材料有陶器、兽骨、龟甲、青铜器、玉石、竹简、木牍、缣帛、纸等，多以纸为主。

（一）纸以外的载体材料

陶器、兽骨和龟甲，主要是商和周初时期的书写材料，陶器上的文字一般是模铸而成的，甲骨上的文字是用刀刻上去的，或是用笔书写，或是先写后刻，各种情况都有。如果卜辞或纪事的内容较长，一块甲骨片容纳不下，也可刻在若干甲骨片上。这种成套的甲骨文献，对后来书籍的形成产生了一定影响。

青铜器和玉石，作为书写材料，源于殷商，盛于西周。郑樵的《通志·金石略》说："三代而上，惟勒鼎彝。秦人始大其制，而用石鼓；始皇欲详其文，而用丰碑。自秦迄今，惟用石刻。"[1] 西周的青铜铭文资料，在文献史上具有重要地位。秦汉之际，

---

[1] （宋）郑樵：《通志》，841 页，北京，中华书局，1987。

刻石之风极为盛行，如石鼓文、诅楚文等。在陕西汉中褒谷石门隧道内与周围崖壁上，有历代摩崖石刻百余件，是研究中国古代栈道和水利设施的珍贵资料。在内容上，石刻包括墓碑、墓志、刻经、造像、题名、题字、诗词、杂刻等。在石刻文献中，有较大影响的是历代石经。比较重要的儒家石经有熹平石经（又称"一字石经""汉石经"）、正始石经（又称"三体石经""魏石经"）、开成石经（又称"唐石经"）、广政石经（又称"后蜀石经"）、嘉祐石经（又称"二字石经"）、南宋石经、清石经等。比较重要的佛教石经有山东泰山经石峪刻《金刚般若波罗蜜经》、山东邹县铁山摩崖刻《金刚经》、北京房山云居寺石刻等。玉石文献的另一种形式是盟书，也称"盟载"或"载书"，目前所见均为春秋时期的遗物，出土于山西侯马和河南温县，形制以上尖下方的圭形为主。

竹简和木牍，为中国 4 世纪前最主要的书写材料。古人将用以书写的竹片称为"简"，也称"策"；将用以书写的木板，称为"方"，也称"牍"。《礼记·中庸》说："文武之政，布在方策。"① "方策"，犹言书籍。目前发现的最早简牍实物是战国时期的，但有文献记载可以证明，在此之前，中国已用简牍作为书写材料了。中国书籍的起源，应当追溯到用竹简和木牍写出的文字记录。据王国维的《简牍检署考》，汉代简的长度有二尺四寸、一尺二寸、八寸、六寸等规格。② 在纸发明后数百年间，竹简、木牍仍继续用作书写材料。其中，木牍主要用于通信和书写短文。《仪礼·聘礼》说："百名以上书于策，不及百名书于方。"③ "名"就是字。古人通信用的木牍，通常一尺长，所以有"尺牍"之名。西晋太康二年（281），据《晋书·束皙传》载："汲郡人不准盗发魏襄王墓，或言安釐王冢，得竹书数十车。"④ 史称"汲冢书"。1975 年 12 月，湖北云梦县睡虎地秦墓出土大量秦简，计有 1155 支⑤；1993 年，湖北荆门市郭店村战国楚墓出土了一批竹简⑥。

缣帛以丝织成，用于书写，大约始于春秋时代，与竹简同时流行，是纸张发明前的一种比较重要的书写材料。《墨子·明鬼》说："古者圣王必以鬼神为，其务鬼神厚矣。又恐后世子孙不能知也，故书之竹帛，传遗后世子孙。"⑦ 目前发现最早的帛书实物，是长沙子弹库战国楚帛书。1973 年，在长沙马王堆三号汉墓中出土了大量西汉早期的帛书，共约 12 万字⑧。

---

① （清）阮元：《十三经注疏》，1629 页，北京，中华书局，1980。
② 胡平生、马月华：《简牍检署考校注》，14～27 页，上海，上海古籍出版社，2004. 本书的导言部分，结合出土文物介绍了战国、秦汉时期简牍的长度，尺、寸的度量有的依秦制，有的依汉制，参照标准不同，此处仅依王国维在《简牍检署考》中所言做概述，不再做单位换算。
③ （清）阮元：《十三经注疏》，1072 页，北京，中华书局，1980
④ （唐）房玄龄等：《晋书》，1432 页，北京，中华书局，1974。
⑤ 参见睡虎地秦墓竹简整理小组：《睡虎地秦墓竹简·前言》，2 页，北京，文物出版社，1978。
⑥ 参见荆门市博物馆：《郭店楚墓竹简》，1 页，北京，文物出版社，1998。
⑦ （清）孙诒让：《墨子间诂》，237 页，北京，中华书局，2001。
⑧ 参见 1981 年以后文物出版社陆续出版的《马王堆汉墓帛书》。

（二）古籍用纸

在汉代，纸原本是缣帛的别名。《后汉书·蔡伦传》说："自古书契多编以竹简，其用缣帛者谓之为纸。"[①] 而现在考古发现，早在西汉初年就有了纸。东汉元兴元年（105），蔡伦改进造纸术成功，其后纸写本开始出现。但直到东晋末桓玄下令废简用纸以后，纸才成为最主要的文献载体材料。中国古代图书文献的用纸，大致可分为麻纸、皮纸、竹纸三类。它们全部为手工制造，与现代机制纸有所不同，在纸质、纤维、薄厚、颜色、帘纹等方面都独具特色。当然，其最大的不同在于，中国的古纸寿命极长，麻纸与皮纸均有"纸寿千年"之誉。普通竹纸亦可保存五百年，而现代的机制纸则不过一二百年而已。之所以会如此，是因为中国古纸中的麻纸与皮纸使用的原料均为植物的韧皮部，纤维含量高，木素少，易成形且韧性好，寿命长。而当代机制纸的原料为植物的茎秆部，纤维含量低，木素多，并且为能成型并使木素软化，需要添加各种化工原料，从而导致纸张易酸化，影响寿命。

1. 麻纸

麻纸是以黄麻、苎麻等麻类植物的韧皮为原料制成的，也会使用破旧麻绳、麻布、麻鞋甚至渔网等，有时也添加其他辅料，经多道工艺程序制成。麻纸是蔡伦造纸时的主要纸类。麻纸的特点是纤维较粗，纸质坚韧；外观有粗细厚薄之分，又有"白麻纸""黄麻纸"之别；其帘纹一般较皮纸、竹纸为宽。虽然麻纸质地不如后来的皮纸细腻，但由于麻的纤维非常好，所以麻纸最为坚韧耐久。隋唐五代时的图书多用麻纸，宋元时的麻纸已不占主要地位，明清时的麻纸使用量更少。这是因为麻是传统的衣物原料，人们对其有着更为迫切的需求，以麻造纸，成本过高。随着用纸需求剧增，人们不得不寻找新的造纸原料。

2. 皮纸

皮纸是剥取楮树、青檀树、桑树等的树皮为原料而制成的，一般也混入其他原料。蔡伦造纸时已有皮纸。隋唐五代时的图书已有使用皮纸的，宋以后的图书文献中，皮纸是使用较多的纸类之一。皮纸的种类很多，主要有桑皮纸、楮皮纸、宣纸等。

棉纸多与皮纸混称，因"其纵文扯断如棉丝，故曰'棉纸'"[②]，所以棉纸的名称只是一种比喻性的称呼，并非表明此纸的原料为棉花。棉花进入中国相对较晚，纺织技术成熟得更晚[③]，加上棉花主要是衣物的原料，所以古代基本上不可能大规模地以棉造纸。事实上，棉纸是以桑树皮制造的，有时也添加其他辅料。棉纸有白、黑两种，白棉纸颜色洁白，质细而柔，纤维多，韧性强；黑棉纸色黑黄，韧性较差。明清两代印书，使用棉纸较多。

以楮树皮为原料的皮纸很多，最有名的是产于浙江开化的开化纸，南方称为"桃

① （南朝宋）范晔：《后汉书》，2513 页，北京，中华书局，1965。
② （明）宋应星：《天工开物》，219 页，北京，商务印书馆，1954。
③ 关于棉花在中国的种植及使用，参见孙机：《中国古代物质文化》，84～88 页，北京，中华书局，2014。

花纸"，质地柔润，洁白如玉，纸虽薄而韧性强。清代武英殿和扬州书局印书，多用开化纸。开化县又有开化榜纸，较开化纸略厚，颜色发乌，清代嘉道年间部分殿版书曾用此纸刷印。

宣纸是用青檀树皮及稻草制成的，原产唐初宣州泾县，因在宣城（今属安徽）一带集散而得名。檀皮加入较多者称"皮宣"，质佳；檀皮加入量少者称"草宣"，质略差。宣纸还有许多名目，如棉连纸、料半纸、玉版宣纸等。诸纸厚薄不同，但均颜色洁白，匀净细腻，绵软而有韧性，吸水性特别好，从而成为皮纸中的代表性品种，在当下甚至成为中国古纸的共名。

3. 竹纸

竹纸以竹子为主要原料，将竹子的整枝茎秆枝叶，经多道工艺程序加工制成。明末宋应星的《天工开物》中对竹纸的生产工艺过程有详细记载。竹纸至晚出现于唐末，宋元时建本图书大多数是用竹纸刷印的。明末以至整个清代，竹纸更是图书文献的主要用纸。竹纸的特点是纤维细而短，纸面光亮平滑，不起毛，纤维束成硬刺形，转处见棱角。宋元间竹纸帘纹极阔，明万历以后则明显变窄。竹纸品类极多，有毛边纸、毛太纸、连史纸、太史连纸、洋粉连纸等。

毛边纸呈米黄色，正面光润，背面稍涩，韧性较差，质地略脆。清代乾隆以后，印书用毛边纸最多。毛太纸与毛边纸相似，但略薄，纸幅也稍小。清代同光年间用毛太纸印书较多。

连史纸洁白匀净，纸料很细，是竹纸中质量较好的一种。太史连纸白中略显淡黄，质地细润，绵软而有韧性，清代内府印书有时使用此纸。洋粉连纸为机制纸，色灰白，正面光滑有亮光，背面涩滞，薄而且脆。清末民初的石印本和铅印本多用此纸。

四、装帧形式

中国古代简帛图书、纸写本书和印本书的装订形式是不相同的，以下分别加以介绍。

（一）简帛图书的装订形式

简是一种用竹子或木头剖成的细窄长条，在上面可以用毛笔书写文字。许多根简用带子编连起来，就成为"册"。编简成册，一般用两道编，将长简固定牢固也有用三道编甚至四道编的，也有只在简的一端系一道编的。编简用的带，有丝绳、皮带两种。丝质的称"丝编"，牛皮的称"韦编"。书卷成一卷，称为一篇。一部书常由许多篇组成，为防散乱，便将一部书的许多篇用一层竹纸或帛制的外衣裹起来，称为一帙；或用口袋盛放，称为一囊。书帙、书囊的名称就是这样得来的。简策制度是中国最早的书籍制度。

帛是一种素白的丝织品，幅宽面长，在上面书写、绘图都相当便捷。帛书的装订形式如下：或一反一正折叠存放，类似后世的经折装；或卷成一卷，讲究的还在左端粘接一轴，成为后世卷轴装的鼻祖。帛书一般以卷为计量单位。

（二）纸写本书的装订形式

纸写本书的装订形式，有卷轴装、旋风装、梵夹装、经折装等。

早期的纸写本书，受简册形制和帛书形制的影响，大都采用"卷轴装"的形式，唐及唐以前，皆是如此。韩愈的《韩昌黎集》卷七《送诸葛觉往随州读书》说："邺侯家多书，插架三万轴。——悬牙签，新若手未触。"① 邺侯指京兆人李泌，德宗时被封为邺侯，家富藏书，与韩愈是同时人。欧阳修的《归田录》卷下说："唐人藏书，皆作卷轴。"② 卷轴装的方法如下：将一张张纸连接成长幅，以木棒等为轴，粘于纸的左端，以此为轴心，自左而右卷成一卷。但简单的也有不用卷轴而径直舒卷的。考究的则在卷的右端再粘接一张空白纸，或用丝织品裱糊粘接，称为"褾"或"玉池"，俗称"包头"；其前端中间还要系上一根丝带，用来捆扎卷子；轴头挂一牌子，标明书名、卷次等，称为"签"。如《旧唐书·经籍志》载唐代宫廷藏书时说："经库皆钿白牙轴，黄带，红牙签；史书库钿青牙轴，缥带，绿牙签；子库皆雕紫檀轴，紫带，碧牙签；集库皆绿牙轴，朱带，白牙签，以为分别之。"③

"旋风装"是在卷轴装的底纸上，将写好的书页按顺序自右向左先后错落叠粘，因舒卷时宛如旋风，所以得名。又因其展开后形拟龙鳞，所以又称"龙鳞装"。唐代吴彩鸾所书龙鳞装《刊谬补缺切韵》，迄今保存在故宫博物院，是宋代的原装。

古代将印度贝叶经的装订形式称为"梵夹装"。贝叶经又称"贝编"，是用生长在南亚次大陆的一种贝多罗树的树叶加工制成长条形的书叶，将许多这样的书页整齐地叠放在一起，上下用木板夹起来，再在中间穿两个眼，用绳子穿扎起来，或不穿眼而直接从外面捆扎起来，成为一部。中国的纸写本佛经也多有采用梵夹装的，如现存的蒙文、藏文《大藏经》。

"经折装"受卷轴装影响，元代吾衍的《闲居录》说："古书皆卷轴，以卷舒之难，因而为折。久而折断，复为簿帙。原其初，则本于竹简、绢素云。"④ 其制仍将一张张纸粘接成长条，用类似于帛书的叠放方式，将纸卷一反一正地反复折叠成长方形的折子，然后模仿梵夹装的做法，在纸的前后分别粘接上两块硬纸板或木板，作为保护图书的封面和封底。

（三）印本书的装订形式

印本书的装订形式有蝴蝶装、包背装、线装等，总称"册叶制度"。所谓"册叶制度"，是指分叶装订成册的纸质文献。

"蝴蝶装"又称"蝶装"，因书页展开形似蝴蝶而得名。其装订方法是：先将每一印页由书口向内对折，使有字的纸面对折起来，然后将每一书页背面的中缝粘在一张裹背纸上，再装上硬纸做封面，便成为一册蝴蝶装的图书。大约在北宋，蝴蝶装逐步

---

① （唐）韩愈：《韩昌黎集》，85 页，上海，商务印书馆，1933。
② （宋）欧阳修：《归田录》，26 页，上海，上海古籍出版社，2012。
③ （后晋）刘昫等：《旧唐书》，2082 页，北京，中华书局，1975。
④ （元）吾衍：《闲居录》，14 页，北京，中华书局，1991。

取代经折装，成为儒家经典及一般书籍的装订方式，流行于宋元两代。《明史·艺文志》称："先是，秘阁书籍皆宋、元所遗，无不精美，装用倒摺，四周外向，虫鼠不能损。"①

在南宋末年，有人将书页有字的一面向外对折，使版心成为书口，而将书页两边的余幅粘在一张裹背纸上，或先用纸捻穿起来再行粘贴，这便成为"包背装"图书。包背装在元代和明初很流行，到明中叶以后才逐渐被线装的形式所代替。

"线装"兴起于明代中叶，源于包背装。其折叠书页和穿纸捻的方法与包背装一样，但不再用一张裹背纸包背，而改为前后各加一书皮，然后打眼穿线，装订成册。一般有四针眼、六针眼、八针眼等装订法，有时也采用"包角装"或"包脊装"。线装书是目前最常见到的古籍装订形式。另外，如果只用纸捻，而不打眼穿线，就是所谓"毛装"。

近代以来，印本书的装订形式又有平装、精装等形式。

以上所述写本书与印本书的不同装订形式只是按时代与形式的笼统划分。其实，进入印本时代后，依然产生了很多抄本，其装订也有蝴蝶装、包背装或线装，而印本书也偶有使用卷轴装或经折装形式的例子。

线装是中国古典文献最主要的装帧形式，甚至有很多原本以蝴蝶装或包背装流传的文献，在流传过程中也被改为了线装。线装的装帧非常完善，形成了许多固定的名目。

"书衣"，俗称"书皮"，即一册书的表面装纸，现代称为"护封"或"包封"。一般用较硬而厚的彩色纸张或彩色绢绫做成，套在图书封面之外，作为书的保护和装饰之用。书衣有单页、双页之分，单页的称"扣皮"，双页的称"筒子皮"。

"书签"，又称"浮签"，或称"书皮题签"，即书衣上所贴的纸签，也有用丝织品的，用以题写书名、卷数或册数。

"封面"在书衣之后的第一页，相当于现代的扉页，又称"书名页"，常印有书名、作者名、出版者名、刊版时间等；尤重书名的书法及题写人的署名，常常再用薄纸覆罩其上。

"封里"，俗称"封二"，即封面的背面，多为空白，也有印有文字的。

"扉页"，指书衣与封面之间的空白页。加在前面的称"前扉"，加在后面的称"后扉"，也叫"副页"。其功用是保护正文书页，还能防潮防虫，所以又称"护页"。扉页上还可题字。

"衬页"，指衬在书前书后的空白页。

"书脑"，指线装书书叶左右边栏以外供钻孔订线的空白处。因为它是装订时的关键位置，书册形式固定的枢纽，所以称"书脑"。

"书背"，又称"书脊"，指书页装订缝合之处的侧面，犹如一书的脊背。

"书根"，指每册书最下端的侧面切口部分。线装书在书架上只能平放，因而藏书

---

① （清）张廷玉等：《明史》，2344 页，北京，中华书局，1974。

家就在书根上写明书名、卷数或册数，以便于检查整理。

"书首"，又称"书头"，指每册书最上端的侧面切口部分。

"书角"，指一本书右侧的上下两隅。比较珍贵的书，在装订时常用湖色或蓝色绫子将书角包起，称"包角"。

"函"，又称"函套"，用来装置书籍。函套的种类有书套、纸匣、木匣、夹板等。"书套"以纸板为胎，内粘纸，外贴布，上下左右包住而前后洞开的称为"四合套"，四周上下六面包严，称"六合套"。在开函处制成月牙状的，称"月牙套"；在开函处制成云状或环状的，称"云头套"。"纸匣"以纸做原料，由内三面书匣与外五面匣套两部分组成，从书匣的纵侧面开启，而在另一固定纵侧面上书写书名、著者、书号、卷、册、函数等。"木匣"以楠木等硬木为材，制成五面封闭匣套，盛书时另用两块木块夹垫在书的上下。"夹板"是从木匣简化而来的，用纸带通过上下两块夹板上的扁孔，将书紧紧系牢。

思考与练习

1. 汉字在历史发展演变过程中，有哪些重要的字体？不同字体与其书写材料之间有何关系？

2. 简单说说中国古代的标点符号。说说为什么中国古代文献一般不用标点符号。

3. 中国古代文献所用的纸张都有哪些种类？这些纸张各有什么特点？

4. 册叶制度包括哪些装订形式？它们各自有什么特点？

5. 简单说说古代印本书的版式。

6. 简单说说古代印本书的装帧形式。

第二节　古典文献的类型

文献的抽象形态，包括文献的知识、类型与体例。知识内容是构成文献的必要因素，任何一部文献都包含着真实或虚假、有用或无用的知识内容。而类型与体例则是知识内容的表现形式，文献的类型指文献知识内容外在的分门别类，文献的体例指文献知识内容内在的组织结构和表述方式。

中国古典文献按照不同的标准，可以划分为不同的类型。本章重在分析古典文献的形态，因此主要以文献的编撰方式和文献的出版物形式为标准，分别介绍中国古典文献的各种类型。至于古典文献知识内容的传统类型，即习见的经、史、子、集四部分类，将在第四章第四节有关古籍目录的分类中加以评述。

一、编撰方式的类型

（一）编撰方式的类别

中国古代文献以编撰方式为标准，可分为作、述、纂三种类型。

"作"，即"著作"，是前无所承，独出心裁，创造发明的论著，古人亦称"著""造""撰"。王充的《论衡》卷二十九《对作篇》说："造端更为，前始未有，若仓颉作书，奚仲作车是也。《易》言伏羲作八卦，前是未有八卦，伏羲造之，故曰作也。"①

"述"，即"编述"，是凭借旧有的文献典籍，用新创的体例，重新加以剪裁、编次、整理的图书。《论语·述而》载孔子之说："述而不作，信而好古。"

"纂"，即"纂辑"，是将原有的纷杂的文献材料，加以分门别类地抄录、编辑的资料集，古人亦称"辑"或"论纂"。

著作、编述和纂辑这三者之间的区别，在古人看来是非常清楚的，也是非常重要的。如《礼记·乐记》说："故知礼乐之情者能作，识礼乐之文者能述。作者之谓圣，述者之谓明。明圣者，述作之谓也。"孔颖达对该段的解释是："凡制作者，量事制宜，既能穷本知变，又能著诚去伪，所以能制作者……述，谓训说义理，既知文章升降，辨定是非，故能训说礼乐义理，不能制作礼乐也。"② 清人焦循在《雕菰集·述难篇》对此又加以解释说：

> 人未知而己先知，人未觉而己先觉，因以所先知先觉者教人，俾人皆知之觉之，而天下之知觉自我始，是为"作"。已有知之觉之者，自我而损益之；或其意久而不明，有明之者，用以教人，而作者之意复明，是之谓"述"。③

西汉时司马迁修《史记》，上大夫壶遂比之为孔子修《春秋》，司马迁不以为然。他在《史记·太史公自序》中郑重地说明："余所谓述故事，整齐其世传，非所谓作也，而君比之于《春秋》，谬矣。"④ 可见司马迁仅认定自己做的是编述的工作，而不敢以作者自居，这当然是自谦之辞。

东汉时王充写作《论衡》，有人颂扬他的书是伟大的著作，他却郑重其事地在《论衡·对作篇》中声明：

> 非作也，亦非述也，论也。论者，述之次也。《五经》之兴，可谓作矣。《太史公书》、刘子政《序》、班叔皮《传》，可谓述矣。桓君山《新论》，邹伯奇《检论》，可谓论矣。今观《论衡》《政务》，桓、邹之二论也，非所谓作也。造端更为，前始未有，若仓颉作书，奚仲作车是也。《易》言伏羲作八卦，前是未有八卦，伏羲造之，故曰作也。⑤

① 黄晖：《论衡校释》，1181 页，北京，中华书局，1990。
② （清）阮元：《十三经注疏》，1530 页，北京，中华书局，1980。
③ （清）焦循：《雕菰集》，103 页，北京，中华书局，1985。
④ （汉）司马迁：《史记》，3299～3300 页，北京，中华书局，1950。
⑤ 黄晖：《论衡校释》，1180～1181 页，北京，中华书局，1990。

张舜徽解释说："'论'的本字当作'仑'，从人册（人即集字），是集合很多简册加以排比辑录的意思。《论语》那部书的命名，便取义于此。"①《汉书·艺文志》说："《论语》者，孔子应答弟子时人及弟子相与言而接闻于夫子之语也。当时弟子各有所记，夫子既卒，门人相与辑而论纂，故谓之《论语》。"② 则《论语》从孔子弟子的角度来看，堪称最早的纂辑之书。

章学诚在《文史通义》卷五《答客问中》也说："天下有比次之书，有独断之学，有考索之功，三者各有所主，而不能相通。"③ "比次"者，整齐其故事，犹言"纂"；"独断"者，别出其心裁，犹言"作"；"考索"者，钩稽其疑难，犹言"述"。

除此之外，翻译也是文献的一种编撰方式。在中国古代即有佛典翻译、西方学术翻译等。

（二）著作的模仿

著作贵在独创，是一种创造性的写作。著作的内容，无论是抒情，是记事，还是说理，都应有一个基本的要求，即前所未有，独铸伟辞。倘若人云亦云，雷同附响，那就称不上是著作。

但是，历代文人却多有以模仿古人著书为能事者，其目的无非是想以文章成名，以求信今而传后，西汉末年的扬雄最为突出。班固在《汉书·扬雄传》曰：

> 其意欲求文章成名于后世，以为经莫大于《易》，故作《太玄》；传莫大于《论语》，作《法言》；史篇莫善于《仓颉》，作《训纂》；箴莫善于《虞箴》，作《州箴》；赋莫深于《离骚》，反而广之；辞莫丽于相如，作"四赋"；皆斟酌其本，相与放依而驰骋云。④

可见扬雄一生的著作，几乎没有一种不是模仿古人的。

宋人孙奕在《履斋示儿编》卷七谈到历代仿古写书的情况时说：

> 作经以拟圣者，其后儒之僭者乎？自非僭者，则扬雄不作《太玄经》以拟《易》，王长文亦不作《通元经》以拟《易》，刘向不作《洪范五行传》以拟《书》，陈黯亦不作《禹谟》以拟《书》。而虞卿《春秋》《吕氏春秋》《楚汉春秋》《吴越春秋》《晋春秋》《唐春秋》之类无闻焉；《汉尚书》《隋尚书》《后汉尚书》《汉魏尚书》《续书》《续尚书》之类，无有焉。扬雄不作《法言》以拟《论语》之精微，王通不作《中说》以拟《论语》之蕴奥。呜呼！《孝经》，孔子所论也，孰知郭良辅又变为《武孝经》，郑氏又易为《女孝经》，以至《农孝经》、《酒孝经》纷纷而

---

① 张舜徽：《中国文献学》，33 页，郑州，中州书画社，1982。
② （汉）班固：《汉书》，1717 页，北京，中华书局，1962。
③ （清）章学诚：《文史通义》，49 页，上海，上海书店，1988。
④ （汉）班固：《汉书》，3583 页，北京，中华书局，1962。

出。《尔雅》，周公所记也，孔鲋又转为《小尔雅》，张揖又衍为《广雅》，以至《博雅》《埤雅》，诡诡而兴。配《孝经》者，又有马融之《忠经》；准《论语》者，又有宋尚宫之《女论语》；皆其僭之尤者乎！①

由此可见，仿古著书，实开中国古代著作的方便之门，成为古代著作的一种悠久的传统。这种模仿的习气发展到后世，便出现了通俗文学如戏曲小说中大量的"续书"现象，如有《西厢记》，就有《续西厢升仙记》《锦西厢》《翻西厢》等十余种续书；有《琵琶记》，就有《续琵琶记》；有《水浒传》，就有《续水浒传》《后水浒传》；有《金瓶梅》，就有《续金瓶梅》；有《牡丹亭》，就有《续牡丹亭》；至《红楼梦》出，更有《续红楼梦》等续书，多达三十余种。

（三）编述的体例

在中国古代文献中，以编述的作品为最多，作用也最大。有的偏重于纂辑言论，如《吕氏春秋》共有八《览》、六《论》、十二《纪》，编述了诸家学说；其后如刘向的《说苑》，黄宗羲的《宋元学案》《明儒学案》等，都是这类书籍。有的偏重于编述史料，如司马迁的《史记》，其《报任少卿书》说："网罗天下放失旧闻，略考其行事，综其终始，稽其成败兴坏之纪，上计轩辕，下至于兹，为十表、本纪十二、书八章、世家三十、列传七十，凡百三十篇，亦欲以究天人之际，通古今之变，成一家之言。"②

编述的作品，往往以新创的体例，驾驭、整理旧有的文献资料，删繁就简，译古为今，直接给予接受文化遗产的人们以莫大的帮助，也有利于促进学术研究工作。

编述与纂辑在体例上，有两点主要的区别。

第一，编述是将旧有的纷杂散乱的文献资料，经过钩玄提要、整理融汇，重新写作成为综合而系统的书籍，以崭新的面貌出现。因此，编述的作品不必像纂辑的作品那样标明资料出处，说明来源根据。如司马迁以下的历代史书，无论是纪传体还是编年体，莫不如此。

第二，编述的作品，如果偏重于编述史料的话，在行文时，一般要将所采用的古代文献，用当代的语言文字加以翻译，以便当代的人们读懂。司马迁的《史记》即多采《尚书》，如《五帝本纪》采用《尧典》，《夏本纪》采用《禹贡》《皋陶谟》，《殷本纪》采用《汤誓》，《周本纪》采用《牧誓》《吕刑》，《周公世家》采用《金縢》《无逸》《多士》，《燕世家》采用《君奭》，《卫康叔世家》采用《康诰》，《微子世家》采用《微子之命》《洪范》，《晋世家》采用《文侯之命》，等等。司马迁凡采《尚书》之处，概用汉代通行的文字代替原文中古奥的字句。如《尧典》的"克明峻德"，《五帝本纪》改为"能明驯德"；《尚书》的"庶绩咸熙"，《史记》改为"众功皆兴"。这都是据训诂的原则，用同一意义的今字去代替经典中的古字，使之变为后人易懂的文辞。宋代司

① （宋）孙奕：《履斋示儿编》，63页，北京，中华书局，1985。
② （梁）萧统编，（唐）李善注：《文选》，1865页，上海，上海古籍出版社，1986。

马光编述《资治通鉴》，也多沿用此法。

（四）纂辑的特点

古代一切比较纷杂的文献资料，都可以用分门别类的方法，抄录排比，使之成为门类明晰、眉目清楚、有体系、有条理的类书。所以类书完全是纂辑而成的。不仅《群书治要》《北堂书钞》《艺文类聚》《太平御览》《册府元龟》《永乐大典》《古今图书集成》等是类书，即如马端临的《文献通考》、朱熹的《小学》、黄宗羲的《宋元学案》之类，亦具备类书的特点。这些图书的主要特征是广泛搜辑材料，用新定的体例，加以有序化的排列，为人们提供便于检寻和阅览的参考资料。《四库全书总目》卷一百三十五子部"类书类序"说："此体一兴，而操觚者易于检寻，注书者利于剽窃，转辗稗贩，实学颇荒。然古籍散亡，十不存一，遗文旧事，往往托以得存……要不可谓之无补也。"①

章学诚特别强调"比次之书"的作用，他在《文史通义》卷五《答客问中》说："若夫比次之书，则掌故令史之孔目，簿书记注之成格，其原虽本柱下之所藏，其用止于备稽检而供采择，初无他奇也。然而独断之学，非是不为取裁；考索之功，非是不为按据。如旨酒之不离乎糟粕，嘉禾之不离乎粪土，是以职官故事，案牍图牒之书，不可轻议也。"同卷《答客问下》又把"比次之书"拟之为糟粕与粪土，"斯非贬辞也，有璞而后施雕，有质而后运斤"②。这就是说，纂辑之书若能给研究者、著述者提供正确的、有用的材料，就能"化朽腐而出神奇"。

因此，纂辑之书最重要的要求，就是正确和实用。正确，指的是抄录的材料版本可靠，出处清楚，文字无误。实用，指的是分类排比的方法体系井然，条理清晰，逻辑严密。如果不正确，则纂辑之书只是一无是处的废纸；如果不实用，则纂辑之书犹如治丝益棼的乱麻。因此，从事纂辑工作的研究者，既要有高明的学术眼光，也要有一丝不苟的敬业精神。

二、出版物形式的一般类型

中国古代文献根据出版物的形式，可分为两大类：一类是一般类型，包括单行文献、别集、总集、丛书等；另一类是特殊类型，包括邸报、文书、信札、契约、档案、类书、政书、表谱、图录、方志等。本书仅介绍一般类型。

（一）单行文献

单行文献是以个别的形式单册抄写或印行的各种文献，在古典文献中主要是指个别独立单行图书。

单行文献其源最古，流传甚广，如《周易》《尚书》《诗经》等经部书籍，《左传》《国语》《战国策》《史记》《汉书》《史通》等史部书籍，《论语》《老子》《庄子》《孟子》《吕氏春秋》《论衡》等子部书籍，《吴越春秋》《搜神记》《世说新语》等笔记类书

---

① （清）永瑢等：《四库全书总目》，1141 页，北京，中华书局，1965。

② （清）章学诚：《文史通义》，50～52 页，上海，上海书店，1988。

籍，《文心雕龙》《诗品》《西厢记》《三国演义》《红楼梦》等文学类书籍，都可囊括其中。

单行文献，有的本来就是个别独立单行的作品或著作，有的则是从一种或多种著作中抽选出一篇或多篇独立的作品单册抄写或印行的图书。

总集、别集、丛书未盛行时的文献，多为单行文献。即使总集、别集、丛书流行以后，仍有许多文献在其问世之初，也多以单行的形式流传于世。因此，单行文献往往是一书的祖本，具有极高的版本价值，是校勘、考订古典文献的重要依据。

（二）别集

别集是按照一定的体例汇集一位作者的单篇作品的图书文献。

从广义上说，先秦子书即后世的别集。但是一般认为，严格意义上的别集起源于汉代。《隋书·经籍志》说：

> 别集之名，盖汉东京之所创也。自灵均已降，属文之士众矣，然其志尚不同，风流殊别。后之君子，欲观其体势，而见其心灵，故别聚焉，名之为集。①

《四库全书总目》卷一百四十八的"别集类叙"也说：

> 集始于东汉，荀况诸集，后人追题也。其自制名者，则始张融《玉海集》。其区分部帙，则江淹有《前集》，有《后集》……其体例均始于齐、梁。盖集之盛，自是始也。②

二书所论，如果是就别集之名而言，是正确的；如果是就别集之实而言，则是错误的。

章学诚在《文史通义》卷一《诗教上》认为："周衰文弊，六艺道息，而诸子争鸣。盖至战国而文章之变尽，至战国而著述之事专，至战国而后世之文体备。故论文于战国，而升降盛衰之故可知也……后世之文，其体皆备于战国，何谓也？曰子史衰而文集之体盛，著作衰而辞章之学兴。文集者，辞章不专家，而萃聚文墨以为蛇龙之沮也。"③ 他在《文史通义》卷三《文集》又说："周、秦诸子之学……专门传家之业，未尝欲以文名。苟足显其业，而可以传授于其徒，则其说亦遂止于是，而未尝有参差庞杂之文也。两汉文章渐富，为著作之始衰。然贾生奏议，编入《新书》；相如词赋，但记篇目；皆成一家之言，与诸子未甚相远，初未尝有汇次诸体，裒焉而为文集者也。"章学诚接着又说《后汉书》"所次文士诸传，识其文笔，皆云所著诗赋碑箴颂诔若干篇，而不云文集若干卷，则文集之实已具，而文集之名犹未立也"。④

① （唐）魏徵等：《隋书》，1081 页，北京，中华书局，1973。
② （清）永瑢等：《四库全书总目》，1271 页，北京，中华书局，1965。
③ （清）章学诚：《文史通义》，17～19 页，上海，上海书店，1988。
④ （清）章学诚：《文史通义》，85 页，上海，上海书店，1988。

余嘉锡据以申论说："周、秦、西汉之人，学问既由专门传受，故其生平各有主张，其发于言而见于文者，皆其道术之所寄……则虽其平日因人事之肆应，作为书疏论说，亦所以发明其学理，语百变而不离其宗，承其学者，聚而编之，又以其所见闻，及后师之所讲习，相与发明其义者，附入其中，以成一家之学。故西汉以前无文集，而诸子即其文集。非其文不美也，以其为微言大义之所托，言之有物，不徒藻绘其字句而已。"① 余氏勾辑周、秦、西汉诸子之赋、诗、诏、策、令、上书、疏、书、设论、序、颂、论、箴、铭、对等各种文体，以为证据。又说："故疑西京之末，已有别集。班固录扬、刘之文，即就本集采掇之耳。"②

《汉书》卷六十五《东方朔传》结合东方朔的生平事迹，依次列举了《谏除上林苑》《化民有道对》《答客难》《非有先生论》等文，传末又详列传主的其他著述，云：

> 朔之文辞，此二篇最善。其余有《封泰山》《责和氏璧》及《皇太子生禖》《屏风》《殿上柏柱》《平乐观赋猎》，八言、七言上下，《从公孙弘借车》，凡刘向所录朔书具是矣。世所传他事皆非也。③

所谓"刘向所录朔书"，颜师古（581—645）注云："刘向《别录》所载。"殆即刘向所整理的东方朔集，唯不知其所命名为何如而已。可见西汉末年已有别集之实，而无别集之名，余嘉锡所言为是，而章学诚失于深考。

在中国古代，别集可由作者自编，而更多的是由他人编辑。就编纂体例而言，别集有以下两种：一是收集一位作者的全部单篇作品，犹如现今的某人之全集，如唐刘禹锡编的《柳河东集》；二是收集一位作者的部分单篇作品，犹如现今的某人之选集，如唐皮日休自编的《皮子文薮》，选录的都是他前期的作品。

就编排方式而言，别集可分为四类。

第一，按分体编排的别集。这一类在古代文学别集中最为常见。如唐李白的《李太白集》30 卷，卷一为古赋，卷二为古风，卷三至卷六为乐府，卷七至卷二十五为古体诗和近体诗，另有文 4 卷，诗文拾遗 1 卷。

第二，按编年编排的别集。如唐杜甫撰、清仇兆鳌编注的《杜少陵集详注》，共 25 卷，卷一至卷三作于"安史之乱"前，卷四至卷七作于"安史之乱"时，卷八至卷九（前半部）是赴四川途中所作，卷九（后半部）至卷十四是定居成都五年所作，卷十五至卷二十三是离开成都沿江东下时所作。最后两卷收表、赋、赠序和其他杂著。

第三，按作品主题分部编排的别集。如宋文天祥的《文山先生集》20 卷（四部丛刊本），分《文集》（卷一至卷十二，包括诗词文）、《指南录》、《指南后录》、《吟啸集》、《集杜诗》、《纪年录》（卷十三至卷十八）、附录（卷十九、卷二十为传记、祭文等）。

---

① 余嘉锡：《古书通例》，51～52 页，上海，上海古籍出版社，1985。
② 余嘉锡：《古书通例》，69 页，上海，上海古籍出版社，1985。
③ （汉）班固：《汉书》，2873 页，北京，中华书局，1962。

第四，兼用以上几类编排方法的别集。如宋黄庭坚的《山谷全集》凡 39 卷，《内集》20 卷为诗，编年；《外集》17 卷，第一部分为赋，不编年，第二部分为诗，编年；《别集》2 卷为诗，不编年。

别集的命名方式五花八门。有的用作者本名命名，如《骆宾王文集》《孟浩然集》等，这种命名方式在古典文献中较少，近人新编的别集则很常见；有的用作者的字、号、别名命名，如《李太白集》《玉谿生诗集》《陶渊明集》等；有的用作者的斋室命名，如《玉茗堂集》《聊斋诗集》等；有的用作者的官衔、封号、谥号命名，如《阮步兵集》（三国魏阮籍撰）、《诚意伯文集》（明刘基撰）、《范文正公全集》（宋范仲淹撰）等；有的用作者籍贯、居住地、别墅命名，如《柳河东集》（唐柳宗元撰）、《樊川文集》（唐杜牧撰）等；还有的用作者撰作编集的年代命名，如《白氏长庆集》（唐白居易撰）、《会昌一品集》（唐李德裕撰）等。

别集具有很高的文献价值。别集系统、完备地收录了某一个作家的全部或大部分作品，因此是研究某一作家及其作品的第一手材料。当然，作为第一手材料，必须细心考证别集的编辑、版本等情况，以便确认别集的可靠性。别集也是编辑总集的基础和主要依据。总集在收录作品上往往有遗漏或错讹，因而别集又可用以校补总集的遗漏，订正总集的错讹。

（三）总集

总集是按照一定的体例收录不同作者诗文作品的图书文献。

在中国古代图书文献中，春秋时代编纂成书的《诗经》应是第一部诗歌总集。但早在西汉，人们就把《诗经》视为儒家经典。从西汉刘向的《七略》开始，历代书目都将《诗经》列入"经部"，而不把它当作总集。《七略》已佚，其体例略见于班固的《汉书·艺文志》。

刘向辑录的《楚辞》，收录屈原（约前 340—约前 278）、宋玉（生卒年未详）等人的诗歌作品，原本也应属于诗歌总集。《四库全书总目》卷一百四十八《楚辞章句》的提要云：

> 初，刘向裒集屈原《离骚》《九歌》《天问》《九章》《远游》《卜居》《渔父》，宋玉《九辨》《招魂》，景差《大招》，而以贾谊《惜誓》、淮南小山《招隐士》、东方朔《七谏》、严忌《哀时命》、王褒《九怀》及向所作《九叹》，共为《楚辞》十六篇，是为总集之祖。①

但在历代书目中，又一直以"楚辞"别为一门，与集部的"总集""别集"并立。《四库全书总目》卷一百四十八"楚辞类序"称：

> 《隋志》集部以"楚辞"别为一门，历代因之。盖汉、魏以下，赋体既变，无

---

① （清）永瑢等：《四库全书总目》，1267 页，北京，中华书局，1965。

全集皆作此体者，他集不与楚辞类，楚辞亦不与他集类，体例既异，理不得不分著也。①

按《隋书·经籍志》分集部为三类：楚辞类、总集类和别集类。其"楚辞类序"云：

> 《楚辞》者，屈原之所作也……其后，贾谊、东方朔、刘向、扬雄，嘉其文彩，拟之而作。盖以原楚人也，谓之"楚辞"。然其气质高丽，雅致清远，后之文人，咸不能逮。②

既然后世文人在楚辞写作的体例与风格两方面都难以为继，那么就只能将楚辞单列一类，与后世的总集判然而别。

正因为如此，《四库全书总目》卷一百八十六"总集类序"说：

> 文籍日兴，散无统纪，于是总集作焉……《三百篇》既列为经，王逸所裒，又仅《楚辞》一家，故体例所成，以挚虞《流别》为始。其书虽佚，其论尚散见《艺文类聚》中，盖分体编录者也。③

以西晋挚虞（？—约 311）的《文章流别集》为总集编纂体例之始，其说亦本于《隋书·经籍志》：

> 总集者，以建安之后，辞赋转繁，众家之集，日以滋广，晋代挚虞，苦览者之劳倦，于是采摘孔翠，芟剪繁芜，自诗赋下，各为条贯，合而编之，谓为《流别》。是后文集总钞，作者继轨，属辞之士，以为覃奥，而取则焉。④

挚虞所作，据《隋书·经籍志》著录，有《文章流别集》41 卷（梁 60 卷），《文章流别志》《文章流别论》各两卷。"集"选录各体文章，"志"著录篇目及作家简历，"论"评述各体文章的源流、优劣，三者别名，合为一书，体例详尽完备。这是现有著录的最早的收录各体文章的著作，可惜早已佚失，唯遗残篇，无法睹其全貌。

在挚虞之前，实已有总集的编纂。现知最早的总集，是王逸（约 107—144）的"《汉诗》百二十三篇"（《后汉书》卷八十《王逸传》）。此外，见于《隋书》卷三十五《经籍志》著录，在挚虞之前或同时编纂的总集尚有：杜预（222—284）的《善文》，应璩（190—252）的《书林》，傅玄（217—278）的《七林》，荀勖（？—289）

---

① （清）永瑢等：《四库全书总目》，1267 页，北京，中华书局，1965。
② （唐）魏徵等：《隋书》，1055～1056 页，北京，中华书局，1973。
③ （清）永瑢等：《四库全书总目》，1685 页，北京，中华书局，1965。
④ （唐）魏徵等：《隋书》，1089～1090 页，北京，中华书局，1973。

的《晋歌诗》《晋燕乐歌辞》，陈寿（233—297）的《魏名臣奏事》，荀绰（生卒年未详）的《古今五言诗美文》，陈勰（生卒年未详）的《杂碑》《碑文》等。但这些总集大抵都是汇聚某一体文章为一编的，与《文章流别集》的总汇各体文章略有区别。也许正因为如此，《隋书·经籍志》才以《文章流别集》作为总集的发轫之作。从总体上说，总集兴起于曹魏、西晋之际，这是大致可以断定的。

要而言之，总集的生成，盖由于东汉末年之后，别集繁兴，所谓"众家之集，日滋以广"，于是为了避免读者翻检之劳倦，便于作者属辞之取则，各种文集总钞便逐渐涌现。由此可见，总集生成的最初动因，不是为了保存典籍，而是为了读者和作者的实用。易言之，便于读者翻检和作者取则，这是总集的原初功能。《文选》卷首载南朝梁萧统（501—531）的《文选序》说：

> 余监抚余闲，居多暇日，历观文囿，泛览辞林，未尝不心游目想，移晷忘倦。自姬汉以来，眇焉悠邈，时更七代，数逾千祀。词人才子，则名溢于缥囊；飞文染翰，则卷盈乎缃帙。自非略其芜秽，集其精英，盖欲兼功，太半难矣！①

正因为作品繁多，难于兼功，所以萧统不得不"略其芜秽，集其精英"，编为总集，以为当世作者写作的范式。上引《隋书·经籍志》所说的"属辞之士，以为覃奥，而取则焉"，《文选》卷首载唐李善（约630—689）的《唐李崇贤上〈文选注〉表》所说的"后进英髦，咸资准的"，表达的也是同样的意思。总集的这一原初功能，实本于类书。类书的功能，正如《艺文类聚》卷首载唐欧阳询（557—641）的《艺文类聚序》所说的："俾夫览者易为功，作者资其用，可以折衷今古，宪章坟典云尔。"②

至于后世，"文籍日兴，散无统纪"，为免散佚，才有了收罗全备的总集。因此，《四库全书总目》卷一百八十六"总集类序"认为，综观历代作为"文章之衡鉴，著作之渊薮"的总集，大致可分为两种：一是"网罗放佚，使零章残什，并有所归"，即从收集、保存古典文献角度出发，尽量求全求备，辑集零章散篇，汇录全文，编成全集性的总集，如《全唐诗》（清彭定求等）、《全唐文》（清董诰等）之类；二是"删汰繁芜，使莠稗咸除，菁华毕出"，即按照一定的标准和要求，择优精选，辑成选集、选本之类的总集，如《唐文粹》（宋姚铉）、《宋文鉴》（宋吕祖谦）、《国朝文类》（元苏天爵）之类。

正因为总集的原初功能是便于读者翻检和作者取则，因此从挚虞的《文章流别集》发端，"类聚区分"③、"分体编录"④，即区别不同文体加以选编著录，便成为总

---

① （梁）萧统编，（唐）李善注：《文选》，2页，上海古籍出版社，1986。
② （唐）欧阳询：《艺文类聚》，27页，上海，上海古籍出版社，1965。
③ （唐）房玄龄：《晋书》，1427页，北京，中华书局，1974。
④ （清）永瑢等：《四库全书总目》，1685页，北京，中华书局，1965。

集的基本编纂体例。因为分体编录，以类相从，使用者就可以便捷地"按图索骥"，根据自身写作的需要，翻检和阅读前人的相关作品，作为写作的楷模。清代胡以梅在《唐诗贯珠笺释·凡例》云："分类之法，原为学者读时可广眼界，作时可备考索。"因此早期总集基本的编纂体例便是"分体编录"，如挚虞的《文章流别集》、南朝梁萧统的《文选》等都是如此。由此而派生出一种别体，即辑录一代或历代同一体裁作品的总集，如南朝徐陵（507—583）的《玉台新咏》。

就编排方式而言，总集可分为以下三个种类。

第一，按时代编排的总集。有通代总集，即收录几个相连的历史朝代的作品的总集，如南朝梁萧统的《文选》、清严可均的《全上古三代秦汉三国六朝文》等。也有断代总集，即收录一个朝代的作品的总集，如宋姚铉的《唐文粹》、宋吕祖谦的《宋文鉴》等。

第二，按作品体裁编排的总集。有专辑历代（包括通代和几个朝代）同一体裁的作品的总集，如南朝徐陵的《玉台新咏》、清陈元龙等的《历代赋汇》等；有专辑一代某一种体裁的作品的总集，如《全唐诗》等；还有汇集历代各种体裁的作品的总集，如《文选》《文苑英华》等。

第三，按流派或宗派编排的总集，如《西昆酬唱集》《花间集》等。

总集具有多方面的文献价值。总集保存的大量文献资料，对于查考某一时代某一体裁的作品，提供了比较系统完备的资料。总集具有辑佚价值。有的总集成书较早，保存了不少后来亡佚的材料。如《文苑英华》所收集的文献，有的为各家别集所遗漏，有的各家别集久已亡佚而从中辑出佚文尚可成书。如李商隐的《樊南甲乙集》早已失传，现有本子即从《文苑英华》中辑出的。张说的《张燕公集》虽有传本，但只有 25 卷，较原本少 5 卷，用《文苑英华》互校，可以补出遗漏的杂文 61 篇。总集还具有校勘的价值。由于有的总集成书较早，所据文献较为可靠，因此后世多借以校订其他的总集和别集。如《柳宗元集》《韩愈集》《白居易集》等唐人文集的校勘，就多取助于《文苑英华》。

（四）丛书

丛书是按一定的原则（或属同一时代，或属同一地区，或属同一学科，或属同一作者），采用相同或相似的物质形式（同一版面，同一装订），把一些著作汇抄或汇刻在一起，标以一个统一的名称的系列书籍。也可以说，凡汇辑两种以上书籍，不论其中每种书籍首尾是否完整，篇幅分量多少，只要有统括全书的总名的，都可以称为"丛书"。丛书又称"汇刻""合刻""丛刻""丛编""类编""全书"等。

清钱大昕的《潜研堂文集》卷三十《跋百川学海》说："荟粹古人书，并为一部，而以己意名之，始于左禹锡《百川学海》。"① 而清末缪荃孙的《艺风藏书续记》卷五说："《儒学警悟》四十卷，明钞本，宋太学俞鼎孙同上舍兄经编……此书世所罕见……是编大典时，即未见此书，并不知其为丛书……此书序于嘉泰壬戌，先

---

① （清）钱大昕：《潜研堂文集》，470 页，上海，商务印书馆，1936。

《百川学海》七十二年，得不推为丛书之祖耶?"《儒学警悟》虽为中国最早的综合性丛书，但一向只有抄本流传，直至 1922 年武进陶湘始为刊行。而《百川学海》刻于宋度宗咸淳九年（1273），流传较广，是中国最早刻印的一部丛书，其影响远大于《儒学警悟》。

从广义上说，东汉灵帝熹平四年（175）下令写刻的《周易》《尚书》《鲁诗》《仪礼》《春秋》五经，以及《公羊传》《论语》，史称"熹平石经"，汇录诸经，已经初步具备丛书的性质，只是未尝定出总名。到南朝时，已有人开始编纂丛书。据《隋书·经籍志》载，南齐陆澄将《山海经》以来 160 家有关地理的著作辑成《地理书》149卷，梁朝时任昉（460—508）增补 84 家，合成《地记》252 卷。

《四库全书总目》卷一百二十三"子部·杂家类·杂编之属"按语说："古无以数人之书合为一编，而别题以总名者。惟《隋志》载《地理书》一百四十九卷，《录》一卷……又载《地记》二百五十二卷。……是为丛书之祖。然犹一家言也。左圭《百川学海》出，始兼裒诸家杂记。至明而卷帙益繁。"① 的确，丛书至明代始盛行于世。据不完全统计，明清两代所编刻的丛书约有 3000 种。清张之洞的《书目答问》将丛书单独立为一大部类，认为丛书"其中经、史、子、集皆有，势难隶于四部，故别为类"②。这就开创了经、史、子、集、丛的目录"五分法"。

就丛书所汇集的书籍的内容而言，丛书大致可分为如下五类。

第一，汇集某一时代著作的断代性丛书。如《汉魏丛书》及明末钟人杰、张遂辰辑《唐宋丛书》103 种，分经翼、别史、子余、载籍四类，取材于《说郛》，多为删节之本。

第二，汇集某一地方历代著作的地方性丛书。我国第一部地方性丛书，是明天启三年（1623）海盐县知县樊维城刊刻的《盐邑志林》。清光绪中王灏辑《畿辅丛书》170 种，收集河北乡邦文献，自周秦至明清的著作，合刻成书。清李兆洛的《养一斋文集·邵子显娄东杂著序》称许地方性丛书说："蒙窃尝谓丛书之刻，当随乎人所居都邑，萃其乡先哲所著述，编而录之。或关于土风民俗之迁变，或究于贤人才士之出处，或辨于贞义士女之事实。耳目亲切，可无讹淆；见闻称说，足资法戒。其有达官贵士，条记国故，借资多闻；素族通儒，殚心名理，以开夕秀。乃文献之总持，辀轩之先路，无泛杂之病，而收切近之效者也。"③

第三，汇集某一学科或门类著作的专科性丛书。如明嘉靖间陆楫所辑《古今说海》135 种，分说选、说渊、说略、说纂四部，多选杂记传奇，尤以唐宋小说最多，是我国最早的小说专门丛书。此外，关于小学的，有《五雅全书》《小学汇函》《许学丛书》等；关于经学的，有《经苑》《古经解汇函》《皇清经解》等；关于史地的，有《史学丛书》《舆地丛书》等。

① （清）永瑢等：《四库全书总目》，1064 页，北京，中华书局，1965。
② （清）张之洞：《书目答问二种》，250 页，北京，生活·读书·新知三联书店，1998。
③ 《清代诗文集汇编》编纂委员会：《清代诗文集汇编》第 493 册，56 页，上海，上海古籍出版社，2010。

第四，汇集某一作者所著的个人丛书。虽然该类丛书也常标以"全集"之名，但是与别集中的"全集"汇集一位作者的全部单篇作品不同，该类丛书主要指汇集一位作者的全部单行著作。如明天顺六年（1462）刊《欧阳文忠公全集》，除收录了《居士集》50 卷、《外集》25 卷以外，还收录了欧阳修的《易童子问》《外制集》《内制集》《奏议集》《归田录》《近体乐府》《集古录跋尾》《书简》等著作。

第五，汇集各种著作的综合性丛书。如清乾隆间鲍廷博、鲍士恭辑《知不足斋丛书》30 集 207 种，选采经史考证、算书、金石、地理、书画、诗文集、书目等著作。又如清乾隆间官修《四库全书》，是中国古代最大型的综合性丛书。20 世纪辑印的综合性丛书，当以商务印书馆的《四部丛刊》和中华书局的《四部备要》规模最大，影响最广。最新辑印的大型综合性丛书，则有《四库全书存目丛书》《四库全书未收书辑刊》《四库全书禁毁书辑刊》《续修四库全书》等。

丛书规模巨大，一般都搜罗了大量古典文献，并往往汇刊了不少罕见的书籍，对学术研究具有重要的文献价值。丛书是把许多著作汇刻在一起的，得到一部丛书，就可以得到多种文献，或者得到其中一部著作，就可以了解到查找同一部丛书中其他著作的线索。因此丛书具有检索文献的重要作用。丛书又是校勘、考订古典文献的重要依据。

思考与练习

1. 简述作、述、纂三种编著方式的基本特征。
2. 别集有哪些编排方式？请各举一例加以说明。
3. 简述总集的体例和总集的种类。
4. 举例说明不同种类的丛书各自的特点。

第三节　古典文献的体例

凡读古人之书，必须了解当时著书的体例。俞樾的《古书疑义举例序》说："夫周、秦、两汉，至于今远矣。执今人寻行数墨之文法，而以读周、秦、两汉之书，譬犹执山野之大，而与言甘泉、建章之巨丽也。"[①] 俞樾所说的"文法"，主要指古书中的文字、语法、修辞、句读的义例，而本节要说的，则是古典文献中有关作者、书名、序跋、目录、正文、成书方式等通例。

一、作者

关于古典文献的作者，一般有下述几种通例。

---

① （清）俞樾：《古书疑义举例五种》卷首，北京，中华书局，2005。

（一）古书不题作者之例

先秦文献都不题作者姓氏，流传后世的古书，凡有题署作者，都是后人妄增的。如《易·系辞传》说："《易》之兴也，其于中古乎？作《易》者，其有忧患乎？"又说："《易》之兴也，其当殷之末世、周之盛德邪？当文王与纣之事邪？"① 其辞疑而未定，是因为原书并未题为文王所作，作《易传》者无法断定该书作者为何人。而司马迁《报任安书》说"西伯拘而演《周易》"，《汉书·艺文志》说文王"重《易》六爻，作上下篇"，则皆为臆度揣测之论，不足为据。此外，对《尚书》《周礼》《仪礼》《礼记》《论语》等书，汉儒也多考述其作者，但皆不可据信。

周秦时代的文献，原本既不著姓氏，门弟子相与编录，转相传授，又有所增益，至数传之后，已难以辨清其书出于何人手笔，于是推本先师，于篇目之下题为"某子"所撰，而后人便以为"某子"即作者姓名，以讹传讹。质言之，这些著述虽然学有师法，但成书则多非出于一手。自《隋书·经籍志》以后，凡在古书下注明某人撰的，大多是误以传其学之人，即为著书之人。如《尚书·大传》著录为伏生（胜）撰，《四库全书总目》卷十二说："此《传》乃张生、欧阳生所述，特源出于胜尔，非胜自撰也。"②

至于诸经传注，授受不同，有的由时俗相传为某氏所作，有的由后人追题姓氏，大抵也不是注述者自题姓氏。《孔氏传》标题"正义"说："以注者多门，故云其氏以别众家。"③ 如《左氏传》《公羊传》《毛诗》《韩诗》之类，皆是如此。至于《齐诗》《鲁诗》，则是为了与他家相区别，不题姓氏，而题地名。至汉晋以后，各家注疏才有自署姓氏，后又有自署姓名的。如郑玄、赵岐、杜预注经，皆只称氏，尚存古风；而何休、何晏、王弼，则皆称名，已入今俗。《毛诗注疏》释"郑氏笺"三字说："不言名而言氏者，汉承灭学之后，典籍出于人间，各专门命氏，以显其家之学。故诸为训者，皆云氏不言名。"④ 宋魏了翁在《春秋左传要义》卷一《隐公元年》"杜元凯家世及所著春秋书"云：

> 不言名而言氏者，注述之人义在谦退，不欲自言其名……刘炫云："不言名而云氏者，汉承焚书之后，诸儒各载学名，不敢布于天下，但欲传之私族，自题其氏，为谦之辞。"⑤

著述不自题作者姓氏的情况，直到秦汉还是如此。如《史记·老子韩非列传》：

---

① （清）阮元：《十三经注疏》，89～90 页，北京，中华书局，1980。
② （清）永瑢等：《四库全书总目》，105 页，北京，中华书局，1965。
③ （清）阮元：《十三经注疏》，118 页，北京，中华书局，1980。
④ （清）阮元：《十三经注疏》，269 页，北京，中华书局，1980。
⑤ （宋）魏了翁：《春秋左传要义》，见《景印文渊阁四库全书》第 153 册，265 页，台北，商务印书馆，1986。

> 人或传其书至秦，秦王见《孤愤》《五蠹》之书，曰："嗟乎，寡人得见此人与之游，死不恨矣！"李斯曰："此韩非之所著书也。"秦因急攻韩。①

又如《史记·司马相如列传》：

> 蜀人杨得意为狗监，侍上。上读《子虚赋》而善之，曰："朕独不得与此人同时哉！"得意曰："臣邑人司马相如自言为此赋。"上惊，乃召问相如。相如曰："有是。"②

韩非和司马相如的著作，都没有标上姓名，所以秦皇、汉武虽亲见其书，却不知为何人所作。若非李斯与韩非同门，杨得意与相如同乡，熟知其事，竟无从得知其姓名。

汉代自著之书，有的在自序中自显姓名，如司马迁、扬雄的著作；有的在文中自称"某官臣某"，如"道家郎中婴齐""杂家博士臣贤对"之类。但汉代仍未见在篇题之下自标某人撰的体例。后人据作者在书中的自称，题其书为某人撰。所以一家之书，有传其氏而不传其名的情况；而自著之书，则有传其名而不传其氏的情况。

如果既无自序，文中又不自称姓名，时间一长，作者往往不可考见。如著名的《古诗十九首》，就都没有标明作者，刘勰在《文心雕龙·明诗》中只能猜测有的是枚乘之作，有的是傅毅之作。后人虽然多有考述，但均难以为断。《中论序》称：东汉末徐幹撰《中论》一书，"不以姓名为目"，"恐历久远，名或不传，故不量其才，喟然感叹，先目其德以发其姓名，述其雅好不刊之行，属之篇首，以为之序"③。可见东汉末年的人著书，尚多不自题姓名。

因文献不足，每书自署某人撰的情况，无法确考始于何时。但自魏、晋以降，著书自题姓名已成风气，成为著书体例。

那么如何对待不题作者之古书呢？陈启源的《毛诗稽古编》卷二十五"诗人"条说：

> 《诗》三百篇，其作者之主名，有诗人自著者，如《节南》……其余或言某大夫、某人，或言大夫，或言微臣，或言下国，或言太子傅，或并不言其人。盖古世质朴，人惟情动于中，始发为诗歌，以自明其意。非若后世能文之士，欲暴其才，有所作，辄系以名氏也。及传播人口，采风者因而得之，但欲议作诗之意，不必问其何人作也。国史得诗，则述其意而为之序，固无由尽得作者之主名矣。师儒传授，相与讲明其意，或于序间有所附益，然终不敢妄求人以实之。阙

---

① （汉）司马迁：《史记》，2155 页，北京，中华书局，1959。
② （汉）司马迁：《史记》，3002 页，北京，中华书局，1959。
③ （汉）徐幹：《中论》，1 页，沈阳，辽宁教育出版社，2001。

所不知，当如是耳。①

　　余嘉锡的《古书通例·案著录第一》引此说，云："陈氏之言，可谓通达。不惟可以解诗，即凡古书之不题撰人者，皆可以其说推之，学者可无事穿凿也。"② 对后世作者不详的书籍，我们也应采用这一方法，不必过于穿凿，更不可随意附会。

　　（二）古书假名为作者之例

　　古代有一些有权有势的人，网罗一批才智之士，代为著书立说，而自名为作者。如秦代吕不韦、汉代淮南王刘安等，都用这种方法编述图书。《史记·吕不韦传》说：

　　　　是时诸侯多辩士，如荀卿之徒，著书布天下。吕不韦乃使其客人人著所闻，集论以为八览、六论、十二纪，二十余万言。以为备天地万物古今之事，号曰《吕氏春秋》。③

《汉书·淮南王传》说：

　　　　淮南王安为人好书，鼓琴，不喜弋猎狗马驰骋，亦欲以行阴德拊循百姓，流名誉。招致宾客方术之士数千人，作为《内书》二十一篇，《外书》甚众，又有《中篇》八卷，言神仙黄白之术，亦二十余万言。④

可知《吕氏春秋》和《淮南子》都是众多士人的集体创作，吕不韦、刘安独署姓氏，以求立不朽之名，实际上至多仅为"主编"而已。

　　古书假名为作者，既有自觉自愿地借名自高的，也有强迫他人做"枪手"的，还有以假托著书为乐趣的。如《晋书·陆机传》记陆喜："其书近百篇。吴平，又作《西州清论》传于世，借称诸葛孔明以行其书也。"⑤ 明代汪廷讷、清代卢曾等，都曾托幕僚做"枪手"，为其创作戏曲作品，而自署其名，流行于世。又清嘉庆时的《太仓州志》卷六十七《杂缀》引《凤里志》载，明代《鸣凤记》传奇据说是王世贞的同乡唐仪凤所作，作成以后，送给王世贞看，王对唐说："子填词甚佳，然谓出自子则不传，出自我乃传。吾非欲掠美，正以成子之美耳。"唐答应了，王世贞送给他白米 40 石，而用自己的名义刊行《鸣凤记》。而宋人魏泰最喜著书托名他人以行，大多没有别的目的，只是一种乐趣。

　　此外，也有蓄意嫁名他人所作的，如北宋的《涑水记闻》攻击王安石隐私处颇多，后人嫁名于司马光，司马光曾孙司马伋曾上奏书，称非其祖父所作。当然，此书

---

　① （清）陈启源：《毛诗稽古编》，853～854 页，济南，山东友谊书社，1991。

　② 余嘉锡：《古书通例》，17 页，上海，上海古籍出版社，1985。

　③ （汉）司马迁：《史记》，2510 页，北京，中华书局，1959。

　④ （汉）班固：《汉书》，2145 页，北京，中华书局，1962。

　⑤ （唐）房玄龄等：《晋书》，1486 页，北京，中华书局，1974。

可能非常复杂，有学者指出，其书确为司马光所作，然一则吕夷简后人因其书多言吕氏事而颇讳其书，二则更与立太子事有关，司马伋曾就养于范冲家，范曾编此书，而此派被秦桧打击殆尽，伋因惧祸或与范划清界限，故其所言是否属实尚可商榷（参见中华书局点校本《涑水记闻》前言）。总之，据此更可知作者题名之复杂。此外，还有为泄私愤，匿名或嫁名他人以施人身攻击的，如《崇文总目》小说类记载，唐代的《补江总白猿传》即匿名攻击欧阳询为白猿之子，还有唐代托名牛僧孺作《周秦行纪》），也是很著名的例子。

（三）古书作者署名之例

汉魏六朝以后的书籍多署作者之名，其署名之例如下。

第一，标出作者姓名、字号、时代、籍贯、官职、封爵、谥号。例如，东汉蔡邕的《蔡中郎集》，题"汉左中郎将蔡邕伯喈撰"，"左中郎将"是官职，"伯喈"是字；三国魏曹植的《曹子建集》，题"魏陈思王曹植撰"，"陈"是封地，"陈王"是封爵名，"思"是谥号；南宋张炎的《山中白云词》，题"西秦玉田生张炎叔夏"，"西秦"（今甘肃天水）是他的原籍，"玉田生"是号，"叔夏"是字。

第二，标出作者和注者的姓名、时代、学衔、官职及其著作方式。例如，《史记》卷端题署："汉太史令司马迁撰、宋中郎外兵曹参军裴骃集解、唐国子博士弘文殿学士司马贞索隐、唐诸王侍读率府长史张守节正义。"

第三，标出书籍的主修、纂修、协理者及其官职等。例如，清代重修岳飞集《岳忠武王文集》，卷端题署："护理河南巡抚河南等处承宣布政使司布政使兼理河南何焴、署河南布政司河南等处提刑按察使杨景素鉴定、彰德府知府黄邦宁纂修、汤阴县知县李林校阅。"主修是某地方官，挂名组织编写审定；纂修是具体负责编写工作；协理是纂修的助手。

第四，小说、话本、杂剧等俗文学作品，因为难登大雅之堂，所以大多仅署别号、化名，如小说《金瓶梅》署"兰陵笑笑生"。有的干脆不署作者姓名，如小说《英烈传》等，署"无名氏""阙名""佚名"。

二、书名

古人著书作文，原本皆不题书名、篇名。顾炎武的《日知录》卷二十一说：

> 古人之诗，有诗而后有题；今人之诗，有题而后有诗。有诗而后有题者，其诗本乎情；有题而后有诗者，其诗徇乎物。[1]

王国维的《人间词话》卷上说：

> 诗之三百篇、十九首，词之五代、北宋，皆无题也。非无题也，诗词中之意，

---

[1]（清）黄汝成：《日知录集释》，912 页，石家庄，花山文艺出版社，1990。

不能以题尽之也。①

可知古诗篇名，多数出于后人追题。而诸子之文，一小部分成于手著的，"往往一意相承，自具首尾，文成之后，或取篇中旨意，标为题目"②；大多数由弟子编纂的，书名也出于后人追题。直至汉初著述，仍是如此。如《史记·陆贾传》载，陆贾为高帝述古今成败得失之事，作 12 篇文章，高帝极为称赏，号其书曰《新语》。《史记·孝武本纪》"索隐"说："桓谭《新论》以为太史公造书，书成示东方朔，朔为平定，因署其下。太史公者，皆朔所加之者也。"③

古代书籍命名，大致有以下五种通例。

（一）官书命名之例

上古无私学，《汉书·艺文志》说：诸子出于王官，"皆起于王道既微，诸侯力政，时君世主，好恶殊方，是以九家之术，蜂出并作"④。可见春秋以前，并无私人著作，传于后世的著作都是当时的官书。所以章学诚的《文史通义·易教上》说："六经皆史也。古人不著书，古人未尝离事而言理，六经皆先王之政典也。"⑤ 这类官书，不作于一时，不成于一人，自然不得题以姓氏，所以多标举著书之意以为书名。如《周礼·春官·太卜》注："《连山》似山出内气也，《归藏》者，万物莫不归而藏于其中。"《易·系辞传》："生生之谓《易》。"杜预的《春秋序》说："《春秋》者，鲁史记之名也，记事者以事系日，以日系月，以月系时，以时系年……年有四时，故错举以为所记之名也。"至于《诗》《书》《礼》《周官》之类，其命名之意，尤为显而易见。

另外一类古代官书，如《汉书·艺文志·六艺略》中的《司马法》《国语》《世本》《战国策》等，大抵源出古史，所以皆标举所记之事以命名其书。这是记事之书，与立言之体不甚相同。

（二）以篇名为书名之例

一般地说，摘字名书的方式要早于以义名书的方式。古书多摘首句二字（或一、三、四字）以题篇，顾炎武的《日知录》云：

> 《三百篇》之诗人，大率诗成，取其中一字二字三四字以名篇，故十五国并无一题。雅、颂中间一有之……五言之兴，始自汉、魏，而《十九首》并无题，《郊祀歌》《铙歌曲》各以篇首字为题。⑥

孔颖达在《毛诗正义》卷一《周南·关雎》疏：

① （清）王国维：《人间词话》，14 页，上海，上海古籍出版社，1998。
② 余嘉锡：《古书通例》，28 页，上海，上海古籍出版社，1985。
③ （汉）司马迁：《史记》，461 页，北京，中华书局，1959。
④ （汉）班固：《汉书》，1746 页，北京，中华书局，1962。
⑤ （清）章学诚：《文史通义》，1 页，上海，上海书店，1988。
⑥ （清）黄汝成：《日知录集释》，912 页，石家庄，花山文艺出版社，1990。

名篇之例，义无定准。多不过五，少才取一。或偏举两字，或全取一句；偏举则或上或下，全取则或尽或余。亦有舍其篇首，撮章中之一言；或复都遗见文，假外理以定称。①

如果书只一篇，即以篇名为书名。王国维的《观堂集林》卷五《史籀篇疏证序》说："《诗》《书》及周、秦诸子，大抵以首句二字名篇，此古代书名之通例。字书亦然。"②所谓"字书"，如《苍颉》《爰历》《博学》《凡将》《急就》诸篇。今《急就》篇首句即为："急就奇觚与众异。"这几部书皆只一篇，所以摘字名篇，即为书名。

而诸子之文，凡后来经门弟子纂辑成书者，大多"各记旧闻，意及则言，不为义例，或亦以类相从"③，先后本无次第。所以在编次时，大致约略字句，断而为篇，而摘首句二三字以为篇名。叶梦得的《避暑录话》卷一说："古书名篇，多出后人，故无甚理。老氏别《道》《德》为上下篇，其本意也，若逐章之名，则为非矣。惟《庄》《列》似出其自名。"④《庄子·内篇》诸篇名，虽然皆有意义，而《外篇》中的《骈拇》《马蹄》之类，仍是摘字名篇。

凡摘字为篇名或书名者，都不过是"以识篇第，本无深义"⑤，仅仅作为篇章的标识而已，与本文内容无关。

（三）以人名为书名之例

古人著书，多单篇别行，其初仅有篇名（即小题），并无书名（即大题）。例如，《史记》卷六十三《老庄申韩列传》说："作《孤愤》《五蠹》《内外储》《说林》《说难》，十余万言。"《汉书》卷五十六《董仲舒传》说："仲舒所著，皆明经术之意，及上疏条教，凡百二十三篇。而说《春秋》事得失，《闻举》《玉杯》《蕃露》《清明》《竹林》之属，复数十篇，十余万言，皆传于后世。"此外，如《史记》的《管子传》《庄子传》《商君传》《屈原传》，《汉书》的《东方朔传》等，记述传主所著之书，也都只有篇名，而无书名。因全书不可胜举，所以只随举数篇，以概其余。又如《史记》卷六十三《老子韩非列传》说："于是老子乃著书上下篇，言道德之意五千余言而去。"又于卷七十四《孟子荀卿列传》说："于是推儒、墨、道德之行事兴坏，序列著数万言而卒。"《汉书》卷四十八《贾谊传》说："凡所著述五十八篇。"卷六十六《公孙贺传》说："贺祖父昆邪……著书十余篇。"凡此等等，都只叙某人著书若干篇、若干言，而不说所著何书。这一现象，正说明古书其初本无书名，现有书名皆为后人所加。

古代诸子之书，大都只有篇名而无书名，而后世传其书者，往往以人名为书名。具体分为如下三种情况。

第一，世俗所传，即以人名为书名。如《史记》卷七十六《平原君虞卿列传》说：

① （清）阮元：《十三经注疏》，269 页，北京，中华书局，1980。
② （清）王国维：《观堂集林》，253 页，北京，中华书局，1959。
③ （清）阮元：《十三经注疏》，2457 页，北京，中华书局，1980。
④ （宋）叶梦得：《避暑录话》，14 页，北京，中华书局，1985。
⑤ 程大昌：《考古编》，10 页，北京，中华书局，1985。

"不得意，乃著书，上采《春秋》，下观近世，曰《节》《义》《称》《号》《揣》《摩》《政》《谋》，凡八篇，以刺讥国家得失，世传之曰《虞氏春秋》。"卷六十五《孙子吴起列传》说："世俗所称师旅，皆道《孙子》十三篇。"卷七十七《信陵君列传》说："诸侯之客进兵法，公子皆名之，故世俗称《魏公子兵法》。"这些书名，都不是作者自己确定的，而是由世俗之人传称后约定俗成的。

第二，时人所号，即以人名为书名。如《史记》卷六十四《司马穰苴列传》说："齐威王使大夫追论古者司马兵法，而附穰苴于其中，因号曰《司马穰苴兵法》。"卷九十七《郦生陆贾列传》说："陆生乃粗述存亡之征，凡著十二篇。每奏一篇，高帝未尝不称善，左右呼万岁，号其书曰《新语》。"可见，《司马穰苴兵法》是齐威王之大夫称定的，《新语》是汉高帝刘邦称定的，这两部书都不是著述者自定的书名。

第三，弟子或后学为前人的著作编辑成书，因推本其学术渊源，即以人名为书名。如《史记》卷六十三《老庄申韩列传》引韩非著作，只列篇名，并无书名，《汉书·艺文志》将它们汇集著录，称《韩子》，至宋代又称为《韩非子》。以此推之，《汉书·艺文志》"诸子""诗赋"二略，题为某人或某官某者的书名，占十之八九，以此类为最多。

汉魏以后，学者著书，无不自撰书名，但所作文章，却大多不自编次，后人搜辑编定，即以人名为书名。所以别集直接以作者的本名、字号、别名、官衔、封号、谥号等为书名的现象，到宋代仍相当普遍。元、明以后，则以作者的籍贯、居住地、别墅、书斋等为书名的更为多见。

（四）《汉志》别题书名之例

古代官书，有的举著书之意为名，有的举所记之事为名；古代诸子著作，后人则大多以人名书。而对于不知作者的著作，《汉书·艺文志》中也有别题书名的，如"儒家"有《内业》15篇，注曰："不知作书者"；又，同书"儒家"有《谰言》10篇、《功议》4篇、《儒家言》18篇，阴阳家有《杂阴阳》38篇，法家有《燕十事》10篇、《法家言》2篇，并注曰："不知作者"；"道家"有《道家言》2篇，"阴阳家"有《卫侯官》12篇，并注曰："近世不知作者"。余嘉锡的《古书通例》卷一说：

> 《内业》《谰言》之属盖皆后人之所题，或即用其首篇之名以名书。《儒家言》《杂阴阳》《法家言》《杂家言》，则刘向校雠之时，因其既无书名，姓氏又无可考，姑以其所学者题之耳，皆非其本名也。①

《汉书·艺文志》著录的书，书名往往与今本不同，也与六朝时人、唐人所见本不同，甚至与《七略》《别录》所著录的也不同。究其原因，如果是周秦之书，则大多由于一书所传之本多寡不一，编次者也不一，所以原本常有数名，而《汉书·艺文志》乃斟酌义例，只著录其一种书名；如果是汉人著述，虽然已自题书名，而刘向、

① 余嘉锡：《古书通例》，33页，上海，上海古籍出版社，1985。

班固因拘于全书著录之例，有时便弃其本名不用，别题书名。

《唐会要》参照南朝梁阮孝绪的《七录》说："有《子夏易》六卷，或云，韩婴作，或云丁宽作。"[1] 而班固因诸家易传凡知晓作者的皆题某氏，欲使先后一致，于是在《汉书·艺文志》中著录为《韩氏易传》。宋翔凤的《过庭录》卷一据《汉书·儒林传》，考知韩婴之孙名商，认为子夏当是韩商之字，因商对韩婴之传有所附益，其弟子题其亲师，所以名为《子夏易传》。后人不知体例，多所辩议，反而弥失其真。

再如《战国策》本非一书，原有《国策》《国事》《短长》《事语》《长书》《修书》等名称，刘向校书时合为一编，定名为《战国策》，流传至今。

又如《汉书·艺文志》"杂家"有《淮南内》《淮南外》，而淮南王刘安原著《内书》，自号为《鸿烈》，刘向总汇内、外书，改题《淮南》。《鬼谷子》编入《苏秦书》，则不名《鬼谷》；《新语》编入《陆贾书》，则不名《新语》，皆与此同例。

（五）自撰书名之例

古书自六经官书以外，时代最早并有据可查的书名是《论语》。《礼记·坊记》引《论语》说："三年无改于父之道，可谓孝矣。"这是因为《论语》在孔子门人论纂之时，已编次成书，故题"论语"以为书名。

而由著述者自命书名的，当始于吕不韦的《吕氏春秋》，见《史记》卷八十五《吕不韦列传》。余嘉锡的《古书通例》卷一《案著录第一》说："盖古以学术为公器者，至是始为私人争名之具矣。"[2] 其后，汉初淮南王刘安招致宾客方术之士著书，自名之为《鸿烈》，见《淮南子》卷二十一《要略》与葛洪《西京杂记》卷三。可知此时自撰书名已时有所见，这是由于在"罢黜百家"之后，学者著书，无人可传，不能不自行编次，自命书名。其后汉宣帝时有桓宽的《盐铁论》，西汉末则有刘向、扬雄所序之书，见于《汉书·艺文志》。余嘉锡的《古书通例》卷一《案著录第一》说："东汉以后，自别集之外，几无不有书名矣。"[3]

周秦之际，诸子百家书籍，都没有自称为"子"的。到了汉代，也还是如此。如《淮南子》一书，高诱作注时在《叙》里称书名为《鸿烈》，《汉书·艺文志》记载为"《淮南内》二十一篇，《淮南外》三十三篇"，都不标"子"。直到唐初修《隋书·经籍志》，始称："《淮南子》二十一卷，汉淮南王刘安撰。""子"的称号，大约起于魏、晋老庄之学盛行以后。第一个自称其书为"子"的，是晋代葛洪的《抱朴子》，见其《抱朴子内篇序》。此后有梁元帝萧绎，名其书为《金楼子》。隋唐以后，作者自称其书为"子"便一发不可收了。

三、序跋

先秦古书既多不出一手，又学有传人，所以一般没有自序之例。《诗》《书》虽有

---

① （宋）王溥：《唐会要》，1665 页，上海，上海古籍出版社，1991。

② 余嘉锡：《古书通例》，34 页，上海，上海古籍出版社，1985。

③ 余嘉锡：《古书通例》，35 页，上海，上海古籍出版社，1985。

序，但原本都是单行的，与后世著作的序不同。而且《毛诗序》疑非一人一时所作，《尚书序》的作者亦不详，现在注疏本都已分冠各书之首，皆非原貌。凡此可略而不论。

至于《论语》的最后一章以及《孟子》《庄子》的最后一篇，虽无序之名，却有序之实。《论语·尧曰》说：

> 孔子曰："不知命，无以为君子也；不知礼，无以立也；不知言，无以知人也。"①

《孟子·尽心下》最后一节，记述了从尧、舜至汤、由汤至文王、由文王至孔子的传统，最后感慨此道后无传人，说：

> 由孔子而来至于今，百有余岁，去圣人之世若此其未远也，近圣人之居若此其甚也，然而无有乎尔，则亦无有乎尔。②

以上二例皆包含总结全书之意，大概即编者所写的序。而《庄子·杂篇》中的最后一篇《天下》，评论了先秦各家学派，并阐述了庄子在各家中的地位，实为最早的一篇中国学术史论文，后人即视为庄子学派的学者给《庄子》一书所写的序。以上之例，虽与后世之序有所不同，但附于全书之末的体例，却开后世之先河。

汉以后推许六艺，人们多从学于经师，而学者自著之书，则无人肯受，于是作者多在篇末作序（或称"叙""序传"），以自显姓名。这些序多列于一书之末，成为定例，如《淮南子·要略》《史记·太史公自序》《汉书·叙传》，以及许慎的《说文解字叙》、刘勰的《文心雕龙·序志》等，都是如此。从写作的顺序来看，这也是因为在写作之初不可能先写序，只有在全书完成之后，才能将所写内容总括起来，做一番提要性的叙述，是为序。

古人自序其书，大抵主要是叙家事、明行事，如司马迁的《太史公自序》、班固的《叙传》，莫不如此。即使为人序书，也必须详叙作者生平事迹。因此，在书为序，入史为传，名虽不同，体固无二，这是古人序书的正体。直到六朝文士，如任彦昇的《王文宪集序》、宇文逌的《庾子山文集序》，也都叙述作者生平，与传体相似。其后，著作有自题姓名之例，序书便不必再详叙作者生平了。如皇甫谧为晋左思的《三都赋》作序，但就文辞立论，首明其源，次辨其体，而终之以赋三都之意。这是书序的变例，而成为后世书序的正例。吴讷的《文章辨体序说》认为，此例源本于《诗》之《大序》，"首言六义，次言《风》《雅》之变，又次言《二南》王化之自"。

除总序以外，有的古书每篇还有篇序（或称"小序"），说明每篇要旨，如《诗经》

---

① （清）阮元：《十三经注疏》，2536 页，北京，中华书局，1980。
② （清）阮元：《十三经注疏》，2780 页，北京，中华书局，1980。

《尚书》《楚辞》等，这多是后人补写的，而不是作者自撰的。作者自撰篇序，始于司马迁，不过将篇序作为总序的内容。司马迁的《太史公自序》，除了总结自己的世代、学术源流、著书经过以外，还为每篇的述作大意一一做提要。例如："布衣匹夫之人，不害于政，不妨百姓，取与以时而息财富，智者有采焉。作《货殖列传》第六十九。"卢文弨的《钟山札记》卷四说：

> 吾以为《易》之《序卦传》，非即六十四卦之目录欤？《史》《汉》诸序，殆昉于此。①

俞樾在《湖楼笔谈》卷三中也说：

> 纪事之体，本于《尚书》，故太史公作《自序》一篇，云为某事作某本纪、某表、某书、某世家、某列传，犹《尚书》之有序也。古人之文，其体裁必有所自，非汉以后之人所识也。②

卢文弨与俞樾都认为《史记》的篇序兼具目录的作用，盖源于先秦古书的体制，可备一说。

汉以前，不仅传注与经别行，即篇序亦不与本经相杂。《诗》《书》之序，虽然分释群篇，各为解题，但其初皆总为一书，附于本经之末，而不与每篇相连。今本《诗》《书》篇序分冠每篇之首，这是由后人另行编录的。如《诗经》的篇序，至汉朝毛公作传时，始将它们分散到各篇之前，所以《小雅》里的《南陔》《白华》等篇，诗早已亡佚，而篇序却保存了下来。体例所在，所以刘向为群书所作叙录，也置于全书之末，别为一册，题为《别录》。至如孔安国在《尚书序》中说："《书序》，序所以为作者之意，昭然义见，宜相附近，故引之各冠其篇首。"该句疏文说："但作序者不敢厕于正经，故谦而聚于下；而注述者不可代作者之谦，须从利益而欲分之从便……故每篇引而分之，各冠加于篇首，令意昭见。"此孔序、孔传，皆为伪作，昔人考定出于三国王肃，可见《书序》分冠篇首，始于魏世。

但是《汉书·叙传》已是《汉书》各类纪、表、志、传的总序，与《史记·太史公自序》的体例略有不同，并为后世书序所绍祖，《汉书·叙传》说，"凡《汉书》，叙帝皇，列官司，建侯王。准天地，统阴阳，阐元极，步三光。分州域，物土疆，穷人理，该万方。纬六经，缀道纲，总百氏，赞篇章。函雅故，通古今，正文字，惟学林。述《叙传》第七十。"颜师古补注说："凡此总说帝纪、表、志、列传，备有天地鬼神

---

① （清）卢文弨：《钟山札记》，67 页，北京，中华书局，1985。
② 《续修四库全书》编纂委员会：《续修四库全书》经 1162 册，388 页，上海，上海古籍出版社，1996。

人事，政治，道德，术艺，文章。泛而言之，尽在《汉书》耳……"①

四、目录

这里所说的目录，指一书的书目、篇目和章目。关于群书的目录以及目录的编制，本书将在"古籍目录学"一章中介绍。

（一）目录置末之例

古人编书的体例，篇及章的目录一般都置于一篇或一章之末。例如《荀子·赋篇》，包括《礼》《知》《云》《蚕》《箴》五篇赋，每一篇的末尾是：

> ……致明而约，甚顺而体，请归之礼。礼。
> ……夫是之谓君子之知。知。
> ……广大精神，请归之云。云。
> ……三俯三起，事乃大已，夫是之谓蚕理。蚕。
> ……既以缝表，又以连里，夫是之谓箴理。箴。

每一篇赋的末尾都把所赋的物名说出，并把这物名重复一遍；这一重复的字，实际上就是这五篇赋各自的题目。可见题目是写在每篇之末的。

长沙马王堆汉墓出土的帛书《老子》卷前四种佚书，题目都在一篇或一章之后。如《经法》一书，包括九个小篇：《道法》《国次》《君正》《六分》《四度》《论》《亡论》《论约》《名理》。这些篇名都在每一篇之末。在第九篇篇末的篇名"名理"后，再加上书名"经法"，并记明全书总字数："凡五千。"这件当代出土的古文献实物，为古书篇及章的题目置末之例，提供了有力的佐证。

此外，如《楚辞》里的《九歌》《九章》《七谏》《九怀》《九叹》《九思》等，其中各篇篇名也都写在各篇之末。现存宋本《说文解字系传》《玉篇》《汗简》的目录也都在正文之后。日本古抄本《文选》，在班固《两都赋》的《东都赋》后附《明堂诗》《辟雍诗》《灵台诗》《宝鼎诗》《白雉诗》五首诗，各篇篇名都在诗的末尾，仍存古制。

《隋书》卷三十五《经籍志》著录的书籍，后面往往注明目录一卷。如《魏太子文学应场集》一卷，注："梁有五卷，录一卷，亡。"《后汉丞相军谋掾陈琳集》三卷，注："梁十卷，录一卷。"《魏步兵校尉阮籍集》十卷，注："梁十三卷，录一卷。"据此可知，与篇目、章目相应，古书全书的目录也置于一书的最末。

大约至南朝刘宋时，一书的书目、篇目、章目等目录才逐渐移置全书卷首或每篇（章）之首。刘知几的《史通》卷五《因习篇》说："范晔既移题目于传首，列姓名于卷中，而犹于列传之下，注为列女、高隐等目。"② 可知史家著书，自编目录，是由范晔首先创立的一种新例。至于其他书籍把目录置于卷首，大概都是雕版印刷术盛行以

---

① （汉）班固：《汉书》，4271 页，北京，中华书局，1962。
② （唐）刘知几：《史通》，100 页，上海，上海古籍出版社，2008。

后的事。卢文弨的《钟山札记》卷四说：

> 《史记》《汉书》，书前之有目录，自有版本以来即有之，为便于检阅耳。然于二史之本旨，所失多矣。夫《太史公自序》即《史记》之目录也，班固之《叙传》即《汉书》之目录也。乃后人以其艰于寻求，而复为之条列以系于首，后人又误认书前之目录即以为作者所自定，致有据之妄訾謷本书者。①

现在有人阅读或整理古籍时，不懂得古书篇章题目列在各篇章之末的体例，甚至把篇末的题目误作衍文而删去，从而造成常识性的错误。

（二）大题在下之例

古书篇题有"大题""小题"之分，"大题"指全书总名，"小题"指每篇篇名。古书一般格式，都是小题在上，大题在下。卢文弨的《钟山札记》卷三说：

> 古书大题多在小题之下。如"周南关雎诂训传第一"，此小题也，在前；"毛诗"二字，大题也，在下。陆德明云："案马融、卢植、郑康成注《三礼》，并大题在下。班固《汉书》、陈寿《三国志》，题亦然。"盖古人于一题目之微，亦尊守前式而不敢纷乱如此。今人率意纷更……《汉书》《三国志》，毛氏汲古阁版行者犹属旧式，他本则不尽然矣。②

钱大昕的《十驾斋养新余录》卷上也说：

> 予案唐刻石经，皆大题在下。如《诗经》卷首："周南诂训传第一"，列于上；"毛诗"两字，列于此行之下，所谓大题在下也。宋元以来刻本，皆移大题于上，而古式遂亡，今读者且不知何语矣。予曾见《史记》宋大字本，亦大题在下。③

大题在下之例，最早应是为满足简册体制的需要而形成的，一篇的末简先写篇名，后注书名。但后世翻刻古籍，尽改古制，习惯于大题在小题之前，并一直沿用至今。

五、正文

古书正文的体例，大致有单篇别行之例，附益之例，区分内外篇之例，分篇、分卷之例，自注之例数项。

（一）单篇别行之例

古书最早多是散篇杂著，原无一定之本。如《尚书》的典、谟、训、诰，为后世

---

① （清）卢文弨：《钟山札记》，67 页，北京，中华书局，1985。
② （清）卢文弨：《钟山札记》，43 页，北京，上华书局，1985。
③ （清）钱大昕：《十驾斋养新余录》，490～491 页，上海，上海书店，1983。

诏令奏议之祖，其中兼有虞、夏、商、周的文字，本非一时之作，其初原是零星抄合，所以都可以单篇别行。古人著作，原先也并无专集，往往随作数篇，旋即流行，为学者所传录，至于编成专集或收入总集，那都是后人所为。如《中庸》之编入《子思子》，《乐记》之编入《礼记》，《六韬》之编入《太公书》，《新语》之编入《陆贾书》，皆属此例。前文所举古书仅有篇名而无书名之例，也可为印证。

古人因事作文，随写随传，不自收拾，直至西汉时期还是如此。《史记》卷一百一十七《司马相如列传》说：

> ……相如已死，家无书。问其妻，对曰："长卿固未尝有书也。时时著书，人又取去，即空居。长卿未死时，为一卷书，曰有使者来求书，奏之。无他书。"①

这正是古人著书，单篇别行、不自编次的明证。

正因为古书多为单篇别行，所以分合原无一定之规，古书多有异本，这是原因之一。

而后世图书单篇别行之例，可分三种情况。

第一，本为单行之篇，后人收入总集，其后又自总集内析出单行。如汉人从《尚书》中析出《禹贡》《洪范》，宋人从《礼记》中析出《曲礼》《檀弓》，单篇独行。全祖望在《鲒埼亭集》卷四十一中说："古人著书，原多以一二篇单行，《尚书》或只用《禹贡》《洪范》，《仪礼》或只用《丧服》，《大戴礼》或只用《夏时》。即《礼记》之四十九篇，或以《曲礼》，或以《檀弓》，或以《乐记》，固未尝不以专本也。"②

第二，本为单行之篇，后人收入总集后，原来的单行之本，还在社会上流传，与总集并存不废。例如，《汉书·艺文志》"论语"类内有《孔子三朝》七篇，刘向《别录》说："孔子三见哀公，作《三朝》七篇，今在《大戴礼》。"③ 所谓"今在《大戴礼》"，可知古本原自单行。又《汉书·艺文志》"孝经"类有《弟子职》一篇，应劭说："管仲所作，在《管子书》。"这也说明《弟子职》古本原自单行，与《管子》并存。《七略·兵书略》"兵权谋"类，原有《伊尹》《太公》《管子》《孙卿子》《苏子》《陆贾》等259种，班固皆省去（见其自注）。这些书籍的作者在《诸子略》中皆有专书，刘歆又著录于兵家，是因为其初本是单篇别行，所以据古本收入。余嘉锡在《古书通例》卷三《论编次第三》认为，这同后世藏书家目录，既收丛书，同时也著录单行之本一样，实为"互见"之例。就像《四库全书总目》已收《欧阳文忠公集》，则不复收《居士集》，而其《六一词》虽在全集内，仍不能不复收于词曲类。而"章学诚不知此义，其《校雠通义》乃谓《弟子职》《三朝记》为刘歆裁篇别出，若先有《管子》

---

① （汉）司马迁：《史记》，3063页，北京，中华书局，1959。
② 参见余嘉锡：《古书通例》，94～95页，上海，上海古籍出版社，1985。
③ （唐）欧阳询：《艺文类聚》，983页，北京，中华书局，1965。

《大戴礼》而后有《弟子职》《三朝记》者，不免颠倒事实矣"①。

第三，本是全书，后人从其中抄出一部分，以便诵读，遂成单篇别行。如《汉书》卷三十六《楚元王传》录刘歆《让太常博士书》说：

> 至孝武皇帝，然后邹、鲁、梁、赵颇有《诗》《礼》《春秋》先师，皆起于建元之间。当此之时，一人不能独尽其经，或为《雅》，或为《颂》，相合而成。②

汉初本有《诗经》全本，但学者不能尽通其意，所以各就所长，取其中一部分诵习，遂成单行之本。王国维在《观堂集林》卷十一《太史公行年考》中，认为《太史公书》130 篇，在汉代往往有抄写以别行者，举《后汉书·窦融传》记载光武帝赐窦融《太史公书》中《五宗》《外戚世家》《魏其侯列传》等篇，又《后汉书·王景传》中赐王景《太史公书》中的《河渠书》，以为明证。后世刻版既行，也不乏此例。如陈寿《三国志》本是一书，而宋人有单刻其《吴志》的（黄丕烈藏书，见《四库简明目录标注》及《邵亭知见传本书目》）。郑樵的《通志》200 卷，有纪、谱、略、传，而宋人有单刻其十二略者（明正德时及清乾隆十三年金坛于氏皆有重刻本）。古书所以残缺不完，这种"选抄"的传播方式也是重要原因之一。

（二）附益之例

古人作文，既不自署姓名，写成之后，又不自行编次，有的往往单篇别出，流传行远，所以后来传录编次其书者，有的将记载其生平行事之文，议论辩驳之词，或对答之语，聚而编成一书；也有的将后师所作，附先师以行。这些文字，因其宗旨一贯，学本一家，所以虽使原书不免芜杂，后人也不以为嫌。这些文字大多随文录入，或卷首，或卷中，或卷末，并无定式，与后世文集的"附录"有明显标题并且必列于卷末的体例有所不同，因此称为古书的"附益"。到唐宋人编集时，始将上述这些附益文字别为附录，不使与原书相杂，体例方才渐趋谨严。

了解古书的附益，旨在认识古人编次书籍的体例，而不致因此而轻议古书的真伪。

先秦子书的附益，主要有如下数种。

第一，附记平生行事。如《管子》的《大匡》《中匡》《小匡》篇，记叙管仲傅齐公子纠及相齐之事，即为管仲的传记。俞樾在《古书疑义举例》卷三《古书传述亦有异同例》中认为《国语·齐语》是齐国史记。他说："《小匡》一篇，多与《齐语》同，盖管氏之徒刺取国史以为家乘。"③ 刘恕的《通鉴外纪》卷一下引晋傅玄说："《管仲》之书，过半便是后之好事者所加，乃说管仲死后事。"④ 正可为证。凡古书叙作者身后

---

① 余嘉锡：《古书通例》，96 页，上海，上海古籍出版社，1985。
② （汉）班固：《汉书》，1969 页，北京，中华书局，1962。
③ （清）俞樾：《古书疑义举例》，31 页，上海，商务印书馆，1936。
④ 参见余嘉锡：《四库提要辨证》，525 页，长沙，湖南教育出版社，2009。

之事者，不可胜数，皆同此例。

自汉以后，为人编集者，大抵已用"序""表"的形式，或直录史传，或记其所闻，记叙作者平生行事，而不编入本书卷数，体例与刘向的《叙录》大致相同。如《古文苑》卷八有《董仲舒集叙》一篇，即节抄《汉书》本传；《北堂书钞》卷九十九所引《刘向集序》《刘歆集叙》，皆《汉书》中语；这与《管子·小匡》篇用《齐语》者大致相同。又如徐幹的《中论》卷首有无名氏的《中论序》，《三国志·魏志·刘劭传》注引缪袭《上仲长统昌言表》，《三国志·蜀志·诸葛亮传》后附陈寿《上诸葛亮故事表》，皆详叙作者始末。

至初唐人作序，尚多用列传之体。其后往往取墓志、行状之类附入本书，明标作者，有时也杂入卷中，而序文内容就不再叙及平生行事。到宋代以后人们编辑别集，将墓志、行状之类别编为"附录"，不与原书相杂，体例更为谨严。余嘉锡的《古书通例》卷四说："古书之附纪行事，与文集之附传状、碑志，体虽异而意则同。后人不能深察著述变迁之迹，而好执当时之例以议古人，于是考辩论说，不胜其纷纷矣。"①

第二，附记议论辩驳。如《韩非子·存韩》是韩非使秦时所上之书，末附李斯《驳议》，是李斯谗害韩非"终为韩不为秦"②的诬陷之词。后人编辑韩非之书，有感于韩非的冤死，所以备录始末于首篇，权当全书之序。再如《商子》书，以《更法》为第一篇，《垦草令》为第二篇，也是编书者著其变法之事于首，以说明秦孝公时，商鞅与甘龙、杜挚等人辩难，使其学说得以采纳的情况。又如《公孙龙子》以《迹府第一》叙述公孙龙与孔穿辩难之语，文中称公孙龙为"六国时辩士"，显然不是公孙龙所自叙，而是后人著录为首篇，作为全书纲领。后世编《柳宗元集》附录刘禹锡《天论》三篇，编《韩愈集》附录张籍书二篇，也是著录相与辩驳的言论，这正是效法古人编书的遗意。

第三，附记对答始末。汉魏人的文集，今传本极少。只有《蔡邕集》犹出旧本，其中第六卷有表疏五篇，文前多载上表奏疏的缘起，而以《答诏问灾异八事》一篇最为详备，篇中具载年月时刻、群臣座次及常侍所问之语，后人难以辨别是蔡邕自记还是编集者所叙。又如《三国志》卷三十五《蜀书·诸葛亮传》记载了刘备"三顾茅庐"之事，诸葛亮与他纵谈天下大势，后人称这番谈话为《隆中对》，并把它编入《诸葛亮集》，其实这并不是诸葛亮亲笔撰写的文章，充其量只是史家整理过的记录。以此例上推，周秦诸子中凡记载问答兼叙事实始末的文字，大多不必出于本人手著，尽管仍然足以备考证之资。这种情况，与后世奏议中附录批答、校书者附录案说，实为同一体例。

第四，附记门人议论。诸子集中，有门人附记之语，就像后世的题跋。如《荀子》卷二十《尧问》末说："为说者曰：孙卿不及孔子。是不然也。"然后用三百余言，详加辩驳，推崇荀卿备至，全如题跋之体。

---

① 余嘉锡：《古书通例》，124 页，上海，上海古籍出版社，1985。
② （汉）司马迁：《史记》，2155 页，北京，中华书局，1959。

第五，数本合编之例。俞樾为孙诒让的《墨子间诂》作序，谈到古书传述分歧的情况，说：

> 墨子死而墨分为三，有相里氏之墨，有相夫氏之墨，有邓陵氏之墨。今观《尚贤》《尚同》《兼爱》《非攻》《节用》《节葬》《天志》《明鬼》《非乐》《非命》，皆分上、中、下三篇，字句小异，而大旨无殊。意者此乃相里、相夫、邓陵三家相传之本不同，后人合以成书，故一篇而有三乎？①

这无疑也是古书附益的一种体例。此外，也有把一家杂论各事之语糅合为一篇的，如《荀子·大略》，文多细碎，以数句说一事，文体与《荀子》他篇专题论文的写法明显不同。杨倞注曰："此篇盖弟子杂录荀卿之语，皆略举其要，不可以一事名篇，故总谓之《大略》也。"

古书之中，注文混入正文或附记误为正文的现象更是屡见不鲜。这些杂入的文字，虽然并非古书原有，但毕竟是后出的误例，属于无意的错误，而不是有意的附益。各家校勘学、训诂学著作中对此举述已多，此不具引。

（三）区分内外篇之例

古代论著，往往分为内篇与外篇。一般内篇为作者要旨所在，外篇有余论或附论的性质。从《汉书·艺文志》的著录情况来看，有同为一家之学，以内、外分为二书者；有一书之内，自分内、外者。这样区分内篇、外篇的编次，大概始于刘向校理群书之时。区分内外篇之例，有如下数端。

第一，凡以内、外分为二书者，必同为一家之学而体例不同者。

如《汉书·艺文志》中《诗》家有《韩内传》4 卷、《韩外传》6 卷，《春秋》家《公羊》《穀梁》皆有外传。今《韩内传》已亡，所传《韩诗外传》10 卷，也不是完璧（清赵怀玉校本附辑佚文一卷）。而《公羊》《穀梁》的外传皆不传，难以考其异同。至于汉代人将《左传》与《国语》看作《春秋》的内、外传，认为皆左丘明所作，如王充在《论衡》卷二十九《案书》说："《国语》，左氏之外传也。左氏传经，辞语尚略，故复选录《国语》之辞以实。"可见东汉之时，《国语》已有《外传》之名，而且以《左传》《国语》为一家之学，分题内、外。但是二书体例不同，《左传》依《春秋》作传，《国语》则每事自为一章，略如后代纪事本末体。韦昭的《国语解叙》说："其文不主于经，故号曰'外传'。"② 看来，是否"主于经"，即为古书分为内、外二传的标准。

又如《汉书·艺文志·诸子略》"杂家"类，著录《淮南内》21 篇，《淮南外》33 篇。现存《淮南子》21 篇是《内篇》，据第二十一篇《要略》（即序）所述，这 21 篇自成一个系统，原名《鸿烈》。而《外篇》今已亡佚，无从考核其内容和体例。颜师古

---

① （清）孙诒让：《墨子间诂》，1 页，北京，中华书局，2001。
② （三国吴）韦昭注：《国语》，307 页，上海，上海古籍出版社，2008。

注说："《内篇》言道，《外篇》杂说。"《汉书·艺文志》并著录于杂家，是因为淮南王刘安虽喜言道，而实采儒、墨、名、法诸家，与《外篇》杂说，仍是一家之学。只是因为体例不同，不可以合于《鸿烈》，所以分题内、外，加以区别。

第二，一书之内自分内、外者，其外篇大抵较为肤浅，或疑为依托，其例定于刘向。

刘向编次古书，有两种体例：一是就原有的篇目，取其文体不类者，分之以为外篇；二是原书篇章真赝相杂，乃别加编次，取各篇中之可疑者，类聚之以为外篇。

前者如《史记》著录《孟子》7篇，而《汉书·艺文志》则有《孟子》11篇，《风俗通义》卷七也说"(孟子)作书中、外十一篇"，此必是刘向依据《史记》，以其溢出之数，编为外书。《孟子注疏》卷首赵岐的《孟子题辞》说：

> (孟子)著书七篇，二百六十一章……又有《外书》四篇，《性善辩》《文说》《孝经》《为正》，其文不能弘深，不与内篇相似，似非孟子本真，后世依放而托之者也。①

赵岐是否依据刘向的《别录》而做此论定，我们已不得而知，但从他的论述中，我们不难看出《孟子》7篇与《外书》4篇的明显区别。

后者如刘向的《晏子书录》说：

> 其书六篇，皆忠谏其君，文章可观，义理可法，皆合六经之义。又有重复，文辞颇异，不敢遗失，复列以为一篇。又有颇不合经术，似非晏子言，疑后世辩士所为者，故亦不敢失，复以为一篇。凡八篇。②

又《篇目》说：

> 《晏子春秋》外篇重而异者第七。《晏子春秋》(外)篇不合经术者第八。③

这里指出了第七、第八两篇应列为《外篇》的理由。由此可以考知，刘向在一书之中分列外篇的标准，大抵是因为辞旨重复，传闻异辞，或者怀疑书中所说出于依托。

所以从文献记载和现存古书来看，凡一书之内自分内、外篇的，内篇多为作者论学的宗旨所在，意蕴弘深，而外篇往往比较拉杂、肤浅，不成系统，甚至杂有依托的成分。

第三，古书区分内、外篇当始于刘向。

---

① (清)阮元：《十三经注疏》，2662～2663页，北京，中华书局，1980。
② 张舜徽：《文献学著录辑要》，7页，西安，陕西人民出版社，1985。
③ (清)卢文弨：《群书拾补》，596、599页，北京，中华书局，1985。

今本《庄子》33 篇，《内篇》7 篇，《外篇》15 篇，《杂篇》11 篇。《内篇》是《庄子》的精义所在；《外篇》虽内容庞杂，仍略有统系；《杂篇》则是"绪言余论"，杂乱无绪。《杂篇》中只有《天下》篇极为精彩，大概是全书之序，循例列于全书之末。考《史记》卷六十三《老子韩非列传》附《庄子传》说：

> 作《渔父》《盗跖》《胠箧》，以诋訾孔子之徒，以明老子之术。《畏累虚》《亢桑子》之属，皆空语无事实。①

按今本《庄子》，《胠箧》在《外篇》，《渔父》、《盗跖》、《庚桑楚》（洪颐煊在《读书丛录》卷十四以为"亢桑子"即"庚桑楚"）在《杂篇》，可知司马迁所见《庄子》一书，当无内、外、杂篇的分别。后来刘向校理群书，始分内、外、杂篇，编次定著。再如《史记》卷七十四《孟子荀卿列传》只说孟子"退而与万章之徒，作《孟子》七篇"，并未言及《外书》4 篇。所以后来的论者怀疑是刘向根据《史记》，以其溢出之数，编为《外书》。然则《孟子》外书之分，也出自刘向。

第四，后世文集的内、外篇。周秦子书区分内、外篇之例，影响到后世文集、杂著的编著。后世作者自编的文集、杂著，若区分内、外篇，内篇一般收录作者认为比较重要的作品，外篇则多为相关的材料。如刘知几的《史通》、章学诚的《文史通义》，都是如此。

后世作者的诗文作品，往往到其身后才能编为全集，所以与古代诸子的情况很相似。作者的诗文作品，有的没有存稿流传于世，有的因自己不满而删去。编辑的时候，如果出于子弟、门人及朋友之手，则去取严谨，此类作品大多不收录。流传久远，后人偶得前人遗稿，惜其放失，则又搜辑成帙，或重为编定，杂入原书之中，或编为外集，有时则不免杂入伪篇。作者的名气愈大，杂入的伪篇愈多。如韩愈、柳宗元的外集中，就杂有不少伪妄的文字。宋陈振孙的《直斋书录解题》卷十六说：

> 《昌黎集》四十卷，《外集》十卷，唐吏部侍郎韩愈退之撰。李汉序。汉，文公婿也。其言"辱知最厚且亲，收拾遗文，无所失坠"者，性后之伪妄，辄附益其中也。外有《注论语》十卷传学者，《顺宗实录》五卷列于史官，不在集中。今《实录》在《外集》。然则世所谓《外集》者，自《实录》外皆伪妄，或韩公及其婿所删去也。②

王应麟的《困学纪闻》卷十七说：

> 柳文多有非子厚之文者……宋景文公谓：《集外文》一卷，其中多后人妄取

---

① （汉）司马迁：《史记》，2143～2144 页，北京，中华书局，1959。
② （宋）陈振孙：《直斋书录解题》，475 页，上海，上海古籍出版社，1987。

他人之文，冒柳州之名者。①

总之，外集较内集肤浅丛杂，自无疑义。至于少数当时失收的佳作，佚而复出，后来被编入外集的，这只是极少数的特例。以此也可以反观先秦诸子本文的内、外篇。

（四）分篇、分卷之例

古代典籍的著录，都以篇、卷为计，从刘向的《别录》、刘歆的《七略》开始就已如此。后世一些书目，甚至把篇数、卷数和书名一样用大字写在题目之下，总称为"书名项"。

1. 篇、卷释义

古时以竹、木简写书，编简成册，通常一策就是一篇。起初篇的大小，以丝韦所能胜任者为度。后来以事与义分篇，所谓一篇，就专门指称文义的起讫，文章有首有尾的，就称为"篇"，并用以指称成部著作中的一个组成部分。如《尚书·太甲上》称"伊尹作《太甲》三篇"，《史记·孟子荀卿列传》说孟子"作《孟子》七篇"。

帛书分卷，是写在缣帛上的，取"卷"之舒卷之义，一卷即一篇。一幅所能容纳的分量，与简篇约略相当。明胡应麟的《少室山房笔丛》卷二《经籍会通一》说："凡书，唐以前皆为卷轴，盖今所谓一卷，即古之一轴。"后来才用"卷"指称全书的一部分，并代表意义上的起讫。

从当代考古文物来看，竹简也有卷起收藏的，帛书也有折叠存放的。如武威汉简就是卷成一束，装在一麻质布囊中的。1930 年甘肃居延发现的《永元兵器簿》，由 77 枚竹简编连成册，也是卷起来存放的。而马王堆汉墓出土的帛书《老子》乙本及卷前佚书，就与甲本及卷后佚书不同，不是卷成一卷，而是折叠成长方形，放入漆盒的格子里的。1942 年出土的战国楚帛书（即"晚周缯书"），也是折叠存放，用竹笈贮存的。而 1972 年银雀山汉简《孙子十三篇》和《孙膑兵法》，每一个内容的标题都是写在首简的背面，以供收卷存放。所以，缣帛称"卷"，也许即源于简册。

2. 篇与卷之关系

章学诚的《文史通义》卷三《篇卷》说：

> 而向、歆著录，多以篇、卷为计。大约篇从竹简，卷从缣素，因物定名，无他义也。而缣素为书，后于竹简，故周、秦称篇，入汉始有卷也……篇之为名，专主文义起讫，而卷则系乎缀帛短长，此无他义，盖取篇之名书，古于卷也。故异篇可以同卷，而分卷不闻用以标起讫。②

此说不甚准确。究其实，关于篇与卷的关系，大致有以下几种情况。

第一，篇、卷相等。汉代竹简、缣帛并行，篇、卷不分，因此《汉书·艺文志》

---

①　（宋）王应麟：《困学纪闻》，343 页，上海，上海古籍出版社，2015。
②　（清）章学诚：《文史通义》，88 页，上海，上海书店，1988。

所著录的几篇，即为后世的几卷，篇、卷通用。如《六艺略·论语》所列 12 家，其中《燕传说》《孔子家语》《孔子徒人图法》3 家，原书皆计卷不计篇。班固在统计《论语》12 家的总篇数时，是将篇与卷混合统计的，一卷也就是一篇，统计《孝经》类图书也是如此。余嘉锡的《目录学发微》卷二认为，这大概是因为"一幅所容，与简篇约略相当。故多以一篇为一卷"①。又《兵书略·兵技巧》著录有《鲍子兵法》10 篇、图 1 卷，《伍子胥》10 篇、图 1 卷。若用很窄的竹简绘制兵书的图，很不容易画，所以一般都画在缣帛上。用竹简写书的正文，用缣帛绘兵书的图，可证当时竹帛并用，篇、卷相通。到了魏晋时期，还有篇、卷相等之例。如葛洪撰《抱朴子》自序称"内篇二十一卷，外篇五十卷"，明代乌程人卢舜治用宋本与王府道藏本参校，发现该书共 71 篇，与葛洪自序所称卷数正好相等，可见葛洪原本也是以一篇为一卷。

第二，卷大于篇。古代书目所著录，早期多篇、卷相等，缣帛盛行后，编书的人改篇为卷，篇幅较长的仍以一篇为一卷，篇幅甚短的就合数篇为一卷。如《汉书》卷三十《艺文志·六艺略》记载："《诗经》二十八卷，鲁、齐、韩三家。"这是将《诗经》305 篇分为 28 卷。又"《尚书》古文经四十六卷"，自注说："为五十七篇"；又"《礼》古经五十六卷，经七十篇"。这都是卷少篇多，卷大于篇的例子。一般地说，缣帛的容量比竹简大，因此后世的书籍，卷也就比篇大。缣帛书改为纸本以后，更是如此。

第三，卷小于篇。有的文章一篇文字较多，因卷轴过长，舒卷不便，所以分一篇为数卷。如司马彪的《续后汉志》8 篇，分为 13 卷。章学诚在《文史通义》的卷三《篇卷》中批评说："割篇徇卷……作俑唐宋史传，失古人之义矣。"② 把一篇分为数卷的做法，是汉代以后的事，但不多见。

自魏晋至隋，文献典籍的载体逐渐由竹简、缣帛而改用纸张，篇卷的变化也受到影响。章学诚的《文史通义》卷三《篇卷》说：

> 唐、宋以来，卷轴之书，又变而为纸册，则成书之易，较之古人，盖不啻倍蓰已也。古人所谓简帙繁重，不可合为一篇者，今则再倍其书，而不难载之同册矣。故自唐以前，分卷甚短。六朝及唐人文集，所为十卷，今人不过三四卷也。自宋以来，分卷遂长。以古人卷从卷轴，势自不能过长；后人纸册为书，不过存卷之名，则随其意之所至，不难钜册以载也。以纸册而存缣素为卷之名，亦犹汉人以缣素而存竹简为篇之名，理本同也。③

一卷容纳多少篇，要考虑各卷篇幅长短的平衡、各卷内容的相对独立等因素，往往因书而异。如宋代洪迈编的《万首唐人绝句》，原本 100 卷，"每卷以百首为率"。明代叶盛编《菉竹堂书目》4 卷，经、史、子、集各一卷。陈阶撰《日涉编》12 卷，杂

---

① 余嘉锡：《目录学发微》，28 页，成都，巴蜀书社，1991。
② （清）章学诚：《文史通义》，88 页，上海，上海书店，1988。
③ （清）章学诚：《文史通义》，89 页，上海，上海书店，1988。

采故实诗歌，按时令编次，每一月一卷。何伟然编《广快书》50 卷，收书 50 种，"所采皆取明人说部，每一书为一卷，卷帙多者则删剟其文"①。邵宝撰《学史》13 卷，"为卷十有二，以象月。又余其一，以象闰。每卷或三十条，或二十九条，以象月之有大小。尽取程子'今日格一物，明日格一物'之义，名之曰'日格子'"②。《佩文韵府》正集 106 卷，以韵分卷，一韵一卷。

3. 卷目

一般说来，古书绝大多数是用"一、二、三"等依次标明卷目的，但也有下述情况：仅分 2 卷者用"上、下""内、外""前、后"等标目；仅分 3 卷者用"上、中、下"标目；仅分 4 卷者用"甲、乙、丙、丁""春、夏、秋、冬""元、亨、利、贞"等标目；仅分 5 卷者用"甲、乙、丙、丁、戊""宫、商、角、徵、羽"等标目；仅分 6 卷者用"礼、乐、射、御、书、数"等标目；仅分 7 卷者用"王、侯、将、相、有、种、乎"等标目；仅分 8 卷者用"甲、乙、丙、丁、戊、己、庚、辛"、"金、石、丝、竹、匏、土、革、木"（八音）、"乾、坤、震、巽、坎、离、艮、兑"（八卦）、"黄、绢、幼、妇、外、孙、齑、臼"等标目；仅分 10 卷者用天干等标目；仅分 12 卷者用地支等标目。此外，大部头的书还有用二十八宿标目的，佛藏等有用《千字文》标目的，等等。

（五）文中自注之例

近人杨树达的《古书疑义举例续补》卷二有"文中自注例"，说："古人行文，中有自注，不善读书者，疑其文气不贯，而实非也。"③ 以下仅举三例，以见一斑。

例一，《史记》卷一百四《田叔列传》叙田仁事，说：

> 月余上迁拜为司直数岁坐太子事时左丞相自将兵令司直田仁主闭守城门坐纵太子下吏诛死

上文既云"坐太子事"，下文又云"坐纵太子"，语意似复沓。其实用"文中自注"之例推究，正文只是"坐太子事，下吏诛死"八字，"时左丞相"以下二十一字，乃是注文，详述"坐太子事"四字。用标点加以句读，便为：

> 月余，上迁拜为司直。数岁，坐太子事——时左丞相自将兵，令司直田仁主闭守城门，坐纵太子——下吏诛死。

如此便文从字顺了。

例二，《史记》卷二十八《封禅书》：

---

① （清）永瑢等：《四库全书总目》，1183 页，北京，中华书局，1965。
② （清）永瑢等：《四库全书总目》，755 页，北京，中华书局，1965。
③ 杨树达：《古书疑义举例续补》，237 页，上海，上海古籍出版社，2007。

天下名山八而三在蛮夷五在中国中国华山首山太室泰山东莱此五山黄帝之所常游与神会

此句应标点为：

天下名山八，而三在蛮夷，五在中国——中国：华山、首山、太室、泰山、东莱——此五山，黄帝之所常游，与神会。

例三，《汉书》卷三十一《陈胜项籍列传》：

于是梁乃求楚怀王孙心在民间为人牧羊立以为楚怀王

"在民间为人牧羊"一语，是注明所从求得之处，点标点后便成为：

于是梁乃求楚怀王孙心——在民间为人牧羊——立以为楚怀王。

以上所列举的"文中自注"之例，在《史记》《汉书》中普遍存在。如果我们不知此例，便容易错误地将作者自注之语看成"文气不贯"或"字句冗沓"，而误解了作者原意。

六、成书方式

古书的成书方式，有手著、口述记录、后人编集和历代累积四种。

（一）先秦子书多非手著

先秦子书，大多不出于诸子手著，而是口述记录，由后人编定。清人对此，多有论述。如《燕丹子传》卷首孙星衍的《燕丹子叙》云：

古之爱士者，率有传书，由身没之后，宾客纪录遗事，报其知遇。如《管》《晏》《吕氏春秋》，皆不必其人自著。[1]

孙星衍的《问字堂集》卷三《晏子春秋序》云：

《晏子》书成在战国之世，凡称子书，多非自著，无足怪者。[2]

严可均的《铁桥漫稿》卷五《鬻子序》云：

---

[1] （清）孙星衍：《燕丹子传》，1 页，北京，中华书局，1985。
[2] （清）孙星衍：《问字堂集》，77 页，北京，中华书局，1996。

古书不必手著。《鬻子》盖康王、昭王后周史臣所录，或鬻子子孙记述先世嘉言，为楚国之令典。①

严可均的《铁桥漫稿》卷八《书管子后》云：

> 近人编书目者谓，此书多言管子后事，盖后人附益者多。余不谓然。先秦诸子，皆门弟子或宾客或子孙撰定，不必手著。②

章学诚的《文史通义》卷一《诗教上》云：

> 春秋之时，管子尝有书矣，然载一时之典章政教，则犹周公之有《官礼》也。记管子之言行，则习管氏法者所缀辑，而非管仲所著述也。（原注：或谓管仲之书，不当称桓公之谥。阎氏若璩又谓："后人所加，非《管子》之本文。"皆不知古人并无私自著书之事，皆是后人缀辑。)③

孙诒让的《墨子间诂》后附《墨子传略》云：

> 《墨子》书今存五十三篇，盖多门弟子所述，不必其自著也。④

先秦子书既多非手著，《汉书·艺文志》有鉴于此，所以在每部子书之后，仅注明名某，并未直接指称其书即为自撰。《隋书·经籍志》不明此义，在每部书后直书某人撰，如《晏子春秋》是齐大夫晏婴撰，《管子》是齐相管夷吾撰等，这就不免贻误后学。余嘉锡的《古书通例》卷四批评说："后人习读汉以后书，又因《隋志》于古书皆题某人撰，妄求其人以实之，遂谓古人著书，亦如后世作文，必皆本人手著。于其中杂入后人之词者，辄指为伪作，而秦、汉以上无完书矣。不知古人著述之体，正不如是也。"⑤

（二）古书编次之例

古代作者著书，往往因事为文，其文不作于一时，先后也都无次第。随时所作，即以单篇作品或单部著作行世。其中论政之文，则藏之于官府；论学之文，则为学者所传录。到了作者晚年或身后，才汇聚一起，编次成集，有的出于作者手定，有的出于作者的弟子或子孙，有的经历多年而由后人收拾丛残，编辑成集。

---

① （清）严可均：《铁桥漫稿》，参见《丛书集成续编》第 158 册，55 页，台北，新文丰出版公司，1988。

② （清）严可均：《铁桥漫稿》，参见《丛书集成续编》第 158 册，98 页，台北，新文丰出版公司，1988。

③ （清）章学诚：《文史通义》，20 页，上海，上海书店，1988。

④ （清）孙诒让：《墨子间诂》，691 页，北京，中华书局，2001。

⑤ 余嘉锡：《古书通例》，119 页，上海，上海古籍出版社，1985。

历代文集的成书方式，也多是如此。如《韩愈集》由门弟子李汉编集，《柳宗元集》由友人刘禹锡编集。《李白集》为李阳冰所编，而今本则出于宋敏求。欧阳修文只有《居士集》为自编，而今本则出于周必大。苏轼的《东坡集》在他生前已有刻本，而大全集则不知出自何人。

（三）历代累积之书

古代有许多民间传说或民间著述，不成于一人，也不成于一时，口口相传，代代延续，即便一时成书，也因从无版权纠纷，屡加增删改易，面目千变万化。这类书籍可称历代累积之书。元明清时期有许多无名氏的小说作品、戏曲作品和说唱文学作品，就是这种历代累积之书。这类作品的通例是结构比较松散，语言不甚整齐，主题众说纷纭，情节旁枝杂出，人物面貌多变。

当然也有一些历代累积之书，经过某一著名作家的再创作，成为文学精品，最著名的就是《三国志演义》《水浒传》《西游记》，以及冯梦龙的"三言"等小说。

思考与练习

1. 举例说明古初著述不自署名的情况。
2. 以司马迁的《史记》为例，说明古人著述书名后题的特点。
3. 举例说明古书命名的几种通例。
4. 分别以司马迁的《史记·太史公自序》、许慎的《说文解字·叙》为例，说明古代书序的体例特点。
5. 为什么古书的目录置末？
6. 简述古书单篇别行的基本类型。
7. 先秦子书的附益，有哪些主要类型？
8. 刘向校理群书，是如何区分古书为内、外篇的？

第二章　古籍版本学

第一节　古籍版本学理论

我国古代的图书，主要是以写本和印本两种形式流传于后世的。由于写刻的时代不一，地区有异，写刻者不同，以及抄写方式和刻写方式的差别等原因，古代图书就有了各种各样的版本。

一、版本释名

《说文解字》说"版"如下："判也，从片，反声。"段玉裁的《说文解字注》校正说："片也，旧作判也，浅人所改，今正。"① 朱骏声的《说文通训定声》说："判，木也，字亦作板。"② 剖成片状的木头称为"版"。因版多系木质，遂派生出"板"字，并与"版"字互为通假。所以段玉裁的《说文解字注》说："凡施于宫室器用者，皆曰版。今字作板。"③ 可见"版""板"二字为古今字。

版作为书写材料，早在先秦时已经应用。《仪礼·聘礼》说："百名以上书于策，不及百名书于方。""名"即字；"方"，郑玄注："版也"，是一尺见方的版。行文超过百字，一块板写不下，就写在若干根竹简上，编成简册。古人写信时一般用一块板，所以书信又叫"尺牍"。《说文解字》释"牍"："书版也。"秦汉时，奏议也多用版。王充的《论衡·量知篇》说："断木为椠，析之为板，力加刮削，乃成奏牍。"除了木质之物外，版还可以是金质、玉质、石质的。如《逸周书·大聚》所说的"铭之金版"，《黄帝内经·素问》所说的"著之玉版"等，都是指将文字铭刻或书写于"版"状的金石材料上。可见"版"是古代书写载体的物质形态的称谓。

书称"本"，最早见于西汉刘向的《别录》：

> 一人读书，校其上下得缪误，为校；一人持本，一人读书，若怨家相对。④

所谓"持本"，即持书本之意。但此处所言之"本"，历来解释不同，如余嘉锡的《目录学发微》说是指简册的版本，叶德辉的《书林清话》说是指缣帛写的书籍，二者都

---

① （清）段玉裁：《说文解字注》，318页，上海，上海古籍出版社，1981。

② （清）朱骏声：《说文通训定声》，714页，武汉，武汉市古籍书店，1983。

③ （清）段玉裁：《说文解字注》，318页，上海，上海古籍出版社，1981。

④ 见《文选·魏都赋》李善注引。参见（梁）萧统编，（唐）李善注：《文选》，287页，上海，上海古籍出版社，1986。

不甚准确。

叶德辉的《书林清话》卷一《书之称本》说：

> 书之称本，必有所因。《说文解字》云："木下曰本。"而今人称书之下边曰书
> 根，乃知本者，因根而计数之词。①

这段话是就形式而言的。帛书为卷轴装，轴棒两端均长出于帛书幅宽，形成轴头，以便于把持。这轴头便是所谓"本"，并成为帛书的计量之词，进而成为纸写本书的计量之词。但叶氏以后出的"书根"为据，说明刘向所称之"本"，则不准确。《余嘉锡论学杂著·书册制度补考·书本》说：

> 寻《风俗通》之意，"一人持本"者，持竹简所书改易刊定之本；"一人读书"
> 者，读传写上素之书也。以油素之书写自竹简，则竹简为书之原本，故呼曰
> "本"。其后简策之制既废，写书者借人之书传录，则呼所借者为"本"。《后汉
> 书·延笃传》注引《先贤行状》曰："延笃欲写《左氏传》，无纸，乃借本讽之。"
> 是其事也。凡书无不可传写者，因有"书本"之名矣。②

这段话是就内容而言的。无论是校勘之后尚未抄写的定本，还是据以传录的借本，都有原始、根据的意思，符合"本"的原意。后来因"凡书无不可传写者"，"书""本"二字才逐渐通用。但以"本"为简册，"书"为缣帛，却未免胶柱鼓瑟。

就内容与形式合而观之，"书"之所以称本，既有原本、定本之意，也有以本计量之意。南北朝时，北齐颜之推在《颜氏家训》卷六《书证》中，就提到河北本、河南本、江南旧本、江南古本、江南书本、俗本等名目，说明写本已有各种不同版本。

"板""本"二字合为一词，当始于北宋，最初专指雕版印刷的印本书籍，以别于写本。如《宋史》卷四百三十一《邢昺传》说：

> 景德二年……上幸国子监阅库书，问昺经版几何？昺曰："国初不及四千，
> 今十余万，经、传、正义皆具。臣少从师业儒时，经具有疏者百无一二，盖力不
> 能传写。今板本大备，士庶家皆有之，斯乃儒者逢辰之幸也。"③

此处"板本"与"传写"之本相对而言，当为印本书的专称。又如沈括（1031—1095）《梦溪笔谈》卷十八《技艺·活板印刷》说：

---

① 叶德辉：《书林清话》，13页，北京，中华书局，1999。
② 余嘉锡：《余嘉锡论学杂著》，542页，北京，中华书局，2007。
③ （元）脱脱等：《宋史》，12798页，北京，中华书局，1977。

> 板印书籍唐人尚未盛为之，自冯瀛王始印五经，已后典籍皆为板本。①

也以"板本"明指版印书籍。叶梦得（1077—1148）的《石林燕语》卷八则以"板本"与"藏本"相对称，说：

> 然板本初不是正，不无讹误。世既一以板本为正，而藏本日亡，其讹谬者遂不可正，甚可惜也。②

所谓"藏本"，即指未雕版印行的写本；所谓"日亡"，说明写本已经由独立地位沦为附庸，而逐渐为印本所代替。可见，"版本"一词的本义是用雕刻好文字的木版印制而成的图书本子，与写本、拓本等相区别。

至雕版印刷通行后，一般称印本书为"版"（或"板"），写本书为"本"，合而称之，则包括印本书和写本书。叶德辉的《书林清话》卷一说："雕板谓之板，藏本谓之本。藏本者，官私所藏，未雕之善本也。自雕板盛行，于是'板''本'二字合为一名。"③

后来著录书目者在著录印本的同时，也著录印本以外的各种形式的图书，于是版本的范围就逐渐扩大，包括雕版印刷通行前的简册、帛与纸的写本和雕版印刷通行后的刻本，以及拓本、石印本、影印本、活字版等形式的一切书籍。因此，"版本"可指一书经过传写或印刷而形成的各种实物形态。而现在把书籍处理成数字化形态，叫"电子版"，"版本"一词又被赋予了新的含义。

二、古籍版本学的内容

由于古籍有许多不同的本子，就会出现彼此间在文字、印刷、装帧等方面的差异，也就有了各种版本之间的源流关系等复杂现象。为了研究和鉴别这些差别，并从许多复杂现象中寻求共同规律，于是渐渐形成"版本之学"。

古籍版本学的研究对象是古籍的各种形式的版本，即各种古代图书的各种实物形态，而以写本和刻本为主要研究对象。要而言之，古籍版本学的内容包括以下四个方面。

第一，古籍版本学理论。古籍版本学理论是对古籍版本学这一学科的宏观把握。它要求系统而深入地探讨古籍版本学的一些基本课题，如古籍版本学的研究对象、研究范围、研究内容、研究方法、研究目的和任务，以及古籍版本学与相关学科之间的关系等，总结古籍版本学的基本原理。

第二，古籍版本学史。古籍版本学史实际上是中国历代的版本研究史。中国历代

---

① （宋）沈括：《梦溪笔谈》，118页，上海，上海古籍出版社，2015。
② （宋）叶梦得：《石林燕语》，116页，北京，中华书局，1984。
③ 叶德辉：《书林清话》，25页，北京，中华书局，1999。

的版本学家们运用了一些行之有效的观点和方法研究各种版本和一些版本现象，考察这些观点和方法的发展源流，对于继承和发扬古代版本学家留下的丰富遗产，建立和完善古籍版本学的学科体系，有着重要的意义。

第三，古籍版本现象。古籍版本现象就是有关古代图书版本的各种客观存在。诸如一书有各种不同版本的现实，一书各本在形式、内容方面的特征和差异，图书版本的发生发展历史，版本的制作、流传、著录情况，版本的各种类型，版本的真伪、优劣、价值大小等，都属于版本现象。对古代图书的各种版本现象的研究，是版本学的重要内容。

第四，古籍版本鉴别方法。古籍版本鉴别包括两方面内容：一是版本的鉴定，即对某一具体版本的出版时间、出版地点、出版者、制作方式和流传情况等进行考察，予以确定，以辨其真伪，明其价值；二是版本源流的考证，即对一书各种版本的发生、发展过程和相互之间的渊源递嬗关系进行考证，以便正确评判每一具体版本在该书各种版本中的地位和优劣，以达到全面评价版本的目的。

本书将重点介绍古籍版本类型、古籍版本鉴定以及古籍版本对勘和版本源流的相关理论和方法。

三、古籍版本学的功用

古籍版本学是一门以古籍版本为研究对象的学科，其目的和任务是探究版本现象的特点和规律，总结版本鉴别的经验方法，以准确地揭示和正确地评价古籍版本，满足人们有关古籍版本的各种需求。

清人洪亮吉在《北江诗话》卷三中曾把清代藏书家分为若干等次，说：

> 藏书家有数等：得一书必推求本原，是正缺失，是谓考订家，如钱少詹大昕、戴吉士震诸人是也。次则辨其板片，注其错讹，是谓校雠家，如卢学士文弨、翁阁学方纲诸人是也。次则搜采异本，上则补石室金匮之遗亡，下可备通人博士之浏览，是谓收藏家，如鄞县范氏之天一阁、钱塘吴氏之瓶花斋、昆山徐氏之传是楼诸家是也。次则第求精本，独嗜宋刻，作者之旨意纵未尽窥，而刻书之年月最所深悉，是谓赏鉴家，如吴门黄主事丕烈、邬镇鲍处士廷博诸人是也。又次则旧家中落者，贱售其所藏，富室嗜书者，要求其善价，眼别真赝，心知古今，闽本蜀本，一不得欺，宋椠元椠，见而即识，是谓掠贩家，如吴门之钱景开、陶五柳、湖州之施汉英诸书估是也。①

洪亮吉所说的藏书家，包括考订、校雠、收藏、赏鉴、掠贩五类，如果不计其褒贬的语气，可以说概括了清人研究版本学的主要功用。

今天我们学习古籍版本学，主要有以下三方面的功用。

---

① （清）洪亮吉：《北江诗话》，46 页，北京，人民文学出版社，1998。

（一）读书学习必须慎择版本

古籍版本学知识是阅读古书的基础知识之一。清朝末年，张之洞的《书目答问·略例》开门见山地说：

> 诸生好学者来问应读何书，书以何本为善。偏举既嫌挂漏，志趣学业亦各不同，因录此以告初学。读书不知要领，劳而无功；知某书宜读而不得精校精注本，事倍功半。①

可见读书不仅要解决读什么书的问题，那是目录学帮助我们解决的问题；还要解决某一抽象书籍的具体物质形态选择问题，这就要求助于版本学了。因为一种图书往往不止一种版本，不同版本的质量必有优劣高下的差异，如不加鉴别、选择，难免以误为善，或以讹传讹。例如，在各种刻本的《资治通鉴》中，以清代胡克家据元本的翻刻本最为流行。但有人将之与宋本对照校订，发现该本正文的脱字、错字、前后颠倒字竟在万数以上，其中仅脱字一项即达 5200 多个。

从古至今，因不慎择版本，误读了劣本、次本，而闹出笑话、引起事端的事例，不胜枚举。如北朝时颜之推的《颜氏家训》卷上《勉学篇》载：

> 江南有一权贵，读误本《蜀都赋》注，解"蹲鸱，芋也"，乃为"羊"字。人馈羊肉，答书云："损惠蹲鸱。"举朝惊骇，不解事义。久后寻迹，方知如此。②

宋代朱彧的《萍洲可谈》卷一载：

> 姚祐元符初为杭州学教授，堂试诸生，《易》题出《乾为金，坤亦为金，何也》。先是，福建书籍，刊版舛错，"坤为釜"遗二点，故姚误读作金。诸生疑之，因上请，姚复为臆说，而诸生或以诚告，姚取官本视之，果"釜"也，大惭，曰："祐买著福建本！"升堂自罚一直，其不护短如此。③

福建本通称"麻沙本"，质量较差，文字内容错误多，这在当时是有名的。姚祐读书不慎择版本，以致当众出丑，闹了笑话。明代陆深的《俨山外集》卷八，曾记一俗医迫告病人煎药需放"下锡一块"做药引，路过此地的名医戴元礼感到诧异，便去追问来源，原来是俗医读了误本，"锡"字是"饧"（麦芽糖）字之误。

又如戴震曾经说过："《水经注》'水流松果之山'，钟伯敬本'山'讹作'上'，遂

---

① （清）张之洞：《书目答问二种》，5 页，北京，生活·读书·新知三联书店，1998。

② （北朝）颜之推：《颜氏家训》，17 页，上海，上海古籍出版社，1992。

③ （宋）朱彧：《萍洲可谈》，22～23 页，上海，上海古籍出版社，2012。陆游《老学庵笔记》卷七亦记此事，所言更为详尽。

连圈之，以为妙景，其可笑如此。"① 河水在松果上空流淌，的确是可圈可点的妙景，但这却是版本的误导。原书所记不过是一个普通的事实：河水流经松果山。

由此可见，读书学习不讲版本是不行的，其后果不仅是事倍功半，有时还会造成错误，害人不浅。

（二）学术研究必须讲求版本

进行学术研究，要参考和依据各种图书文献，而任何一种图书文献，如果不知道它产生的时地，不了解它出版制作的情况，不明白它的源流、演变、真伪、优劣，那么它就不能用来作为参考依据，否则研究结果或结论就不能令人信服，甚至可能造成错误。

相对于读书学习而言，学术研究时对版本的选择和鉴定就更为重要了。学术研究不仅要慎择版本，还要了解一书不同版本之间的差异，鉴别各本的高下，使自己的研究成果建立在准确可靠的基础上。所以叶德辉的《书林余话》卷下说："版本之学，为考据之先河，一字千金，于经、史尤关重要。"②

例如，清初著名藏书家钱曾的《读书敏求记》对《方言》一书的提要说：

> 旧藏宋刻本《方言》，牧翁为予题跋。纸墨绝佳，后归之季沧苇。此则正德己巳从宋本手影旧抄也。二卷中"吴有馆娃之宫，秦有榛娥之台"。俗本脱去"秦有"二字。冯巳苍尝笑曰："并榛娥而吴之矣。"③

但清代竟真有人据俗本，将"榛娥台"收入其所撰《吴乘古迹补》的著作中。此误若非经黄丕烈指出驳正，历史上陕西的榛娥台也许真要被搬到江苏了。而今版《康熙字典》"榛"字下的释文也沿袭了这一错误。

又如清代汉学大师惠栋的《后汉书补注》一书，在《光武帝纪》中纠正了李贤注的一处"错误"，因为没有注意版本问题，反而因错改而致误。清代学者沈涛（1792—1816）的《铜熨斗斋随笔》卷四"乌桓大人"条曾记其事，说：

> 《后汉书·光武帝纪》："建武二十五年乌桓大人来朝。"注："乌桓谓渠帅也。"惠徵君《补注》曰："谓字衍。"涛案：汲古阁本注作："大人谓渠帅也。"则谓字非衍，注中"乌桓"字误耳。④

如果惠栋多求善本，细加校勘，就不致造成错误了。

又如《资治通鉴》卷八十七"晋怀帝永嘉五年"条，"周顗中坐叹曰：'风景不殊，

---

① （清）戴震：《戴震集》，490 页，上海，上海古籍出版社，1980。

② 叶德辉：《书林余话》，见《书林清话》，41 页，北京，中华书局，1999。

③ （清）钱曾：《读书敏求记》，27 页，北京，书目文献出版社，1984。

④ （清）沈涛：《铜熨斗斋随笔》，75 页，北京，中华书局，1991。

举目有江河之异。'"胡三省注也以"江河"为是。而清人赵绍祖撰《通鉴注商》，根据《晋书·王导传》中有"江山之异"一语，批评司马光为"偶易"，胡三省为"傅会"，并说"江河之异"一语，"乃使情味索然"。陈垣先生的《通鉴胡注表微》一书的《校勘篇》，指出赵绍祖以误本改正本的错误。原来，宋本《晋书》就是"江河之异"，而明监本、汲古阁本、清殿本方作"江山之异"。赵绍祖"读误本《晋书》"，"为不讲求异本之过也"。所以陈垣先生感叹说："校书当蓄异本，岂可轻诬古人。"

因此，不讲版本，武断轻率地进行学术研究，实在是自欺欺人。清代版本学家顾广圻曾力攻此弊，《思适斋书跋》卷四《蔡中郎文集十卷外传一卷（校本）跋》说："书以弥古为弥善，可不待智者而后知矣。乃世间有一等人（原注：其人荛翁门下士也），必谓书无庸讲本子。噫，将自欺耶？将欺人耶？"① 顾氏抨击治学不讲求版本之说，这是对的。但他以为"书以弥古为弥善"，却未免绝对化了，这是清人"佞宋"风气的表现。

（三）古籍整理必须审定版本

古籍整理指的是对古籍的审定、编次、校勘、标点、注释、翻译、出版等一系列工作过程。这种工作的第一步就是审定版本，即寻求所整理的古籍的各种不同版本，然后对这些不同版本进行比较鉴别，选出最好或最易得的版本作为校勘整理的工作底本，再参校其他各种版本进行校勘。这种选择和评判校勘底本的工作恰恰属于版本学的范围，而古籍整理的其他各项步骤都必须以此为前提，建立在版本工作的基础上。

戴南海的《版本学概论》在讨论版本学治学的阶梯时说："当先览《书林清话》以了解其梗概，再目验《中国版刻图录》《四部丛刊》《古逸丛书》等书影，以见其版式字体，然后阅《增订四库简明目录标注》和《郘亭知见传本书目》，以窥某一书刊刻的源流，再借觅古椠以印证诸家题识，以达兼览之博，于是刊藏源流，则了然于胸了。昔人目此为'纵通'。"② 这一经验之谈，是值得我们借鉴的。

思考与练习

1. 古籍版本学主要研究哪些问题？
2. 举例说明古籍版本学的功用。

第二节 古籍版本的类型

古籍版本相当丰富，按照各种不同的标准和角度，可以分为许多类型。2002 年江苏古籍出版社出版了"中国版本文化丛书"，包括宋本、元本、明本、清本、稿本、家

① （清）顾广圻：《思适斋书跋》，80 页，上海，上海古籍出版社，2007。
② 戴南海：《版本学概论》，37 页，成都，巴蜀书社，1989。

刻本、坊刻本、活字本、批校本、插图本等，可参看。

一、以制作方式分

制作方式是指图书的抄写、制版印刷或传拓等方式。根据制作方式，古籍版本一般可分为写本与印本两大类。

（一）写本

写本，又称"手写本"，在广义上，是指非经制版印刷而由手写成书的本子，包括稿本、抄本等。

1. 狭义写本

在狭义上，人们约定俗成，将唐以前的本子称为"写本"，唐以后的本子称为"抄本"，如敦煌石窟发现的《云谣集》即为写本。

人们又习称除抄本和稿本以外以手写形式成书的本子为"写本"，包括官府衙门的公文、奏折、账簿、契约、档案等官书和私人手写的函札、日记、谱牒等文献，也包括宫廷写本如明初的《永乐大典》、清乾隆时的《四库全书》以及现存历代实录、会要、国史、玉牒、宝训等。这些写本文献比起那些经过多次加工整理的抄本或印本文献，往往更为真实、具体、生动。

2. 抄本

抄本，也作"钞本"，特指印刷术发明后根据底本（不论其为写本还是印本）传录而成的副本，故又称为"传抄本"。其中书法工整、文字内容舛误较少者，称为"精抄本"；对有些不能断定其确切抄写年代，但可以肯定其抄成年代较早者，则统称为"旧抄本"。习惯上，把乾隆以前的清代抄本统称为"清初抄本"，乾隆以后又不能肯定为哪一代所抄的统称为"清抄本"；清末民初的抄本，通称"近抄本"；民国以后的抄本，称"新抄本"。

明代著名的私家抄本，有姑苏吴宽丛书堂抄本、宁波范氏天一阁抄本、毛晋汲古阁抄本等；清代著名的私家抄本，有钱曾述古堂抄本、黄丕烈士礼居抄本、鲍廷博知不足斋抄本等。

有的抄本同时有印本流传，如抄本与印本相差无几，则价值不大；如抄本与刻本内容有差异，则抄本就值得珍视。如《红楼梦》，脂砚斋抄本与程伟元活字印本就有很大不同，抄本更多地保留了《红楼梦》成书时的状貌。至于原书并无印本，只有抄本流传，或原有印本，但已失传，只剩下抄本流传，则这种抄本就更加珍贵。如谈迁的《国榷》，300 多年来一直是以抄本辗转传抄的，直至 1949 年后才付印。

3. 影抄本

影抄本也作"景抄本"，是用较薄的白纸覆于原书页上，照原书字迹、版式一丝不苟地摹写下来的。影抄本创自明末清初汲古阁主人毛晋。据《天禄琳琅书目》载，毛晋藏宋本最多，其有世所罕见而藏诸他氏不能得者，则选善手以佳纸墨影抄之，与刊本无异，名曰"影宋抄"。一时好事家皆争仿效，而宋椠之无存者，赖以传之不朽。孙从添的《藏书纪要》也说："汲古阁影宋精抄，古今绝作，字画纸张，乌丝图章，追慕宋刊，为近世无有能继其作者。"清代黄丕烈士礼居影抄宋元本之精，可与毛氏匹敌。北京大学图书馆藏有汲古阁影宋抄本《谢宣城集》、钱曾述古堂影宋抄本《才调集》等精品。有的宋刻原本早已失传，全赖影抄本，使后人得以窥见其面目。

4. 稿本

稿本即作者手写的底本，也是一种特殊的写本。稿本必须具备以下三个条件：一是不为流传存副的目的而书写；二是应系个人著述而非官书、文书、档案；三是作者或书写人姓名确切且有一定名气。

稿本一般可分为三种。

第一，原稿本，即作者亲手书写的著作稿本，往往多有文字涂改，也称手稿本，如《资治通鉴》原书手稿残页，蒲松龄的《聊斋志异》手稿本（残存约原稿之半）等。原稿本有初稿本与修改稿（或称修订稿、改写稿）的区别，古籍的初稿本很少见。

第二，清稿本，即作者自己或请别人代之誊清、基本无讹的稿本，也称定稿本、誊清稿。清稿本一般必须以印记为凭。如明代岳凌霄撰《绿萝堂诗草》2册，书中无著者姓名，只钤有印记二方"广霞""凌霄私印"。据其他线索，查考《宁国府志·职官表》，其中确有岳凌霄其人，由此可定此本为清稿本。

第三，上版稿本，或称写样待刻稿，是按照刻版要求和规格用刻书字体写好后准备上版雕刻的稿本，一般字迹规整，写于方格之中。

稿本的功用至少有三点：其一，可以从删改、增补、修订的痕迹中，看出作者思想的发展情况；其二，可以看出作者的治学方法；其三，可供校勘。就校勘而言，如印本不全，稿本可供拾遗补阙；如印本传刻致误，稿本可以纠谬订讹；如印本与稿本非属同一版本系统，稿本可做参校之资。

例如，以蒲松龄《聊斋志异》原稿与通行刻本对勘，可以发现通行本是不完整的，确实"多所删改"，而且删改的字句大多是与"讥讽满人"有关的。又如章太炎的《菿汉微言》，是章太炎被袁世凯关在北京钱粮胡同时写的，其刊行本与原稿本出入很大，骂袁世凯的话全被删掉了，一些指斥袁世凯的激烈语句也都改换了。不见原稿，我们就无法知道章太炎当时的真实思想。

（二）印本

古籍印本主要有刻本、活字本、石印本、铅印本、影印本等。

1. 刻本

刻本即雕版刻印的本子。又称"刊本""椠本""雕本""版"，如"宋刊本""宋版"等。这是中国古典文献最主要的出版方式。古书刻本根据时代、刻印单位、刻印地点、刻印质量、刻印先后、刻印版式等，还可以细分为多种类型，详见下文。

2. 活字本

活字本即用活字排印的本子。有泥活字本，为北宋时毕昇发明，见沈括的《梦溪笔谈》卷十八，南宋时潭州周必大用胶泥铜版排印其自著的《玉堂杂记》；有木活字本，始见于元代王祯的《农书》卷二十二《造活字印书法》，明清时普遍应用，如《红楼梦》的"程甲本"与"程乙本"；有铜活字本，如明代中期无锡华家、安家的《渭南文集》《剑南续稿》《白氏长庆集》《元氏长庆集》等，清代内府的《古今图书集成》；还有聚珍版，也称"聚珍本"，即清乾隆间新制木活字版印本，由乾隆皇帝赐名，有《武英殿聚珍版丛书》134 种，清聚珍版《柯山集》（即宋张耒的《宛丘集》），闽覆聚珍本《张燕公集》（唐张说撰）等。此外还有锡活字本、铁活字本、瓢活字本、铅活字本等，但很少见。

活字本的鉴定可从以下两个方面来看。

第一，由于活字本的版框是拼合而成的，其上、下栏与左、右栏交接处（即版框的四角），界行与上、下栏的衔接处，版心鱼尾与左、右界行相交处，衔接多不严密，常有缺口；拼版时上、下栏线一致，版无胀缩之事，所以装订成册后，从书口看，上、下栏线整齐划一；因印完即拆，再印再排，故绝无断版、裂版现象。

第二，由于活字本是一字一刻，拼排而成的，其各行文字排列多不整齐，会有歪扭不正、倾斜不直的现象；版面各字大小不一致，比例常不协调，各字之间绝不交叉、重叠；有时会出现个别字倒置或卧排现象；有时插用有新刻活字，与原刻活字的大小、笔画、字体风格不相协调；墨色轻重、浓淡不匀。

这些都是鉴别活字本与刻本的基本线索。当然，活字排印的具体情况非常复杂，以上规律仅指一般情况而言，但也会有例外。如就第一点来说，有的活字本会使用木刻版框，这样一来其栏线相交处并无缺口（如清代武英殿聚珍本）；就第二点来说，早期活字本文字确实不整齐，但后期工艺越来越精湛，字体之整齐划一亦接近刻本了，至于"各字之间绝不交叉"的规律，也会有活字本为省篇幅以嵌入方式排字，从而突破此律的特例（如朝鲜印本《后山诗注》）。所以，对活字本的判定还要综合各种因素来判断。

3. 石印本

石印本即石版印刷的本子。与刻本及活字本的凸版印刷不同，石印本使用的是平版印刷方式，这是由德国人发明的印刷技术。先请书手用药墨将原稿手写在特制的纸张上，然后将此稿有字一面向下铺在石版上，使原稿字迹以反文的形式显现在版上，然后在石版上涂酸化剂来固定文字，这样，有字的地方没有酸化所以亲油而拒水，无字的地方酸化后亲水而拒油，然后就可以用油墨来印刷了。由于石印本的文字是由书手写上去的，所以字体全都是软体字，比较美观，但也正因为不必雕版刻字，为节省版面，一般也会比刻本的文字小；又由于印刷必须使用油墨，所以文字背后隐隐有油渍。

中国以石印技术印书，开始于光绪五年（1879），英国人安纳斯托·美查（Ernest Major）创办的点石斋印书馆刊印了《佩文韵府》、中英合璧本《四书》以及《镜花缘》等书。此外还有 1912 年上海有正书局据旧抄本石印的《戚蓼生序本石头记》，上海鸿文书局石印本《文选》等。

4. 铅印本与影印本

铅印本即用铅字排印的本子，这当然也是一种活字本。在电脑照排技术出现之前，现当代出版的文献大都为铅印本。

影印本系用照相就原件制成金属版、石版或珂罗版（collotype）而复制成的书籍。影印可就原书版面放大或缩小而不失其原貌。如《四部丛刊》中的文献典籍都是用此方式，将原本大小不一的文献影印成体式整齐的本子，并将原书营造尺寸印在本书扉页上。

珂罗版印刷是一项高清晰度、高还原度的影印技术，由于其底片使用玻璃，所以也称玻璃版印刷。此技术利用铬酸盐处理明胶膜曝光后表面硬化的原理，先将底本照相，然后在玻璃上涂布明胶与重铬酸盐溶液，制成感光膜，将照相底片敷于胶膜上感光，制成印版。由于此法以感光度来调节色彩，所以效果非常逼真，用来复制书画或珍本古籍非常合适；但也由于其底版为玻璃，所以技术要求高，而耐印力低，一版印量较低。黄永年先生说："惟珂罗版每版仅能印刷二三百部，故售价高昂。"①

此外，现代印本还有胶印本、油印本、复印本、晒蓝本、电脑照排本等。

二、以出版时代分

按出版时代，古籍版本可分为唐五代版本、宋金版本、元代版本、明代版本和清代版本。

（一）唐五代版本

由于敦煌藏经洞的发现，唐五代版本已有大量实物可供研究。这一时期的版本多为写本。唐代雕版印本数量也不少，可参见李致忠的《历代刻书考述·唐代刻书考略》。但现存的唐代印本多为佛经、历书、字书、韵书及民间常用的阴阳、五行、占书、相书之类的杂书，一般质量低劣。刻印质量较好的，有咸通九年（868）刊印的《金刚经》。五代官刻出现，以监本《九经》最为有名，是历史上第一次用雕版刷印的儒家书籍。监本《九经》采用了经文、注文合刊，经文用大字、注文用小字的格式，成为后世经书的标准格式。现存的五代刻本只有敦煌遗书中的佛教书籍。

（二）宋金版本

据日本《朝日新闻》1977 年 6 月 28 日报道，日本研究古典文献的专家阿布隆一教授经过大量调查，统计出了现存宋版书的数量：日本藏有 890 多部，620 版种；中国大陆地区有 1500 多部，1000 多版种；中国台湾地区有 840 部，500 多版种。以上统计数字不包括《大藏经》之类的书。当然，我们还要说明，以上统计的其实主要是南宋刊本的数量，因为保存至今的北宋刊本凤毛麟角，若不计佛经的话，只有 20 种左右，如《李善注文选》北宋天圣明道间刊本（国家图书馆藏）、《范文正公文集》（国家图书馆藏）、《通典》（日本宫内厅书陵部藏）、《中说注》（日本宫内厅书陵部藏）、《重广会史》（日本前田氏尊经阁文库藏）、《姓解》（日本国会图书馆藏）、《新雕入篆说文正字》（日本御茶之水大学图书馆藏）、《广韵》（日本京都真福寺藏）、《礼部韵略》（日本京都真福寺藏）、《新雕中字双金》（日本京都真福寺藏）、《绍圣新添周易神煞历》（日本京都真福寺藏）、《齐民要术》（日本高山寺旧藏，现藏于京都国立博物馆）、《唐

---

① 黄永年：《古文献学讲义》，211 页，上海，中西书局，2014。

玄宗御注孝经》（日本宫内厅书陵部藏）、《切韵》（柏林普鲁士学士院藏）、《史记》（北京大学图书馆藏）、《汉书》（国家图书馆藏）、《后汉书》（国家图书馆藏）等。

宋版书就形式和文字内容而言，比较接近古书原本的面貌，大多校勘精审；书法优美，各具风格，刻工技艺高妙；用纸、用墨质量较高，外表美观，经久不坏，许多宋版书至今纸质洁白柔韧，墨色如新。事实上，宋版书的意义尚不止此，更重要的是，由于宋代是大规模以刻版印刷方式产生文献的时代，所以，凡是成书于宋以前的古典文献，流传至今者多以宋刻为源头。此前的文献辗转抄录，因此抄本阶段的文献尚难有因刊刻而产生的"定本"概念。宋代因刊刻术之发展，使很多文献都从此拥有了为世所公认的"定本"。因此，甚至可以认为，这是中国古典文献在某种程度上重新确立渊源的时代。

当然，我们在肯定宋本意义的同时，也要警惕迷信宋刻本的倾向。宋人也有妄刻古书或妄改古书者。北宋时，司马光（1019—1086）的《传家集》卷六十三《贻刘道原》说：

> 今国家虽校定摹印正史，天下人家共能有几本？久远必不传于世。又校得绝不精，只如沈约叙传，差却数板亦不寤，其他可知也。①

苏轼（1037—1101）的《东坡志林》卷五也说：

> 近世人轻以意改书，鄙浅之人，好恶多同，故从而和之者众，遂使古书日就讹舛，深可忿疾！②

南宋以后，此风更甚。陆游的《渭南文集》卷二十六《跋〈历代陵名〉》说：

> 近世士大夫所至，喜刻书版，而略不校雠，错本书散满天下，更误学者，不如不刻之愈也。可以一叹。③

因此，清人对宋本之误也多所批评。如卢文弨的《抱经堂文集》卷二《重雕经典释文缘起》说：

> 且今之所贵于宋本者，谓经屡写则必不逮前时也。然书之失真，亦每由于宋人。宋人每好逞臆见而改旧文。如陆氏虽吴产，而其所汇辑前人之音，则不尽吴产也。乃毛居正著《六经正误》一书，讥陆氏偏于土音，因辄取他字以易之。后

---

① （宋）司马光：《司马文正公传家集》，776页，上海，商务印书馆，1937。
② （宋）苏轼：《东坡志林》，22页，北京，中华书局，1985。
③ （宋）陆游著，马亚中、涂小马校注：《渭南文集校注》，162页，杭州，浙江古籍出版社，2015。

人信其说，遽以改本书矣。①

顾广圻的《重刻〈古今说海〉序》说：

> 南宋时建阳各坊，刻书最多，惟每刻一书，必倩雇不知谁何之人，任意增删换易，标立新奇名目，冀自衒价，而古书多失其真。②

叶德辉的《书林清话》卷六"宋刻书字句不尽同古本"条说：

> 藏书贵宋本，人人知之矣。然宋本亦有不尽可据者。经如《四书》朱注本，不合于单注单疏也。其他《易程传》《书蔡传》《诗集传》《春秋胡传》，其经文沿误，大都异于唐、蜀石经及北宋蜀刻。宋以来儒者但求义理，于字句多不校勘，其书即属宋版精雕，只可为赏玩之资，不足供校雠之用。③

因此，对宋元旧版书，应持一种客观评价的态度。清嘉庆、道光时，著名藏书家张金吾在《爱日精庐藏书志》中，提出了一个对待宋元旧版的标准："宋、元旧椠，有关经史实学而世鲜传本者，上也。书虽习见，或宋、元刊本，或旧写本，或前贤手校本，可与今本考证异同者，次也。书不经见，而出于近时传写者，又其次也。而要以有裨学术治道者为之断。"④ 这是比较通达的看法，可资参考。

金代刻书集中地区是山西平阳（又称平水，今山西临汾一带），传世者有坊刻《刘知远诸宫调》《萧闲老人明秀集注》等。

（三）元代版本

现存元版本大多为刻本。在某些文献宋本已亡佚的情况下，元本即成为一书现存的最早版本。如《广韵》一书的宋乾道年间建宁府黄三八郎书铺刻本现已不存，但有据此本翻刻的元代麻沙明德堂刻本、元统三年（1335）日新堂刻本、余氏双桂堂刻本、至正十六年（1356）翠岩精舍刻本、至正二十六年（1366）南山书院刻本等存世。

元代翻刻古书时，选用底本比较谨慎，所以同一种书，元代的翻刻本质量往往胜过现存的宋版书。如元贞二年（1296）平阳梁宅本《论语注疏》优于宋刻十行本，大德年间平水曹氏进德斋本《尔雅郭璞音注》优于明代吴元恭所依据的宋本，元人张伯颜刻《文选李善注》胜于现存南宋尤袤刻本，等等。

元刻本中，尤以各路儒学和书院刻本校勘精审，质量较高。而且元刻本写刻皆精，可与宋本相媲美，叶德辉的《书林清话》卷七《元刻本多名手写》，对此颇多论

---

① （清）卢文弨：《抱经堂文集》，24 页，北京，中华书局，1990。
② （清）顾广圻：《顾千里集》，164 页，北京，中华书局，2007。
③ 叶德辉：《书林清话》，157 页，北京，中华书局，1999。
④ （清）张金吾：《爱日精庐藏书志》，17 页，上海，上海古籍出版社，2014。

列。元刻本有的甚至以行书上版，如《朝野新声太平乐府》《古杭新刊关大王单刀赴会》《新编红白蜘蛛小说》等书，虽有草率之嫌，但其活泼的风格在历代刻本中并不多见。

元刻本中坊刻本大多工艺粗糙，偷工减料现象比较严重，用纸、用墨质量下降。所以，元刻本的质量在总体上逊于宋刻本。

（四）明代版本

明代写本书数量很大，《明史》卷九十六《艺文志》载，宣德四年（1429）统计："秘阁贮书约二万余部，近百万卷，刻本十三，抄本十七。"但由于明中叶以后印刷业高度发达，现存明版书仍以刻本为主。

明初刻本与宋元版书风格无大差异，质量较高。黄丕烈的《荛圃藏书题识》说："书籍明刻而可与宋元并者，惟明初黑口本为然。"正德、嘉靖间，影宋刻本大量产生，校勘精审，摹刻逼真，多用洁白柔韧的白棉纸，质量亦为上乘。另外，嘉靖之前，刻版时多请书手写样，字体虽未必能望宋元旧刻之项背，然尚存书法之意；而隆庆、万历之后，刻书多由刻字工匠直接雕版，字体如批量生产的，整齐划一。

隆庆、万历以后刻本，范围既广，数量亦多。明人陆容的《菽园杂记》卷十说："宣德、正统间，书籍印版尚未广。今所在书版，日增月益，天下右文之象，愈隆于前已。"① 但是万历以后刻书既多，就不免于滥，或校勘不精，或任意删减、妄增以至改窜原书。

1. 校勘不精之例

如常熟毛晋汲古阁，自明万历迄清顺治间，历时 40 余年，刻书 600 多种，但校勘未能周详，文字讹误较多。黄丕烈的《士礼居藏书题跋记》卷二《〈后汉书〉一百二十卷（元大德本）》说："汲古阁刻书富矣，每见所藏底本极精，曾不一校，反多臆改，殊为恨事。"② 又如顾炎武的《日知录》卷十八说：

> 万历间人，多好改窜古书，人心之邪，风气之变，自此而始……不知其人，不论其世，而辄改其文，谬种流传，至今未已。（"改书"条）
>
> 山东人刻《金石录》，于李易安《后序》"绍兴二年玄黓岁壮月朔"，不知壮月之出于《尔雅》，而改为牡丹。凡万历以来所刻之书，多牡丹之类也。（"别字"条）③

2. 删减原书之例

校勘不精还只是不够细心或学识不足所致，而其尤甚者，则在有意改变古书的面貌。郎瑛的《七修类稿》说：

---

① （明）陆容：《菽园杂记》，129 页，北京，中华书局，1985。
② （清）黄丕烈：《士礼居藏书题跋记》，13 页，北京，书目文献出版社，1989。
③ （清）黄汝成：《日知录集释》，839、806 页，石家庄，花山文艺出版社，1990。

　　我朝太平日久，旧书多出，此大幸也，亦惜为福建书坊所坏。盖闽专以货利为计，但遇各省所刻好书，闻价高，即便翻刻，卷数目录相同，而于篇中多所减去，使人不知，故一部止货半部之价，人争购之。近如徽州刻《山海经》，亦效闽之书坊，只为省工本耳。①

杭世骏的《道古堂集》卷十八《欣托斋藏书记》对此多有举例，如《朱子集》多至300余卷，明人编定止40卷；李纲的《梁溪集》多至130余卷，闽中改刻本题《李忠定集》，止40卷。《四库全书总目》卷六十一《别本革朝遗忠录》提要说：

　　明代刊书者，往往窜乱旧本，而没所由来，诸版竞出，混淆弥甚，其风炽于万历以后。②

清人黄廷鉴的《第六弦溪文钞》卷一《校书说二》也说：

　　妄改之病，唐宋以前谨守师法，未闻有此，其端肇自明人，而盛于启、祯之代。凡《汉魏丛书》，以及《稗海》《说海》《秘笈》中诸书，皆割裂分并，句删字易，无一完善，古书面目全失，此载籍之一大厄也。③

如《四库全书总目》卷一百十八《野客丛书》提要指出，宋人王楙有《野客丛书》30卷，陈继儒刻入《宝颜堂秘笈》中，只存12卷，原书精核之处多遭删削。

　　3. 妄增原书之例

　　以上都是删减的例子，其实还有妄增的例子。如唐人戴叔伦的诗集，现存以明铜活字本为最早，系明人重编，却窜入唐、宋、元、明人诗甚多，这种不负责任的妄增为古典文献的研究增加了许多困难。

　　4. 改头换面之例

　　除了删减和妄增外，其实还有更严重的情形，即鲁迅先生在《破〈唐人说荟〉》一文中所说"妄造书名""乱题撰人"。如叶德辉的《书林清话》卷七"明人刻书改换名目之谬"条说：

　　明人刻书有一种恶习，往往刻一书而改头换面，节删易名。如唐刘肃《大唐新语》，冯梦祯刻本改为《唐世说新语》；先少保公（按，指叶梦得）《岩下放言》，商维濬刻《稗海》本改为郑景望《蒙斋笔谈》；郎奎金刻《释名》，改作《逸雅》，

① （明）郎瑛：《七修类稿》，665页，北京，中华书局，1959。
② （清）永瑢等：《四库全书总目》，551页，北京，中华书局，1965。
③ （清）黄廷鉴：《第六弦溪文钞》，23页，北京，中华书局，1985。

以合《五雅》之目。全属臆造，不知其意何居！①

这种改头换面的行为对古典文献的影响非常大，因为无法将某种文献与传世的另一种文献进行合理的归属判定。此上引文中，叶德辉所举之例尚是可以在比对中合并的例子，若无参照比勘，便在文献使用上易生舛误。

叶德辉所说"不知其意何居"，其实并不难理解，无论删减、妄增还是改头换面，其实都是因商业利益的考量而产生的：删减者意在节省成本；妄增者意在以"全"招徕；而"妄造书名""乱题撰人"者则将司空见惯之文献改头换面包装成新文献，从而吸引读者购买。

由此可见，明代刻本存在的问题最为严重。所以后人常说："明人好刻书而古书亡。"而且明末刻本纸墨也转劣，质量大大下降。

不过，平心而论，明刻本也不可尽废。一是明人好逞臆妄改的风气有一定的时间性和地域性，因此明本也有优劣之分，不可一概而论，如金陵、新安等地的刻本，质量就比较好。二是因为明本较通行，并日益成为罕见的旧本，随着时间的流逝，其价值也越来越高。更重要的是，从现存中国古典文献的数量来看，清代自然是最多的，但因时代较近，除清人著作外，均并非不可取代的文献来源，于是，明代版本便成为整个中国古典文献中除清代以外占比最大的，许多文献（不只是明人著作）正因有明本的存在方不致亡佚，所以，对于中国古典文献的承传来说，明代版本是非常重要的一环。

（五）清代版本

清代考据之学大盛，所以清版书一般校勘极精，文字内容的准确可靠程度胜于历代版本，充分体现了版本学求精择优的原则。家刻丛书，如曹溶的《学海类编》、纳兰成德的《通志堂经解》、黄丕烈的《士礼居丛书》、鲍廷博的《知不足斋丛书》、毕沅的《经训堂丛书》、卢文弨的《抱经堂丛书》、孙星衍的《岱南阁丛书》《平津馆丛书》、张海鹏的《学津讨原》《墨海金壶》、马国翰的《玉函山房辑佚书》、姚振宗的《快阁师石山房丛书》等，所收之书，均校勘精审，准确可靠。

此外，清代写刻本校刻俱精，堪称佳品。清本中的影刻宋元本，也较明代的影刻宋本书质量更高，价值更大。

但清代刻本以宋体字居多，字体呆板沉重，缺乏活泼多样的风格，道光以后刻书质量更大大下降。

三、以出版者分

出版者指出版图书的负责者，它负责图书的审阅、编辑加工、出版设计和校对改样等工作，而非具体的制版印刷者或抄录者。中国古代的图书，根据刻印者和抄录者的系统划分，一般可分为官刻本（官抄本）、家刻本（家抄本）、坊刻本三大类。一般

---

① 叶德辉：《书林清话》，182 页，北京，中华书局，1957。

来说，官刻本（官抄本）纸墨精良，版式美观，装订精工，但有时校勘不够精审；家刻本（家抄本）校勘精审，虽装帧不及官刻本，但文字内容的准确性却往往过之；而坊刻本为图赢利，纸墨粗劣，刻印不精，文字错误较多，质量最差。

（一）官刻本、官抄本

官刻本、官抄本，即官府刻书或抄书，指历代各级政府机构主持编校刻印或抄录的本子，可区分为中央政府机构刻本和抄本、地方各级政府机构刻本两大类。

中央政府机构刻本和抄本主要有如下几种。"监本"，即各朝国子监所刻的书，如北宋国子监刻印萧统的《文选》，明代有南监本、北监本，如南监本《宋文鉴》《乐府诗集》，北监本《二十一史》等；"内府本"，即明清两朝宫廷内刊刻、抄录的书，如明内府本《欧苏文集》，清内府本《全唐诗》《全金诗》等；"经厂本"，经厂即明代司礼监专设的印刷经卷的机构，有汉经厂、番经厂、道经厂，如明经厂本《唐诗鼓吹》等；"殿本"，指清武英殿刻印的书，如《古文渊鉴》《历代赋汇》等。此外，还有宋代的"秘书监本""崇文院本""钦天监本"，元代的"兴文署本""艺文监本"，元、明的"太医院本"等。

地方各级政府机构刻本主要有如下几种：地方官府刻本，如宋代的"公使库本""茶盐司本""转运司本""计台司本""提刑司本""安抚司本"，以及各路、省、道、州、府、县官衙刻本等；地方官学刻本，如"府学本""郡庠本""泮宫本"等；"藩刻本"，即明代各地藩王府刻印的书，如明唐藩翻刻《文选》，晋藩刻《唐文粹》等；"书院本"，即各地书院所刻的书，如宋婺州丽泽书院刻本、元杭州西湖书院刻本、明大梁书院刻本、清南菁书院刻本等；"局本"，即清末和民国初年所设书局刻印的书，如金陵书局刻本、江苏书局刻本、浙江书局刻本、湖南思贤书局刻本、广东广雅书局刻本、湖北崇文书局刻本等。

（二）家刻本、家抄本

家刻本、家抄本即私家刻本、私家抄本，又称"私刻本""私抄本"，是指个人出资主持刻印或抄录的本子。根据称呼的不同，家刻本、家抄本可分为以下几种。

第一，以堂名、室名称呼的，如宋廖莹中世彩堂本（如《世彩堂昌黎先生集注》《河东先生集》等），明晁氏宝文堂本、范氏天一阁抄本、祁氏淡生堂抄本，明毛晋汲古阁本（如《宋六十家词》《绣刻演剧》），清纳兰成德通志堂本（如《通志堂经解》）、鲍廷博知不足斋本（《知不足斋丛书》）、黄丕烈士礼居本、缪氏艺风堂抄本等。

第二，以刻者姓名称呼的，如宋建安魏仲举本（如《新刊五百家注音辨昌黎先生文集》《新刊五百家注音辨唐柳先生文集》等）、黄善夫本（如《史记》等）。

第三，以刻者姓氏称呼的，如闵刻本（明吴兴闵齐伋刻本）、凌刻本（明吴兴凌濛初刻本）、阮刻本（清阮元刻本）等。

（三）坊刻本

坊刻本即书坊刻本，是指以刻印书籍为营业的书坊所刻印的本子。根据称呼的不同，可分为两类。

第一，以书坊、书棚、书铺、书店、书堂、书林、书肆、书局等名号称呼的，如宋杭州中瓦子街张家书铺刻印的《大唐三藏取经诗话》，元建安余氏勤有书堂刻本《国朝名臣事略》，明书林刘龙田刻本《西厢记》、金台书铺汪谅刻本《文选注》等。

第二，以斋、堂号称呼的。著名的有宋建安余氏万卷堂刻本，元刘氏翠岩精舍刻本、叶氏广勤堂刻本，明金陵唐氏富春堂刻本、陈大来继志斋刻本，清席氏扫叶山房刻本、陶氏五柳居刻本等。

四、以刻印地点分

古书根据刻印地点，可分为江南本、浙本、蜀本、闽本、粤本、麻沙本、杭本、吴兴刻本、歙刻本、金陵刻本、京本、平水本等。其中宋刻本中较为重要的有浙本、闽本和蜀本，宋叶梦得的《石林燕语》卷八说：

> 今天下印书，以杭州为上，蜀本次之，福建最下。京师（按，指开封）比岁印板，殆不减杭州，但纸不佳；蜀与福建多以柔木刻之，取其易成而速售，故不能工；福建本几遍天下，正以其易成故也。①

后世所谓宋代刻书四大中心（浙、闽、蜀、汴）之说，即源于此。

（一）浙本

浙本主要指浙江杭州刻印的书籍（称"杭本"或"杭州本"），如《百衲本二十四史》中的《汉书》和《后汉书》；宋临安府棚北大街睦亲坊南陈宅书籍铺刻印的《朱庆余诗集》《鱼玄机诗集》等。此外还有衢州本、温州本、婺州本、台州本、绍兴本、宁波本、金华本等，如淳熙年间台州刻本《荀子》20 卷（黎昌庶《古逸丛书》影印）。

浙本的特点是：书写多用欧体，字体结构长方形，书写字画认真不苟，无懈怠处，挺拔秀丽；版心多是白口，有上鱼尾，上下双鱼尾者偶然有之，下端多有刻工姓名；版框大都左右双栏，上下单栏，四周双栏者很少；书品宽大，多用麻纸。

（二）闽本

又称"建本"，指福建建宁、建阳等地刻印的书籍，细分有"建宁本""建阳本""麻沙本"等。南宋时，福建刻书极盛，朱熹在《嘉禾县学藏书记》中说："建阳麻沙板本书籍行四方者，无远不至。"祝穆的《方舆胜览》说："建宁麻沙、崇化两坊产书，号为图书之府。"如宋绍兴间建阳陈八郎宅刻《六臣注文选》，宋建阳刊小字刘辰翁批点本《集千家注杜诗》，宋建安余志安勤有堂刻《分类补注李太白诗集》，涵芬楼藏宋麻沙本《集千家注杜诗》，述古堂藏南宋麻沙本《王右丞文集》等。现存宋版书中闽本质量最差，"麻沙本"更几乎是"劣本"的同义语。

闽本的特点是：字体多是柳体，有的似宋徽宗瘦金书体，起落顿笔，结构方正，字画严谨不苟；早期刻本多是左、右双栏，细黑口，后期逐渐为四周双栏，粗黑口；栏线外多有书耳，内刻篇名或小题；纸多黄麻纸，质地较薄，颜色发暗，白纸较少。

---

① （宋）叶梦得：《石林燕语》，116 页，北京，中华书局，1984。

（三）蜀本

蜀本指四川成都、眉山刻印的书籍。如宋代有蜀刻本《李太白集》（见晁公武《郡斋读书志》），陈振孙的《直斋书录解题》则称："别有蜀刻大小二本，卷数亦同。"又《直斋书录解题》记载，《昌黎先生集》有宋嘉祐间蜀本，《骆宾王文集》有北宋蜀本。现存宋版书中蜀本最少，最为珍贵，如成都本杜预撰《春秋左氏经传集解》30卷、眉山本《淮海先生闲居集》40卷（残存16卷）等。

蜀本的特点是：字体多似颜体，字画肥劲朴厚，结构架势雄浑壮丽，版式疏朗悦目；版心大都是白口，左右双栏，没有书耳，版心下端多有刻工姓名；纸张洁白，校勘精当。

明代较为著名的坊刻本，除建阳书坊以外，尚有苏州、金陵、新安、湖州、杭州、北京等地。明谢肇淛的《五杂组》卷十三说："宋时刻本以杭州为上，蜀本次之，福建最下。今杭刻不足称矣，金陵、新安、吴兴三地，剞劂之精者不下宋板。"[1] 胡应麟的《少室山房笔丛》卷四也说："余所见当今刻本，苏、常为上，金陵次之，杭又次之。近湖刻、歙刻骤精，遂与苏、常争价。蜀本行世甚寡，闽本最下，诸方与宋世同。"[2]

此外，还有其他国家依我国刻书方式而产生的文献，朝鲜刻印的中文古籍称"高丽本"或"朝鲜本"，越南刻印的称"越南本"，日本刻印的在很长一段时间里都称为"东洋本"或"日本本"，现在则统一据日本文献学家长泽规矩也的提法称为"和刻本"。

五、以刻印形式分

古籍根据刻印形式，可分为单刻本和丛刻本、写刻本和影刻本、递修本和百衲本、附刻本四类。

（一）单刻本和丛刻本

单刻本是相对丛刻本而言的，同一种书，丛书中已经刻入，而另外还有刻本，即称为单刻本。单刻本与丛刻本版式、字体可以不同，有时内容也不完全相同。

丛刻本又称"丛书本"。如明张溥编刻的《汉魏六朝百三名家集》、明毛晋编刻的《绣刻演剧》、明陆楫等辑刊的《古今说海》等。

（二）写刻本和影刻本

写刻本，特指明中叶以后，由作家本人或有名的书法家写在上版底本上后，由刻工照刻的书籍。因其采用手写体字上版刻印，与采用宋体字刻印的书籍相区别，所以称为"写刻本"。因其刊刻精良，也称"精刻本"。

清代的写刻本大都是康熙、雍正、乾隆、嘉庆四朝刊印的，往往书写、刻印、校勘俱佳，所以又常称为精刻本。如清代王士禛的学生、著名书法家林佶写刻的《渔洋山人精华录》，郑燮亲自写刻的《板桥集》，曹寅组织名手精刻的《全唐诗》等。

---

① （明）谢肇淛：《五杂组》，266 页，上海，上海书店出版社，2001。
② （明）胡应麟：《少室山房笔丛》，59 页，北京，中华书局，1958。

影刻本、仿刻本、覆刻本都是模仿原版重新刻印的书籍，但稍有差异。影刻本指照原样摹写复制而成的刻本，仿刻本指照原样临写复制而成的刻本，而覆刻本则是照原本的版式、字画原样雕镌而复制成的刻本。

仿刻本一般不甚逼真原本，如明嘉靖间洪楩刻本《六臣注文选》，系仿宋绍兴间建阳刻本。而影刻本和覆刻本则都可以做到与原本毫无差异，以致乱真。如明嘉靖四年至六年（1525—1527），震泽王延喆据宋黄善夫本影刻的《史记集解索引正义》与真宋本酷似。① 所以古代书贾作伪，多利用影刻本与覆刻本。一般可以从字体、刀法、纸墨的比较，讳字的考辨，刻工的考证等方面，鉴别影刻本（覆刻本）与原刻本。

（三）递修本和百衲本

递修本指多次印刷、历经修补的版本，如宋刻明弘治、正德两次补版的《三国志》，明刻清修的《玉海》。

递修本中比较特殊的是宋刊元明递修的所谓"三朝本"，这是明代国子监把南宋国子监和元代西湖书院的书版集中起来，加以修补重印的书籍。如明初南监本中的集部书大都是三朝本。在三朝本中，就字画的清晰度而言，明修版最清晰，元修版次之，宋刻原版则漶漫模糊；就字体而言，宋版较方整，元修版较圆活，明修版在明中叶以后则已采用宋体字；就讳字而言，宋原版与宋修版皆避讳，元、明修版不避讳；就版式而言，各代版式有别，而同一次刻版之版式大致相同。

百衲本系选用各种零散不全的佳本书版拼凑而成的内容较为完整的书籍，借用僧人所谓"百衲衣"来比喻一书所用的本子种类之多。百衲本之名，始见于清初钱曾所撰《读书敏求记》：

> 予昔藏宋刻《史记》有四，而开元本亦其一焉。今此本乃集诸宋版共成一书，小大长短各种咸备。李沂公取丝桐之精者，杂缀为一琴，谓之"百衲"。予亦戏名此为《百衲本史记》，以发同人一笑焉。②

时人宋荦也编有《百衲本史记》80 卷，合宋本二种、元本三种而成。其后黄丕烈有百衲本《宋文鉴》和《昌黎先生集》，汪士钟艺芸精舍有百衲本《春秋经传集解》和《唐文粹》，近人傅增湘印行《百衲本资治通鉴》。而商务印书馆汇印的《百衲本二十四史》，实际上是配本。

（四）附刻本

凡一书附刻在他书的卷后，而其著作人又和所附之书的著作人不是一人，在著录时则另提出记其版本，称为附刻本。例如《雕菰楼集》附刻《梅花馆集》一卷，《仰萧楼文集》附刻《经学名儒记》一卷。明万历间徐士范刻本《重刻元本题评音释西厢记》，附刻李开先《园林午梦》院本，而此本的单刻本、合刻本皆已佚失，附刻本殊为珍贵。

---

① 参见（清）王士禛：《池北偶谈》，536～537 页，北京，中华书局，1987。

② （清）钱曾：《读书敏求记》，29 页，北京，书目文献出版社，1984。

此外，还有邋遢本，如宋绍兴年间四川刻印的七史；大花脸本，指宋版印书，以及递经元、明重修版所印的书，墨色深浅不一，字体大小不整，印得模糊不清。

六、以雕版刻印先后分

古籍根据雕版刻印先后，可划分为以下几类。

（一）祖本

祖本即初刻本，即最早成书刻印的版本，为后来衍生的同一著作各种不同版本的来源和依据。如经过宋王洙、王琪整理编订，裴煜补遗，雕版刻印的《杜工部集》20卷，是杜集最早的定本，成为后来各种杜甫集的祖本。[1] 所以张元济在《宋本杜工部集跋》说："自后补遗、增校、注释、批点、集注、分类、编韵之作，无不出于二王之所辑梓。"又如《柳宗元集》最早是刘禹锡遵照柳宗元遗嘱编次的，但五代以来散佚殆尽。宋初穆修（979—1032）经多年搜求，编校成45卷的柳集，成为宋人编校成的第一部柳集，并成为以后一切柳集的祖本。[2]

（二）原刻本、翻刻本和重刻本

一书的不同版本中，有原刻、翻刻、重刻的情况。

原刻本系与翻刻本相对而言，实质上也是最初的刻本，但不一定都成为后来衍生的同一著作的各种不同刻印本子的祖本，如《文选》宋淳熙八年（1181）尤袤刻本，为流传的原刻本，嗣后为多家相继翻刻。

翻刻本系仿照原刻本翻刻而成的本子，一般注意反映其所据底本的面貌，故与底本在形式上约略相似，但文字可能与原刻本不尽相同，如元张伯颜翻刻宋尤袤本《文选》，明唐藩又翻刻张伯颜本《文选》，明嘉靖间金台汪谅也翻刻张伯颜本《文选》。

重刻本系以原刻本为底本，参校其他各本，加以校勘修订，重新刻印的本子。其版本形式与原刻本区别较大，文字内容也多有修改、增删，如清嘉庆间胡克家依据屡经修订的尤袤刻本，校勘重刻《文选》。

（三）初印本和后印本

一书的同一版本中，存在着印有先后的情况，因此有初印本和后印本的区别。

初印本系第一次印刷（包括雕版、活字排印、铅印）的本子。一般来说，初印本文字内容比较符合原本面貌，版面边框界行完整，字画清晰，刷印质量较好，所以有较高的版本价值。明清两代常用朱色（红色）或蓝色印刷若干部初印本，供校订修改用，类似现今的清样本，这种印本通常称为"朱印本"或"蓝印本"，一见即可定其为初印本。有些刻本的墨色黑中带紫，这是由于书版上早先刷抹的红色尚未完全褪尽，与黑色掺杂所致，也一见可知其为初印本。

初印本的内容常常与后印的通行本不同。有的初印本属于刻未足卷即先行传世，如清康熙初年顾湄等刻吴伟业的《梅村集》20卷，系用《梅村集》40卷足本已刻成的

---

① 参见万曼：《唐集叙录》，109页，北京，中华书局，1980。
② 参见万曼：《唐集叙录》，188页，北京，中华书局，1980。

前 20 卷书版，先行刷印传世。这种初印本在性质上颇似现代的某书抽印本。有的初印本属于刻成后即行刷印传世，但其中尚有错字误句甚至内容不够完全的现象，与后来业经改正补足的通行本在文字上有所差异，这实际上是一种试印本。

后印本系同一版再次印刷的本子。后印本的后印时间与版面模糊程度成正比，即版面模糊程度越严重，其印本的印刷时间就越晚。由于书版放置日久，或刷印次数过多，后印本往往出现版面断裂、字迹漶漫、笔画残损、墨色暗淡无光等现象。

如朱彝尊的《曝书亭集》初印本，卷二十保留了与汪景祺（年羹尧的亲信，雍正初获罪斩首）在西湖"夜泛"的五首诗，后印时即删去"景祺"的名字。同集卷二十三《三月十日诏下青宫再建喜而赋诗》，在康熙五十一年（1712）再废太子后，重印时也削去。

有的书版放置年久，或搬来运去，渐有残损，或由于政治上的原因，或由于印书者的需要及其他原因，再印时常挖改修补书版，甚至更换部分书版。所以同一版本的刻本，又有原版原印与修版后印的区别。修版后印有两种：一是在原来书版上挖改修补，再行刷印，这可以从挖补字体与挖改痕迹上加以识别；二是原版部分残损或毁失，另行补刻书版以与原版其他版片相匹配，印出后仍为全本，一般补版的书版版心上方会标出补版年代，即使没有标出，也不难一眼看出补版风格与原版风格的明显差异，如前述三朝本。总之，修版、补版的后印本与原版初印本相较，在版本形式上，可能会有装帧、纸张、墨色、个别版式和字体的变化；在文字内容上，则有正文内容完缺、字句误正、脱衍、删增、辅文多寡，封面、卷端、牌记所题不同等差异。

七、以版式分

古书根据版式，可以划分为以下几类。

（一）巾箱本（袖珍本）

巾箱本是一种版面和体积较小的本子。巾箱是古代放置头巾等细小杂物的小箱箧，巾箱本即以其体积较小，可放在巾箱中随身携带而得名。

"巾箱"之名始见于汉代，唐虞世南在《北堂书钞》卷一百三十五《汉武内传》说："武帝见西王母巾箱中有一卷小书。"[1] 其后，晋葛洪在《西京杂记》卷末说："尔后洪家遭火，书籍都尽，此两卷在洪巾箱中，常以自随，故得犹在。"许嵩的《建康实录》卷十六记载，南北朝时南齐衡阳王萧均曾用小字手写《五经》一部为一卷，置于巾箱中，以备随时检阅，当时诸王争相仿效，"巾箱《五经》自此始也"。后世则有汲古阁刊宋巾箱本《陶渊明集》，明刊巾箱本《水浒传》等。

"袖珍本"原为画卷之名，作为版本之名，约起于清乾隆年间，武英殿修书处秉承乾隆皇帝旨意，刻印《古香斋袖珍十种》。

（二）双栏本和三栏本

双栏本又称"两节版本"，指书页横分为两栏的印书，有的上下都是文字，如明

---

① （唐）虞世南：《北堂书钞》，584 页，天津，天津古籍出版社，1988。

代将《三国演义》与《水浒传》合刊的《英雄谱》；有的上图下文，如明刻多种《三国志传》。

三栏本又称"三节版本"，指书页横分为三栏的印书，有的都是文字，有的上文、中图、下文。如明余氏双峰堂刻《京本增补校正全像忠义水浒志传评林》和《新刻按鉴全像批评三国志传》，均为上评、中图、下文。

（三）大字本和小字本

大字本、小字本是相对而言的。一般常本，版框高 20 厘米左右，半叶宽 14 厘米左右，半叶 10 行，每行 20 字左右。而宋刻本中的欧阳修《居士集》，半叶 7 行，每行 14 字；宋刻本苏轼《苏文忠公文集》，半叶 9 行，每行 15 字。此二本字大如钱，所以称为大字本。

小字本比一般刻本字小。如宋刻《东坡应诏集》，半叶 14 行，每行 25 字；《类编增广黄先生大全文集》，半叶 15 行，每行 26 字、28 字不等。此二本行紧字密，即小字本。

（四）套印本

套印本是用二至六种不同颜色套印的书籍，主要有用一块雕版的套色印刷和用几块雕版的套版印刷两种。一般有朱墨、三色、四色、五色、六色套印本。

现知最早的木刻套印本是元至元六年（1340）中兴路（今湖北江陵）资福寺刻的无闻老和尚注解《金刚经》，经文印红色，注文黑色，现藏台湾。此外，如明代万历末年闵齐伋用二色套印《春秋左传》，用三色套印《楚辞》，用四色套印《文心雕龙》等。明末闵氏、凌氏二家共刻套印本书 104 种，印色为二、三、四、五色不等。[1] 清代内府四色套印本《御选唐宋文醇》，底本墨色，康熙评语用黄色，乾隆评语用朱色，诸家评语用蓝色。清道光间涿州卢坤用紫、蓝、朱、绿、黄、墨六色套印《杜工部集》25 卷，是历代套印色数最多的一个本子。

八、以版本内容分

（一）按内容完整程度划分

古籍按内容完整程度划分，有全本、节本、选本、删节本、足本、残本等。

全本即内容完全、未经选录、没有删节的书。

节本即因原书分量太大，或文字冗长，在抄录或重印时仅节取其中某一部分而付印的书。如果是从某书已经刊刻的书版中抽出一部分，或者抽出若干卷中的某几卷单印成册的书，则称为抽印本。

选本即经编者选录某书的部分内容编印而成的书。

删节本即对原书的内容或文字予以删节的书，如金圣叹删定《水浒传》七十回本（正传七十回，楔子一回）。

足本指卷数完整、没有残缺的书，如现存最早的宋尤袤刻本李善注《文选》及嗣后的翻刻本、重刻本，都是足本；又如《文苑英华》的南宋刻本今已残缺，称为不足

---

① 参见王荣国、王筱雯、王清原：《明代闵凌刻套印本图录》，3～4 页，扬州，广陵书社，2006。

本，而明刻本则是足本。

残本系残缺部分篇幅、章节或书页的本子。例如，唐元稹的《元氏长庆集》，《唐书·艺文志》著录有《长庆集》100 卷，《小集》10 卷。传至南宋时，仅有闽、蜀刻本 60 卷。而现今流传的蜀本只存卷一至卷六及卷五十一至卷六十，共 16 卷。[①]《红楼梦》已发现的 12 种抄本，有些即为残本，如"甲戌本"残存十六回，"己卯本"残存四十一回又两个半回。

（二）按内容构成划分

古籍按文字内容划分，有注本、评本、评注本、批本、批点本、校本、批校本、过录本、增修本、配本等。

注本系加上注释的本子，评本系加上评语的本子，评注本则系加上注释和评语的本子。例如，《三国演义》的毛宗岗父子评本、《水浒传》的金圣叹评本、《红楼梦》的脂砚斋评本；又如，《聊斋志异》的但明伦评本、何守奇评本、冯镇峦评本、何垠注本、吕湛恩注本、四家合评本等。

广义的批校本，包括批本、校本、狭义批校本和过录本。批本是经人在刻本或抄本书叶的天头、地脚、字里行间加上批语、评论、注解、圈点等的本子，其中带有圈点的也称批点本。校本是在刻本或抄本书页上直接对文字进行校订勘正的本子。校本有校改和校录两种形式，校改即所谓"活校"，校录即所谓"死校"（详见本书第三章"古籍校勘学"）。批校本则是既有批评，又有校订的本子。如果从别的版本上照样抄录别人的批校文字，而非批评者或校订者本人所批校，这种本子称为过录批校本，简称过录本。

评点之风始于宋末元初，盛于明清时期。元明批本多重思辨，如刘辰翁批点、高楚芳编的《集千家注批点杜工部集》20 卷；明容与堂刻本《李卓吾先生批评忠义水浒传》100 卷；明袁无涯原刻本《李卓吾评忠义水浒全传》120 回，有旁批、眉评，每回后有总评，字加圈点旁勒。

清代批本更重考证，或笺疏文句，或阐述本旨，或探源发微，或增补辑佚，有的已近乎撰述。如著名学者邵懿辰案头常置《四库全书简明目录》一部，所见宋元旧本书，辄手记于各条之下，最后撰成《四库简明目录标注》。稍后莫友芝撰《郘亭知见传本书目》，也用此法。清代批校名家辈出，如何焯、卢文弨、鲍廷博、黄丕烈、顾广圻、钱泰吉、孙星衍、劳权、劳格等，其所校书，多属精品。

增修本，也称增订本，指对原书内容、文字上进行增补、修订的本子，往往在原版基础上增篇益卷，加刻新版，并与原版组合为一书，书名虽沿用旧称，页码也连续计算，但篇卷数已增加，原书封面、卷端、目录等更多有更换。例如，清吴兆骞的《秋笳集》，原刻赋一卷、诗一卷，附《西曹杂诗》一卷，为康熙间徐乾学（号健庵）刻本。雍正四年（1726）其子吴振臣又增刻四卷，其跋云："爰就旧刊，增以家藏，析为八卷，汇成一集。其前四卷系健庵所刻，后四卷则振臣所增也。"所谓"前四卷"

---

① 傅增湘：《藏园群书题记》，618 页，上海，上海古籍出版社，1989

者，即以徐刻赋卷为卷一，诗卷析为卷二、卷三，附《西曹杂诗》为卷四。原诗卷二第三十、第三十一页间《与旧史》一诗铲去，移入卷五，空出第三十一页首二行，改刻"秋笳集卷三"和"吴江吴兆骞汉槎氏著"字样，成为卷三卷端。①

增修本中有些增刻序跋，说明其增刻情况。但也有的增刻者采用剜改冒称的做法，故意泯灭增修的痕迹，制造全本为己所刻的假象，以揽全功。例如，宋代王柏的《宋鲁斋公王文宪公遗集》12 卷，有明崇祯五年（1632）阮元声刻本。清顺治十一年（1654）冯如京仅在其基础上增刻《补遗》一卷为卷十三，却在序中冒称全书为己刻，并将原刻卷端等处辑刻人姓名剜改。②

增修本多见于族谱、传记、地方志及其他各类专志等内容需递增修补的图书。在鉴定这一类古籍刻本时，应多注意采用版本对勘法，比较、分析、区别原刻与增刻。

配本是将残缺的本子用同一书其他版本的本子加以补配而成的较完整的本子。例如，明汲古阁原藏《杜工部集》，是据宋王琪刻《杜工部集》残本，并用其他杜集宋刻残本补配而成的。又如文学古籍刊行社影印的宋郭茂倩的《乐府诗集》宋刊残本，抽缺卷帙，用元刊本和旧抄本补配，亦系配本。

九、以版本价值分

古书以版本价值分，有善本、孤本、珍本、俗本、秘本、真本、伪本、劣本、通行本、普通本等。

善本：文物价值、艺术价值或学术价值较高的本子。

孤本：指某书的某一抄本或刻本，在世间仅知有一份流传，如南宋猫儿桥钟家马铺所刻 30 卷本《五臣文选》，北京图书馆收藏的宋本《楚辞集注》等。国内仅有一份传世的书，一般称"海内孤本"。

珍本：古籍中刻印较早，流传较少，或文物价值较高，或内容好而对科学研究价值较高的珍贵的书籍。

俗本：流布较广、容易得到的本子。因为俗本到处可见，广泛流传，所以又称"通行本"。

秘本：即秘不示人的本子。

真本：也称正本，即内容无误的原本。

伪本：即通过各种手段作伪而成的本子。

思考与练习

1. 解释：抄本、精抄本、旧抄本、景抄本。

2. 稿本必须具备哪些条件？

---

① 参见崔英：《古籍中的增修本和著录审校》，载《图书馆学通讯》，1988（3）。
② 参见崔英：《古籍中的增修本和著录审校》，载《图书馆学通讯》，1988（3）。

3. 解释：单刻本、丛刻本、写刻本、影刻本、仿刻本、覆刻本、递修本。

4. 解释：初印本、巾箱本、套印本。

5. 解释：过录本、增修本、配本。

6. 解释：孤本、珍本。

第三节　古籍版本的鉴定

清代文献学家顾广圻的《思适斋书跋·石研斋书目序》说："同是一书，用较异本，无弗霄若径庭者。每见藏书家目录，经某书，史某书云云，而某书之何本，漫尔不可别识。然则某书果为某书与否，且或有所未确，又乌从论其精粗美恶耶。"① 这说明了解版本的重要性。

古籍版本的鉴定，就是对一部古代图书的出版时间、出版地、出版者、制作方式、流传情况等的检查考证，以确定古籍版本的类型和价值。因此，古籍版本鉴定是古籍版本研究的基础工作。

一、古籍版本鉴定的一般方法

在长期的古籍版本研究实践中，人们总结出鉴定古籍版本的三种一般方法，即直观法、考证法和对勘法。

直观法主要是从图书的外观形态，即图书的装订形式、纸张、墨色、字体、刀法、版式等方面，对图书版本进行考察鉴定。过去的书商和藏书家由于经眼经手的版本众多，具有丰富的感性认识，所以往往习惯于用这种方法来鉴定版本。有人称之为"望气而定"或"观风望气"。因此，鉴定版本一定要利用一切可能的机会多接触实物，至少多看些书影、集锦之类的书。书影是影印各种善本的样张，每种印一二页加以说明，字体版式一如原物。集锦是每种善本抽一二页集在一起，原书面目一一保留，如苏州江静澜的《文学山房明刻集锦初编》。

考证法是一种纯乎学术研究式的古籍版本鉴定方法。它利用有关版本文字内容方面的各种说明文字和有关版本研究的各种图书资料，对图书版本进行鉴别查证，因此是一种准确、可靠的版本鉴定方法，也较易为初学者所掌握。

鉴定版本，有时凭考证和直观一法还不够，还要尽可能地寻求同书的各种现存版本与之进行对比，以使鉴定结论准确无误，这种版本鉴定方法就叫对勘法。近人秦更年（1885—1956）于《楚辞章句》题识云：

《楚辞章句》十七卷，明隆庆辛未豫章夫容馆重刻宋本，最为精善，而传本甚稀。往日在湘中见一本，为叶郋园从子定侯购去。余后十年客居上海，始求得

---

① （清）顾广圻：《思适斋书跋》，168页，上海，上海古籍出版社，2007。

之，亦可谓难矣……《艺风藏书志》云：卷一之末有"姑苏钱士杰写章芝刻，双行而无序，与余此本同。叶氏所得本，顷定侯来申，携在行箧。因从借归，对读一过，彼本首有王弇州序，无书刻人姓名，宋讳皆缺笔，骤观之，似若迥异，及验其字之点画，与夫边栏格线，自首澈尾无一不合，但印本彼略在后耳。然后知此书初印本，无序有刻书人姓名，宋讳不缺笔。迨后增入王（王世贞）序，铲去刻书人姓名，又将宋讳字末笔铲去。惟沉、元等字亦缺笔，非以偏旁嫌也，似'沉''元'字无所用其阙避，殆铲削之误欤？要之，两本实系一版，非有二刻也。森立之两本并载，而不知为一版，当系先后寓目，非若余之同几对勘，此版本之所以贵验目也。①

其所采用的"同几对勘"的方法，就是对勘法。可见，对勘法实际上是综合运用考证法和直观法，对同一书的不同版本进行全面细致的对比鉴定的方法。在具体实践中，还要大量采用文字校勘法。

在这一节里，我们主要介绍直观法和考证法。对勘法在下一节介绍。

二、根据内容鉴定版本

所谓内容，指的是古籍中附加的文字或古籍正文的文字。从内容方面看，可以根据牌记、封面、序跋鉴定古籍版本，可以根据卷端鉴定古籍版本，可以根据刻工姓名鉴定古籍版本，可以根据避讳字鉴定古籍版本，可以根据题跋识语、名家藏章和官书印记鉴定古籍版本，也可以根据正文内容鉴定古籍版本。

（一）根据牌记、封面、序跋鉴定版本

古籍中的牌记、封面、序跋等文字，是鉴定版本的重要依据之一。

1. 牌记

古代印本多在里封、卷首、序后、目录末、卷末或某一卷的后面，印有说明版本情况的文字，大多有一定的框式图形（如碑形、方形、钟形、鼎形、幡形等），通称"牌记"，又称"书牌子""木记""墨围""碑牌"。家刻本和坊刻本大都有牌记，上有刻家姓名、斋堂或书铺名号、刊刻年月、刊刻地点等，有时也说明出版动机、申明版权、宣扬版本之优异等，文字多少不等。

牌记大概相当于今天书籍的版权页，因此可以作为鉴定古籍版本的一个重要依据。如《新刊五百家注音辨昌黎先生文集》，《天禄琳琅书目》称《宋史·艺文志》及《文献通考》都未记载此书，书中亦无纂集人姓名，但正集目录后有牌记，其中有"庆元六祀孟春建安魏仲举刻梓于家塾"一句，所以应为魏仲举集注，并可定为南宋

---

① 转引自魏隐儒、王金雨：《古籍版本鉴定丛谈》，145页，北京，印刷工业出版社，1984。按其录文或有误，如引《艺风藏书记》。（当为《艺风藏书续记》文字起讫不清等，据如下书目改——缪荃孙：《艺风藏书记》，376页，上海，上海古籍出版社，2007。）另叶德辉的《郋园藏书志》亦有叙录（上海：上海古籍出版社，2010，324～325页），可参看。

庆元六年（1200）家刻本。

利用牌记鉴定古籍版本时，首先，一定要证明某版本确系原版，牌记确为原印。应特别注意识别假刻牌记、剜改牌记或翻刻时照刻原版牌记等作伪情况，这在坊刻中尤为常见。如《集千家注分类杜工部诗》，元仁宗皇庆元年（1312）余志安勤有堂曾刻印。明初叶氏广勤堂购得这一书版，又附以文集二卷刊印，剜去目录后原有的"皇庆壬子余志安刊于勤有堂"字样，改为"壬寅年孟春广勤堂新刊"，并保留原有的钟式、炉式二牌记，把其中"皇庆壬子"剜改为"三峰书堂"，"勤有堂"改为"广勤堂"。而明汪谅翻元本，据《天禄琳琅书目》称，则剜去广勤堂牌记重印。

其次，也应注意书坊为了标榜赢利，在牌记上弄虚作假。如日本内阁文库藏明黄文华《新刻京板青阳时调词林一枝》的牌记署："万历新岁冬月福建书林叶志元刻"；又有黄文华的《鼎镌昆池新调乐府八能奏锦》的牌记署："万历新岁爱日堂蔡正河刻"。此二书牌记只称"新岁"，似乎即万历元年，其实集中所收戏曲，有的创作于万历元年之后。所以这"新岁"仅仅是新年的意思。①

2. 封面

古籍的封面指封皮翻开后反面的一页或另一扉页。封面除记有书名、著者外，还经常印有刻家室名、刻版年月或藏版者等事项，所以也可以作为鉴定古籍版本的重要依据。如清雍正刻本《李义山集》，封面为方框上下两栏，上栏横题"雍正八年镌"，下栏分三行自右向左竖题："华亭赵润川解，李义山诗，金陵刘晰公梓。"清同治活字本《儒林外史》，封面分三行自右向左竖题："同治己巳秋摆印，儒林外史，群玉斋活字版。"

另外，也可根据封面与其他信息综合推定。例如，中国国家图书馆藏清刻本《说文系传》40 卷，封面题"新安汪氏藏版"，根据其卷末署"乾隆壬寅巧月古歙汪启淑跋"的跋语称，汪启淑"获见《系传》稿本，爱而欲广其传。因合旧抄数本校录付梓。其相沿传写既久，无善本可稽者，不敢以臆改也。刻既竣工，爱赘数语于后"，可定为乾隆壬寅（乾隆四十七年，1782）七月汪启淑刻本。

根据封面鉴定版本，要注意封面中的"藏版"（或"藏板"）二字，指的是收藏书版，而刻版、藏版和刷印是三个不同的概念。古人购书的方式有两种：一是到书肆购买成书；二是自带纸张到藏版处刷印，只付刻版费和工钱。所以古籍封面刻有"×××藏版（板）"等字样，即带有广告宣传的作用，以广招徕。书版传世，可能为刻版者数代珍藏，也可能数易其主。因此，藏版者可能是刻版者，也可能不是刻版者，这需要参考其他条件加以鉴定。实际上许多藏版者只是刷印者，而不是刊刻者，其所标明的年代大多是原本雕版的时间，而非此本刷印的时间。

有的翻刻本、重印本会换去封面，但正文仍是原刻，因此需考证书版的原刻者，分清刻版者和刷印者。例如，中国国家图书馆藏清翟灏的《四书考异》72 卷，封面题"无不宜斋雕本""武林竹简斋藏板"，则此书刻版者是无不宜斋，后版片转归竹简斋，

---

① 参见郭英德、王丽娟：《〈词林一枝〉、〈八能奏锦〉编纂年代考》，载《文艺研究》，2006（8）。

著录其版本应定为无不宜斋刻本。又如，北京大学图书馆藏晋代常璩撰《华阳国志》12卷，封面题"会稽陶氏藏版"，其实是嘉庆十九年（1814）邻水廖寅题襟馆刻本的重印本，而不是会稽陶氏刻本。如果封面仅有藏版者信息，而无法确定刻版者的，则当著录为"某某藏版本"。

3. 序跋

图书之前多有序文，书后多有跋文，序跋内容常涉及图书刻印经过，序跋末尾常署有序跋作者的姓名、时间等，凡此都可以作为古籍鉴定的依据。

序跋可分为著者自作序跋、他人序跋、刻印出版者序跋等。其中著者自作序跋和刻印出版者序跋所记载的版本情况，一般是相当可靠的，可以直接依据，以鉴定刻印出版时间等版本事项。至于著者自序以外的序文，则要看其内容是否述及刻书情况，有无可资参证的材料。

如果古籍各序跋均未述及刻书情况，则可根据诸序跋中年代最晚者做出大致判断，人们称之为"以序断年"。以序断年必须十分谨慎，只有在确认作序或作跋之年与实际刻印之年十分相近或相同时，或实在找不到其他关于本书版本情况的任何文字时，才能采用这种方法。

有的书正文是原刻，而序跋是若干年后增刻的，这样的书应仍以原刻时代、原刻地和原刻者为准。如中国国家图书馆藏清齐学裘的《见闻随笔》26卷，有同治十年（1871）天空海阔之居刻本，虽后附同治十一年（1872）补刻跋，仍应定为清同治十年刻本。

序跋仅仅是鉴定版本的依据之一，还要参照其他因素。根据序跋所确定的刻版年代，应与刻书者、抄书者的年代一致，应与校注、参订者的年代一致，还应与讳字的时代一致。例如，中国国家图书馆藏三国魏王肃注《孔子家语》10卷，有明正德二年（1507）何孟春跋，版心有"汲古阁""毛氏正本"字样，而正德二年毛氏尚未出生，显非正德刻本，而系明末本。又如，明张九韶的《理学类编》8卷，有嘉靖壬寅（嘉靖二十一年，1542）益藩重刻序，但卷端下题"新安后学毕懋康孟侯参订"，考毕懋康为万历间人，因此该书只能是万历刻本，而非嘉靖刻本。再如，中国国家图书馆藏明王宗沐编《宋元资治通鉴》64卷，虽有万历四年（1576）序，但书中避明熹宗朱由校讳，改"校"为"较"，再参考其他条件，此书应为崇祯十五年（1642）刻本。

根据序跋确定刻版年代，一定要把原刻和重刻、翻刻加以区别。有的重刻本或翻刻本往往将原刻序跋照样刻出，而不加说明，这就使人容易误定为原刻。重刻或翻刻本的刊刻年代、刊刻时间和刊刻者，只能根据重刻或翻刻的序跋或其他方面加以考查。例如，张潮的《虞初新志》，现在存世的多种版本仅有康熙年间的序跋，故一直被认为是康熙间原刻本，实际上据多方面的因素尤其是避讳字来推定，可以知道此为乾隆后期张家后人改版冒充原刻的本子。①

此外，有的序跋载年月只记干支，这就要细加考订。例如，《增广注释音辨唐柳

---

① 参见李小龙：《〈虞初新志〉版本考》，载《文献》，2018（1）。

先生集》（宋童宗说注释、张敦颐音辨、潘纬音义），元代翻刻本很多。明代有书林王宗玉与韩集合刻的戊辰刻本，《涵芬楼烬余书录》误以为是元天历戊辰（1328）刻本，其实这是明洪武二十一年戊辰（1388）本，整整误差 60 年。此书还有明正统戊辰（1448）善敬堂覆宋本，与洪武戊辰又相差 60 年。

（二）根据卷端鉴定版本

古籍卷端的书名和编纂校刊姓氏等，也是鉴定版本的依据之一。

1. 卷端书名冠词

古籍书名前，有的加上反映版本情况的冠词。这些冠词，有的反映刊刻年代，如《元刊梦溪笔谈》《元刊古今杂剧三十种》等；有的反映刊刻者，如《三桂堂王振华刊本警世通言》《太平路新刊汉书》等；有的反映版本类型，如《百衲本二十四史》《别本说唐后传》等；有的反映版次，如《新刻急就篇》《重刊拜经楼丛书》等；有的反映底本，如《国初钞本原本红楼梦》等；有的则综合反映上述若干种情况，如《古杭新刊的本关大王单刀会》《宋刊巾箱本八经》等。书名冠词常常是同书异本的重要标志之一，可以作为版本鉴定的一种线索。

古籍书名前有的加有尊称，如"皇朝""国朝""昭代""钦定"等字样，多数是编纂者所在朝代刊刻的。例如，元人苏天爵编《国朝文类》70 卷，有元统二年（1334）刻本，而明嘉靖十六年（1537）晋藩刻本则改称《元文类》。清人张应昌编《国朝诗铎》26 卷，有同治八年（1869）永康应氏秀芷堂刻本，1960 年中华书局重印时改称《清诗铎》。清贺长龄辑《皇朝经世文编》120 卷，有清道光六年（1826）刻本，"皇朝"即指清朝。改朝换代后刻印的书则直书某朝某代，如宋朝、元朝、明朝等，或称"胜朝"①。

2. 编纂校刊姓氏

编纂校刊姓氏，除了题于卷端以外，还常题于目录、卷末等处，都可资鉴定版本参考。例如，中国国家图书馆藏唐王勃《王子安集》16 卷附录 1 卷，卷端题"唐龙门王勃子安著，明闽漳张燮绍和纂"，结合其他证据，可以断定此书为明张燮崇祯十三年（1640）刻本。

利用编纂校刊姓氏鉴定版本，应详考编纂校刊人生平，并据以确定版刻时代、版刻地点。例如，中国国家图书馆藏明丘濬《琼台类稿》70 卷，有明弘治五年（1492）何乔新序，卷端题衔："少保兼太子太保户部尚书武英殿大学士赠太傅谥文庄丘濬仲深。"按，赠官、谥号都是人去世以后才有的，丘濬死于明弘治八年（1495），所以此书当是明弘治八年以后的刻本。又如，中国国家图书馆藏明王象晋的《二如亭群芳谱》28 卷，封面有"沙村草堂藏版"等字样，有人即据此定为"明天启元年沙村草堂刻本"。但卷端题衔有"济南孙××曾孙××校阅"等字样，考王象晋孙辈有王士禛，曾孙辈有王启涑、王启汧等，王士禛生于明崇祯七年（1634），王启涑生于清康熙元年

---

① 新王朝称已经覆灭的前王朝为"胜朝"，出自《周礼·地官·媒氏》："凡男女之阴讼，听之于胜国之社。"郑玄注云："胜国，亡国也。"意为今国所胜的已亡之国。

（1662），王启泙生于康熙十一年（1672），则此书当为康熙年间或以后的刻本。①

利用编纂校刊姓氏鉴定版本，也应注意原刻本和翻刻本、递修本等的区别。有些递修本，即使编纂校刊衔名依旧，也不能定为原本。例如，有人仅据北宋国子监校勘官的衔名，就将汉扬雄撰、晋李轨注《扬子法言》13 卷一书定为宋治平监本，其实该书刻工分为南宋初期、南宋中期和元代三期，应定为宋刻宋元递修本（中国国家图书馆藏）。翻刻本也应与原刻本相区别。中国国家图书馆藏梁萧统撰《梁昭明太子文集》5 卷，卷端分行题"大明辽国宝训堂重梓，梁昭明太子撰，明成都杨慎、周满，东吴周复俊、皇甫汸校刊"，《增订四库简明目录标注》据此及卷首嘉靖乙卯（嘉靖三十四年，1555）周满序，著录为"明杨慎等校定辽府宝训堂刊本，五卷，在嘉靖乙卯"，误。因为此书是辽藩据周满嘉靖三十四年刊本重刻的，杨慎等校定的是周满刻本，而非辽藩刻本。据查，周满刻本九行行二十字，辽藩刻本八行行十六字，是两种不同的本子。

（三）根据刻工姓名鉴定版本

宋、明刻本在版心下端常刻印有刻工及写工姓名，可以据此鉴定版本。因为一位刻工一般都参加过不止一部书的刊刻工作，而一位刻工的工作年限在 30 年左右，所以如某刻本有刻工姓名而不知其刻印时间和来源，而另一刻本有同样刻工姓名而已确知刻印时间等情况，则可以相互比证，借以推断前一刻本的大致刻印时间。

例如，李玄伯原藏明刻本《忠义水浒传》（100 回），记刻工姓名为"新安黄诚之刻""新安刘启先刻"。《芥子园本李卓吾评忠义水浒传》（100 回）同样记刻工姓名为"黄诚之刻""新安刘启先刻"，另有一页记"白南轩刻"。明袁无涯原刻本《李卓吾评忠义水浒全传》（120 回，系杨定见改编本），记刻工姓名为"刘君裕刻"。据上述基本相同的刻工姓名，并参考插图形式，孙楷第在《中国通俗小说书目》卷六推断这三种本子实为一版，刻书似在万历、泰昌之际。② 当然，以刻工姓名判断版本时要谨慎从事，否则也会产生误判。例如，周芜先生的《徽派版画史论集》据《黄氏宗谱》列出第二十七世黄一遂，字成之，并将其关联到前引之《忠义水浒传》，可知周氏将此黄成之等同于刻《水浒传》的黄诚之了，实际上此二者并非一人。周先生所录之人名"一遂"，字"成之"，《老子》云"功成、名遂、身退，天之道"，知其名、字互为表里，其几位兄长分别是一道字贯之（《论语》云"吾道一以贯之"）、一迪字祥之（《尚书·盘庚》云"迪高后丕乃崇降弗祥"）、一遇字际之（曹丕《答许芝上代汉图谶令》云"遭遇际会，幸承先王余业"），都是用同样的逻辑取名的，故此人只能是"成之"而非"诚之"。而前之黄诚之，据《三国演义》遗香堂本之图题有"新安黄诚之刻""黄士衡刻"的题识，可知此人的名和字应该分别是"诚之"与"士衡"。《礼记》云，"故衡诚县，不可欺以轻重"，古人多有从此命名者，如唐代著名书法家柳公权即字诚悬（"县"通"悬"），"权"即"衡"也。明乎此，便不会将主要生活在清代的黄成之

---

① 当然，此本版刻与刷印情况较为复杂，详情可参崔建英：《〈二如亭群芳谱〉版本识略》，载《文物》，1986（2）。

② 参见孙楷第：《中国通俗小说书目》，212 页，北京，人民文学出版社，1982。

与明末的黄诚之混淆了。①

根据刻工姓名鉴定版本，也应注意区别重刻本和翻刻本。另外，不同时代的刻工姓名出现在同一书上，应定为递修本。

日本学者长泽规矩也曾编制《宋元版刻工表》，收宋代刻工人名 1500 多个，元代刻工人名 750 多个。此文原载于日本《书志学》第 2 卷第 2、第 4 两期，邓衍林译为中文，刊登于《图书馆学季刊》第 8 卷第 3 期（1934 年 9 月）。其他可资参考的刻工表还有：王重民的《中国善本书提要》附录《刻工人名索引》，魏隐儒的《古籍版本鉴定丛谈》辑录《宋至清各代部分刻本所见刻工及写画人姓名简表》，周芜的《徽派版画史论集》附录《黄氏刻工考证表》，何槐昌编《宋元明刻工表说明及元刊本刻工名表》（《图书馆学研究》1983 年第 3 期），李国庆编《宋版刻工表》（《四川图书馆学报》1990 年第 6 期）。而王肇文编《古籍宋元刊工姓名索引》（上海古籍出版社，1990），李国庆编《明代刊工姓名索引》（上海古籍出版社，1998；此书于 2014 年又修订再版，即《明代刊工姓名全录》，内容较前书扩充约三倍），收罗既广，体例亦善，有较高的参考价值。

（四）根据避讳字鉴定版本

封建时代对帝王尊长等的名字大都要避讳。所谓"讳"，指的是帝王、圣贤、长官以及祖宗、父母、尊者、长者等人的名字。人们说话临文时，不能随便称呼、书写，碰到与这类人物名字相同的字则必须设法避开或改写。避讳有两种类型：一是国讳（或称公讳），是所有的人都必须回避的；二是家讳（或称私讳），是本家族的人必须回避的。

避讳有许多规定，主要的有：①嫌名不讳，指字音与讳字相同或相近的字不讳；②二名不遍讳，即名有两字，只涉其中一字不讳；③已祧不讳，"祧"指超过七世或九世的祖先，迁入别的庙堂，祭祖时不祭。

避讳到唐宋而极盛，国讳如此，家讳也不例外。例如，唐人李贺父名"晋肃"，终生不能考进士。韩愈特撰《讳辩》，为此事打抱不平，说："父名晋肃，子不得举进士，若父名仁，子不得为人乎！"宋代陆游在《老学庵笔记》卷五说：

> 田登作郡，自讳其名，触者必怒，吏卒多被榜笞。于是举州皆谓灯为火。上元放灯，许人入州治游观，吏人遂书榜揭于市曰："本州依例放火三日。"②

成语"只许州官放火，不许百姓点灯"，即源于此。

在古籍中，避讳的方法主要有：①改字法，即用同音字或同义字代替讳字，如以"代"代"世"，以"人"代"民"，以"元"代"玄"等。②缺笔法，即在书写、刻印时，将讳字少写一笔，通常是缺末笔，有时也缺中间笔画。③空字法，即将应避讳的字空而不书或圈作墨围，或用"某"或"上讳"等字代替，多为作者临文时采用而刻印时照搬，刻书者一般不采用。例如，《说文解字》中，汉光武帝刘秀的"秀"字，写

① 参见李小龙：《〈三国演义〉命名的演化》，日本京都外国语大学《研究论丛》第 80 辑，2013。

② （宋）陆游：《老学庵笔记》，106 页，上海，上海古籍出版社，2012。

作"上讳"。

关于历代讳例的专著，有清陆费墀的《帝王庙谥年讳谱》1卷，刘锡信的《历代讳名考》1卷（抄本），黄本骥的《避讳录》5卷（《三长物斋丛书》本），周榘的《廿二史讳略》1卷（《啸园丛书》本），张惟骧的《历代讳字谱》2卷（《小双寂庵丛书》本）。而近人陈垣的《史讳举例》8卷（《励耘书屋丛刻》本）堪称集大成之作。另有王建的《中国古代避讳史》（贵州人民出版社，2002）、王彦坤的《历代避讳字汇典》（中华书局，2012）等书可供参考。

历代历朝避讳的特点，可以作为鉴定版本的依据。

宋代避讳极严极繁，且避嫌名，所以宋刻本中遇有宋代皇帝姓名以至帝王祖宗的姓名，都要改字或缺笔，或在名字处改填"御名""今上御名"等字样。例如，宋高宗赵构，官方颁定的避讳字竟多达50多个。辽、金两朝受宋人影响，也实行避讳。元代版本少有避讳，只有覆刻和翻刻宋本者才有据宋讳缺笔的情况。明代在天启以前，避讳之风甚疏。天启以后，始重避讳。但由于国势已衰，避讳之法极为混乱，或改字，或缺笔，或只避上一字，或只避下一字，皆无定准。

清朝从康熙时始讲避讳，乾隆时避讳最严。清讳与宋讳不同，尤重字形，偏旁中凡有涉及讳字者，如弦、铉、炫、眩等，均缺玄字最后一点。又清初凡遇胡、虏、夷、狄等字，或缺笔，或易字以代，如"夷"改为"彝"，"狄"改为"敌"。但到雍正、乾隆朝以后，"若有心改避，转为非礼"①。据此也可鉴别清代版本。清讳另一大特征，是雍正三年（1725）上谕规定：孔子讳理应回避，嗣后除四书五经外，凡遇此字，并加"阝"为"邱"。② 所以凭"丘"字之改避与否，即可作为推断一书刻印于雍正以前还是以后的依据。总之，讳字多用以鉴别清康熙、雍正、乾隆时的刻本和抄本，清末版本多不避讳。

若能确定某版本避至某皇帝之讳止，则其刻印年代即可推断为某皇帝之时。例如，宋王洙、王琪编订，裴煜补遗，在苏州刻印的《杜工部集》，为杜集的最早定本。此本当时镂版印行颇多，但现今却无传本。明代毛晋之子毛扆在《杜工部集跋》中说，毛晋曾以所借得宋版《杜工部集》一编授毛扆，并谓此乃王洙本，且命刘臣影写之。毛扆后来又购得宋刻残本3册，与刘臣影抄本对勘，发现"第一卷仅存三叶，十九卷亦缺二叶，补遗《东西两川说》亦止存六行，其行数卷数悉同"。他认为这就是当年毛晋所借原本，惜只残存3册，于是嘱其外甥王为玉就抄本影写补足，成为宋刻补抄本，今藏上海图书馆。毛扆认为他所购得的宋刻残本是宋嘉祐王琪刊本，嘉祐系北宋仁宗最后的年号，故此本当为北宋刻本。但万曼在《唐集叙录》中认为，书中讳字避至完、构，则刊刻当在南宋初年，显然不是北宋原刻。③

又如北京师范大学图书馆藏明叶秉敬的《明谥考》，抄本，残存卷一至卷十、卷

---

① （清）永瑢等：《四库全书总目》，5页，北京，中华书局，1956。
② 参见陈垣：《史讳举例》，13页，北京，中华书局，2016。
③ 参见万曼：《唐集叙录》，111页，北京，中华书局，1980。

十三至卷三十八，共二册。从避讳字看，卷内"曆"字作"歷"，"弘"字作"宏"，"琰"字不避讳，可知避讳至乾隆止，因此可以推定为乾隆间抄本。

利用避讳的特点，只能作为鉴定版本的一个条件，要准确鉴定版本，还应参以其他条件。例如，张元济在《元氏长庆集校记》云："戊午之秋，江安傅沅叔同年得见残宋建本《元微之文集》卷一至十四、卷五十一至六十，凡二十四卷。"《涵芬楼烬余书录》据宋讳，敬、殷、弘、匡、贞、徵、树、戍、构、敦、暾、惇字多缺笔，谓此本系南宋光宗（赵惇）时刻本，有元翰林国史院官书之印。但是有人认为，唐集有翰林国史院官书印者，多为蜀本，故断定此 24 卷本非建本，而是蜀本。

此外，还应注意后代避前朝讳而翻刻本、覆刻本照样沿用不改的情况。

（五）根据题跋识语、名家藏章和官书印记鉴定版本

古籍的卷首、卷尾或扉页，往往有古代抄书人、藏书家、校勘家、鉴赏家所作的题跋识语。题跋往往用于覆刻本、重刻本，由抄书人、刻书人或藏书家所作，用以说明抄刻本书的情况。识语也叫"题识"，性质与题跋相同，但一般较为短小、简略，由抄书人、藏书家或版本目录学者写在一书之尾。题跋识语往往叙明本书的抄刻年代、收藏源流、价值大小、抄录或刻印精工与否，以及文字校勘等情况。

例如，《天禄琳琅书目》著录一《韦苏州集》（唐韦应物撰），前有王钦臣序及沈明远补撰传。因只有王序，便断定："此书当属钦臣所订而明远重刻于元初者，故模印精好，与宋椠犹不相远。"① 认为沈明远系元初人。杨绍和的《楹书偶录》说："（沈）作喆字明远，吴兴人，丞相该之侄，绍兴五年进士，改官为江西运管……"② 辨明沈明远是宋人而非元初人，这是确切的。但杨绍和以为此《苏州集》是宋刻本，说："以明远为元人，遂入之元版书中，未免负此古本矣。"③ 这是揣测之词，并无可靠依据。《天禄琳琅书目》曾说沈明远补传后有刘会孟（辰翁）识语。刘辰翁（1231—1294）系宋末元初人，所以，"以此证之，是书为元初刊本益信"④。证据与理由都很充分。可见刘辰翁的识语在鉴定此书是元初刻本时，成为极重要的依据。

古籍抄本的卷末如果有抄书者的落款题识，记录抄写年月、地点、抄写者姓名以及来源等，这是鉴定抄本最直接可靠的依据。例如，清抄本《郭天锡日记》卷末落款"嘉庆己未冬月某泉居士赵之玉写于星凤阁"，可知此书为嘉庆四年（1799）赵之玉抄本。又如，清抄本《芦蒲笔记》卷末识语："戊戌中元，借陆孟庄家西宾本，勾张兴宗令弟抄，惜多误脱。古欢堂主人吴翌凤。"另有黄丕烈题跋："郡中吴枚庵先生多古书善本，皆手自钞录或校勘者。久客楚中，归橐尚留数十种，此《芦蒲笔记》，其一也。"⑤ 黄丕烈与吴翌凤同时、同乡，据此可以断定，此书是乾隆四十三年（1778）吴翌凤抄本。但是，有些传抄本抄录原本落款题识，而不写传抄年月，在鉴定时须极为审慎。

① （清）于敏中、彭元瑞等：《天禄琳琅书目》，185 页，上海，上海古籍出版社，2007。
② 《续修四库全书》编委会：《续修四库全书》第 926 册，675 页，上海，上海古籍出版社，2002。
③ 《续修四库全书》编委会：《续修四库全书》第 926 册，676 页，上海，上海古籍出版社，2002。
④ （清）于敏中、彭元瑞等：《天禄琳琅书目》，186 页，上海，上海古籍出版社，2007。
⑤ 参见《近代著名图书馆馆刊荟萃读编》第 1 册，272 页，北京，北京图书馆，2005。

落款、题记、印章或后人的题跋识语，也是鉴定批校本和过录批校本的重要依据。

古代藏书家、校勘家、鉴赏家还常在书的首尾、序目等处钤盖姓名、别号、斋室等藏章。这些都有助于后人了解某一版本的流传情况、抄刻时代、版本优劣情况等，可作为鉴定版本的依据。因为印章一般都是在卷端右下角起往左依次钤盖的，根据印章钤盖的次序，即可得知其流传经过。而根据其时代最晚的印章，即可确定某一版本抄刻时代的下限，可以间接判断版本的出版时间。而多钤有名家印章的版本，其价值必高。

有的书中有官书印记。例如，黄丕烈曾获得北宋蜀刻《孟东野文集》，跋云："此残宋刻《孟东野文集》十卷本，目录尚全，后五卷失之。或云是蜀本，余以字形核之，当不谬也。是书出无锡故家，去夏已闻之获观者。相传卷中有翰林国史院官书朱记，余即断以为宋刻。盖余家藏有二刘及孟浩然集独孟集全，周丈香严藏有姚合诸集，同此字形，并同此朱记，故信之也。"① 这是利用印记比证的例子。

（六）根据正文内容鉴定版本

古籍正文中反映时代特征的内容，有书中的纪年、纪事、纪人、称谓、地名、职官、文体、引用文献、引文等，也都可以作为鉴定版本的依据。所以高水平的版本鉴定其实并无定法，如果有渊博的学识，一字之用，一名之称，都可作为蛛丝马迹，成为鉴定版本的依据。

例如，《布水台集》32卷，释道忞撰，过去定为明万历间刻本，因为此书版式风格很像万历间刻本，第一篇序后又署"己亥春王二月望日"，而万历间确有个己亥年。但此书开卷第一页就说："乙酉之役，处士孙开远举义嘉禾，战没孤城，诗以诔之。"嘉禾即浙江嘉兴，万历间此地并无战事，所谓"乙酉之役""举义嘉禾"，当指清顺治二年（1645）南明弘光王朝覆灭，江浙一带民众起兵抗清之事，所以此书应是清顺治十六年（1659）刻本，而绝非明本。这是利用古书中的纪年、纪事鉴定版本之例。

又如，《集千家注杜工部诗》一书有"广勤书堂新刊"六字牌记，清代学者孙星衍初不知广勤书堂为何代书肆，后注意到书中所标集注姓氏，称韩愈、元稹为唐贤，王禹偁至谢枋得为宋贤，而称刘辰翁为时贤。刘辰翁主要生活于宋代，但卒于元代，书中不称其为宋贤而称时贤，可见此本必为元代刻本无疑。此例见《平津馆鉴藏书籍记》。这是利用古书行文中的称谓名词鉴定版本之例。

又如，《四库全书总目》卷六十八《元丰九域志》提要云："案张淏《云谷杂记》，称南渡后闽中刊书不精，如睦州宣和中始改严州，而新刊《九域志》直改为严州。今检此本内睦州之名尚未窜改，则其出于北宋刻本可知。"② 这是利用古书中的地名鉴定版本之例。

又如，《丘琼山先生大学衍义补赞英华》6卷，明陈仁锡纂，或因前有丘濬成化二十三年（1487）上表，故著录为明成化刻本，当然，这肯定有误，因陈仁锡生于万历

① （清）黄丕烈：《士礼居藏书题跋记读》，34页，北京，中华书局，1985。
② （清）永瑢等：《四库全书总目》，596页，北京，中华书局，1965。

初年，但有人据此著录为万历刻本，也可能并不妥当。该书封面印有"陈太史订大学衍义英华"十字，确系原刻原印。据考，明清两代只有考中进士而又进了翰林院的人，才有资格称为"太史"，而陈仁锡于天启二年（1622）始中进士，授职编修，故此本刻印定在天启二年之后，应正确著录为明末刻本。这是利用古书中的官制名称鉴定版本之例。

又如，叶德辉在《书林清话》卷四《广勤堂刻万宝诗山》说："至孙记所载元本《唐诗始音辑注》等目，后有广勤堂鼎式印，建安叶氏鼎新绣梓长木印。此似在《万宝诗山》之前，然亦不出明代。何也？如'始音''正音''遗响'等类，与分初、盛、中、晚唐诗者知解相同。初、盛、中、晚之别，始于明高棅编《唐诗品汇》《拾遗》，据其序，书成于洪武甲子十七年，而《拾遗》则补于癸酉。其书子目有'大家''名家''羽翼''余响'诸类。区画唐诗门户，风气开自明初，元人无此例也。然则《诗山》及《始音》等集精刻本，埒于宋元，故自来收藏家，不误以为宋，即误以为元，亦其鱼目可以混珠故也。"① 叶德辉运用文学史研究中的文体知识，辨孙记所载《唐诗始音辑注》为元刊之误，这是利用古籍的文体鉴定版本之例。

三、根据形式鉴定版本

考察古代图书的形式，包括行款、字数、字体、墨色、纸张、版式、装帧等方面，对于鉴定版本也有相当重要的作用。

（一）根据行款鉴定版本

行款指古籍正文版面的行数和字数，或称行格、行字。一书多刻，行款不同，可以据此作为鉴定版本的依据之一。例如，东莞莫伯骥的《五十万卷楼群书跋文》著录宋刻本《李文公集》时曾记录：莫伯骥尝于书贾处见一本《李文公集》，系黑口版，半叶 10 行，每行 19 字。目录前题《李文公集》，下云总 18 卷，凡 130 首，2 首原阙；下一行云"唐山南东道节度使检校户部尚书"；又下一行云"李翔字习之"。版心有"李文"二字，在上黑口下鱼尾上。而莫伯骥曾藏有明刻本，每半叶 10 行，每行 20 字，版心有卷一、卷二等字。他认为此本与己藏明本的行款、字数不同，推测此本为宋元本。张均衡的《适园藏书志》说："目录有官衔，五六卷首尾相接，皆宋本之征。"此本衔名详叙，五六卷正相接，与张说吻合。于是莫伯骥以重金购归。叶德辉的《郋园读书志》亦载此书，并称"莫固精了版本之学"。

关于宋元时代刻本行款、字数的特点，可参阅清光绪二十三年（1897）江标撰《宋元本行格表》二卷，近人赵鸿谦辑《宋元本行格表》（见《中央大学国学图书馆第一年刊》），中国书店斐子英辑《宋元行格表》等。

根据行款鉴定版本，也要严格区别翻刻本和原刻本。

（二）根据字体、墨色、用纸、版式、装帧等鉴定版本

不同时代的刻本和抄本，在字体、墨色、用纸、版式、装帧等方面，都各有其风

---

① 叶德辉：《书林清话》，114 页，北京，中华书局，1957。

格特色，可以作为鉴定版本的依据。

1. 宋版书

宋刻本的字体，谢肇淛的《五杂组》说："凡宋刻有肥瘦两种，肥者学颜，瘦者学欧。"以时期论，初期多为欧体，后来逐渐流行颜体，南宋以后柳体趋多；以地区论，浙本多用欧体，蜀本多用颜体，间用柳体，闽本多用柳体；南宋中叶渐渐出现一种秀劲圆活的字体，并流行于世。

宋刻本的版式多为左右双边，早期多是四周单栏，后期为左右双栏或上下单栏；版心北宋时多为白口、单鱼尾，南宋以后逐渐流行黑口，由小黑口到大黑口，大多有刻工姓名和牌记。

宋刻本的用纸因地而异，建本几乎全用竹纸，呈淡茶黄色；其他地区用皮纸为多，麻纸次之，竹纸很少，皮纸多为洁白厚纸。宋刻本用墨讲究，墨色如漆，墨光焕发，墨气香淡，虽浓淡不一，但大多雅洁可爱。宋刻本的刀法笔意精致，所以张元济说："审别宋版，只看刀法。"

宋刻本几乎都用蝴蝶装，南宋末年始见包背装。

宋代抄本现存的极为罕见。

2. 元版书

元刻本的字体，多摹赵孟頫体；天历以后，字体似赵而神离。至正间刻印的书传世较多，书写起落顿笔有回锋，有时用行草书写上版。

元刻本的版式，初期仍以左右双边为主，中期以后四周双边也常见；版心大多为黑口、双尾鱼，间有花鱼尾。版心刻的数字，无论字数、页数或卷数，多用草书。

元刻本用纸多用竹纸，呈深茶黄色。用墨大多秽浊，间有污染纸面者。多用包背装。

元代刻书多用简体字，尤以坊刻本为甚。现在所用的简化字，有的在宋元版书中已流行，如罗振玉在日本影印南宋临安中瓦子张家雕印《大唐三藏取经诗话》中，就有"驴""厅""处"等字。而元代建本中《乐府新编阳春白雪》《古今翰墨大全》，虞氏务本堂刻《全相平话五种》等书中，简体字更多。

元抄本不多见，字多古致。

3. 明版书

明刻本的字体，初期多仿赵体，后偶仿颜体；正德以后仿南宋浙本，改用欧体；万历时起，则多为长宋体，横细竖粗，形成中国古代的印刷体，并一直流传至今。此外明末还有行书体，字似董其昌手笔，圆润流畅，婉转秀丽。

明刻本的版式多为四周双栏，前期为粗黑口、双鱼尾，版框多为四周双边；嘉靖以后多为白口，四周单边增多，左右双边也时有出现，鱼尾则单、双并行，并出现独特的线鱼尾。自正德起，版心上方记书名、下方记出版者之斋堂者的现象逐渐盛行。

明刻本的纸张，在嘉靖前多用棉纸，初期为黄棉纸，正德、嘉靖间为白棉纸；嘉靖后多用竹纸。明刻本用墨，早期、中期尚好，万历以后多不佳，墨色浮泛，坊刻本尤多污浊。

明刻本的装帧，初期偶有蝴蝶装，一般通行包背装，万历时始逐步变为线装。

明抄本的字体潇洒，书写自然，多俗体，少有约束，大多数字都写得拙劣。明抄本的用纸，在嘉靖以前，一般多用黑格、蓝格或无格；正德、嘉靖间，无格的居多；万历以后，蓝格和红格居多。一般多用棉纸，明末用竹纸。

4. 清版书

清刻本的字体，初年仍是明末遗风，字形长方，横细竖粗。康熙以后，盛行以下两种刻书字体。一是硬体字，也称仿宋体，在清刻本中最为普遍。道光以前的硬体字比较秀丽美观，笔画横轻竖重，撇长而尖，捺拙而肥；道光以后，字体结构显得呆板，世称"匠体"。二是软体字，也称"写体"，是写刻上版的，多出于名家之手。

清刻本的版式，一般是左右双边，也有四周双边或单边的。大部分是白口，也有少数黑口。字行排列比较整齐。书前刻封面的较多，一般多刻三行字：中间一行书名，右刻编著者，左刻藏版或雕梓者，有的将雕镌年月横刻在上栏线外。

清刻本的用纸，以竹纸为最多，纸色黄、白皆有，但以黄色为多。写刻本用墨极为精良；嘉庆以后，墨质下降，佳者少见。清刻本绝大多数用线装。

清初抄本，字多古拙，与明本风格略近。乾隆以后，受馆阁体的影响，规规矩矩，工整秀丽，起笔顿落一丝不苟，不似明本出于自然。清抄本的用纸，也有黑格、蓝格、无格的，但印绿格纸的为多。清末民初，又盛行用红格纸。常用开化纸、连史纸、毛太纸等。

当然，这些仅是常见的特点，并非绝对。必须注意各地方、各时代的刻书特点彼此不同，而且又时时变化。一般说来，南宋以后才逐渐流行黑口，先是小黑口，到元初始流行大黑口。但前面提到的宋版《李文公集》《郋园读书志》就以其是大黑口而令人产生怀疑，但宋代也有大黑口本。此外，版片放置年久，或干燥缩小，故版框也相应缩短；或受潮胀大，版框尺寸也相应增大。因此同一版本不同时期的印本如版框尺寸微有不同，属正常现象，不可因此断其为不同版本。而纸张实际上只能反映刻本的刷印年代，而不能说明其刊刻年代，所以也不可因用纸的不同将同一版本的不同印本断为不同版本。

四、利用有关图书鉴定版本

在古籍版本鉴定工作中，要经常参考、利用各种图书资料。

（一）利用各种工具书鉴定版本

在古籍版本鉴定中，利用各种类型的工具书是经常的、大量的和必需的。例如，对照换算各种纪年，须查年表、历表；考证刻书者或作者，需要利用各种人名辞典、传记资料索引、历代职官表、年谱、族谱、方志等；查证地名，则要利用地名辞典、历代地理沿革表、历史地图等。

例如，慎独斋刻本《山堂考索》，每卷卷端均题有"建阳知县区玉刊行，县丞管韶、主簿薛宝校正"的字样。经查明嘉靖《建阳县志》卷二《历代职官表》，其中明弘治、正德间的知县、县丞、主簿中，正有区、管、薛三人，故此本版刻年代可以定为明弘治、正德间。

（二）利用古籍书目鉴定版本

鉴定古籍版本，目录之学是基础。叶德辉的《藏书十约·鉴别》说：

> 四部备矣，当知鉴别。鉴别之道，必先自通知目录始……不通目录，不知古书之存亡。不知古书之存亡，一切伪撰抄撮、张冠李戴之书，杂然滥收，淆乱耳目，此目录之学，所以必时时勤考也。①

要而言之，利用古籍书目，可以比较书目著录本与鉴定本的异同，可以考订一书不同版本的异同和图书的存佚情况，也可以据以审定版本价值。

不少目录书往往著录有字体、纸张、行款、版式、卷数、装订等版本资料。如宋尤袤的《遂初堂书目》是最早著录版本的目录书，陈振孙的《直斋书录解题》著录了版本的资料。清乾隆至嘉庆年间先后编纂成《天禄琳琅书目》前后编，共著录宋、元、明各朝古籍 1063 部，详述了各书版本时代分类，考证了刊刻时代、地点、收藏家姓名和印章题记等。此外，还有钱曾的《也是园藏书目》和《读书敏求记》，邵懿辰撰、邵章续录的《增订四库简明目录标注》等，都是堪资查阅的目录书。

例如《王维文集》，陈振孙的《直斋书录解题》著录作《王右丞集》10 卷，并说："建昌本与蜀本次序皆不同，大抵蜀刻《唐六十家集》，多异于他处本，而此集编次尤无伦。"②《天禄琳琅书目》仅著录琴川毛氏影宋抄本《王摩诘文集》10 卷，但未述此本是建昌本抑或蜀本。述古堂藏有《王右丞文集》10 卷，钱曾的《读书敏求记》卷四称："此刻是麻沙宋板。"③ 清道光间又发现一个宋本，顾广圻云："右《王摩诘文集》十卷，每卷有'二泉主人''听松风处''子京''项墨林鉴赏章''宋本甲'等印。第五卷有款云'袁褧观'及'袁氏尚之'印，今藏汪氏艺芸书舍，与前收《读书敏求记》所藏《王右丞文集》皆宋本，而迥乎不合……建昌本前六卷诗，后四卷文，自是宝应二年表进之旧，而蜀本第二以下全错乱，故直斋以为尤无伦也。"④ 据此，人们才弄清《直斋书录解题》中提到的《王右丞集》为建昌本，述古堂藏南宋麻沙本《王右丞文集》源于建昌本；而汪阆源（士钟）艺芸书舍所藏《王摩诘文集》，就是《直斋书录解题》中所说的蜀本。⑤

（三）利用其他资料鉴定版本

前人的有关笔记、日记、书信等中，常常有对具体版本的鉴定描述，可资参考。历代史料中举凡书林故事、制度沿革、人事安排、学者著述等资料，也可作为版本鉴定的旁证。

① 《丛书集成续编》第 5 册，790 页，台北，新文丰出版公司，1988。
② （宋）陈振孙：《直斋书录解题》，468 页，上海，上海古籍出版社，1987。
③ （清）钱曾：《读书敏求记》，122 页，北京，书目文献出版社，1983。
④ （清）顾广圻：《思适斋书跋》，84 页，上海，上海古籍出版社，2007。
⑤ 参见万曼：《唐集叙录》，49 页，北京，中华书局，1980。

书影是鉴定版本常用的工具书之一。广义的书影包括一切影印本，狭义的书影则特指古籍零星书页版式的汇编——这种书影汇编的开创者是杨守敬，他在光绪二十七年（1901）辑刻了《留真谱初编》12 册，其书前识语说："余于日本医士森立之处见其所摹古书数册，使见者如遘真本面目，颜之曰《留真谱》，本《河间献王传》语也。余爱不忍释手，立之以余好之笃也，举以为赠。顾其所摹多古钞本，于宋元刻本稍略，余仿其意，以宋元本补之。又交其国文部省书记官严谷修与博物馆局长町田久成，得见其枫山官库、浅草文库之藏，又时时于其收藏家传录秘本，遂得廿余册。"其后又辑刻了二编。他的《留真谱》影响很大，开启了后世书影汇编的法门，继之而起之尤要者有：瞿启甲的《铁琴铜剑楼宋金元本书影》，民国十一年（1922）常熟瞿氏影印本；张允亭等的《故宫善本书影初编》，民国十六年（1927）故宫博物院图书馆印行；柳诒徵的《钵山书影》，民国十八年（1929）国学图书馆印行；刘承幹的《嘉业堂善本书影》，民国十八年（1929）吴兴刘氏嘉业堂石印本；故宫博物院文献馆的《重整内阁大库残本书影》，民国二十二年（1933）影印；王文进的《文禄堂书影》，民国二十六年（1937）出版；陶湘的《涉园所见宋版书影》，民国二十六年（1937）出版；顾廷龙、潘景郑的《明代版本图录初编》，民国三十年（1941）开明书店出版；北京图书馆的《中国版刻图录》，1960 年文物出版社影印本；上海图书馆的《善本书影》，1978年上海古籍书店印行等。

可资参考的研究古籍版本的专著，则有王国维的《两浙古刊本考》《五代南宋监本考》，郑德懋的《汲古阁刻板存亡考》，缪荃孙的《平水版本考》，叶德辉的《书林清话》，孙毓修的《中国雕版源流考》等。

五、伪本及其鉴定

所谓"伪本"，是指图书在抄、刻制成后在其上制造各种假象的版本。伪本不同于伪书，不是在书名、著者及图书文字内容方面作伪，而是侧重于在图书的某一具体版本上做手脚，以抬高其版本价值，牟取暴利。

（一）古书版本作伪的情况

第一，以残充全。按照版本学的观点，一种质量较好、价值较高的版本，首先应该内容完整，没有删削或残缺现象。所以书贾在购得残本图书时，常常利用各种作伪手法，将残本伪装成足本，得以高价出售。例如，现存舒元炜序抄本《红楼梦》，原书八十回，残存前四十回。书贾欲充全本，从目录页中撕去第四十一回至第七十九回的回目，又用原第八十回的回目代替原第四十回的回目，手法极为拙劣。

第二，以近充远。版本抄写刻印的时代越早，其价值也就越大。所以书贾往往以近刻本充旧刻本，以后刻本充原刻本，以牟取高利。例如，明嘉靖三十年（1551）高翀、吴凤所刻《重校鹤山先生大全文集》110 卷，书中有吴凤后序，末署"皇明嘉靖辛亥"，被剜改成"皇元至大四年"，以冒充元刻本。

古书作伪，还常利用影刻本或翻刻本、仿刻本，采用各种手法冒充原本或前代刻本。北京师范大学图书馆藏《汉书注》100 卷，唐颜师古撰，半叶 10 行，每行 19 字，四周双边，黑口、白口兼有，双鱼尾，薄棉纸，衬纸，作64册。版心下镌黑钉白文"乾道三年刊"，文中凡有年月处皆署"乾道"。根据外貌看，应是宋本。但有些字刻得软弱无力，又是薄棉纸，疑有假。经过一番鉴别，并与北京图书馆藏正统本核对，证明此本实为明正统八年（1443）、十年（1445）翻刻宋本，翻刻时将天头、地脚全部裁去，配纸接补，版心原刻"正统八年刊"全部挖去，补上黑钉白文"乾道三年刊"，描栏以掩饰接补之处。

第三，伪造名人批校藏本。黄丕烈有一句名言："书籍贵有源流。"历来藏书家都将图书的授受源流（即流传过程）视为决定其版本价值大小的一个标准。因为一本书如印有名人藏章，或经名人翻阅乃至批校题识，便可证版本之不妄和文字内容之可信。所以书贾便常利用这一点来作伪。20世纪30年代开设于上海的古书流通处，曾伪刻清代著名藏书家卢文弨抱经楼等藏书印，并请了三个专司抄书的人员，把伪章加盖在所抄各书之上，使所抄之书"悉售善价"。

第四，以丛书零种充单刻本。明代胡应麟撰《少室山房笔丛》，中有《经籍会通》一种4卷，该书的万历刻本在流传过程中，《经籍会通》与其他各书失散，书贾便将此书卷端和版心下所题"少室山房笔丛"的总名挖去，成为单行本。还有的作伪方法是将几种丛书零种凑合起来，另立一书名，伪充别一丛书。明高濬编的《稗海》，共71种，446卷，明万历中会稽商氏半野堂刻本。书贾将此丛书中零散的《独异志》《述异志》《小名录》《东观奏记》等10种41卷汇集在一起，伪编目录，题名《稽古汇编》，改为"明锡山吴学纂辑"，并在全书前伪作一篇序文，以惑人耳目。

第五，以常见书充罕见书。唐代杜佑的《通典》200卷，世所习见，不以为贵。书贾将明嘉靖十七年（1538）王德溢、吴鹏等的刻本《杜氏通典》，剜改书名为《国史通典》，同时剜去卷端著者题名，补印"南宋礼部尚书锡山邵宝国贤撰"字样，序文也被剜改，并在剜改之处钤了"南宋翰林院印"和著名藏书家季振宜的藏书印。于是此书便成为世所罕见的奇书了。

第六，以抄本充稿本。明代徐弘祖撰《徐霞客游记》12卷，清抄本，书贾将书名改为《游名山记》，题"锡山安希范"撰，同时钤"稿本"一方长印，并在书前加一序，记叙安希范撰此书的经过。按安希范系无锡人，明万历间进士，《无锡金匮县志》卷三十九记载，安希范曾著有《名山游记》等书，书贾当即依据县志作伪。

（二）古书版本作伪的手法

由前述伪本的各种情况，我们可以总结出古书版本作伪常用的具体手法如下。

第一，挖改描补，即将原书的关键文字挖去，另配纸粘补，有的并补描或补刻新字，以达到作伪的目的。补挖改的地方经常是卷端所题书名、作者及版刻文字，版心各种说明文字，序后所署年代及作序者姓名，刻书牌记和各种有关版本的说明文字等。

第二，增删序跋、牌记等。古书中有许多影刻本和仿刻本，或酷似原本，或与原本风格相近，书贾往往只需伪增旧序或撤去影刻或仿刻时所加的新序、新跋，或者增补旧刻牌记或割去说明后刻版本情况的新牌记，即可成为伪本出售。鉴别这种伪本，必须与原本对勘。

第三，伪造名人批校题跋，伪钤名人藏章印记。伪造名人批校题跋有两种情况：一是利用书中原有批校题跋文字，稍做挖改修补增添，伪称是某名人批校题跋；二是作伪者自己做批校题跋，落款署某名人姓名字号。鉴别这种伪本，最好能核对某名人的其他手迹。伪造名人藏印的现象也十分普遍，1952 年中国历史博物馆在北京琉璃厂收购到伪刻的自宋代至现代的名书画家、收藏家的印章，就达一千多枚。鉴别伪印，应多留心历代公私藏章的式样，印文字体的风格特色，以及印章钤盖的规律等。

第四，染纸造蛀。此法由来已久，明万历初高濂的《遵生八笺》卷十四《燕闲清赏笺》"论藏书"条记载：

> 近日作假宋板书者，神妙莫测。将新刻模宋板书，特抄微黄厚实竹纸，或用川中茧纸，或用糊扇方帘绵纸，或用孩儿白鹿纸，筒卷用槌细细敲过，名之曰刮，以墨浸去嗅味印成。或将新刻板中残缺一二要处，或湿霉三五张，破碎重补。或改刻开卷一二序文年号。或贴过今人注刻名氏留空，另刻小印，将宋人姓氏扣填两头。角处或妆茅损，用砂石磨去一角。或作一二缺痕，以灯火燎去纸毛，仍用草烟薰黄，俨状古人伤残旧迹。或置蛀米柜中，令虫蚀作透漏蛀孔。或以铁线烧红，锤书本子，委曲成眼，一二转折，种种与新不同。用纸装衬绫锦套壳，入手重实，光腻可观，初非今书仿佛，以惑售者。①

这种伪本往往需要借助各种知识，才能加以鉴别。

第五，改变装帧形式。如将线装改为蝴蝶装或包背装，以充古本，也是版本作伪的一种手法。中国国家图书馆藏有一部宋代程颐传注的《周易上经》4 卷，本是清光绪十年（1884）黎庶昌刻《古逸丛书》的零种，书贾将纸染色后，改装为蝴蝶装，书口伪造伤残，从后托裱。第四卷末页也假造残缺，并用刀伪造虫蛀孔痕。这竟在堪称老眼的版本学家张元济眼下也蒙混过去了，居然定其为元代至元间积德堂刻本，并在卷端钤盖"涵芬楼""海盐张元济经眼"印记，以示珍藏。

（三）古书版本作伪的鉴定

鉴定古书版本的作伪，简言之，有以下几种方法。

第一，要熟知各个时代的刻书特点，如版式刀法、字体、纸张等。书贾作伪一般是局部的，只要把握一个时代的整体特点，不管其局部如何作伪，也可以识别。

第二，要详审内容，就名物典章、职官制度、人物事件等，查阅有关资料，进行考证。书贾作伪多半在形式上做手脚，对于内容则是一无所知或知之甚少的，所以从内容入手，作伪一攻即破。

第三，同类版本的比较、对勘，是鉴定版本作伪的重要方法。

第四，利用工具书，尤其是古籍书目。凡书名作伪、著者作伪、卷数作伪等情况，非查古籍书目不可。

---

① （明）高濂：《遵生八笺》，550～551 页，杭州，浙江古籍出版社，2019。

思考与练习

1. 什么是牌记？根据牌记鉴定古籍版本，应注意什么？
2. 如何根据序跋鉴定古籍版本？
3. 宋、元、明、清历代避讳，各有哪些主要特点？
4. 举例说明如何根据正文内容鉴定古籍版本。
5. 不同时代的刻本，在字体、墨色、用纸、版式、装帧等方面，各有哪些特点？
6. 如何利用古籍书目鉴定古籍版本？
7. 古书版本有哪些作伪情况？
8. 古书版本有哪些作伪手法？

第四节　古籍的版本对勘与版本源流

一、古籍的版本对勘

古籍的版本对勘，就是对一书各种具体版本所进行的实际的比较鉴别工作。

（一）古籍版本对勘的功能

古籍版本对勘属于古籍版本学的范畴，是古籍版本学的重要研究方法之一。古籍版本对勘既借鉴了古籍校勘学的校勘方法，又与古籍校勘学有着根本的区别。

在工作目的方面，古籍校勘的目的，是发现和纠正古代图书在流传过程中产生的文字错误，以尽可能地恢复原书的本来面目；而古籍版本对勘的目的，则是通过对古籍一书各种不同版本的实际比较鉴别，细致地了解各具体版本的真实情况，准确地厘清一书各本之间的关系，正确地评定各本的优劣高下和价值大小。

在工作方法方面，古籍校勘一般是对一书比较完整的校对勘正；而古籍版本对勘则只是选择各本中关键的、有代表性的若干处进行比较，从而得出结论。

在工作程序方面，古籍校勘一般要选定某本为底本或工作本，然后参校他本进行校勘；而古籍版本对勘则是随时随意对手头的各种版本进行相互之间的比较鉴别。

在工作内容方面，古籍校勘仅限于对古代图书的文字内容进行校对勘正，而古籍版本对勘则除文字内容的比较鉴别以外，各本之间的其他差异，如分卷的不同和多少，附加资料的多少，以及各本版式、行款、装订、字体、用纸等各种形式方面的差异，也都在比较鉴别之列。

在某种意义上说，古籍版本对勘是一种前校勘工作。进行古籍整理校勘时所依据的底本或工作本，必须通过版本对勘来选定，然后才能进入具体的校勘。

例如，清代版本学家黄丕烈说：“凡书不可不细校一通，第就其外而观之，谓某本胜某本，此非定论也。"① 他以所藏《衍极》一书为例说：

> 即如此书，先得明刻本，后得名人钞本，即定为抄胜于刻，此殊不然。余向时知未敢以明刻校名钞。近得旧钞，遂取以校钞本，知脱失有在，明刻所有者，则钞所自出本无也。②

名人抄本一般优于刻本，这是公认之理，但具体到某一版本，就不尽然了。黄丕烈将明刻本、名人抄本、旧抄本各本对勘，果然发现名人抄本中的许多脱失的文字在明刻本中并不脱失，说明该书明刻本的质量要较名人抄本为好。这是运用版本对勘方法鉴别一书各本优劣高下、价值大小之例。

又如，中华书局据浙本影印《四库全书总目》所作的校记中，校出浙本与武英殿本相异的有 58 条异文，现代著名版本目录学家王重民以此为据，细加统计分析，发现浙本误刻、脱刻远较殿本为多，从而论定总体上殿本优于浙本，推翻了以前的错误说法。③

王重民又曾以明嘉靖十九年（1540）杨慎校刻的《宣和画谱》20 卷，与元大德刻本对校，发现大德本是杨刻本所依据的底本。其根据有三：其一，杨刻本有初印本与后印本之分，大德本有墨钉、有空格，杨刻初印本都作空格，但后印本却以意填补。例如，大德本卷三《僧贯休传》："太平兴国初，太宗□□诏求古画。"太宗下空二格，这是大德本所据宋本原来如此，而杨刻后印本在"太宗"下臆补"特下"二字。大德本卷十二《王诜传》："于是神考□□选尚秦国大长公主。""选"字上空二格，杨刻印本补加"特诏"二字。其二，杨本 9 行，每行 19 字，大德本 10 行，每行 19 字。杨本卷九《杜霄传》有"未易得之故蛱"，下脱 19 字，此应系杨本上版时推行，适脱一行所致。其三，从字体上看，杨本与大德本字体极为相似，系模仿大德本字体而成。这则是运用版本对勘方法鉴别一书各本之间渊源递嬗关系之例。④

此外，有的古籍一书不同版本在文字内容上产生差异，除刻印的因素以外，还有作者本人的修改或特定的社会环境条件等因素。因此，通过版本对勘，还有助于了解一书的成书情况和作者的治学态度，有助于了解作者创作思想的演变发展，也有助于了解社会环境对作者思想的影响。

（二）古籍版本对勘的方法

版本对勘既然是对一书的实际比较鉴别，其第一步就要收罗所要鉴定的一书的各种版本。一般情况下，要将一书的所有各种不同版本收罗齐全，进行对勘，这既是办不到的，也是不必要的。人们往往只是就手头现有的或容易找到的一书不同版本进行

---

① （清）黄丕烈：《黄丕烈藏书题跋集》，227 页，上海，上海古籍出版社，2015。
② （清）黄丕烈：《黄丕烈藏书题跋集》，227 页，上海，上海古籍出版社，2015。
③ 参见王重民：《跋影印本〈四库全书总目〉》，载《吉林省图书馆学会会刊》，1981（1）。
④ 参见杨殿珣：《略论王重民同志对于版本学的研究》，载《图书馆学通讯》，1982（3）。

比较，以满足其不同的有关需要，而版本对勘工作时常就这样在有意无意中进行。能够真正自觉地将版本对勘当作一种版本鉴别方法而加以经常广泛应用的人，如黄丕烈、张元济、傅增湘、王重民等人，便都成为古籍版本学史上富有成就的大家。

版本对勘的具体方法，大约只类似于校勘方法中的"对校"或"死校"，即罗列一书的不同版本，比较异同，列出异文，为进一步分析判断提供材料。具体做法可参看本书第三章"古籍校勘学"中的有关介绍。

一般来说，版本对勘可从文字、篇幅、编例、版式等诸方面入手。版本对勘的范围并不局限于图书的文字内容方面，其他如版本的版式、行款、装订、字体、用纸等形式方面的特征，也在比较之列。对勘时，并不需要对任何版本做任何的文字改动，而只是列出各本在各方面的异同，采用各种方式进行比较鉴别，分析思考研究，从而或在版刻方面，或在版本源流方面，或在版本评价方面，得出正确的结论。至于对勘的深度和广度，则视实际需要而定，以是否能得出正确结论为标准。

进行版本对勘，必须耐心翻检，细心查对，找出一书各本的主要异同之处。绝不能只从表面一望，即凭某种既定观念或初步印象，就匆匆做出结论。如傅增湘的《藏园群书题记》卷一《重校查初白藏宋本〈虞斋考工记解〉跋》，以实例对此做了很好的说明。他说：

> 此书四年前曾假慈溪李氏藏本校定，补《释音》卷下脱文八行。顷于厂肆邃雅堂见一宋刊本，其中延祐四年补刊者三十六叶，版多断烂，字迹模糊，逊李氏本远甚。然重其为查初白先生藏书，卷首有先生手跋三行，因携归详记于册子。及逐叶翻阅，乃惊喜过望，其《释音》卷上"函人"以下九行，通志堂本既失刊，李氏宋本亦脱佚，爰手写附入。昔荛翁校书，必聚数本。今同一宋刊，且印行较后，宜无足取矣，然细心披检，其佳胜乃出意表。后之学者宜以荛翁为法，慎毋轻心掉之也。①

进行版本对勘，还需具备一定的学识和眼光，要善于发现一书各种不同版本关键的共同之处和不同之处，并能够进行分门别类的、有条有理的比较鉴别。

例如，明嘉靖年间柯维熊校正《史记》130卷，流行较广，与王延喆刻本并称。但在此之前的正德年间尚有廖铠所刻的《史记》，字体、行款均与柯本相同，以上诸本均出于南宋黄善夫本。既然同出一源，廖本与柯本究竟哪一种比较好呢？王重民曾据民国年间涵芬楼影印黄善夫本，用以对勘廖本和柯本，发现廖本优于柯本之处有三：一在体例上，黄本卷末记史文若干字，注语若干字，柯本一并删去，廖本仍然保留。二在格式上，黄本大题在下，格式近古，柯本因添加"莆田柯维熊校正"一行文字，故移大题于小题右下方，而廖本一仍黄本之旧。三在文字上，仅以《五帝本纪·黄帝》为例，其中"黄帝者"之下"索隐"云："并以伏羲、神农、黄帝为三皇。"柯

---

① 傅增湘：《藏园群书题记》，21～22页，上海，上海古籍出版社，1989。

本误"三皇"为"二皇"，廖本不误；"节用水火材物"，黄本误"材"为"林"，而柯廖二本都改为"材"，为是。由上述三点，便可以证明廖本优于柯本。①

（三）关于善本

版本对勘的目的之一，是鉴定和选择古籍的善本。善本是版本学的一个重要概念，用来通指那些版本价值较高的图书版本。

早在西汉景帝时，就有人开始注意图书的好本子了。《汉书》卷五十三《河间献王传》说：

> 河间献王德以孝景前二年立，修学好古，实事求是。从民得善书，必为好写与之，留其真，加金帛赐以招之。繇是四方道术之人不远千里，或有先祖旧书，多奉以奏献王者，故得书多，与汉朝等。是时，淮南王安亦好书，所招致率多浮辩。献王所得书皆古文先秦旧书，《周官》《尚书》《礼》《礼记》《孟子》《老子》之属，皆经传说记，七十子之徒所论。②

这里所说的"善书"，指的是内容好的图书，与后世的"善本"专指内容好的版本，意思不同。但"必为好写与之，留其真"一句，却说的是版本问题。颜师古注："真，正也，留其正本。"由此可知，当时人们已认定原书正本比抄本价值要高。

就现有文献来看，"善本"一词与"版本"一词一样，始见于宋代，而且使用非常普遍。如欧阳修在《唐田弘正家庙碑》中说：

> 自天圣以来，古学渐盛，学者多读韩文，而患集本讹舛。惟余家本屡更校正，时人共传，号为善本。③

苏轼的《东坡志林》卷五说：

> 自予少时，见前辈皆不敢轻改书，故蜀本大字书皆善本。④

周煇的《清波别志》卷中说：

> 国朝庆历间命儒臣集四库为籍，名曰《崇文总目》，凡三万六百六十九卷。尔后于《总目》外，日益搜补校正，皆为善本。⑤

---

① 参见杨殿珣：《略论王重民同志对于版本学的研究》，载《图书馆学通讯》，1982（3）。
② （汉）班固：《汉书》，2410页，北京，中华书局，1962。
③ （宋）欧阳修：《集古录跋尾》，329页，上海，上海古籍出版社，2020。
④ （宋）苏轼：《东坡志林·东坡先生志林》，22页，北京，中华书局，1985。
⑤ （宋）周煇：《清波别志》，142页，北京，中华书局，1985。

江少虞的《事实类苑》卷三十一说：

> 嘉祐四年，仁宗谓辅臣曰："宋、齐、梁、陈、后魏、后周、北齐书，罕有善本，未行之学官，可委编校官精加校勘。"①

朱弁的《曲洧旧闻》卷四说：

> 宋次道（按，即宋敏求）……其家藏书，皆校三五遍。世之畜书，以宋为善本。②

叶梦得的《石林燕语》卷八说：

> 唐以前，凡书籍皆写本，未有模印之法，人以藏书为贵。人不多有，而藏者精于雠对，故往往皆有善本。③

由此可见，"善本"最初的含义是指那些校勘精审、文字内容很少舛误的本子。

到明清时期，由于宋元本书日渐稀少，也由于宋元本书确实质量较好，社会上佞宋崇元之风逐渐兴起，于是宋元本书不论好坏，均视为善本。同时，从版本的外观形态评判版本优劣的倾向也开始出现。清末张之洞在《輶轩语·语学篇》"读书宜求善本"条中，批评这种现象说：

> 善本非纸白、版新之谓，谓其为前辈通人用古刻数本精校细勘付刊、不讹不缺之本也。④

他进一步解释道：

> 善本之义有三：一足本（无阙卷，未删削），二精本（一精校，二精注），三旧本（一旧刻，二旧抄）。⑤

其中第一、第二条侧重于版本的文字内容，第三条却特指版本的历史文物性。与张之洞同时的杭州大藏书家丁丙在《善本书室藏书志·后序》中，将善本之义解释为旧

---

① （宋）江少虞：《事实类苑》，267 页，上海，上海古籍出版社，1993。

② （宋）朱弁：《曲洧旧闻》，32 页，北京，中华书局，1985。

③ （宋）叶梦德：《石林燕语》，116 页，北京，中华书局，1984。

④ （清）张之洞撰，司马朝军点校：《輶轩语详注》，134～135 页，上海，华东师范大学出版社，2010。

⑤ （清）张之洞撰，司马朝军点校：《輶轩语详注》，135 页，上海，华东师范大学出版社，2010。

刻、精本、旧抄、旧校四种，偏重版本之旧的意味更浓了。

以宋人和清人的两种善本观为据，《辞海》明确地对"善本"之义做两种解释："①凡精加校勘，错误较少的书籍，称为善本。②时代较远的旧刻本、精抄本、稿本、批校本、碑帖拓本及流传稀见的其他印刷品等，通常亦称为'善本'。"①

李致忠的《古书版本学概论》认为："在现存古籍中，凡具备历史文物性、学术资料性、艺术代表性，或虽不全备而具备其中之一、二又流传较少者，均可视为善本。"他又详细解释道："所谓历史文物性……一是指古书版印、抄写的时代较早而具有历史文物价值；二是指古书可作为历史人物、历史事件的文献实物见证而具有某种纪念意义。"② "所谓学术资料性，除了指经过精校细勘、文字上脱讹较少和经过前代学人精注精疏的稿本、写本、抄本、印本之外，还应包括古书那些在学术上有独到见解，或有学派特点，可集众说、较有系统，或在反映某一时期、某一领域、某一人物、某一事件的资料方面，比较集中、比较完善、比较少见的稿本、写本、抄本、印本。""所谓艺术代表性，主要是指那些能反映我国古代各种印刷技术的发明、发展和成熟水平，或是在装帧上能反映我国古代书籍各种装帧形制的演变，或是用纸特异，印刷精良，能反映我国古代造纸工艺的进步和印刷技术水平的古书。"③

1978 年在南京召开的《全国古籍善本书总目》（后更名为《中国古籍善本书目》）编辑工作会议上和会议后，以上述"三性"为本，制定了有关善本的九条标准：

①元代及元代以前刻印、抄写的图书（包括残本和散叶）。

②明代刻印、抄写的图书（包括具有特殊价值的残本和散叶），但版印模糊、流传较多者不收。

③清代乾隆以前流传较少的刻本、抄本。

④太平天国及历代农民革命政权所刊行的图书。

⑤辛亥革命前，在学术研究上有独到见解或学派特点，或集众说较有系统的稿本，以及流传很少的刻本、抄本。

⑥辛亥革命前，反映某一时期、某一领域或某一事件资料方面的稿本，以及流传很少的刻本、抄本。

⑦辛亥革命前的名人学者批校、题跋，或过录前人批校而有参考价值的印本、抄本。

⑧在印刷上能反映我国古代印刷技术发展，代表一定时期技术水平的各种活字印本、套印本或有较精版画、插图的刻本。

⑨印谱明代的全收。清代的集古印谱、名家篆刻印谱的钤印本，有特色的或

---

① 陈至立：《辞海（第七版）》，3781，上海，上海辞书出版社，2020。

② 李致忠：《古书版本学概论》，14 页，北京，书目文献出版社，1990。

③ 李致忠：《"善本"浅论》，载《文物》，1978（12）。

有亲笔题记的收，一般不收。①

古籍中凡符合上述九条中任何一条者，均可列入善本。

二、古籍的版本源流

版本源流是指一书曾有哪些版本，现存哪些版本，各版本情况如何，相互之间存在着什么样的关系。简言之，版本源流就是同一部图书各种版本的发生、发展过程及其相互之间的渊源递嬗关系。

对图书版本源流的考证，是在版本鉴定、版本对勘基础上所进行的更进一步、更全面深入的版本研究，对于确定某一版本在同书各种版本中的地位，全面认识和正确评价其版本价值，起着十分重要的作用。正如清人黄丕烈的《〈宋纪受经考〉跋》说："书籍贵有源流，非漫言藏弄而已。"②《宋本〈咸淳临安志〉跋》又说："古书源流余喜考订，故一藏书之家而必求其实如此。"③

考订版本源流的专门论著有丁丙的《二十四史刻本同异考》、赵澄的《史记版本考》、郑德坤的《水经注板本考》，以及《二十四史版本沿革考》《宋词版本考》《武英殿刻本考》《汲古阁刻本考》等。

（一）版本系统的划分及其意义

古代图书，尤其是有价值的古代图书，往往有着众多的版本，各版本之间存在着错综复杂的关系，形成一个个的版本家族。为了厘清一书各版本之间的关系，并准确地说明其中任一具体版本在其所属的版本家族中的地位，进行版本价值、优劣的比较，首先必须划分版本系统。尤其对那些一书拥有众多版本且各本之间有较大内容差异的古籍，在研究其版本源流时，划分版本系统更是必需的步骤和手段。

简言之，版本系统是对同书不同版本进一步的分析和归纳。一般来说，一书的某些版本之间必然存在着某种源流关系，并分别具有某种相同或相似的特征，这些具有某种相同或相似特征的版本即可划归于同一版本系统。这种相同或相似的特征，一般表现在各本的书名、卷数、次要作者、文字内容、版式行款等方面。

对一书各版本系统的称呼，往往随其祖本的称呼而定。所谓祖本，一般是指一书各种版本所自出的最早印本，但通常人们也将一书中形成某一版本系统的最早本子称为该版本系统的祖本。可见祖本概念有广狭二义：一个祖本，大者可以由它形成一书的庞大的版本家族，小者可以由它形成一书中的某一版本系统。因此，祖本在划分一书的版本系统中起着源头主导的作用。

考证一种古代图书的版本源流，绝不只是简单地胪列其各种版本，而是要摸清理顺其各种版本的发生、发展过程，以及在这一过程中所形成的各种版本之间的相互关

---

① 参见王凤、臧铁柱、赵景侠：《图书馆工作实用手册》，615～616 页，沈阳，白山出版社，1989。
② （清）黄丕烈：《黄丕烈藏书题跋集》，67 页，上海，上海古籍出版社，2015。
③ （清）黄丕烈：《黄丕烈藏书题跋集》，125 页，上海，上海古籍出版社，2015。

系。通过版本系统的划分，一书的不同版本便被初步组织和联系起来，其版本发生、发展的源流和脉络就变得清晰明白了。

例如，北朝杨衒之的《洛阳伽蓝记》的版本有：明嘉靖间如隐堂刻本、万历间吴琯刻《古今逸史》本、崇祯间毛晋刻《津逮秘书》本、清乾隆间王谟刻《增订汉魏丛书》本、嘉庆间张海鹏刻《学津讨原》本、吴志忠真意堂木活字本、道光间吴若准《洛阳伽蓝记集证》本等。周祖谟在《洛阳伽蓝记校释》的"叙例"中，采用划分版本系统的方法分析上述版本，指出：如隐本、逸史本"二者来源不同，文字有异"；津逮本"原从如隐本出，而有改窜。盖据逸史本校改者"；"考汉魏本乃出自逸史本，学津本即据津逮本翻雕，而小有更易。真意堂本，则又参取津逮汉魏两本以成者。至于吴氏集证本，虽云出自如隐，然亦略有删改"①。我们可以据之归纳如图 2-1：

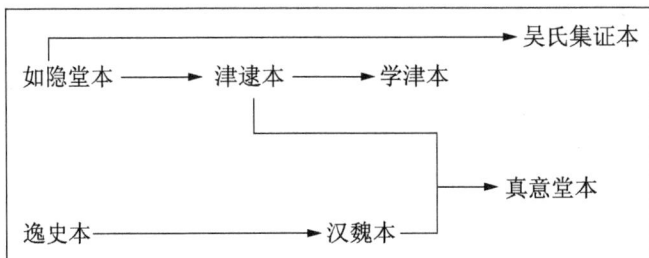

图 2-1　《洛阳伽蓝记》版本系统

由此可见，《洛阳伽蓝记》起初有两个版本系统，即如隐堂本系统和逸史本系统，后出的真意堂本糅合两种系统而又成一新系统，这就厘清了该书的版本源流。所以周祖谟对如隐堂本与逸史本做了总结："殆为后日一切刻本之祖本也。校伽蓝记，自当以此二者为主。如振裘挈领，余皆怡然理顺。苟侈陈众本，而不得其要，则览者瞀乱，劳而少功矣。"②

划分版本系统对于评价各本的优劣和价值也起着很重要的作用。因为版本的优劣很大程度上取决于它所依据的底本和据以参校的各本的质量，所据之本善，其本亦善；所校之本精，其本亦精。而在同一版本系统中，祖本的质量直接决定着该系统其他各本的质量。所以版本系统的划分本身就足以成为衡量版本优劣的一个客观标准。

（二）同书异本的关系

无论是抄本、刻本还是活字本，一书的各种版本在发生、发展过程中，每一种版本都不是凭空而降的，也不是孤立无助的，它们或直接来源于稿本或古本，或出自某抄本、某刻本，必然有所承继，有所本源，有所依傍。也就是说，每一种版本都和这种或那种、一种或数种其他版本有着千丝万缕的联系，或据以改版重印，或据以校改文字，或据以增删篇章。人们曾形象地将宗族图谱中那种纵横交错、亲疏有秩的关系，用来比喻一书版本的源流关系。特别是拥有众多版本的古籍，每一种书都好像一

---

① 周祖谟：《洛阳伽蓝记校释》，1 页，北京，中华书局，1963。
② 周祖谟：《洛阳伽蓝记校释》，2 页，北京，中华书局，1963。

个经过几代繁衍的宗族，在由同一祖先衍生出来的几代人之间，既有纵向的直系亲属关系，又有横向的旁系亲属关系。

运用划分版本系统的方法进行研究，同书异本之间可能存在以下三种关系。

第一，分属不同版本系统的同书异本之间的关系。

一书分属各种不同版本系统的各本之间的关系，常突出表现在书名、卷数、文字内容等方面的差异上，而这种差异往往是由于继承了各版本系统祖本的相关特征所造成的。所以，分属不同版本系统的一书各本之间的关系，一般说来，即为一书各不同版本系统之间的关系。

但实际上，一书某一新版本的产生，很少是只单纯依据一个底本或一个系统的本子，其他系统的版本也常常是其参校的对象，因此分属不同版本的一书各本之间往往有或多或少的关联。例如《金瓶梅》一书各本，可分为"词话"本和"说散"本两个系统。1957年文学古籍刊行社据"词话"本影印该书时，其第五十二回缺页，便是用属于"说散"本系统的明崇祯本《新刻绣像金瓶梅》抄补的。

对一书各本版本系统的划分，还可以是多层次的。例如《水浒传》一书明代的版本情况就十分复杂，一般人们将其各种版本分为"文繁事简"本和"文简事繁"本两个系统。其中"文繁事简"本系统又有100回本、120回本和70回本三个子系统，"文简事繁"本系统也有120回本、115回本、114回本、124回本等子系统，而各子系统又各有若干种不同的版本。同一版本系统的各子系统各本之间，既有或繁或简的共性，也有回数多少、内容增减的差异；而不同版本系统的各本之间，也有极为复杂的交相渗透的关系。因此，我们不仅在划分版本系统时可以进一步划分子系统，而且要注意到分属不同版本系统的不同子系统之间，甚至分属不同子系统的各本之间也存在着错综复杂的关系。

第二，属于同一版本系统的同书异本之间的关系。

同一版本系统内各种版本之间的关系，至少有以下两种。

第一种是依出版年代顺序依次为底本与后一版本的关系，即该版本系统祖本为后一版本的底本，后一版本又为其后另一版本的底本，依次类推，则每一版本仅与前后最近的两个版本有直接的依据与补依据的关系。这里包括底本与翻刻、翻印（包括影抄、影刻、影印）诸本之间的关系，这些版本在文字内容、版式行款等方面往往没有很大的区别；也包括底本与重刻本、重版本之间的关系，由于重刻、重版时往往要参照其他版本进行校勘、增删乃至修改工作，所以在内容与形式各方面都会有所差异，甚至迥然而别从而可能成为一个新的版本系统的祖本。在古籍中，这种单纯的前后相继的版本间关系并不多见。

第二种是各本交叉为底本与后一版本的关系。古籍在重新整理出版时，选择底本通常并不依出版的先后顺序，以最近之本作为底本，而更多的是以能够找到的最早版本或以前各本中质量最好、最著名的版本作为底本，有时甚至以最通行易得的版本作为底本。所以，在同一版本系统中，前后出现的一书各本交叉为底本和后一版本的现象是很普遍的。

第三，属于同一版本的同书异本的关系。

按照传统的观点，一书的各种印本，只要基本上是用同一副书版印刷，即使是曾经修版后印或增修后印的，都可算作同一版本。因此，属于同一版本的不同印本的关系，不仅包括初印本与后印本的关系，也包括原版原印本与修版、补版后印本的关系，还包括原刻本与增修本的关系。以现代版本学的观点来看，版次相同而仅印次不同的一书各种印本，无疑属于同一版本；但版次不同又非重新制版印刷的一书各种印本，却难以算为同一版本。这是与传统版本学的观点有所不同的。

（三）版本源流的研究模式

版本源流的研究模式，因研究对象和研究目的的不同而有所不同，最常见的有以下六种模式。

第一，通论一书各本发生、发展的源流。

这是一种概论型的研究模式，目的在于让人们全面了解一书的版本情况，对其版本发生、发展的来龙去脉有一个大致系统的印象。

例如，五代后蜀赵崇祚编《花间集》，历代异本较多，主要有：南宋高宗绍兴十八年（1148）晁谦之跋本、南宋孝宗淳熙末年鄂州刻本、南宋宁宗开禧元年（1205）陆游跋本、明正德十六年（1521）陆元大覆晁本、明万历八年（1580）茅一祯刻本、明万历三十年（1602）玄览斋刻本、明万历四十八年（1620）汤显祖评本、明天启四年（1624）钟人杰刊本、明新安吴勉学校刻本、明末雪艳亭活字本、明末毛晋汲古阁《词苑英华》本、清《四库全书》本、清《邵武徐氏丛书二集》本、清光绪十九年（1893）王鹏运《四印斋所刻词》本、清末吴昌绶双照楼《景刊宋金元明本词四十种》本、商务印书馆《四部丛刊》本、中华书局《四部备要》本、文学古籍刊行社影印本等。李一氓的《花间集校·后记》考证了各本特征及其源流关系，归纳《花间集》版本系统如图 2-2[①]：

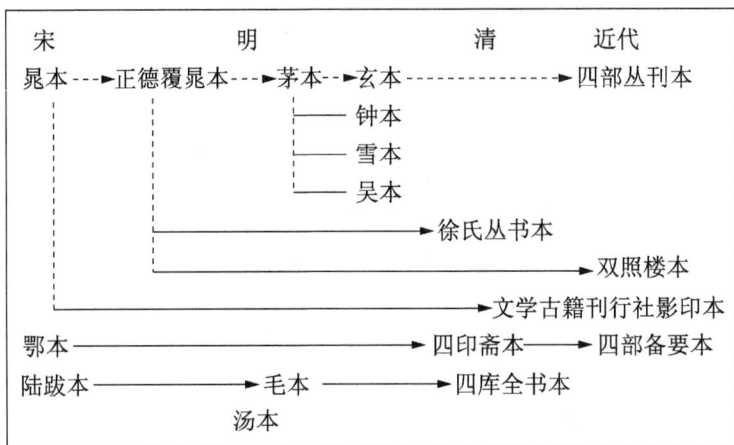

图 2-2 　《花间集》版本系统

① 　参见李一氓：《花间集校》，216 页，北京，人民文学出版社，1958。

由此可见，《花间集》有三个版本系统，明清以后诸本均分别由晁本、鄂本、陆跋本三个宋本演变而来。只有明代的汤显祖评本，因无法测定来历，所以没有归属。

第二，研究某一版本在该书版本源流中的地位、价值。

藏书家在每得一新版本时，常作题跋于书后，说明此本的特点，与他本的关系，在本书各本中的地位、价值等。例如，清人杨守敬的《日本访书志·明宗文堂刊本初学记跋》，记述了《初学记》的版本源流说：

今世行《初学记》以安国本为最旧。其书刊于明嘉靖辛卯。其本亦有二：其一，边口书"九洲书屋"者，安氏原刻，即《天禄琳琅》所载本；其一，边口书"安桂坡馆"者，覆安氏本也……嘉靖十三年甲午晋藩又以安本重刻……又至万历丁亥，太学徐守铭又以安本覆刊……又有陈大科刊本，亦安本之枝流也。又有万历丙午虎林沈宗培所刊巾箱本……盖沈氏以他书校改也。古香斋本似以安国之卷第，而据沈氏为底本。然以严铁桥所举宋本无不违异者。唯明嘉靖丁酉书林宗文堂刊本刘本序后有木记云："近将监本是正讹谬，重写雕镂，校雠精细，并无荒错，买书君子，幸希详鉴。"……书中讹文夺字，触目皆是，知其未以安本"植"改者。①

傅增湘的《藏园群书经眼录》卷十"新刊初学记三十卷"条复加补充说：

此书前有旧人题签云："元补宋椠大字本初学记"，然实明刊也。余所见日本图书寮藏本题"新雕初学记"，十二行二十二至二十五字，刘本序后有东阳崇川余四十三郎牌子四行，与此绝不类。第据余昔年所传录严铁桥校宋本证之，明本误字此皆不误，则此本亦从宋本出，与明代安氏诸刻迥异，斯亦足贵矣……顷检严氏所校宋本细比核之，知其所据即此本，盖前辈赏其佳胜，亦久认为宋本矣。②

研读两家题跋，不仅《初学记》的版本源流一目了然，而且明宗文堂刊本《初学记》的价值也就显而易见了。

第三，专门研究一书某版本系统的各种版本。

这一般是在一书版本系统的划分比较明确，而作者又抱有一定研究目的的情况下进行的。例如，《红楼梦》一书习惯上分为有脂砚斋重评的抄本系统（简称脂评本系统）和没有脂砚斋重评的以程甲本、程乙本为代表的印本系统（简称程本系统）。所以在《红楼梦》的版本研究中，专以脂评本系统的各种抄本为研究对象或专以程本系统为研究对象的现象是屡见不鲜的。

① （清）杨守敬：《日本访书志》，175～176 页，沈阳，辽宁教育出版社，2003。
② 傅增湘：《藏园群书经眼录》，805 页，北京，中华书局，1983。

第四，重点研究一书现存版本的发展源流。

这多见于新版古籍的前言或出版说明中。从事新版古籍的校点、注释等工作的整理者们，在完成一部古书的整理工作之后，一般都要撰写一篇前言或说明，在介绍该书内容、价值等之外，着重叙述此本所依据的底本和各种参校本的情况，所以重点研究现存之本。

例如，据《天禄琳琅书目》记载，《史记》三家注合刻的宋本有四种，即嘉祐二年（1057）建邑王氏世翰堂刻本、嘉定六年（1213）万卷楼刻本、绍兴间石公宪刻本和建安黄善夫家塾刻本。但现存的仅有黄善夫刻本，经商务印书馆影印，收入《百衲本二十四史》中。所以中华书局新版标点本《史记》的出版说明就将失传诸本一笔带过，只介绍现存的最早本子黄善夫刻本，在现存各本中，又突出通行之本。例如，明代王延喆、秦藩鉴抑道人、慎独斋、廖铠、汪谅等诸家所刻《史记》三家注本，都是极有名的刻本，且有传本，但只具列了几种通行易见之本，如明嘉靖、万历间的南、北国子监刻《二十一史》本，毛晋汲古阁刻《十七史》本，清武英殿刻《二十四史》本等，而省略了难得之本。最后省略了一般善本，只详细介绍了作为校勘底本的清同治间金陵书局刻本，认为："这个本子经张文虎根据钱泰吉的校本和他自己所见到的各种旧刻、古本、时本加以考订，择善而从校刊相当精审，是清朝后期的善本。"①

第五，对仅有记载而尚未发现的版本进行专门的研究。

许多被认为已失传的版本实际上并没有失传，只是不曾为行家所发现或没有得到及时的整理和介绍而已。根据文献或版本目录的记载对这类版本进行研究，指出其版本价值，提供其收藏线索，对于清晰地勾勒一书的版本源流，重新发现这些版本，都有重要的作用。蒋星煜的《明刊本〈西厢记〉研究》一书，对一些仅有记载而尚未发现的明刊本《西厢记》进行研究探讨，这是值得效法和提倡的。

第六，考订某两个或几个版本之间的关系。

例如，唐柳宗元的文集有四种宋椠传本：《新刊增广百家详补注唐柳先生文集》（简称百家注本）、魏仲举的《五百家注柳先生文集》残本（简称五百家注本）、郑定的《重校添注音辩唐柳先生文集》残本（简称郑定本）、廖莹中的世彩堂本《河东先生集》（简称廖本）。从各本序跋、牌记和版式特征上，都看不出这四个版本之间存在着什么样的关系。但通过文字对校，人们可发现廖本的正文、注文都与郑定本基本相同，但是删去了郑定本中各注家的姓氏，并偶有增补或改正之文，所以廖本实际上是郑定本的改头换面。而郑定本的所谓"重校添注"，实际上也只是在五百家注本的基础上稍做改动而已。而五百家注本的注家、正文和注文与百家注本几乎没有差异，"五百家"只不过是个夸张的虚数而已。由此可见，百家注本即宋椠传本柳宗元文集的祖本，可以作为校点《柳宗元集》的底本。②

---

① （汉）司马迁：《史记·出版说明》，5 页，北京，中华书局，1982。
② （唐）柳宗元：《柳宗元集》，1501～1510 页，北京，中华书局，1979。

（四）版本源流的考证方法

一般说来，版本源流的考证研究应按照以下步骤进行。

1. 查考结集成书的原貌

一书的结集成书，是同书异本的源头。结集成书时的书名、篇卷、编例等，反映了一书的原貌，而后出各本都是在此基础上变化而成的。因此，考证一书的版本源流，首先应查考一书结集成书时的原貌。

查考结集成书的原貌，一般可从以下途径着手。

首先，查找传记资料。传记中一般都有传主生平著述的记载，这是传主著书立说的原始资料，反映了一书结集成书时的本来面目。例如，《旧唐书》卷一百九十上《骆宾王传》说："敬业败，伏诛，文多散失。则天素重其文，遣使求之。有兖州人郗云卿集成十卷，盛传于世。"① 可知《骆宾王集》结集时是 10 卷。《宋史》卷四百四十二《穆修传》说："庆历中，祖无择访得所著诗、书、序、记、志等数十首，集为三卷。"② 可知，《穆参军集》结集时是 3 卷。

其次，查找祖本序文。祖本是一书的最早版本，编者在序文中往往叙述结集成书的经过。例如，唐中和四年（884）《孙樵文集自序》说："遂阅所著文及碑碣、书檄、传记、铭志，得二百篇，蒹其可观者三十五篇，编成十卷，藏诸箧笥，以贻子孙。"可知《孙樵文集》结集时为 10 卷。唐大顺元年（890）陆希声在《唐太子校书李观文集序》中说："自广明丧乱，天下文集略尽。予得元宾遗文于汉上，惜其或复磨灭，因条次为三编，论其意以冠于首。"③ "三编"即三卷。原编序文可从后出版本中查找，也可从撰序者的文集中查找。

再次，查找进书表。古代官修之书修成之日进呈御览，往往同时上进书表，可见成书原貌。例如，宋神宗元丰七年（1084）十一月司马光等在《进〈资治通鉴〉表》中说："上起战国，下终五代，凡一千三百六十二年，修成二百九十四卷。又略举事目，年经国纬，以备检寻，为《目录》三十卷。又参考群书，评其同异，俾归一途，为《考异》三十卷。合三百五十四卷。"④ 可知《资治通鉴》成书时，正文 294 卷，目录 30 卷，考异 30 卷，共 354 卷。

最后，查找有关书目、题跋。例如，宋陈振孙的《直斋书录解题·景迂集提要》说："说之平生著述至多，兵火散逸。其孙子建裒其遗文，得十二卷，续广之为二十卷。"⑤ 可知晁说之的《景迂集》结集时是 12 卷，后增为 20 卷。又如，傅增湘的《藏园群书题记》卷十四《孙尚书大全集跋》说："仲益为南渡初大作家……其文集传世者名《鸿庆居士集》，凡四十二卷，为其子介宗所编。"⑥ 可知《鸿庆居士集》结集时

---

① （后晋）刘昫等：《旧唐书》，5007 页，北京，中华书局，1975。
② （元）脱脱等：《宋史》，13070 页，北京，中华书局，1977。
③ （唐）李观：《李元宾文集》，1 页，北京，中华书局，1985。
④ 参见李亮之：《司马温公集编年笺注》，87 页，成都，巴蜀书社，2008。
⑤ （宋）陈振孙：《直斋书录解题》，522 页，上海，上海古籍出版社，1987。
⑥ 傅增湘：《藏园群书题记》，718 页，上海，上海古籍出版社，1989。

为 42 卷。

当有关传记资料、序文、书目、题跋等关于一书结集成书时的原貌记载不大一致时，则应认真分析考证。

2. 查考同书异本及相关资料

查考同书异本，应遍查有关各种目录资料，找出所欲研究之书的各种版本说明，并予以适当的记录和认真的分析。自清代以来的绝大多数目录都著录一书的版本情况，特别是罗列式版本目录，在一书书名之下著录着各种不同版本，这就为该书版本源流的研究提供了集中而又大量的资料和线索。其中以《中国丛书综录》和《增订四库全书简明目录标注》等，最为便利。当代各大图书馆的善本书目，也是必查之书。许多提要式版本目录，如黄丕烈的《荛圃藏书题识》、杨守敬的《日本访书志》、陆心源的《仪顾堂题跋》、傅增湘的《藏园群书题记》等，也常常注意对一书版本源流的考证，可资参证。所有这些目录资料，都有助于我们顺利地展开版本源流的研究考证工作。

古籍序跋除了叙述结集经过以外，往往也记载历代版本流变情况。例如，宋政和间沈晦刻本《四明新本河东先生集》附沈晦后序，分析了柳集旧刻的四个版本："大字四十五卷所传最远，初出穆修家，云是刘梦得本；小字三十三卷，元符间京师开行，颠倒章什，补易句读，讹正相半；曰曾丞相家本，篇数不多于二本，而有邢郎中、杨常侍二行状，《冬日可爱》《平权衡》二赋，共四首，有其目而亡其文；曰晏元献家本，次序多与诸家不同，无《非国语》。四本中，晏本最为精密。柳文出自穆家，又是刘连州旧物，今以四十五卷本为正，而以诸本所余作《外集》，参考互证，用私意补其阙……凡漫乙是正二千处而赢。"[1] 此序不但说明了沈本的来历，还简单地评价了四个旧本的特点。由于这四个旧本久已亡佚，这篇序文的资料价值就更高了。

此外，还可以翻阅野史、笔记、文集等资料，全方位地查找同书异本。查找同书异本时，重点在查考传世的同书异本，这是由进行版本对勘、梳析版本源流的目的所决定的。

3. 对勘版本，梳析源流

根据目录资料所提供的线索，应先根据书目所提供的线索，到各图书馆查阅一书的各种现存版本，运用版本鉴定的各种方法，如根据序跋记载、牌记题识、版式特征、内容文字等，对各种版本的类型及其优劣进行分析比较。对于佚本来说，主要通过书目提要、序跋等间接地加以考察；对于传本来说，则更要直接考察传本本身。此外，要以结集本或祖本为依据，对各种同书异本之间的源流和联系详加考订，划分版本系统，从而比较清楚地勾勒出该书版本源流的大致轮廓。

4. 综合材料，记录成果

版本源流考证的最后一步，是综合各种有关一书版本的目录资料和考证结论，采用比较、综合、分析、归纳和划分版本系统等各种方法，总结归纳一书的版本源流。

---

[1] （唐）柳宗元：《柳宗元集》，1445 页，北京，中华书局，1979。

最后，根据不同的需要和情况，用各种恰当的方式，如图表式、提要式、论文式、专著式、资料附录式、资料汇编式等，将版本源流的研究成果记录和表现出来。

思考与练习

1. 古籍版本对勘与古籍校勘有何异同？
2. 简述古籍版本对勘的基本方法。
3. 为什么要划分古籍版本系统？
4. 举例说明同书异本之间存在的三种关系。
5. 版本源流有哪些主要的研究模式？
6. 如何考证版本源流？
7. 选择一种古籍，梳理其版本源流。

第三章　古籍校勘学

第一节　古籍校勘学理论

晋葛洪的《抱朴子·内篇·遐览》引古谚说："书三写，鱼成鲁，虚成虎。"① 古籍在长期的传抄翻刻过程中，由于种种原因，总会或多或少地出现文字上的讹误。对比一书的不同版本、他书的有关资料或一书的前后有关文字，发现并审定古籍在流传过程中发生的文字讹误，这就是校勘。

一、校勘释名

校勘，古称"校雠"或"雠校"。"校雠"一词始见于西汉刘向的《管子序》："所校雠中《管子书》……凡中外书五百六十四，以校除复重四百八十四篇，定著八十六篇。""雠校"一词则始见于《文选》卷六左思的《魏都赋》注引应劭《风俗通义》：

> 案刘向《别录》："雠校，一人读书，校其上下得谬误，为校；一人持本，一人读书，若怨家相对，故曰雠也。"②

"校"，《说文解字》释为："木囚也。"即古代刑具枷械的统称。因其有就范之义，故引申为考核，如《荀子》卷八《君道》："知虑取舍，稽之以成；日月积久，校之以功。"再引申则专用于对文字的考核，如《国语》卷五《鲁语下》："昔正考父校商之名《颂》十二篇于周太师，以《那》为首。"郑玄的《毛诗谱》引此语，孔颖达解释道："言校者，宋之礼乐虽则亡散，犹有此诗之本。考父恐其舛缪，故就太师校之也。"正考父是周末宋国大夫，据说是孔子的七世祖，他校对了《商颂》，有人认为是我国历史上从事校勘的开端。而"雠"，《说文解字》释为："犹讐也。""讐，以言对也。"后引申为考核文字之义，《古今韵会举要》释为："……又校也。谓两木相覆校，如仇雠也。"

"校""雠"二字义既相近，构成复合词，字序就可互倒，称"校雠"或"雠校"，其最初意义就是校正文字，即对比版本异同或推敲上下文，发现错误，核正文字。上引刘向《别录》的解释即可为证。这是狭义概念下的"校雠"一词。

---

① （晋）葛洪：《抱朴子》，97 页，北京，中华书局，1954。

② 《文选》注引本无末四字，此据《太平御览》卷六一八补。参见（梁）萧统编，（唐）李善注：《文选》，287 页，上海，古籍出版社，1986；（宋）李昉等：《太平御览》，2776 页，北京，中华书局，1960。

但是刘向、刘歆父子领校秘书，所做的工作不仅有校正文字，还有审定篇第、抉择存本、编撰目录、撰写提要等方面，实际上包括了与目录学、版本学、校勘学等相关的古籍整理的内容。后世合而称为"校雠"。这是广义概念下的"校雠"一词，如南宋郑樵的《通志》卷七十一《校雠略》，清代章学诚的《校雠通义》，近人胡朴安叔侄的《校雠学》、蒋元卿的《校雠学史》等，即用此义，现在进一步发展而成古典文献学。

"勘"与"校"是近义词，都有复核审定之义，所以《说文解字》释"勘"为"校也"。南朝梁顾野王的《玉篇》也释为："覆定也。"至于"校勘"成词，则始于南朝齐、梁时，如《全梁文》卷二十七录沈约的《上言宜校勘谱籍》云："宜选史传学士，谙究流品者，为左民郎、左民尚书，专共校勘。"① 又作"勘校"，如《魏书》卷六十七《崔光传》记崔光"乃令国子博士李郁与助教韩神固、刘燮等勘校石经"（又见《北史》卷四十四《崔光传》）。然则"校勘"的本义与"校雠"的广义相同。

其后"校勘"一词的使用越来越多，约在唐宋时就有用为狭义"校雠"的同义词的了，如宋王溥的《五代会要》卷八载：

> 显德二年二月，中书门下奏："国子监祭酒尹拙状称：准敕校勘《经典释文》三十卷，雕造印板，欲请兵部尚书张昭、太常卿田敏同校勘。"敕："其《经典释文》已经本监官员校勘外，宜差张昭、田敏详校。"②

又如，欧阳修《文忠集》卷七十三《书〈春秋繁露〉后》说："予在馆中校勘群书，见有八十余篇，然多错乱重复。"凡此"校勘"，皆专指校正文字。

综上所述，"校雠"与"校勘"在历史上本是一对同义词，都有广、狭二义：广义包括与目录学、版本学、校勘学等相关的古籍整理工作，狭义只指校正文字。但到了清代，"校雠"基本保留了广义的用法，而"校勘"则基本保留了狭义的用法。如章学诚撰《校雠通义》，阮元主编《十三经注疏校勘记》，对这两个术语的使用就有了明显的区别。这一区别，遂沿用至今。

二、古籍校勘学的内容

古籍校勘学的研究对象是古籍的校勘，其目的和任务是总结历代学者校勘古籍的经验，研究校勘古籍的基本法则和规律，为具体进行古籍校勘提供理论指导。因此，古籍校勘学的内容包括以下四个方面。

第一，古籍校勘学理论。古籍校勘学必须研究古籍校勘的功用、目的、原则、依据、类型和方法等，这都是古籍校勘学最基本的研究课题。对这些课题的认识和研

---

① （清）严可均：《全梁文》，301页，北京，商务印书馆，1999。
② （宋）王溥：《五代会要》，129页，上海古籍出版社，1978。

究，不仅对具体的校勘实践有着重要的指导作用，而且是古籍校勘学之所以能成为一门科学的基础。

第二，古籍校勘学史。中国的古籍校勘学史，其实就是古籍校勘实践和校勘经验总结的历史。历代的校勘学家一直自觉或不自觉地运用各种行之有效的方法去进行具体的校勘实践，与此同时，也总结出一系列古籍校勘的经验和教训。很好地考察、总结历代校勘学家的校勘实践和校勘经验，对于继承和发扬古代校勘学家的思想方法，丰富和完善古籍校勘学的学科体系，无疑有着重要的意义。

第三，古籍校勘通例。校勘的任务是分析判断古籍中异文的正误，而为了可靠地把握校勘正误的准则，就必须对古籍文字的致误现象和致误原因进行具体分析，归纳其中的规律性现象，总结出各类校勘通例，作为具体校勘实践的重要参考。校勘通例的实践意义并不等于客观规律，而只是提供了一些致误的可能成因，有助于具体校勘的分析和判断，就像下棋中的各种"棋局"一样。校勘通例的选例有两种途径：一是专取一书之例，如王念孙的《读书杂志·淮南内篇后序》、陈垣的《元典章校补释例》等；二是博采众书之例，如俞樾的《古书疑义举例》等。分析、归纳校勘通例，前人已经做了很多有益的工作，我们应该很好地继承这份遗产。

第四，古籍校勘程式。古籍校勘是一项操作性很强的科学研究工作，在长期的校勘实践中，已经形成一整套行之有效的校勘步骤和校勘程式，包括校勘的操作过程和校勘的处理方式。了解这些校勘程式，便于规范我们的校勘实践，使校勘实践科学化。

本章将重点介绍古籍校勘的原则、古籍校勘的依据、古籍校勘的通例、古籍校勘的方法，以及古籍校勘的操作过程。

三、古籍校勘的功用

就其功用而言，古籍校勘是古籍阅读、古籍研究、古籍整理的先导和基础。

（一）校勘与古籍阅读

书不校不能读，这是历代读书治学者的经验之谈。清人王鸣盛在《十七史商榷》卷首的自序中说："尝谓好著书不如多读书，欲读书必先精校书。校之未精而遽读，恐读亦多误矣……既校始读，亦随读随校。"[1] 张之洞的《輶轩语·语学篇》说："读书先宜校书。"[2] 叶德辉的《藏书十约》说："书不校勘，不如不读。"[3] 陈垣先生的《通鉴胡注表微·校勘篇》也说："校勘为读史先务，日读误书而不知，未为善学也。"[4]

沈括的《梦溪笔谈》卷二十五记载北宋初年校勘家宋绶校勘藏书的故事，"宋宣献博学，喜藏异书，皆手自校雠，常谓：'校书如扫尘，一面扫，一面生，故有一书三四校犹有脱谬'"[5]。周辉的《清波杂志》卷八也说："印板文字，讹舛为常。盖校书如

① （清）王鸣盛：《十七史商榷》，2 页，北京，商务印书馆，1937。
② （清）张之洞撰，司马朝军点校：《輶轩语详注》，135 页，上海，华东师范大学出版社，2010。
③ 《丛书集成续编》第 5 册，793 页，台北，新文丰出版公司，1988。
④ 陈垣：《通鉴胡注表微》，37 页，北京，中华书局，1962。
⑤ （宋）沈括：《梦溪笔谈》，177 页，上海，上海古籍出版社，2015。

扫尘，旋扫旋生。"① 最有趣的例子是晋葛洪的《抱朴子·内篇·遐览》所引民谚云："书三写，鱼成鲁，虚成虎。"然而这个描述传写讹误的句子在后世之引用中也不可避免地有了误字：唐马总编《意林》卷四引此语，"虚成虎"成了"帝成虎"，《说郛》卷十一下亦然；宋初编《太平御览》卷六百一十八更是变成了"以鲁为胃，以帝为虎"，甚至后世用以表示传写有误的成语也被固定为"鲁鱼帝虎"而非"鲁鱼虚虎"，正如明郭良翰的《问奇类林》卷十六所说："《抱朴子》引谚曰'书三写，鱼成鲁，虚成虎'，乃相传皆曰'鱼鲁帝虎'，讹之讹也。"

那么，校勘对读书有什么裨益呢？

第一，校勘可以正事实。

有些古籍记载的事实或者谬误，或者不清，通过校勘就可以得到正确或接近正确的内容。例如，朱熹的《论语集注》解《论语·述而》中"子曰：加我数年，五十以学《易》，可以无大过矣"一句说：

> 刘聘君见元城刘忠定公自言尝读他《论》，"加"作"假"，"五十"作"卒"。盖"加""假"声相近而误读，"卒"与"五十"字相近而误分也。愚按：此章之言，《史记》作"假我数年，若是我于《易》则彬彬矣。""加"正作"假"，而无"五十"字。盖是时孔子年已几七十矣，"五十"字误无疑也。②

如据未校之本，认为孔子快五十岁了才想要学《易》，岂非大谬不然？当然，此例可能还要更复杂，因为据定州简本《论语》"易"为"亦"，若果如此，则对此句的理解甚至对孔子与《易》的关系都要重新考量。即此更可知校勘的重要。

又如，《后汉书》卷三十五《郑玄传》载郑玄晚年给其子益恩的《戒子书》，开头说：

> 吾家旧贫，不为父母群弟所容。去厮役之吏，游学周、秦之都，往来幽、并、兖、豫之域，获觐乎在位通人，处逸大儒，得意者咸从捧手，有所受焉。③

这段话字面上看不出什么错谬，文义也不难疏解。但是，信中"不为父母群弟所容"一句，与史传所称道郑玄的"造次颠沛，非礼不动"④ 极不相称。历来对此多有怀疑，可是缺乏比勘材料。直到清乾隆六十年（1795），阮元任山东学政，亲自赴高密郑玄故乡，拜谒祠墓，重新加以修治，这才在积沙中发现金承安五年（1200）重刻唐万岁通天史承节所撰碑文。阮元以之校《后汉书·郑玄传》，发现文字互有异同。例如，"不

① （宋）周辉：《清波杂志》，70页，北京，中华书局，1985。
② （宋）朱熹：《四书章句集注》，97页，北京，中华书局，1983。
③ （南朝宋）范晔：《后汉书》，1209页，北京，中华书局，1965。
④ （晋）袁宏：《两汉纪》下册，558页，北京，中华书局，2002。

为父母群弟所容"一句，碑文便没有"不"字。阮元解释道：

> 为父母群弟所容者，言徒学不能为吏以益生产，为父母群弟所含容，始得去厕役之吏，游学周、秦。故传曰："少为乡啬夫，得休归，常诣学官，不乐为吏，父数怒之。"夫父怒之而已，云"为所容"，此儒者言也。范书因为父怒而妄加"不"字，与司农本意相反，三也。①

后来阮元的门生陈鳣从黄丕烈处得到元刊本《后汉书》，果然没有"不"字，多一佐证，遂为定谳。② 钱泰吉的《曝书杂记》卷上据此申说道："有元刻可证，则亦非范史妄加也。校书之有功于先儒如此。"③ 当然，钱泰吉之说或亦不妥，因《后汉书》有南宋绍兴刻本存世，据之可知宋本即有"不"字，则此究为范史所加与否，仍属疑问。另，黄山的《后汉书校补》又认为"去'不'字，于文义转觉其窒"，中华书局点校本《后汉书》亦从其说而补"不"字，则其是非尚难遽断，据此亦可知校勘之难。

第二，校勘可以通文字。

古籍经过辗转抄写传刻，往往或假借互用，或讹误脱衍，或逞臆妄改，遂使词意曲折，晦滞难通。如果经过校勘，则讹误立显，词义立明，而文义自能豁然贯通。清末学者孙诒让在《籀廎述林·札迻序》曾自述切身体会说："每得一佳本，晨夕目诵，遇有钩棘难通者，疑悟累积，辄郁轖不怡。或冥思博讨，不见端倪，偶涉它编，乃获塙证，旷然昭寤，宿疑冰释，则又欣然独笑。若涉穷山，榛莽霾塞，忽觌微径，遂达康庄。"④

宋洪迈在《抄传文书之误》一文中，曾举出两个例子，说明由于通过校勘而改正了错谬，疏通了文字。他说：

> 周益公以《苏魏公集》付太平州镂版，亦先为勘校。其所作《东山长老语录序》云："侧定政宗，无用所以为用；因蹄得兔，忘言而后可言。"以上一句不明白，又与下不对，折简来问。予忆《庄子》曰："地非不广且大也，人之所用容足尔，然而厕足而垫之致黄泉，知无用而后可以言用矣。"始验"侧定政宗"当是"厕足致泉"，正与下文相应，四字皆误也。因记曾纮所书陶渊明《读山海经》诗云："形天无千岁，猛志固常在。"疑上下文义若不贯，遂取《山海经》参校，则云："刑天，兽名也，口中好衔干戚而舞。"乃知是"刑天舞干戚"，故与下句相应，五字皆讹。⑤

---

① （清）阮元：《揅经室集》上册，540页，北京，中华书局，1993。
② 参见《简庄缀文》卷三《元本后汉书跋》。
③ （清）钱泰吉：《曝书杂记》，28页，北京，中华书局，1985。
④ （清）孙诒让：《籀廎述林》，149页，上海，上海古籍出版社，2010。
⑤ （宋）洪迈：《容斋随笔》，359页，上海，上海古籍出版社，2015。

其他利用校勘来解决词义的疑难、假借字义、文字词性等的例子，在古籍校读中随时都可以遇到，可参见本章"古籍校勘的通例"一节。

（二）校勘与古籍研究

古籍研究无疑要根据一个准确无误的底本，否则就难免以讹传讹，而不可能得出正确的结论。郭沫若在《十批判书》中说："无论作任何研究，材料的鉴别是最必要的基础阶段。材料不够固然大成问题，而材料的真伪或时代性如未规定清楚，那比缺乏材料还要更加危险。因为材料缺乏，顶多得不出结论而已，而材料不正确便会得出错误的结论，这样的结论比没有更要有害。"① 因此，校勘也是古籍研究的先导和基础。

清人王念孙在其《读书杂志》中校勘西汉刘安《淮南子·内篇》，校订出包括衍文、脱文、倒错、讹字、失韵等文字上的错误共 64 类 900 余条。王念孙慨叹道："嗟乎！学者读古人书，而不能正其传写之误，又取不误之文而妄改之，岂非古书之大不幸乎？"②

例如研究古代哲学，通常把"无为而无不为"的思想归于老子，这是用通行本《老子》为研究对象得出的结论。但翻检马王堆帛书《老子》甲、乙本，通行本《老子》中十一处"无为而无不为"的字样皆不存在，而只有"无为"的字样。可见老子只有"无为"的思想，没有"无为而无不为"的思想。古代哲学研究者们以未经校勘的误本为底本，得出了错误的结论。

研究古代历史，如《汉书·高帝纪》载："夏五月，太上皇后崩。秋七月癸卯，太上皇崩，葬万年。"司马光在《通鉴考异》说："荀《纪》（按指荀悦《汉纪》）五月无'后'字，七月无'崩'字。盖荀悦之时，《汉书》本尚未讹谬故也。今从之。"所以《资治通鉴》卷十二《汉纪四》记载为："十年，夏五月，太上皇崩于栎阳宫。秋七月癸卯，葬太上皇于万年。"可见一二字之误，可以关系史实。又如，清人吴光酉所编《陆稼书先生年谱定本》的雍正刊本，阙文数处，以之与他本相校，发现这些阙文均与吕留良之事有关，乃因当时文网周密而削去。阙文不补，正可以见出刊者的深意，而清代文字狱的残酷，于此也可得佐证。

研究古代文学，如《史记》卷一百一十七《司马相如列传》说："扬雄以为靡丽之赋，劝百风一，犹驰骋郑卫之声，曲终而奏雅，不已亏乎？"王若虚在《滹南集》卷十七《史记辨惑·疑误辨》指出："（司马迁）其死不过在昭、宣之间耳……宣帝之二十年雄乃始生，迁著书时，安得雄之言乎？是必孟坚所续，而后人误附于《史记》耳。"通过校勘，就不致妄引所谓司马迁《史记》之说，来评论汉大赋的特点。

因此，校勘可以嘉惠后学，历代从事校勘的学者多以逸此为己任。王鸣盛在《十七史商榷·序》中说："夫以予任其劳，而使后人受其逸；予居其难，而使后人乐其

---

① 郭沫若：《十批判书》，2 页，北京，东方出版社，1996。
② （清）王念孙：《读书杂志》下册，977 页，北京，中华书局，1991。

易。"① 朱一新在《无邪堂答问》卷二也说："大抵为此学者，于己甚劳，而为人则甚忠，竭毕生之精力，皆以供后人之取携，为惠大矣。"②

而且，校勘也足以使书籍由误本变成善本，其功甚大。所以清俞樾在《札迻序》中称赞校勘学家卢文弨说："他人读书，受书之益。子读书，则书受子之益。"③

（三）校勘与古籍整理

古籍整理主要包括校勘、标点、注释、翻译、汇编、影印、辑佚、编制目录八个方面的工作，而校勘是其他七项古籍整理工作的先导和基础。因为，若没有一个文字正确无误的底本，其他各项古籍整理工作就会相应地出现错误。

例如，中华书局 1974 年点校本《魏书》卷四十七《卢玄传》载："卿等欲言，便无相疑难。"查检《北史》卷三十《卢玄传》，这两句作："卿等欲言便言，无相疑难。"《册府元龟》卷一百五十六引亦同。由此可知"便"下原脱一"言"字，使标点相应出现错误。

又如，晋干宝的《搜神记》卷十九，记述了将乐县李延之女李寄愿卖身供大蛇吞噬的故事，她临行告别父母说："父母无相！惟生六女，无有一男，虽有如无……卖寄之身，可得少钱，以供父母，岂不善耶？"《太平御览》卷四百四十一同。现代注译者多注"无相"为"没福气。相，福相"，译"父母无相"为"父母没福气"或"父母没有生男孩"。但查检《太平广记》卷二百七十"李诞女"条，"父母无相"作"父母无相留"。④ 补一"留"字，李寄之语即上下贯通了。注译者以误本为底本，遂使注译也相应出现错误。

四、古籍校勘的原则

（一）勘同异与定是非

梁启超在《清代学术概论》中，概括了清代校勘学家的工作，他说："或是正其文字，或厘定其句读，或疏证其义训。"⑤ 简言之，古籍校勘的目的就是勘同异、定是非。

从根本上来说，勘同异无非是为了存真复原，尽力恢复古籍的原来面貌，为阅读或研究提供接近于原稿的善本。因此，从理论上说，古籍校勘的根本原则就是存真复原。校勘只能以求真为己任，求善、求美，与校勘无关。因此，凡是篡改原作真貌的校勘，即便是尽善尽美，也都违反古籍校勘的根本原则。

例如，《楚辞·九歌·湘夫人》中"洞庭波兮木叶下"一句，闻一多在《楚辞校补》中指出："波"原作"坡"，为后人所改，改得空灵多了。又如，唐郑畋的《马嵬坡》诗："肃宗回马杨妃死，云雨虽亡日月新。终是圣明天子事，景阳宫井又何人！"据《优古堂诗话》，后人将"肃宗"改作"明皇"，诗虽更有情韵，但已非原诗面目。

① （清）王鸣盛：《十七史商榷·序》，3 页，北京，商务印书馆，1959。
② （清）朱一新：《无邪堂答问》，75 页，北京，中华书局，2000。
③ 参见（清）孙诒让：《札迻·序》，1 页，北京，中华书局，2009。
④ 《太平广记》，2122 页，北京，中华书局，1961。
⑤ 梁启超：《清代学术概论》，51 页，上海，上海古籍出版社，2005。

再如，唐任翻《宿巾子山禅寺》（一名《题天台寺壁》）诗："绝顶新秋生夜凉，鹤翻松露滴衣裳。前峰月映半江水，僧在翠微开竹房。"《全唐诗》将"一"字改为"半"字，虽合于当时情景之真，却非诗句原貌之真。诸如此类，尽管所改比原文更善更美，但却不符合校勘的原则，反而成为校勘的对象，校勘只能将它们复原以存真。杜甫的《秋兴八首》之三："同学少年多不贱，五陵衣马自轻肥。"按《论语》子路曰："愿车马，衣轻裘。"据此，当为"五陵裘马"，但宋本如此，《杜诗详注》卷十七亦然，不可改。而且，此句典源其实更复杂，钱大昕已经指出，"石经'轻'字，宋人误加"；阮元在《论语注疏·校勘记》云："石经初刻本无'轻'字。'车马衣裘'见《管子·小匡》及《外传》《齐语》，是子路本用成语，后人因《雍也篇》'衣轻裘'而误加'轻'字"，则《论语》原文即当作"车马衣裘"；叶嘉莹先生的《杜甫秋兴八首集说》云："'车马衣裘'，约言'衣马'，或'裘马'，皆可"，"且'裘马'之'裘'字，与'轻肥'之'轻'字双声，'裘马自轻肥'相连读之颇为拗口，不若作'衣马'之自然流利"。

但是，古籍原稿大多不存，作者长逝，历史不复再现，而今存古籍的各种版本又多有异文和歧解，因此，从实践上说，要达到完全客观的存真复原几乎是不可能的，校勘者往往不能不根据自己的主观判断来审定古籍现存的各种版本中异文的正误。因此，在校勘中，定是非就是不可避免的。

清代著名学者段玉裁在《经韵楼集》卷十二《与诸同志论校书之难》说：

> 校书之难，非照本改字不讹不漏之难也，定其是非之难。是非有二，曰：底本之是非，曰：立说之是非。必先定其底本之是非，而后可断其立说之是非。二者不分，缪辖如治丝而棼，如算之淆其法实而瞀乱乃至不可理。何谓底本？著书者之稿本是也。何谓立说？著书者所言之义理是也。
>
> ············
>
> 故校经之法，必以贾还贾，以孔还孔，以陆还陆，以杜还杜，以郑还郑，各得其底本，而后判其义理之是非，而后经之底本可定，而后经之义理可以徐定。不先正注、疏、释文之底本，则多诬古人；不断其立说之是非，则多误今人。①

他所说的"著书者"，指为经文作注、作疏者，即下文"以贾还贾"等语所指的唐贾公彦、西汉孔安国、隋唐陆德明、晋杜预、东汉郑玄等人。所谓"底本"，指注疏者所根据的注疏原文；所谓"立说"，指注疏者解释经典原文的义理。他认为，校经的困难，首先在于辨析注疏者所依据的经文究竟是怎样的文字语句（"定其底本之是非""各得其底本"），其次才是审定注疏者阐发的是什么义理（"断其立说之是非""判其义理之是非"），最后才能确定经文的原貌，进而阐述经文的义理。

直到现在还有人认为，校勘的目的是为研究者提供正确的本子，因此，择善征实是校勘本身应完成的任务，任何误本不加改正就不能达到目的。校勘是一门为其他学

---

① （清）段玉裁：《经韵楼集》，332～336 页，上海，上海古籍出版社，2008。

问铺平道路的学问，如果只校异同而不定是非、改讹误，则等于只备有泥、石等筑路材料而没有铺筑，行路人仍然要花工夫铺好道路，才能通行。如果校为定本，则可大量节约研究者的时间。因此，校书不但要改，而且改得越彻底越好。校异当然可以，但校异只用于实在无法断定是非或者不可遽定是非的情况下。

这是校勘所面临的一个悖论：要存真复原，就不能不在勘同异的基础上定是非；但一涉及定是非，就偏离了客观的原则，而掺杂了主观的判断。如何妥善地处理勘同异和定是非之间的关系，如何调和存真复原和判定是非这一对矛盾，关系到校勘的科学价值，实际上也关系到校勘学的生命。

清代校勘学家，根据对勘同异、定是非的校勘目的和原则的不同理解，分为对校和理校两派：对校派主张，校勘的目的只是勘同异，而不能定是非；理校派则主张，校勘的目的是既勘同异，也定是非。属于理校派的段玉裁，在《经韵楼集》卷十一《答顾千里书》里说：

> 凡校书者，欲定其一是，明贤圣之义理于天下万世，非如今之俗子夸博赡，夸能考核也。故有所谓宋版书者，亦不过校书之一助，是则取之，不是则却之，宋版岂必是耶？故刊古书者，其学识无憾，则折衷为定本，以行于世，如东原师之《大戴礼》《水经注》是也。①

既以订正为目标，就要求具体分析异文，判断是非。所以段玉裁在《经韵楼集》卷五《与胡孝廉世琦书》进一步说：

> 顾读书有本子之是非，有作书者之是非。本子之是非，可雠校而定之；作书者之是非，则未易定也。慎修先生、东原师皆曰："从事经学，盖有三难：淹博难，识断难，审定难。"仆以为定本子之是非，存乎淹博；定作书者之是非，则存乎识断、审定……②

他认为应把版本校勘与注疏者学识两者区别开来，校勘解决异文正误，学识决定注疏是非。理校派不据版本而据义理，不重版本而重异文，不尚异文数量而尚异文质量，因此不仅要求对校异文，更要求进行分析、推理、考证，判断异文的正误而敢于改字。

对校派和理校派在清代校勘学中都取得了显著的成绩。而两派争论不休，至今未歇。但其有一点是相通的，即都在探求如何坚持存真复原的校勘原则。这应该成为我们讨论古籍校勘目的的基本出发点。

（二）求古本之真

如果细加区别的话，可以看出，存真复原的校勘原则实际上包含相容而又相斥的

① （清）段玉裁：《经韵楼集》，300 页，上海，上海古籍出版社，2008。
② （清）段玉裁：《经韵楼集》，111 页，上海，上海古籍出版社，2008。

二义：一是求古本之真，二是求事实之真。这正是校勘求真的二重性。我们认为，要坚持校勘学存真复原的科学性，便只能以求古本之真为原则，而不能进而以求事实之真为原则。

所谓求古本之真，即尽量恢复古籍的原来面貌。而古籍的原貌，既包括古籍问世时的原貌，也包括后世各种版本的原貌。后者即段玉裁所谓"以贾还贾，以孔还孔，以陆还陆，以杜还杜，以郑还郑"。这一点，对校派和理校派是有共识的。焦循在《雕菰集》卷八《辨学》从正面阐发校勘之义说：

> 校雠者：《六经》传注，各有师授，传写有讹，义蕴乃晦，鸠集众本，互相纠核。其弊也，不求其端，任情删易，往往改者之误，失其本真。宜主一本，列其殊文，俾阅者参考之也。①

顾广圻则从反面论校勘之弊说：

> 校书之弊有二：一则性庸识暗，强预此事。本未窥述作大意，道听而途说，下笔不休，徒增芜累。一则才高意广，易言此事，凡遇所未通，必更张以从我，时时有失，遂成疮痏。二者殊途，至于诬古人，惑来者，同归而已矣。②

所谓事实之真，殆有二义：一为古籍事实之真，二为历史事实之真。在前一义上，古本之真即事实之真，古籍的原貌即古籍写作事实的原貌；而在后一义上，古本之真有时却并非事实之真，古籍的原貌有时恰恰违背了历史事实。

如果参照历史事实，古籍原作有误，校勘不校勘呢？倘若持求事实之真为原则，那就要校勘。校正原作者的讹误，就不仅仅是和版本算账了，还是和作者算账了。和作者算账，应该说并不符合校勘的本义。在这一点上，校勘古籍与现在校对稿件的目的与原则有本质的差异。校对稿件，如原稿有误，校对者可以直接改正，或者更慎重一些，可以和作者商议改正。而这种改正，实际上已包括了校正者的学识。而古籍的作者有错误，却无法与作者商议，怎么办？改还是不改？因此，从原则上说，校勘者不必对被校古籍的原稿内容的是非表态，也不必要对被校原稿本身的错别字负责。也就是说，应该把校勘的判断文字正误，与原稿的内容是非、文字正误区别开来。

如果坚持以求古本之真为原则，那么，当古籍作者有错误时，只宜在校记或注释中加以指出，而不可径改。第一，古籍作者的所谓错误，也许是他有意而讹而非无心之误，径改之后，反而失其本意；第二，古籍作者的所谓错误，也许是由于校勘者的知识局限未能正确理解，其实并非错误，径加改正，反而使不误为误；第三，即便的确是古籍作者的笔误、别字、记忆错误或知识错误，如果径加改正，也不利于后人真

---

① （清）焦循：《雕菰集》，109 页，北京，中华书局，1985。
② （清）顾广圻：《思适斋书跋》，186 页，上海，上海古籍出版社，2007。

实地、正确地认识古籍作者的知识水平、写作特点甚至性格习惯等内在心理要素，反不如存其原貌，更便研究。

例如，《文心雕龙·神思》有"祢衡当食而草奏"一语。据《后汉书》卷八十下《祢衡传》记载，刘表曾与一班文士共草奏章，各骋才思。刚好祢衡外出归来，索读文士所写奏章，尚未读完，便撕毁丢在地上。刘表大为惊骇。祢衡于是请求笔札，一挥而就，重写一篇，文辞义理均佳，刘表非常高兴。又有一次，黄祖长子黄射大宴宾客，有人献鹦鹉一只，黄射举杯请祢衡作赋，以娱嘉宾。祢衡执笔而作，文不加点，辞采华美。由此可知，《文心雕龙》中的"当食"和"草奏"原是两事，刘勰误把它们合二为一。又如，严复《辟韩》一文引《老子》曰："窃钩者诛，窃国者侯。"查《老子》并无此文，此文出自《庄子·胠箧》："窃钩者诛，窃国者为诸侯。"可知严复显然是记错了。像上述这样的错误，我们只应在校记或注释中指出，而不能径加修改，这样才能将求古本之真与求事实之真统一起来：既说明了古籍写作的事实，又指出了历史记载的事实。

再进一步看，即便是对古籍版本中的错误，也应以保存版本之真为第一目的和根本原则，而不应径加改正。版本的错误，有时恰恰代表了这一版本的特色与价值。对古籍版本中的讹误，可以采用两种办法勘正：一是对误字不改，而只在校勘记中指出，如阮元主持校勘《十三经注疏》时即用此法；二是对误字改正，但在校注中予以说明，如卢文弨、孙星衍等人刻书，即用此法。这样把改误和存真结合起来，就能为读者继续研究提供方便。章学诚的《校雠通义·校雠条理第七》说得好："古人校雠，于书有讹误，更定其文者，必注原文于其下；其两说可通者，亦两存其说；删去篇次者，亦必存其阙目；所以备后人之采择，而未敢自以谓必是也。"

例如，《老子》第三十一章有"夫佳兵者不祥之器"一句，清儒看出此句文义不通，疑"佳"字有误，王念孙校订为"唯"字，阮元校订为"惟"字，到马王堆出土了帛书《老子》，才证明"佳"是衍字。假如王、阮当时疑误即径改，不仅造成臆改而致误，而且也不便于读者继续研究。

版本异文往往有两者皆可、是非难定的情况存在，但细加分析，还是能比较出异文的优劣来，在校勘学中通称"择善而从"或"择优而从"。但是也多有例外。比如，《西厢记·拷红》一折中，红娘有一段唱词："老夫人猜那穷酸做了新婿，小姐做了娇妻，这小贱人做了牵头。"有的版本"牵头"作"饶头"。"牵头"与"饶头"都是俗语，"牵头"意为牵线人、介绍人；"饶头"的词义则有男女间第三者不正常关系的成分，犹如妍头的意思。这两个词都说得通，很难说谁是谁非。可见"择善而从"或"择优而从"，也有难辨"善""优"的时候，不如两存，更为稳妥。

（三）不可轻改古书

元人吴师道的《战国策校注序》，强调了古籍校勘要善于存真阙疑，不可强为附会，说：

> 事莫大于存古，学莫善于阙疑。夫子作《春秋》，仍夏五残文。汉儒校经，未尝去本字，但云"某当作某""某读如某"，示谨重也。古书字多假借，音亦相通。

鲍（案：指鲍彪）直去本文，径加改字，岂传疑存旧之意哉？比事次时，当有明征，其不可定知者，阙焉可也，岂必强为傅会乎？①

而妄校之书，其害更甚于未校之书。段玉裁的《经韵楼集》卷八《重刊明道二年国语序》说：

> 凡书必有瑕也，而后以校定自任者出焉。校定之学识不到，则或指瑜为瑕，而疵类更甚，转不若多存其未校定之本，使学者随其学之浅深，以定其瑜瑕，而瑜瑕之真固在……古书之坏于不校者固多，坏于校者尤多。坏于不校者，以校治之；坏于校者，久且不可治。②

因此，校勘切不可轻改古书，这是古籍校勘中最重要的一条戒律。凡遇有疑误，最好存其同异，缺字也不可妄补，旁注更不要混入正文。校书必得审慎，不知则付诸阙如，不可凭臆轻改。这是我国古代校勘的一个优良传统。

自孔夫子起，就强调"不欲令人妄亿错"，于其所不知，盖阙如也。《论语·为政》说："多闻阙疑，慎言其余。"《论语·卫灵公》说："吾犹及史之阙文也，有马者，借人乘之。今亡矣夫。"《论语·子罕》谈及"子绝四"时说："毋意，毋必，毋固，毋我。"据《公羊传·昭公十二年》记载，孔子读鲁史，知"伯于阳在"是"公子阳生"之误，有人问孔子："您既然知道有误，为什么不改过来呢？"东汉何休认为这是孔子不愿臆测之故。

东汉郑玄校正群经，对异文或择优而从，或并载存参。《仪礼·士冠礼》"布席于门中"句下贾公彦疏曰："郑注礼之时……或从今，或从古，皆逐义强者从之；若二字俱合义者，则互换见之。"在比勘文字异同时，遇到明显的误字，也只注明"某当为某"，大多不轻以己意妄改原文。刘宋时裴松之开创考异法，《三国志》卷首《上三国志注表》说："或同说一事而辞有乖杂，或出事本异，疑不能判，并皆抄内，以备异闻。"宋人彭叔夏的《文苑英华辨证叙》说：

> 叔夏尝闻太师益公先生（案：指周必大）之言曰："校书之法，实事是正，多闻阙疑。"叔夏年十二三时，手钞《太祖皇帝实录》，其间云"兴衰治□之源"，阙一字，意谓必是"治乱"。后得善本，乃作"治忽"。三折肱为良医，信知书不可以意轻改。③

这是彭叔夏的经验之谈，且为后世校勘家视为校勘的不易原则。清人阮元在江西巡抚任所校刻《十三经注疏》时，就曾严格地规定："凡有明知宋板之误字，亦不使轻改，

---

① （元）吴师道：《战国策校注》，8页，北京，中华书局，1991。
② （宋）段玉裁：《经韵楼集》，191页，上海，上海古籍出版社，2008。
③ （宋）彭叔夏：《文苑英华》，1页，北京，中华书局，1985。

但加圈于误字之旁，而别据校勘记，择其说，附载于每卷之末。"①

但是，前人轻改古书之例，历代屡见不鲜。例如，清人李兆洛在《涧薲顾君墓志铭》说：

> 有校者荒陋，不知守阙如之戒妄缘疑而致误，至剜肉而成疮。至有谬称皇考、妄易"银""根"者，本初无误，校乃至误。此自书有刊本，轻加雌黄，倘经三刻，而古人之真书失矣。②

"妄易'银''根'"之例，是指韩愈的儿子韩昶的故事。据宋人黄朝英的《靖康缃素杂记》卷十记载的韩愈之子昶的故事："尝为集贤校理。史传中有说金根处，皆臆断之，曰'岂其误欤？必金银车也'。悉改'根'字为'银'字。"这是荒陋妄改的典型例子。因为《后汉书·舆服志》注写道："始皇作金根之车。殷曰桑根，秦改曰金根。《乘舆马赋》注曰'金根，以金为饰'。"韩昶寡见陋识，而妄逞臆说，乱改古书，以致造成这种贻笑后世的谬误。

又如，清代校勘名家卢文弨素主不妄改、不妄增，而丹铅之际，仍不免好援他书以改本书，所以严元照批评他的《仪礼详校》，顾广圻指摘他的《释文考证》。而顾广圻生平虽以"不校之校"自诩、自励，力攻"据其所知，改所不知"的弊病，有时也不免有乱改致误之弊。例如，胡克家刻《资治通鉴》卷二百六十二唐昭宗天复元年，记韩偓曾建议昭宗要"重厚公正"，而勿"琐细机巧"，昭宗以为然，并说："此事终以属卿。"此段的注称："呜呼！世固有能知之言之，而不能究于行者，韩偓其人也。"此注对韩偓大有贬词，讥其言行不符。但此注实经顾广圻妄改，元本原为："呜呼！世固有能知之言之而不行，究于行者，韩偓其人也。"顾误改"而不行"为"而不能"，并误作句读，一字之误，致使韩偓几蒙沉冤。陈垣先生在《通鉴胡注表微》中，揭示顾氏乱改之误，说：

> 鄱阳胡氏覆刻《通鉴》，主其事者为顾千里，著名之校勘学者也，而纰缪若此。夫无心之失，人所不免，惟此则有心校改，以不误为误，而与原旨大相背驰……且陈仁锡评本不误，而覆刻元本乃误，不睹元刻，岂不以陈本为误耶！顾氏讥身之望文生义，不知身之望文生义，只著其说于注中，未尝妄改原文也。顾君覆刻古籍，乃任意将原文臆改，以误后学，何耶！事关尚论古人，不第校勘而已，故不惜详为之辨。③

由此可见，校勘妄改，不仅会有一字一句的出入，甚者累及尚论古人。校勘可不慎之

---

① （清）阮元：《十三经注疏》，2 页，北京，中华书局，1980。
② 《四部备要·集部·养一斋集》，146 页，上海，中华书局，1989。
③ 陈垣：《通鉴胡注表微》，55 页，北京，中华书局，1962。

又慎?

再如，段玉裁在《答顾千里书》中说："校经者，将以求其是也。审知经字有讹则改之，此汉人法也。汉人求诸义而当改则改之，不必其有左证。"① 所以他著《说文解字注》，把《说文》中自己认为错的地方全部进行了改易。他的校改虽然有很多地方是对的，但凭臆轻改之处亦复不少。因此，段书一出，"匡段""申段""订段"之书不下十数种，如徐承庆的《说文解字注匡谬》、钮树玉的《段氏说文注订》、王绍兰的《说文段注补订》等皆是。其中以徐书分段谬为 15 条，最为详备可观：

一曰：便词巧说，破坏形体。

二曰：臆决专辄，诡更正文。

三曰：依他书改本书。

四曰：以他书乱本书。

五曰：以意说为得理。

六曰：擅改古书，以成曲说。

七曰：创为异说，诬罔视听。

八曰：敢为高论，轻侮道术。

九曰：似是而非。

十曰：不知阙疑。

十一曰：信所不当信。

十二曰：疑所不必疑。

十三曰：自相矛盾。

十四曰：检阅粗疏。

十五曰：乖于体例。②

博学精审如段玉裁，尚且不免以轻改古籍而致误，后人可不慎乎?

再举近人一例。《脂砚斋重评石头记》第七回写焦大酒醉狂骂，道："若再说别的，咱们红刀子进去，白刀子出来。"可是俗语只说"白刀子进去，红刀子出来"，这是符合情理的常识。所以后来的校注者（如程甲本等）认为，《脂本》"红""白"两字为倒文，并加以改正。其实，焦大之所以这么说，正如脂评（甲戌本）所说的，是"醉人口中文法"，曹雪芹"明知其错，故意仿效"，这正是修辞学上的"飞白"手法。改成"白刀子进去，红刀子出来"，从修辞角度看，是欲正反误，违背了作者的原意；从校勘角度看，则是误校臆改。

对轻改古书之弊，前人多所抨击。清人王念孙在《读书杂志·淮南内篇第二十二》说："学者读古人书而不能正其传写之误，又取不误之文而妄改之，岂非古书之

① （清）段玉裁：《经韵楼集》，298 页，上海，上海古籍出版社，2008。

② 参见舒怀：《〈说文解字注〉研究文献集成》（上），283～492 页，武汉，湖北教育出版社，2018。

大不幸乎？"王鸣盛在《十七史商榷》卷四十二《黎斐》中，曾举《三国志·丁奉传》多被误改为例，感叹说："古书传抄镂刻，脱误既多，又每为无学识者改坏，一开卷辄叹千古少能读书人。"

那么，古籍的讹误，在什么情况下当改，什么情况下不当改呢？段玉裁在《经韵楼集》卷四《与黄尧圃论孟子音义书》说：

> 凡宋版古书，信其是处则从之，信其非处则改之，其疑而不定者则姑存以俟之，不得勿论其是非，不敢改易一字。意欲存其真，适滋后来之惑也。①

清人刘文淇校《宋元镇江志》时，在《校勘记序》中曾总结彭叔夏校勘的体例，说：

> 昔宋彭叔夏作《文苑英华辨证》，其体例大约有三：实属承讹，在所当改；别有依据，不可妄改；义可两存，不必遽改。兹编所校，略仿其例。②

清代学者王引之总结自己校勘经籍的经验时，也说：

> 吾用小学校经，有所改，有所不改。周以降，书体六七变，写官主之，写官误，吾则勇改；孟蜀以降，椠工主之，椠工误，吾则勇改；唐、宋、明之士，或不知声音文字而改经，以不误为误，是妄改也，吾则勇改其所改。若夫周之末，汉之初，经师无竹帛，异字博矣，吾不能择一以定，吾不改；假借之法，由来旧矣，其本字十八可求，十二不可求，必求本字以改假借字，则考文之圣之任也，吾不改；写官椠工误矣，吾疑之，且思而得之矣，但群书无佐证，吾惧来者之滋口也，吾又不改。③

这些经验都是值得我们借鉴和学习的。

思考与练习

1. 简述"校勘"和"校雠"二词的广义用法和狭义用法。
2. 校勘对古籍阅读有什么裨益？
3. 为什么说校勘是古籍研究的先导和基础？
4. 什么是勘同异？什么是定是非？
5. 古籍校勘应如何求古本之真？
6. 如何看待古本之真与历史之真？

① （清）段玉裁：《经韵楼集》，85页，上海，上海古籍出版社，2008。
② 《青溪旧屋文集》卷五，参见《清代诗文汇编》第564册，35页，上海，上海古籍出版社，2010。
③ （清）龚自珍：《龚自珍全集》，148页，上海，上海人民出版社，1975。

第二节　古籍校勘的依据

一、内证与外证

颜之推在《颜氏家训》卷上《勉学篇》说："校定书籍，亦何容易？自扬雄、刘向，方称此职耳。观天下书未遍，不得妄下雌黄。或彼以为非，此以为是，或本同末异，或两文皆欠，不可偏信一隅也。"这是说校勘的态度要极其审慎，尽可能地运用多种材料、多种方法。

元代吴师道因宋人鲍彪注《战国策》多有未善，著《战国策补注》，在卷首的序言中批评鲍注的讹误时，也强调校勘要博考群书，不可偏信一隅。他说："其所引书，止于《淮南子》、《后汉》志、《说文》、《集韵》，多摭彼书之见闻，不问本字之当否。《史》注自裴、徐氏外，《索隐》《正义》皆不之引，而《通鉴》诸书亦莫考。浅陋如是，其致误固宜。"

所以，戴震对校勘学提出要求，说："搜考异文，以为订经之助；又广揽汉儒笺注之存者，以为综考故训之助。"[1] 章学诚在《校雠通义·校雠条理第七》也说："校书宜广储副本。刘向校雠中秘，有所谓'中书'，有所谓'外书'，有所谓'太常书'，有所谓'太史书'，有所谓'臣向书''臣某书'。夫中书与太常、太史，则官守之书不一本也；外书与臣向、臣某，则家藏之书不一本也。夫博求诸本，乃得雠正一书，则副本固将广储以待质也。"

总之，古籍校勘须博考群书，这是我国古代校勘学的优良传统。

由于校勘的对象是古籍的文字讹误，而文字总是表达内容的，和内容密不可分，这就不能不涉及广泛的专门知识领域。因此从古籍校勘实践来看，校勘的依据，不仅限于一书不同版本的范围，还必须尽可能地进行多方面的查考。

总体而言，古籍校勘的依据可分为书内与书外两大类，书内的依据称为"内证"，或称"本证"；书外的依据称为"外证"，或称"旁证"。一般地说，内证处于主要地位，起决定作用；外证处于次要地位，起从属作用。内证因外证而确定，外证因内证而落实。

外证属旁证性质，往往只证明某种可能判断。古籍校勘的原则如下：如果没有一种可靠版本提供文字作为内证，则外证即使理由充足，证据确凿，仍不可改动原书文字。因为，第一，无法确证原书必定为外证所考定的文字；第二，不能排除作者原著本来就是误字错句的可能性。

因此，校勘古籍必须从调查版本、比较各本、搜集异文、发现疑误入手；在分析异文和疑误时，发现疑难，不能断定，就必须查考外证；最后求得内证、外证一致，

---

[1]　（清）戴震：《戴震集》，191 页，上海，上海古籍出版社，1980。

得到正确判断。所以清代学者卢文弨的《与丁小雅进士论校正方言书》说："故校正群籍，自当先从本书相传旧本为定。"

无论是内证还是外证，从查考到取证的全过程，都必须有科学的依据，即查考取证的材料必须审核其可信度，查考取证的理论必须正确无误。具体地说，古籍校勘的材料依据不外本书和有关他书的文献资料；而古籍校勘的理论依据则是版本学、目录学等文献学理论，文字学、音韵学、训诂学等语言学理论，以及所校勘古籍的专业知识理论。查考每一个内证，都必须明确交代，这是本书哪一版本的异文，根据什么理由判定这一异文是正是误，而查考每一个外证，也必须明确交代，这是什么年代的一本什么性质的书，根据什么理由断定此书文字可以作为本书异文正误的旁证。

本节只介绍古籍校勘的材料依据。

二、古籍校勘的材料依据

清钱大昕在《潜研堂文集》卷二十五《卢氏群书拾补序》中，曾总结卢文弨校勘时的材料依据。他说："凡所校定，必参稽善本，证以它书，即友朋后进之片言，亦择善而从之。"可见卢文弨校勘时有三种材料依据：一是善本，二是他书，三是他人意见。胡适为陈垣的《元典章校补释例》作序时也说："改定一个文件的文字，无论如何有理，必须在可能的范围之内提出证实……证实之法，最可靠的是根据最初底本，其次是最古传本，其次是最古引用本文的书。"

以下即略分善本、古注旧疏、他书材料和文物材料四项，分别说明古籍校勘的材料依据。

（一）善本

古籍的善本包括稿本、古本、旧本等，作为校勘的依据，它们是最为可靠的内证。

1. 稿本

著者的稿本是最好的校勘本子。稿本是一书版本的最初形态，它没有传写翻刻的舛讹，也未经后人妄改臆删，是最可靠、最可信的版本。未有刊印书籍的稿本，其版本价值自不必说，即使是已有刊印书籍的稿本，也有极高的参考价值，可以用来校正印本的各种失误，补阙拾遗，纠谬订讹，因此是难得的校勘材料。

印本不全，稿本可以补阙拾遗。例如，清陈澧的《东塾读书记》是一部内容丰富的学术笔记，传世的印本很多，绝非珍罕之书。但全书原有 25 卷，而传世的各种印本却只存 15 卷，所阙诸卷皆注明"未成"。实际上另有《东塾杂俎》10 卷稿本，书口印"东塾杂俎"，卷内印"东塾读书记"或"读书记"，正可补足印本的阙卷。

印本经删改而付刻，稿本可以窥见旧貌。例如，20 世纪 50 年代初发现的蒲松龄的《聊斋志异》手稿本，虽然只存半部，但与通行本相校，即可发现通行本对原稿多所删改。其中《牛同人》一篇，在通行本中删去，全赖稿本才得以保存。

印本传刻致误，稿本可以纠谬订讹。例如，清蒋良骐的《东华备遗录》8 卷，现存乾隆间清稿本，是通行的《东华录》32 卷印本的祖本，可以据以校出印本中的许多错字漏句。中华书局 1980 年版的校点本《东华录》未能参校此本，多有讹误，实为遗憾。

印本与稿本如非属同一版本系统，稿本则可作参校之资。清初阎尔梅的《白耷山人集》曾累经刻印，世行有清初刻 2 卷本文集、10 卷本诗集，光绪年间刻 4 卷本诗集、2 卷本文集，民国时铅印 6 卷本全集，《徐州二遗民集》本所收诗集 4 卷、文集 2 卷等。而清李少云新编不分卷的《拟编次白耷先生文稿》清稿本中，一些诗文篇章及文字句段与印本相出入，即可供校勘阎尔梅诗文集时参证。

2. 古本、旧本

在没有稿本的情况下，一般地说，年代较早的版本，包括古本、旧本以及考古发现的简帛和写本，其校勘价值比其他的版本要高。

那么，古本、旧本的可贵之处何在？大要有二：第一，宋元旧刻较后世刻本少传刻之误；第二，宋元旧刻较明代刻本少臆改之误。清卢文弨在《抱经堂文集》卷十二《书吴葵里所藏宋本〈白虎通〉后》说：

> 书所以贵旧本者，非谓其概无一讹也。近世本有经校雠者，颇贤于旧本，然专辄妄改者亦复不少。即如《九经》小字本，吾见南宋本已不如北宋本，明之锡山秦氏本又不如南宋本，今之翻秦本者，更不及焉。以斯知旧本之为可贵也。①

顾广圻在《韩非子识误序》中也说：

> 通而论之，宋椠之误，由乎未尝校改，故误之迹往往可寻也。而赵刻之误，则由乎凡遇其不解者，必校改之。于是而并宋椠之所不误者，方且因此以至于误；其宋椠之所误，又仅苟且迁就，仍归于误，而徒使可寻之迹泯焉，岂不惜哉！②

他们指出，古本、旧本由于较少经人妄改，一般无意传讹多，肆意妄改少；即使其中有些讹误，也比较容易发现，并且可以查考其错误的表现和原因。因此，古本、旧本较之后世刻本更为可贵。

所以黄丕烈在《士礼居藏书题跋记续》卷上《武林旧事六卷跋》中说："既而校勘群籍，始知书旧一日，则其佳处犹在，不致为庸妄人删润，归于文从字顺，故旧刻为佳也。"严可均在《铁桥漫稿》卷八《书宋本后周书后》也说："书贵宋元本者，非但古色古香，阅之爽心豁目也；即使烂坏不全，鲁鱼弥望，亦仍有绝佳处，略读始能知之。"这些议论，都是他们数十年亲事校勘而深知甘苦之言。

近人陈乃乾的《与胡朴安书》，总结了前人珍重宋元旧本的原因，说："尝谓古书多一次翻刻，必多一误。出于无心者，'鲁'变为'鱼'，'亥'变为'豕'，其误尚可寻绎；若出于通人臆改，则原本尽失。宋、元、明初诸刻，不能无误字，然藏书家争

---

① （清）卢文弨：《抱经堂文集》，170～171 页，北京，中华书局，1990。
② （清）顾广圻：《思适斋书跋》，136 页，上海，上海古籍出版社，2007。

购之，非爱古董也，以其误字皆出于无心，或可寻绎而辨之，且为后世所刻之祖本也。校勘古书，当先求其真，不可专以通顺为贵。古人真本，我不得而见之矣；而求其近于真者，则旧刻尚矣。"这就简明扼要地说明了古本、旧本在校勘上的地位、特点和价值。

当然，古本、旧本也不可过于盲从、迷信，因为即便是宋元旧本，除了有"无心之误"以外，也有经当时刻书之人任意增损之处，造成"臆改之误"。宋本本身就很复杂，正如清杭世骏在《道古堂集·欣托斋藏书记》所说："今之挟书以求售者，动称宋刻。不知即宋亦有优有劣。有太学本，有漕司本，有临安陈解元书棚本，有建安麻沙本，而坊本则尤不可更仆以数。"因刻书之误和校书之误所造成的低劣的宋本，可参看本书第二章"古籍版本学"第二节"古籍版本的类型"。因此，清初王士禛在《居易录》卷二提出对宋本应慎择善本，说"今人但贵宋椠本，顾宋板亦多讹舛，但从善本可耳"，这是比较通达的看法。

（二）古注旧疏

古注旧疏，是指对原著进行注释疏解的最早或较早的著作，主要是指历代公认、影响深远的注疏著作，如《尚书》的孔传，《诗经》的毛传、郑疏，《礼记》的郑注、贾疏，《左传》的杜注等。

古注旧疏本来各有其底本，只是由于各种原因被遮盖混淆，使各自底本原貌失真。倘若像段玉裁所说的"以贾还贾，以孔还孔，以陆还陆，以郑还郑"，恢复古注旧疏所据底本的原貌，那么就可以获得一种与古本旧本价值相当的原著的较早版本，对于订正后出版本的讹误，无疑是一种可为依据的异文材料。正由于利用古注旧疏有利于进行校勘，所以前人不仅重视保存比较完整的注疏，也相当重视历史上有影响而已佚失的注疏。

例如，《史记》卷六十九《苏秦列传》载："今西面而事之，见臣于秦。夫破人之于见破于人也，臣人之于见臣于人也，岂可同日而论哉！"王念孙校勘此段，指出：下两"见"字，皆涉上"见"字而衍。司马贞《索隐》本出"臣人之于臣于人"七字，注曰："臣人，谓己为彼臣也；臣于人者，谓我为主，使彼臣己也。"案，《索隐》误解，当从张守节《正义》："破人，谓破前敌也；破于人，为被前敌破。臣人，谓己得人为臣；臣于人，谓己事他人。"据《索隐》与《正义》，则原本无两"见"字。检《战国策·赵策》，此段亦无两"见"字。

又如，丁福保的《说文解字诂林》，根据唐释慧琳的《一切经音义》、辽希麟的《续一切经音义》中的注，校正了大徐本《说文解字》中许多文字上的讹误。如《说文》"易"下引"秘书"说"日月为易"，段玉裁、桂馥、王筠等皆以"秘书"为纬书。而《大般若经音义》中"易"注引《说文》，由"贾秘书说：'日月为易'"，可知《说文》原本当有"贾"字。考《后汉书·贾逵传》，逵两校秘书，"贾秘书"即贾逵。许慎古学正从贾逵出，所以《说文》引师说，或称贾秘书，或称贾侍中，而不称名。大徐本《说文》盖脱一"贾"字，使后人误以其为书名。

从这两个例子可以知道，古注旧疏在校勘上的价值是经过辨析而提供一种古本旧本的异文，以此作为校勘正文的重要内证。

（三）他书材料

所谓他书，是指本书及本书注疏以外的文献典籍。而他书材料，就是指他书中可供校勘本书的材料。王鸣盛在《十七史商榷·自序》曾详尽地自述他校勘古籍时所据的他书材料，说："购借善本，再三雠勘，又搜罗偏霸杂史、稗官野乘、山经地志、谱牒簿录，以暨诸子百家、小说笔记、诗文别集、释老异教，旁及于钟鼎尊彝之款识，山林冢墓、祠庙伽蓝碑碣断阙之文，尽取以供佐证。"可见对他书材料，应广征博考。

在他书材料中，最主要的是本书引用前书之文和后书引用本书之文。本书引用前书之文，可用前书原文校本书所引之文；而后书引用本书之文，则可用后书所引之文校本书原文。例如，《续资治通鉴长编》卷二百中有"《孝经》曰：'严父莫大于配天，周公其人也。'"检《孝经·圣治章》原文，"周公"上原有"则"字，此处疑脱。

一般地说，他书材料可分为三类。

第一，本书被他书用作思想理论资料或用作历史资料，内容相同，文字相同或大体相同，经过仔细分析比较，可以用作校勘本书的资料，也可以反过来用本书作为校勘他书的材料。

这类相同或略同的他书资料，先秦两汉多见于诸子、史籍。例如，《荀子·乐论》《史记·乐书》多取《礼记·乐记》；《荀子·宥坐》等五篇杂取传记故事成篇，其中许多故事又为《韩非子·说林》《韩非子·内储说》《韩非子·外储说》所取；《韩诗外传》往往用以说《诗》；《史记》所载当代人物纪传多为《汉书》采用；等等。六朝以后，则更多见于史籍、野史、笔记、总集、选集和别集之间，如干宝的《搜神记》从《汉书·五行志》中搜集鬼神故事，房玄龄的《晋书》多取南朝宋刘义庆的《世说新语》，欧阳修的《新唐书》颇采唐李肇的《国史补》、五代王定保的《唐摭言》等。

第二，本书文辞被他书引用，或用作典故而为注释者引录原文，或引全文，或引片段，这都可以作为校勘本书的资料。尤其是一些著名的注本，如《三国志》裴松之注、《史记》裴骃集解、《世说新语》刘孝标注、郦道元的《水经注》、《文选》李善注、《汉书》颜师古注、《后汉书》李贤注、《史记》司马贞索隐、《史记》张守节正义等，都是校勘的宝贵材料。

第三，古代因各种需要而编辑的类书，汇集了许多古书资料和古代作品，《四库全书总目·类书类序》所谓"古籍散亡，十不存一，遗文旧事，往往托以得存"，因而类书也是校勘古书的他书重要资料。今存重要类书，如唐代魏徵的《群书治要》、马总的《意林》、欧阳询的《艺文类聚》、虞世南的《北堂书钞》、徐坚等的《初学记》，宋代李昉等的《太平御览》、王钦若等的《册府元龟》、李昉等的《太平广记》等，都是摘录汇集唐宋以前各种古籍著作而成的，历来为校勘家所重视。

后世引书，有的为了词义或语义便于理解的原因，有的由于记忆的原因，有的由于省略的原因，往往改变原文，因此在用他书材料进行校勘时，就要谨慎从事，不可尽信他书材料。例如，王念孙的《读书杂志》说："《御览》固多误字，不必附会。"但王念孙在具体的校勘实践中，有时却不免贪多致误。朱一新的《无邪堂答问》卷二

"评读《汉书·艺文志》"条说：

> 王文肃、文简之治经亦然，其精审无匹，视卢召弓辈亦远胜之。顾往往据类书以改本书，则通人之蔽。若《北堂书钞》《太平御览》之类，世无善本；又其书初非为经训而作，事出众手，其来历已不可恃。而以改数千年诸断断考定之本，不亦慎乎？①

近人刘文典在《三余札记·类书》中，对此更详加阐释说：

> 清代诸师校勘古籍，多好取证类书，高邮王氏尤甚。然类书引文，实不可尽恃。往往有数书所引文句相同，犹未可据以订正者。盖最初一书有误，后代诸书亦随之而误也。如宋之《太平御览》，实以前代《修文御览》《艺文类聚》《文思博要》诸书参详条次修纂而成。其引用书名，特因前代诸类书之旧，非宋初尚有其书。陈振孙言之详矣。若《四民月令》一书，唐人避太宗讳，改"民"为"人"，《御览》亦竟仍而不改。书名如此，引文可知。故虽隋、唐、宋诸类书引文并同者，亦未可尽恃，讲校勘者，不可不察也。②

清人校勘时在引用他书材料方面的教训，我们应该引以为戒。

（四）文物材料

甲骨断片、殷周铜器、秦汉古刻，以及魏晋以降历代碑石、书帖，所有今存的各种镌刻或书写文字的文物，都为研究古代历史和古代文字提供了极为丰富的宝贵资料。

根据金石刻辞校定古籍讹误，起源很早。在南北朝时，颜之推便根据长安出土的秦时铁称权，在《颜氏家训·书证篇》中订正《史记·秦始皇本纪》"丞相隗林"当为"隗状"之误，考定精谛，确不可易。宋代以后，更发展为金石专门之学。欧阳修的《集古录》，取金石刻辞订正史传，开用文物材料校勘古籍的先风。

为什么文物材料具有校勘价值呢？因为文物材料实际上就是时代较古的文辞、篇章或书籍。宋人赵明诚说：

> 诗书以后，君臣行事之迹，悉载于史……若夫岁月、地理、官爵、世次，以金石刻考之，其抵牾十常三四。盖史牒出于后人之手，不能无失；而刻词当时所立，可信不疑。③

---

① （清）朱一新：《无邪堂答问》，75 页，北京，中华书局，2000。
② 刘文典：《三余札记》，6～7 页，合肥，黄山书社，1999。
③ （宋）赵明诚：《金石录·序》，1 页，济南，齐鲁书社，2009。

近人罗振玉撰《愙斋集古录序》更详加申说：

> 金石文字者，古载籍之权舆也。古者，大事勒之鼎彝；故彝器文字，三古之载籍也。唐以前无雕板，而周、秦、两汉有金石刻；故周、秦、两汉之金石刻，雕板以前之载籍也。载籍愈远，传世愈罕，故古彝器之视碑版为尤重焉。往尝与友人言：古之典籍，掌之史氏，民间不获传流。孔子辙环列邦，观百二十国之宝书，乃修《春秋》。吾人对三代列邦古彝器，是不啻不下堂而观三古列国之宝书也。生三千年之后，而神游三千年以前，得据以补《诗》《书》之所遗佚，订许、郑诸儒之讹误，岂非至可快之事哉！①

他们都明确肯定了金石刻辞是远古的书籍，因而成为校勘家重要的依据。

当然，各种金石刻辞对于校勘的作用是各不相同的。

甲骨文字主要记载殷商历史，对周代以后的古籍，具有校正史实、考证训诂等作用，是校勘的外证材料而非内证材料。例如，王国维的《殷卜辞中所见先公先王考》，根据殷墟卜辞考证殷商王室世系，正确梳理了一些史实，澄清了古籍记载中许多文字通借和错讹混乱。但他所考证的不少古籍原著本来就是以讹传讹，并非后人抄写刊印的错讹或臆改妄删。因而王国维的考证成果虽可订正古籍原著错讹，却并非校勘性质。王氏自己，便是严格区别考证与校勘的。

殷周彝器铭文，即钟鼎文字资料，其学术价值与甲骨文字资料略同，主要在历史考古和文字、音韵、训诂方面对校勘起外证作用。

秦汉以后，刻石制碑，留下丰富的文字资料。由于许多碑石刻辞是完整的篇章，因此不仅具有历史、文字、音韵、文学等方面的学术资料价值，而且具有较高的校勘资料价值。例如，唐文宗开成二年（837）刻成的十二经，史称"开成石经"或"唐石经"，今存西安碑林，全部 271 石，实则便是唐代校正雕刻而完整保存的一种经书古本，是现存儒家经典最古的完本。所以严可均的《唐石经校文序》说："纵不足与复古，以匡今缪有余也。""石经者，古本之终，今本之祖。"近人陶湘有雕版复制朱、墨、蓝三色本"开成石经"，刻印俱精。又如，历代名家所铭记的碑志文章，倘使碑石今存，便是该碑文的原版，是最可靠的校勘依据。唐代元结的《浯溪铭》有石刻拓本，据以校今存刻本及《全唐文》所录此文，则都有错讹脱落。全文共 113 字，《全唐文》所录有脱文一字、一句，误字四字。

历代书帖也是校勘的宝贵资料。早在 1961 年，启功先生就撰写了《碑帖中的古代文学资料》一文，收入《启功丛稿》。文章明确指出："古代铭功纪事的石刻（包括墓志题名等）称为碑；尺牍书疏（包括诗文卷轴等）称为帖，也即是简帖的帖。把简帖摹刻上石，也称为帖。"而碑帖中关于文学史的资料，大约可分为三类：文学家所书自己的文学作品、书家所书他人的文学作品、有关作家和作品的考证资料。这些材料

---

① （清）吴大澂：《愙斋集古录》，1 页，上海，商务印书馆，1921。

大约具有四项作用：作品的校勘，集外作品的补编，作家、作品的史实考证，创作技巧的研究。① 文章就这四个方面列举了大量事例，举证详明，考辨精当，充分体现出先生运用碑帖资料研究古代文学的独诣之处。

思考与练习

1. 什么是内证？什么是外证？内证与外证是什么关系？
2. 为什么说稿本是难得的校勘材料？
3. 如何正确看待古本和旧本？
4. 如何运用古注旧疏作为校勘材料？
5. 运用他书材料作为校勘依据，应注意什么问题？
6. 古代碑帖有什么样的校勘价值？
7. 举例说明古代碑帖与校勘的关系。

第三节　古籍校勘的方法

一、校勘方法概说

校勘之法，古人以为只能意会不能言传。而清人则已有一些超越前人的认识，如方苞在《方苞集·集外文》卷二《拟定纂修三礼条例札子》中便提出"一曰正义，乃直诂经义，确然无疑者"，"或以本节本句参证他篇，比类以测义；或引他经，与此经互相发明"就包含了初步的校勘义例。清人吴承志在《逊斋文集》卷六《校管子书后》亦曾提出校书五例："有可据善本校改者，有可据古本校改者，有可据注文校改者，有可据本书校改者，有可据文义校改者。"但他所说的主要是校勘的依据，而不是纯粹意义上的校勘方法。

叶德辉的《藏书十约》第七《校勘》，曾提出校勘之法有二：曰死校，曰活校。他说：

> 死校者，据此本以校彼本，一行几字，钩乙如其书；一点一画，照录而不改；虽有误字，必存原文。顾千里广圻、黄荛圃丕烈所刻之书是也。活校者，以群书所引，改其误字，补其阙文；又或错举他刻，择善而从，别为丛书，板归一式。卢抱经文弨、孙渊如星衍所刻之书是也。斯二者，非国朝校勘家刻书之秘传，实两汉经师解经之家法。郑康成注《周礼》，取故书、杜子春诸本，录其字而不改其文，此死校也。刘向校录中书，多所更定；许慎撰《五经异义》，自为折

---

① 启功：《启功丛稿》，101～102 页，北京，中华书局，1981。

衷，此活校也。其后隋陆德明撰《经典释文》，胪载异本；岳珂刻《九经》《三传》，抉择众长，一死校，一活校也。明乎此，不仅获校书之奇功，抑亦得著书之捷径也已。①

他所说的虽是校勘之法，但尚缺乏方法论的意义，实际上只是提出了古籍校勘有三种基本类型，即"照录不改""必存原文"的校异型，"错举他刻，择善而从"的存真型，和"改其误字，补其阙文"的订讹型。

1923 年至 1925 年，梁启超在《中国近三百年学术史》中总结清儒的校勘实践，第一次从方法论的意义上提出了四种校勘法。他说：

> 第一种校勘法，是拿两本对照，或根据前人所征引，记其异同，择善而从。因为各书多有俗本传刻，因不注意或妄改的结果发生讹舛，得着宋元刻本或精抄本，或旧本虽不可得见而类书或其他古籍所引有异文，便可两两勘比，是正今谬……这种工作的成绩也有高下之分，下等的但能校出"某本作某"，稍细心耐烦的人便可以做；高等的能判断"某本作某是对的"，这便非有相当的学力不可了……
>
> 第二种校勘法，是根据本书或他书的旁证、反证校正文句之原始的讹误。前文所说第一种法，是凭善本来校正俗本。倘若别无善本，或所谓善本者还有错误，那便无所施其技了。第二种法再进一步，并不靠同书的版本，而在本书或他书找出凭证：这种办法又有两条路可走：第一条路是本书文句和他书互见的……虽然本书没有别的善本，然和他书的同文，便是本书绝好的校勘资料……更有第二条路是：并无他书可供比勘，专从本书各篇所用的语法、字法注意，或细观一段中前后文义，以意逆志，发现出今本讹误之点……这种工作，非眼光极敏锐、心思极缜密，而品格极方严的人不能做。清儒中最初提倡者为戴东原，而应用得最纯熟矜慎、卓著成绩者为高邮王氏父子。这种方法好是好极了，但滥用它，可以生出武断臆改的绝大毛病，所以非其人不可轻信。
>
> 第三种校勘法是：发现出著书人的原定体例，根据他来刊正全部通有的讹误。第一、第二两种法，对于一两个字或一两句的讹误当然有效。若是全部书抄刻颠倒紊乱，以至不能读，或经后人妄改，全失其真，那么唯一的救济法，只有把现行本未紊未改的部分精密研究，求得这书的著作义例。（凡一部有价值的书，总有他的义例。但作者自己写定凡例的不多，而有亦不详。）然后根据他来裁判全书，不合的便认为有讹误……这种方法的危险程度比第二种更大，（做得好比它成绩亦更大。）万不可轻易用……
>
> 第四种校勘法是：根据别的资料，校正原著之错误或遗漏。前三种法，都是校正后来传刻本之错误，力求还出原书的本来面目，校勘范围总不出文句的异同

---

① 叶德辉：《藏书十约》，见《丛书集成续编》第 5 册，793 页，台北，新文丰出版公司，1988。

和章节段落的位置。然而校勘家不以此自足，更进一步对于原书内容校其阙失。换言之，不是和抄书匠、刻书匠算账，乃是和著作者算账。这种校法，也分根据本书、根据他书两种。①

梁启超认为，前三种是狭义的校勘学，后一种属广义的校勘学。近人蒋文卿在《校雠学史》中所论清儒校勘法，即本此说。这种概括的确超迈前人，但仍然只是就具体的校勘操作方法而言，尚未上升到理论的高度。

余嘉锡在《黄顾遗书序》中总结清人顾广圻的校勘方法说："每校一书，先衡之以本书之词例，次徵之于他书所引用，复决之以考据之是非。一事也，数书同见，此书误，参之他书，而得其不误者焉。一语也，各家并用，此篇误，参之他篇，而得其不误者焉。文字音韵训诂，则求之于经。典章官制地理，则考之于史。于是近刻本之误，宋元刊本之误，以及从来传写本之误，罔不轩豁呈露，了然于心目，跃然于纸上。然后胪举义证，杀青缮写，定则定矣。"② 他说的也是具体的校勘操作方法。

真正将对校勘方法的论述提高到理论高度来认识的人是陈垣。1931年，陈垣从校勘沈氏家刻本《元典章》所发现的万余条讹误中，选取千余条有代表性的，归纳为42类，撰《元典章校补释例》，极其详备地条陈了"古籍窜乱通弊"。在此基础上，该书卷六吸取前人的校勘经验，阐发与例证了发现古籍字句讹误的所谓"校勘四法"，即对校法、本校法、他校法和理校法，从而构成古籍校勘学的方法论体系。此书后来改名为《校勘学释例》③。

以下分别就"校勘四法"略做疏证，可参看李山的《校勘四法疏证》④。

二、对校法

关于"对校法"，陈垣指出：

> 即以同书之祖本或别本对读，遇不同之处，则注于其旁。刘向《别录》所谓"一人持本，一人读书，若怨家相对者"，即此法也。此法最简便，最稳当，纯属机械法。其主旨在校录异同，不校是非，故其短处在不负责任，虽祖本或别本有讹，亦照式录之；而其长处则在不参己见，得此校本，可知祖本或别本之本来面目。故凡校一书，必须先用对校法，然后再用其他校法。⑤

对校法是用同书异本互校的校勘方法。"校勘四法"中首标对校，不仅因为它在

① 梁启超：《中国近三百年学术史》，224～226页，上海，上海古籍出版社，2014。
② 余嘉锡：《余嘉锡文史论集》，537～538页，长沙，岳麓书社，1997。
③ 按：此书之改名，自有其复杂原因，详参李小龙：《〈元典章校补释例〉改名的背后》，载《读书》，2014（3）。
④ 李山：《校勘四法疏证》，载《传统文化与现代化》，1994（4）。
⑤ 陈垣：《校勘学释例》，118页，上海，上海书店出版社，1997。

文献记载中使用较早，在校勘实践中也是入门之学，更重要的是因为它关涉校勘的对象、性质等根本性问题。校勘的目标是纠谬正误，但它的纠谬正误，并不是指向古籍作者的错误，而仅仅是指向古籍因流传失真而出现的版本错误。因此，对校又称"版本校"，版本之间的差异是校勘的对象，而校勘的任务正是尽可能地消除同一古籍经历不同版本的变化时所滋生的讹误，向读者提供一个尽可能符合于古籍原貌的读本。

例如，张岱的《西湖梦寻》一书，存世有康熙原刻本、光绪刻本及丁丙辑刻《武林掌故丛编》本。目前市面通行之本，几乎均未以康熙本为底本，其实，对校二本，多可是正光绪本之误，如《明圣二湖》录张岱《苏堤春晓》诗，第三句光绪本系统均作"文弱不胜夜"，末字实不可解，有注本注云"疑为衣"，而康熙本原即"衣"；《玛瑙寺》有"保六僧撞之"一句，"保"字不可解，有注本释为"责成"，亦有注"使，分派"，均为以意为注者，实原本为"供"；同篇有"吾想法夜闻钟，起人道念"句，"法"字费解，有注本云"疑为'清'"，而原本即"清"。①

同一古籍的不同版本无疑都有或多或少的文字讹误，但是，同样确定无疑的是，同一古籍不同版本中的文字讹误不可能完全相同，也不可能都发生在同一位置。也就是说，不同版本中的文字讹误必然会有其差异性和错落性，这正是校勘目的得以实现的客观条件。对校的实质，就是最大限度地利用众多版本的群体优势，利用不同版本间的异文，消除古籍流传时因版本变化所产生的文字讹误。

陈垣标举的对校要求是"照式录之"，即将同书异本的文字差异一一从实著录。这是避免主观臆断的最好办法，即所谓"不参己见"。正因为如此，对校才成为"最简便，最稳当"的方法，并成为其他校法的基础。所以陈垣说："故凡校一书，必须先用对校法，然后再用其他校法。"

但是，从校勘的目的来看，对校法往往只能经由勘同异而发现问题，并不能很好地凭借定是非而解决问题，解决问题还要靠其他方法。因此，就其实质而言，除了在具备原稿或原版的条件下进行校勘以外，对校一般是不能独立完成校勘任务的。

三、本校法

关于本校法，陈垣指出：

> 本校法者，以本书前后互证，而抉摘其异同，则知其中之缪误。吴缜之《新唐书纠缪》，汪辉祖之《元史本证》即用此法。此法于未得祖本或别本以前，最宜用之。予于《元典章》曾以纲目校目录，以目录校书，以书校表，以正集校新集，得其节目讹误者若干条。至于字句之间，则循览上下文义，近而数页，远而数卷，属词比事，牴牾自见，不必尽据异本也。②

①　张岱的《西湖梦寻》一书，唯中华书局 2010 年版李小龙评注本以康熙本为底本，相关对校信息可参看其书前言。

②　陈垣：《校勘学释例》，119 页，上海，上海书店出版社，1997。

如果一书没有异本，或虽有异本但经对校后无法判定是非，解决问题，那就要采取其他校法，本校就是其中之一。本校是根据本书的上下文来校正古籍文字讹误的校勘方法。

一般地说，本校法"以本书前后互证"，其主要依据，是古籍的本书、本卷或本篇中字句的各种对应关系，如语义对应、用例对应、句式对应、语音对应等。

语义对应，指古籍上下文中的词语在意义上相互对应。有同对应，如《管子·山至数》："彼善为国者，不曰使之，使不得不使；不曰贫之，使不得不用。""贫"字于句义不可通，误。上"使之"与"不使"同词对应，下亦当"用之"与"不用"同词对应。有反对应，如《孟子·万章下》："故闻伯夷之风者，顽夫廉，懦夫有立志。""廉"与"贪"对，不与"顽"对，"顽"当为"贪"之误。有偏对应，如《荀子·议兵》："君臣上下之间，滑然有离德者也。"杨倞注："滑，乱也。""滑然"不可状"离德"，"滑"当为"涣"，形似而误。《说卦》曰："涣，离也。""涣然"即离貌。而且下文正有"事大敌坚，则涣然离耳"，亦可为证。

用例对应，指古籍同书、同卷或同篇的用语有一定的惯例。闻一多在《楚辞校补》中认为《离骚》中"乃年岁之未晏兮，时亦犹其未央"一句中，"犹其"二字当互乙，因《离骚》中四次说"其犹未"而未有说"犹其未"者，而且，王逸注云"然年时亦尚未尽"，此"尚未"即"犹未"，可知，王本当时还是"其犹"。

运用词语对应的方法校勘，一定要精熟古籍全书、全卷或全篇在用字、用词、用语上的总体情况。钱大昕对《尚书》《毛诗》做了全面观察，才得出二书"例用于字"的结论，从而纠正了二书抄刻时改"于"为"於"之误。例如，《说文解字》的体例，凡是形声（谐声）字，其体例必是说"从某，某声"。如刀部："劈，破也。从刀，辟声。""劲，刑也。从刀，巠声。"木部："枝，木别生条也。从木，支声。""柔，木曲直也。从木，矛声。"凡引书则用"曰"字，如"《诗》曰""《易》曰""《春秋》曰"等。引各家之说用"说"字，如"孔子说""楚庄王说""贾侍中说"等。丁福保的《说文解字诂林》，即利用《说文》的上述体例，校正了大徐本《说文》的不少误字。因此，总结一书的语词用例，往往是校勘的基础工作。

句式对应，指古籍上下文中的相类句式应互相对应。有因脱字而不相对应的，如《新序·善谋》："大之甚！勇之！""勇之"，语义不完。比照上句语序，当作"勇之甚"。《穀梁传·定公四年》正作："大之甚！勇之甚！"有因错位而不相对应的，如《墨子·法仪》中"贼其人多，故天祸之，使遂失其国家"一句，"贼其人多"当作"其贼人多"，与上文"其利人多，故天福之"相对。

语音对应，指上下文中的押韵关系应相互对应。例如，《庄子·秋水》："且彼方跐黄泉而登大皇，无南无北，奭然四解，沦于不测；无东无西，始于玄冥，反于大通。"后六句为三三对句，前三句一、三"北""测"相押，后三句也应该一、三相押。但"西"不与"通"押，只有"东"才与"通"押，可见当作"无西无东"。

本校的对象虽然不是作者及其"底本"所存在的谬误，但是，本校既然建筑在"以本书前后互证"的基础上，就必须通过对古籍进行全面深入的了解和研究，达到对作者著书本意的推求与倚仗。一书有一书的行文体例，一个作者有一个作者的语言习惯，它们构成特定古籍的语言符号系统，这是本校得以实现的基本条件。

我们可以戴震校《水经注》为例，稍加说明。《水经注》自明以降，绝无善本。戴震细究经、注的著述方法，得出以下规则：

> 《水经》立文，首云某水所出，已下无庸重举水名；而《注》内详及所纳群川，加以采撷故实，彼此相杂，则一水之名不得不更端重举。《经》文叙次所过郡县，如云"又东过某县"之类，一语实该一县；而《注》则沿溯县西以终于东，详记所迳委曲。《经》据当时县治，至善长作注时，县邑流移，是以多称故城，《经》无言故城者也。凡《经》例云"过"，注例云"迳"。以是推之，虽《经》《注》相淆，而寻求端绪，可俾归条贯。①

《四库全书总目》卷六十九说《水经注》："各案水名，逐条参校。非惟字句之讹层出叠见，其中脱简错简，有自数十字至四百余字者……三四百年之疑窦，一旦旷若发蒙。"②

从戴震的校勘实践看，真正的本校法，是依据古籍的真实可信部分，归纳出其著述体例，即"义例"，据此去刊落同一种古籍其他部分的文字讹误。义例从其本质上说，是作者借以合乎逻辑地表达其著作内容的语言结构系统的基本规律。义例的酝酿与制定固然是著述者的主观行为，但是义例一经形成，作为结构着著作各部分的语言系统法则，就有了客观独立性。因此，一书中任何既经确定的义例在逻辑上必然保持着内在的统一性和适用性，必然是前后一致、可以追寻的。本校法在没有其他版本可以对校的情况下，向著述者求助，而且这求助又是有效的，就在于著作的义例一旦确定，就有着连作者也必须尊重的客观规定性。在此，本校法与对校法达到了本质上的相通，它们都是旨在恢复古籍原作的本貌。

陈垣在对本校法的说明中，之所以举《新唐书纠缪》和《元史本证》两书为例，实际上正是用史法喻校法，以建设科学的校勘学方法论体系。《纠缪》《本证》二书，主要采用了在同一部书中对史实进行参互勘正的方法，这正可以作为校勘方法的借鉴。

本校法对著作义例的推求，使校勘中的判断是非多了一层科学的依据。校勘学不是简单的"对读"学，它也倚仗科学的研究，去对付复杂的对象。从方法论的角度看，本校与理校都是借助于合理的逻辑类推，但本校与理校的区别就在于它有本书资料（不一定是异文，或者不是异文）可做比较依据，因而相对而言它的可靠性比理校更强。值得注意的是，除了内容完全相同而文辞有所差异的情况以外，本书所提供的证据本质上仍然只是间接证据，往往只能参考，作为旁证。因为我们无法排除作者自

---

① （清）戴震：《水经郦道元注序》，见《戴震全集》第一册，473 页，北京，清华大学出版社，1991。

② （清）永瑢等：《四库全书总目》，610 页，北京，中华书局，1965。

身无义例，无意地不遵守义例，或有意地违背义例的可能性。因此运用本校法就必须严格地以古籍原文为依据，尽可能排除校勘者的主观成分，否则就可能把校勘变成替作者修改文章，或者为原稿订正错讹，从而违背了校勘的根本原则。

四、他校法

关于他校法，陈垣指出：

> 他校法者，以他书校本书。凡其书有采自前人者，可以前人之书校之，有为后人所引用者，可以后人之书校之，其史料有为同时之书所并载者，可以同时之书校之。此等校法，范围较广，用力较劳，而有时非此不能证明其讹误。丁国钧之《晋书校文》，岑刻之《旧唐书校勘记》，皆此法也。①

他校法是用他书校本书的校勘方法。一部古籍，在其著述之初，不可避免地要征引其他文献材料；而在其流传过程中，也往往会被其他文献所引用。他校法就是在图书的征引文献和被征引文献的系统中，寻找可资校勘的资料。

文献的征引有各种情况：既有成句、成段乃至成篇采录的征引，也有只言片语的引用；有的征引者注意保持征引材料的原貌，也有的征引者则对征引材料或做概括性的转述，或加以不同程度的改造。因此，他校法可资利用的他书材料在其可靠性上就有着程度的差别，有的可靠性强，有的可靠性差。运用他校法首先必须认真分析他书有关资料的引用方式，以确定其校勘价值。但是，既然是征引，哪怕是经过引用者加工改造过的资料，其文字或内容与被征引的原书文字或内容之间，仍然存在着这样或那样的渊源关系。他校法的实质，就是利用这些有着渊源关系的材料在文字或内容上的相同性或相似性，借以勘正原书的文字讹误，从而尽可能恢复原书的状貌。

陈垣所举的可资"他校"的材料有两类：第一类是"前人之书"与"后人之书"，第二类是"同时之书"。这两类书在他校时的可用程度上，也有着很大的差别。

在第一类"前人之书"与"后人之书"中，类书中的引文材料，因其数量最大，可信度最高，因此对他校的功效最大。在可信度上与类书无异，但在数量上比较零散的他校资料，是古籍原文中的引经据典及注释中的引文。如本书引用前书之文，可用前书校本书所引之文；如后书引用本书之文，可用后书引文校本书之文；如后书的注释引用本书之义，则可用注释引文校本书之文。此外，相类之书的校勘功用，也相当于同书异本，如《荀子》有《劝学篇》，《大戴礼记》也有《劝学篇》；《墨子》有《所染篇》，《吕氏春秋》则有《当染篇》。《史记》与《汉书》有同记一人、同载一事者，也可取以对校。以上诸例，可参见本章第二节"古籍校勘的依据"。

至于第一类书中经引用者转述的资料，通称"述文"。一般而言，在校勘中，可以据述文校原书，也可以据原书校述文。但是，在运用述文进行校勘时，必须首先考

---

① 陈垣：《校勘学释例》，120 页，上海，上海书店出版社，1997。

虑到其中所包含的引用者的主观印迹，有的引用者约取其文，有的引用者节用文意，校勘时务必慎重使用。经过作者加工过的引文，其变化程度如果限于在表达的意思上与原文保持同一性的范围内，就具有校勘价值，否则就不具有校勘价值，这是基本规则。当然，这一规则有赖于校勘者谨慎的判断。

例如，今本《商君书·更法篇》有"汤武之王，不修古而兴"一句，《史记·商君列传》及刘向《新序·善谋》均有转述，但"不修古"皆作"不循古"。"循""修"二字词意差距较大，结合《更法篇》内证以及当时的习惯用语，以"不循古"为是。"循"与"修"之间的差异，超出了引述文字与原文之间的差异应允许的范围，故而必有一方是疑误。经过引用者加工改造过的文字，只是在这样的情况下才具有校勘意义。

在第二类"同时之书"中，同一件事为同时之书所并载，即使记载者都抱着客观的态度，甚或不同记载者对同一事件都持有相同的评价，不同人的记载在内容和表现方式上也必定会有相当程度的不同。因此，"同时之书所并载"的材料在校勘中的功用，就必然是极其有限的了。

例如，《战国策·赵策四》有《触龙说赵太后》一文，云："左师触詟愿见太后，太后盛气而揖之。入而徐趋。"然《荀子》《汉书》皆载有"触龙"，《史记》《太平御览》又均引为"触龙言愿见太后"，所以王念孙以其为"'龙言'二字误合"；同时也指出"揖"字亦当作"胥"。1973年马王堆帛书出土了《战国策纵横家书》，亦有此篇，正为"触龙言""胥"。

又如，沈刻本《元典章·吏部》一二七有"荨麻林纳尖尖"，元刻本亦作"纳尖尖"，而在同部三四中，沈刻却作"荨麻林纳失失"，元刻本同处也作"纳失失"。陈垣说：

> 欲证明此"纳尖尖""纳失失"之是非，用对校法不能，因沈刻与元刻无异也。用本校法亦不能，因全部《元典章》关于"纳尖尖""纳失失"止此二条也。则不能不求诸《元典章》以外之书。①

经查《元史》卷七十七《祭祀志》"国俗旧礼条"及卷七十八《舆服志》"冕服条"，前作"纳失失"，后作"纳石失"，字虽不一，读音相同，并且数见。据此，陈垣断定："则《元典章》'纳失失'之名不误，而'纳尖尖'之名为元刻与沈刻所同误也。"②

值得注意的是，陈垣在旁求同时代文献记载时，所要解决的问题是客观性极强的名词，这是不同记载者的主观因素不可能掺入其间的。他校法运用"同时之书所并载"的材料所要解决的问题，正是在这一点上有着严格的限制。也正是在这一点上，校勘学的他校法类似于史料的考证学。

---

① 陈垣：《校勘学释例》，120页，上海，上海书店出版社，1997。
② 陈垣：《校勘学释例》，120页，上海，上海书店出版社，1997。

如果说本校法沿着版本校规定的方向，在纵深维度上延伸了校勘学理的话，那么，他校法对校勘学理的延伸则表现在广度上。本校法要求校勘者对所校古籍文本的内在关系（即语言符号系统）进行深入细致的研究，而他校法则要求校勘者具有丰厚的学识，能在所校古籍与其他古籍的材料源流关系中寻求资料。

五、理校法

关于理校法，陈垣指出：

> 段玉裁曰："校书之难，非照本改字不讹不漏之难，定其是非之难。"所谓理校法也。遇无古本可据，或数本互异，而无所适从之时，则须用此法。此法须通识为之，否则卤莽灭裂，以不误为误，而纠纷愈甚矣。故最高妙者此法，最危险者亦此法。[①]

理校法是运用分析、综合、类比等手段据理推正古籍文字讹误的校勘方法，它是校勘中的无法之法。理校法与其余三法的根本不同在于，其余三法都必须借重文字实证，而理校法则单纯凭借逻辑的推证力量。理校法既可以论证古籍异文的正误短长、是非曲直，更可以在没有任何相关资料可供比勘的情况下推求古籍中的文字讹误，后者尤为理校的独特功用。

陈垣举清人钱大昕校读《后汉书》卷六十八《郭太传》为理校之例。钱大昕《廿二史考异》卷十二该条云：

> 予初读此传，至此数行，疑其词句不伦。蔚宗避其父名，篇中前后皆称"林宗"，即它传亦然，此独书其名，一疑也。且其事已载《黄宪传》，不当重出，二疑也。叔度书字而不书姓，三疑也。前云"于是名震京师"，此又云"以是名闻天下"，词意重沓，四疑也。后得闽中旧本，乃知此七十四字本章怀注引谢承书之文，叔度不书姓者，蒙上"入汝南则交黄叔度"而言也。今本皆儳入正文，惟闽本犹不失其旧。闽本系明嘉靖己酉岁按察使周采等校刊，其源出于宋刻，较之它本为善。[②]

《后汉书》作者范晔之父名泰，为避父讳，《后汉书》在篇题上改郭泰为郭太，在正文叙事中则称其字林宗而不称名。但《郭太传》末尾叙郭太至南州过访袁奉高一段，却和全篇的义例不符，因而钱大昕认为此处当有讹误。学贵能疑，疑所当疑。钱大昕的理校被闽本确证为真实不伪，是因为他遵循了必然之理，即像范晔这样的良史，不当家讳不避，不当指事失顾，不当叙事重沓，总之不当自违义例。正因为如此，钱氏的理校就能建筑在牢靠的基础上。

① 陈垣：《校勘学释例》，121～122页，上海，上海书店出版社，1997。
② （清）钱大昕：《廿二史考异》，258页，北京，中华书局，1985。

再看陈垣的校例：

> 吏五四："合无减（灭）半支俸"；"减半"当作"减（减之异体字）半"。……
> 吏八十六："也可扎忽赤"；当作"扎鲁忽赤"，元本亦漏。户五三一："亡宋淳佑元
> 年"；"淳佑"当作"淳祐"。……刑一四："江西省行准中书省咨"；"省行"当作
> "行省"。[①]

"减半"的厘正，因其语言不伦；"扎忽赤"的改正，依据元蒙官职常例；"淳佑"的订
正，根据历史年号；"省行"改作"行省"，则本于元朝的行政制度。

从以上列举的二例可以看出，理校实施的先决条件，是对古籍产生、存在的语言
背景、历史背景和文化背景（即所谓"语境"）的精确了解和娴熟把握。理校法与其
他三法的根本差异就在于，它超出了对具体校勘资料的寻求，而是进入作为古籍产
生、存在背景的历史文化领域中，去寻求判断是非的依据。任何古籍因其处于社会交
际系统中，都无不以语言形态映现着某种特定的文化现实，都无不受制于语境的客观
约束。因此，古籍的原作者在其著述过程中，必定在各个方面、各个层次上，受到当
时客观存在的精神观念、思想意识、用语习俗等的影响与制约。理校法的推证力量，
它必然有效性，就来自古籍所反映的历史现实对古籍文本的客观制约关系，这就是
理校法的"最高妙"之处。理校法须以"通识"为之，要求校勘者具有丰富的知识和
由已知推求未知的判断能力。正是在这个意义上，校勘学同范围广阔的文化传统建立
了有机的联系。

但是，就其本质而言，理校法所得的结果，其实只是一种合理的假说。理校的条
件是必须具有充足的理由（充要条件），如义例、文字、音韵、训诂、语法、历史、制
度等。倘若所举理由不充足，掺进主观想象因素，就难免以不误为误，或以误改误。
所以理校也是一种"最危险"的校勘方法，陈垣说："若《元典章》之理校法，只敢用
之于最显然易见之错误而已，非有确证，不敢借口理校而凭臆见也。"而且严格地说，
即便有了充足理由，在没有得到可靠的版本依据之前，理校的结论也只能写作"当作
某某"，而不能直接更改本字。

以上四节分别讨论介绍了对校法、本校法、他校法和理校法。实际上，在具体的
校勘实践中，除了对校的单纯校异与理校的在完全没有比勘资料凭依情况下的校勘之
外，常常要综合运用多种校勘方法，才能判定是非，解决问题。

在古籍校勘中，不仅对具体误例要斟酌使用不同的校勘方法，而且对不同的书
籍，也要根据实际情况有侧重地使用不同的校勘方法。如果有祖本、精本可依，或
者有较多的异本可校，便可以对校法为主；如果只有单一版本，或者版本很少，或
者版本虽多但都属于陈陈相因的一个版本系统，那么，就要更多地运用本校、他校
和理校。

---

① 陈垣：《校勘学释例》，122 页，上海，上海书店出版社，1997。

思考与练习

1. 简述梁启超在《中国近三百年学术史》中所说的四种校勘法。
2. 为什么说对校法又称"版本校"？
3. 举例说明本校法的主要依据。
4. 如何归纳一部古籍的基本著述义例？
5. 如何恰当地运用他书材料作为他校法的材料？
6. 理校法的先决条件是什么？
7. 如何适当地运用理校法？

第四节　古籍校勘的通例

校勘的任务是发现并纠正古籍在流传过程中发生的文字讹误。古籍中每一处文字讹误的致误原因都是具体的，都有一些相同的现象。从这些相同的现象中总结出共同的规律，说明产生这相同现象的一般条件，就可以取得在这一般条件下通行的类例，这就是校勘的通例。说明正误的理由，分析致误的原因，从而归纳出具有一定条件的各类校勘通例，是古籍校勘学的重要组成部分。熟悉、掌握各类校勘通例，有助于我们发现、判断古籍的文字讹误。

一、古籍文字讹误概说

从客观上看，古籍中的文字讹误基本上可分为两类：一类是有形可见的，另一类是无迹可寻的。从不同版本的对校中发现出文字的不同，既然不同，则肯定其中必有正误，这是有形可见、容易发现的讹误。而对校各本俱同，并无异文，表面上没有任何错误的迹象，但实际上其中确有错讹，这是无迹可寻、较难发现的讹误。一般通称前者为"异文"，后者为"疑误"。古籍校勘学既要研究异文，确定正误，也要研究疑误，加以考证。

异文即同一种图书不同版本中的不同文字，其中既有因字体演变而造成的古今字、异体字、错别字，也有因抄刻流传而产生的俗字、简字、错别字等。古籍中举凡误、漏、增添、颠倒、次序错乱的文字，统称异文。在古籍校勘学中，对异文的种种现象形成特定的概念，分别叫作误字、脱文、衍文、错位（包括倒文、错简）等。

疑误即怀疑有错误，是在同书现有版本资料对校无异的情况下，校者根据有关知识，对古籍原文产生疑问，或是文理句法不通，或是古音古义不合，或是名物制度矛盾，或是历史事实抵牾等，因而认为其中存在讹误。疑误之处如有讹误，其讹误的文字现象则与异文相同，有误、脱、衍、错几类。

从主观上看，古籍中的文字讹误可分为无意致误和有意致误两种：抄刻者的疏忽无知、便书简化、原书模糊、刻板坏脱等，都属无意致误；编撰者的臆断擅改、无知妄改、任意删改等，都属有意致误。而校勘学分析致误原因，归纳校勘通例时，主要不是从抄刻编撰者的态度方面，而是从其知识方面，即侧重于文字形式，寻找致误原因，总结出共同性的规律。

以下参照王念孙的《读书杂志·淮南内篇后序》、王引之的《经义述闻·通说下》、俞樾的《古书疑义举例》、杨树达的《古书疑义举例续补》及《古书句读释例》、陈垣的《元典章校补释例》（即《校勘学释例》）等著作，略述古籍校勘的通例。在例证资料的引用上，大多采取分析节述的方式，对原校文字或做摘取，或为述意，以取简明扼要。

二、误字例

误，指文字的错讹。误字的确定，要以原稿文字为准，以字形为限，以原稿著作时代的文字实际情况为根据。误字一般只指字形而言，不受音义制约。古人校勘，又用"讹"为"误"。例如，《汉书·地理志》曰："卤城虖池河，东至参合，入虖池别。"《读书杂志》曰："参合，当是参户之讹。"

（一）字形致误

字形致误，即王引之的《经义述闻·通论》所归纳的"形讹"。古籍文字在抄刻时因字形致误，或由于汉字本身的形近字造成，或由于古代字体相似造成，或由于汉字字体结构造成。

1. 一般形似而误

《老子》第五十五章云："知和曰常，知常曰明，益生曰祥，心使气曰强。"河上公注："人能知道之常行，则日以明达于玄妙也。"成玄英疏："多贪世利，厚益其生，所以烦恼障累，日日增广。"又说："是以生死之业，日日强盛。"可见汉唐二注家所见之本已误为"日祥""日强"了。而马王堆帛书《老子》甲、乙本皆作"曰"字。

2. 古代字体形似而误

《左传·昭公十二年》云：

> （楚）王曰："昔诸侯远我而畏晋，今我大城陈、蔡、不羹，赋皆千乘，子与有劳焉。诸侯其畏我乎？"（左尹子革）对曰："畏君王哉！是四国者，专足畏也。又加之以楚，敢不畏君王哉？"①

这里"四"是"三"字之误。"三国"指上言陈国、蔡国和不羹国的城邑。古文"四"作四横画"亖"，与"三"相近。这是古文形似而误例。

《吕氏春秋·别类》云："小方大方之类也，小马大马之类也。""小方大方"义不

---

① （清）阮元：《十三经注疏》，2064 页，北京，中华书局，1980。

可通，"方"当为"犬"字之误，"犬""马"义正相类。篆文"方"作"ㄎ"，"犬"作"犬"，二字相近。这是篆文形似而误例。

《淮南子·道应》云："乃止驾，止杅治（高诱注：'楚人谓恨不得为杅治也'），悖若有丧也。"后一"止"字是"心"字之误，隶书"心"作"心"，"止"作"止"，二字形似。《论衡》作"心不台"，"不台"即"杅治"，亦即"不怡"。这是隶书形似而误例。

《逸周书·程典》云："津不行火，薮林不伐。"按《管子·轻重甲篇》："齐之北泽烧，火光照堂下。"尹知章解曰："猎而行火曰烧。"是"泽"为行火之地，而"津"非行火之地。"津"的草书为"津"，"泽"的草书为"泽"，相似而误。这是草书形似而误例。

《淮南子·兵略》云："风雨可障蔽，而寒暑不可开闭。"这里"开（開）"是"关（關）"字之误。寒暑无所不入，所以不可关闭，作"开"则义不可通。俗书"關"作"開"，与"開"字相似。这是俗字形似而误例。

3. 汉字字体结构致误

汉字字体结构往往是由两个独立的字形拼合而成的，因此造成讹误。

《史记·蔡泽传》云："吾持粱刺齿肥。"裴骃的《集解》云："'持粱'，作饭也。'刺齿'二字，当作'齧'，又作'齕'也。"司马贞的《索隐》云："'刺齿'二字字误，当为'齧'，'齧肥'，谓食肥肉也。"古书竖写，故误为两字。这是一字误分为二字例。

俞樾的《古书疑义举例》卷五说："古人作字，但取疏密相间，经典传写，则遂并为一字矣。"后世如宋沈括的《梦溪笔谈》曰："北岳常岑谓之大茂山者是也。"《说文》曰："岑，山小而高。"北岳恒山，不可谓小，"岑"实为"山今"二字之误合，《类苑》所引正作"山今"。常山即恒山，汉避文帝刘恒讳而改称。这是二字误合为一字例。

《论衡·是应》云："雨济而阴一者，谓之甘雨。"孙诒让说："济"当作"霁"，"一"当作"曀"。《说文》云："曀，阴而风也。"盖"曀"坏为"壹"，又转写为"一"耳。《艺文类聚》《太平御览》引此，正作"雨霁而阴曀者"。这是字坏而误例。

此外还有半字相似而误、缺字而误等情况，兹不赘举。

（二）语音致误

语音致误，其原因是汉字形音义的矛盾，即音同或音近而异形异义；其表现则是字形不同，因而造成误字。语音致误的误字，除了一般音近而误以外，还有因假借而误和因韵脚而误的情况。

1. 音近而误

同音假借与音同音近而字误，有时很难区别。例如，《礼记·昏义》云："为后服资衰，服母之义也。"郑玄注："资当为齐，声之误也。"《经典释文》云："资，依注作齐，音咨。注又作斋者，同。"阮元在《校勘记》中说："按依《说文》，当作斋，从衣，齐声。经传多假齐为之，资亦假借字。古音次声、齐声同部也。"郑玄认为"资"应作"齐"，是音近而误；阮元则认为"资"是假借字，不是误字。这里应有一条标准，即凡无通借用例的字都应视为音近而误。

例如，《淮南子·道应》中有"将军与军吏谋曰：'今日不去，楚君恐取吾头。'则还师而去。""楚君"是"楚军"之误。"君""军"上古、中古皆同音，文部见母平声，但二字不通借。这是音同而误例。

《墨子·非攻上》云："杀百人，百重不义，必有百死罪矣。当此天下之君子，皆知而非之，谓之不义。今至大为不义攻国，则弗之非，从而誉之，谓之义。""弗之非"中"之"是"知"字之误。"之"上古、中古皆为之部章母，"知"上古、中古皆为支部，上古端母，中古知母，二字声韵皆相近，但不通借。这是音似而误例。

马王堆汉墓帛书《战国纵横家书》第四章云："公玉丹之赵致蒙，奉阳君受之。""丹"是人名，文中数见，皆不作"玉丹"。"玉"为"欲"之误，上古"玉"屋部疑母入声，"欲"屋部喻母入声，二字同韵，但不通借。这句是说薛公欲使丹至赵献蒙地，奉阳君接受此地。下文："臣之齐，恶齐、赵之交，使毋予蒙而通宋使。"这是说苏秦至齐，制止薛公献蒙地。"毋予"与"欲致"相反为义，可证。这是叠韵而误例。

2. 因假借而误

古书中多有假借字，读古书必须破借字而读本字，但校古书则不能用本字来改借字，一改便损害古书原貌，成为误字。

《大戴礼·五帝德》云："陶家事亲。"刻本改"家"为"稼"，误。"家"可借为"稼"，《大雅·桑柔》云："好是稼穑"，《释文》"稼"作"家"，可证。这是改借字为本字例。

《荀子·儒效》云："若夫谲德而定次。""谲"与"决"通，谓决其德之大小而定位次。下文"谲德而序位"，是其明证。《韩诗外传》引作"决德"。别本改"谲"为"谪"或"论"，这是改借字为误字例。

3. 因韵脚而误

《晏子春秋·内篇杂上》云："君子有道，悬之间，纪有此言，注之壶，不亡何待乎？""壶"，一本作"缄"，一本作"其"，皆误，因"闻""壶"为韵。《太平御览》《事类赋注》引作"纪有此书，藏之于壶"，可证"壶"为正字。这是误字失韵例。

《淮南子·诠言训》云："故不为好，不避丑，遵天之道；不为始，不专己，循天之理。""好""丑""道"为韵，"始""己""理"为韵。后人据《文子》改"好"为"善"，则失其韵。这是改字失韵例。

（三）字近而误

字近而误指的是字在文句中距离不远，因上下文互相发生影响而产生的讹误。

1. 偏旁致误

《楚辞·怨世》云："年既已过太半兮，然输轲而留滞。"按《后汉书·冯衍传》云："非惜身之输轲兮，怜众美之憔悴。"李贤注："《楚词》曰：'然埳轲而留滞'。王逸：'埳轲，不遇也。'"据此，是"输"本从"土"作"埳"，因下文"轲"从"车"类化而误。这是偏旁类化例。

《淮南子·俶真》云："吟德怀和。""吟"当为"含"，"口""今"错位而误。这句句内对仗工整，若作“吟德”，则与“怀和”不相类了。这是偏旁错位例。

2. 上下文致误

《韩非子·显学》云：“虽有不恃隐栝而有自直之箭、自圜之木，良工弗贵也。”“虽有……而有”句子不通，下“有”字是涉上“有”字而衍误。去此“有”字，文通字顺，毫无滞碍。这是涉上文而误例。

《墨子·号令》云：“令卒之少居门内，令其少多无可知也。”上“少”字当为“半”字，因涉下文“少多”之“少”而误。同书《杂守》文“卒半在内，令多少无可知”，可证。这是涉下文而误例。

《史记·五帝本纪》云：“帝颛顼高阳者……北至于幽陵，南至于交阯，西至于流沙，东至于蟠木。”第三个“至于”本作“济于”，因上下文有三个“至于”而致误。张守节作注时所用本未误，故《正义》云：“济，渡也。”《群书治要》所引及《大戴记·五帝德》皆作“济”。这是涉上下文而误例。

《左传·僖公三十三年》云：“郑之有原圃，犹秦之有具囿也。”杜预注：“原圃、具囿，皆囿名。”注中“具囿”乃“具圃”之误，正文又因注文之误而误。《水经注·滱水》《初学记·河南道》所引《左传》皆作“具圃”，可证。《七经·孟子考文》曰：“宋本‘囿’作‘圃’。”后改为“具囿”，盖因涉注文“囿名”而误。这是涉注文而误例。

（四）臆改而误

1. 缺乏语言学知识臆改而误

《礼记·大学》云：“见贤而不能举，举而不能先；见不善而不能退，退而不能远。”“先”为“近”之误，“近”“远”对文成义。“近”古文作“”，学者不识，疑为篆文“”（先）字之误，即改为“先”。这是不识古字改而误例。

《逸周书·时训》云：“水不冰，是谓阴负，地不冻，咎徵之咎，雉不入大水，国多淫妇。”“咎徵之咎”，文不成义，《太平御览》时序部十三引作“灾咎之徵”，是。上古蒸、之二部之字可通押，后人不知古今音变，以为“徵”不叶“负”“妇”，故妄改为“咎”以就韵，殊不知“负”“妇”二字古皆读如“否泰”之“否”，不与“咎”为韵（王念孙《读书杂志》）。这是不谙古音改而误例。

《淮南子·齐俗》云：“故圣王执一而勿失，万物之情既矣，四夷九州服矣。”高诱注：“既，尽也。”《群书治要》引此文，“既”作“测”，是。同书《原道》《主术》的“深不可测”，《吕氏春秋·下贤》的“深而不测”，高并注“测”为“尽”，同此。后人不知“测”有“尽”义，只知“既”有“尽”义，于是以其所知而改其不知。这是不知古义改而误例。

《文选》中邹阳的《上书吴王》曰：“高皇帝烧栈道，灌章邯。”考《汉书·邹阳传》载此书，“灌”字作“水”字，是。“水”活用为动词，有“以水浇灌”之义，如《战国策·魏策》云：“决荥泽而水大梁。”后人不懂“水”字活用，遂改为同义词“灌”字。这是不懂语法改而误例。

陈垣的《元典章校补释例》有“不谙元时简笔字而误例”，说：“元刻《元典章》

简笔字最多，后来传钞者或改正，或仍旧，各本不同。惟沈刻则大率改正，间有不知为简笔而误为他字者。"元刻《元典章》"無"字均作"无"，而沈刻本均误作"元"，又有既误作"元"又误改为"原""员"的。这是不谙简笔字改而误例。

2. 缺乏史地知识臆改而误

《关汉卿戏剧集·望江亭》四折终场词是："将衙内问成杀犯，杖八十削职归田。"按明代臧懋循的《元曲选》本，"杀犯"作"杂犯"，是。"杂犯"是元代法律用语，指恶、杀、奸、盗等之外的犯罪。《元典章》刑部有"杂犯"一章，其中"非违"一节，内容多系恣逞威权、凌轹良善之类，处杖决并降职或罢职，正与剧中所言相合。《关汉卿戏剧集》本之误，是校者不了解元代法律用语妄改所致。这是不知专门用语改而误例。

新、旧《唐书》均有《姚班传》。"姚班"本为"姚珽"，宋有撰《唐书》避宋曾祖赵珽之讳，缺笔作"珽"。后人不识此字，误作"班"。这是不知避讳改而误例。

岑参的《送祁乐东归河东》云："君到故山时，为吾谢老翁。"明铜活字本作"为谢五老翁"，是。《元和郡县志》卷十四《河中府永乐县》："五老山，在县东北十三里。尧升首山，观河渚，有五老人飞为流星上入昴，因号其山为五老山。"唐肃宗乾元三年（760年），河东郡改为河中府。故诗中"故山"即指五老山。这是不知地理改而误例。

（五）其他误

1. 符号误为字

俞樾的《古书疑义举例》卷五说："古人遇重文，止于字下加＝画以识之，传写乃有致误者。"例如，《庄子·胠箧》："故田成子有乎盗贼之名，而身处尧。舜之安，小国不敢非，大国不敢诛，十二世有齐国。"《庄子》原本作"世＝有齐国"，"＝"为重文号，书于字的右下角，代表重字。后人不知，衍"十"字，而误重文号为"二"而倒于"世"前，遂成"十二世有齐国"。这是重文号误为字例。

俞樾又说："校书遇有缺字，不敢臆补，乃作□以识之，亦阙疑之意也。乃传写有因此致误者。"然亦有特例。张舜徽主编的《文献学论著辑要》引宋张邦基的《墨庄漫录》卷三说："……今世间所传《唐韵》，犹有口旋风叶，字画清劲，人家往往有之。""口"为空围"□"之误。这个空围当是初刻《墨庄漫录》时多刻一字挖掉所剩，并非"犹有"下有缺文，更不是"口"字。这是空围误成口字例。

2. 古字当作今字

《国语·晋语》云："献公使寺人勃鞮伐公于蒲城，文公逾垣，勃鞮斩其袪。及入，勃鞮求见，公辞焉，曰'……为惠公从予于渭滨，命曰三日，若宿而至。若干二命，以求杀予。'""二命"义不可通，当为"上命"之误。古字"上"作"＝"，后人误为"二"。

三、脱文例

脱文，指原文缺字漏句。古人又写作"敓"，又有用"夺"为"脱"者。

（一）从脱文的现象看

从脱文的现象看，可分为脱文的多少和脱文所在的材料两种情况。就脱文的多少而言，有脱一字、脱二字、脱数字、脱一句、脱数句等例，详见下文各例，兹不赘举。从脱文所在的书写材料看，则有脱简、脱行、脱页例。

古人校书常言"脱简"，如刘向的《尚书欧阳经叙录》说："臣向以中古文校《欧阳》《大、小夏侯》三家经文，《酒诰》脱简一，《召诰》脱简二。"当时校书以简册为主要对象，秦汉简册在流传过程中缺失了若干简，即称"脱简"。脱简与后世抄刻书籍的脱页相类似，只是脱简所造成的脱文数量一般较少，而缺页所造成的脱文数量一般较多。例如，《逸周书》中除脱漏几字者外，往往脱文十一二字，或如《明堂》脱漏叙述明堂制度的八十一字，则大体可知原简每片十一二字，或脱一片，或脱数片。造成脱简的原因，一般是无意的遗失或坏脱。脱简还往往与错简互为因果，造成此脱彼衍的现象。

后代书籍以纸本书为主，所以多脱行、脱页现象。

张舜徽在《中国古代史籍校读法》中说，他曾用商务印书馆《百衲本二十四史》校清代武英殿本《二十四史》，发现殿本有不少缺行的地方，如《旧唐书·李白传》脱一行，《宋史·田况传》脱十八行等。这是脱行例。

百衲本《魏书·刑罚志》第十四页末行作"父卖为婢体本是良回转卖之日应有迟疑而"，后无第十五页页码，就直接跳到第十六页，其第一行作"卖者既以有罪买者不得不坐但买者以天性"，上下文文义不连贯，显见缺一页。这是脱页例。

（二）抄脱刻丢

从脱文的原因看，可分为无意的抄脱刻丢与有意的臆删而脱两种情况。

抄脱刻丢是抄刻者不细心所致。有些是因不慎而误脱者。例如，张岱的《西湖梦寻》"灵隐寺"篇，光绪本有"见有千余人蜂拥而来，肩上担米，顷刻上稟，斗斛无声"之句，读之亦通，故坊间诸本均为此文，然康熙本于"肩上"之后有"有布袋，贮米五斗，齐至仓前库头，掣数袋斛之，五百"二十字，恰为原本之一行，当为不慎误脱者。

除此之外，还有其他原因而致脱误之例。例如，《史记·龟策列传》曰："求财买臣妾。"本句所在的一段文字中，上下皆"财物"连言，此"财"字后脱一"物"字，因"财""物"二字义近之故。这是义近而脱例。

《逸周书·周月》云："凡四时成岁，有春夏秋冬。""岁"下原更有"岁"字，《太平御览》时序部二引此文，即作"凡四时成岁，岁有春夏秋冬"。这是重文而脱例。尤以原文用重文号"＝"时，更易脱落。

《管子·山权数》云："汤七年旱，禹五年水，民之无糧卖子者……民之无糧卖子者。"第一个"卖子者"前本有"有"字，因下文"民之无糧卖子者"句同而脱落"有"字。这是涉上下文而脱例。

《淮南子·氾论训》云："故马免人于难者，其死也，葬之。牛其死也，葬以大车为荐。"《艺文类聚·兽部上》及《太平御览》礼仪部三十四、兽部八引此，如《太平御览》云："马免人于难者，其死也，葬之，以帷。牛有德于人者，其死也，葬之，以大车之箱为荐。"这是词语繁复而脱例。

《淮南子·人间训》云："鲁君闻阳虎失，大怒，问所出之门，使有司拘之。以为伤者受大赏，不伤者被重罪。""以为"二字与下文义不相属。《太平御览》引此，作："以为伤者，战斗者也；不伤者为纵之者。伤者受厚赏，不伤者受重罪。"因文中有两"伤者"相乱，抄刻者看串了行，因而遗脱十三字。这是串行而脱例。

（三）臆删而脱

臆删而脱，有的是因为缺乏语言学知识，有的是因为缺乏历史知识，其原因与臆改而误大致相近。主要有以下诸例。

《汉书·张冯汲郑传》云："吾独不得廉颇、李牧为将。""为"前脱"时"。《群书治要》所引不脱，《史记·冯唐列传》此句亦有"时"字。后人不解"时"字在此用为"而"，连接一先一后两个动作，遂妄删之。《汉书·司马迁传》中"专决于名时失人情"之"时"字，亦用作"而"，《史记·自序》原文即作"而"，可为旁证。这是不知虚实之分而删脱例。

《淮南子·道应》云："敖幼而好游，至长不渝。"《太平御览》引作"至长不渝解"，《蜀志》注引作"长不喻解"，《论衡》作"至长不偷解"。字虽不同，而皆有"解"字。"解"与"渝"同义，《太玄·格次三》中"格辇钩渝"一句，范望注："渝，解也。""解"即"懈"之古字，"渝解"即懈怠，后人不晓此义，妄删"解"字。这是不解词义而删脱例。

《淮南子·人间》中"此何遽不为福乎"句，本作"此何遽不能为福乎"，下文"此何遽不能为祸乎"即其证。《艺文类聚》礼部、《太平御览》礼部引此两句，"能"皆作"乃"。"能"通"乃"，作"就"解，全句意谓："这怎么不就是福呢？"后人不知而妄删，既删前而未删后。这是不知假借而删脱例。

《吕氏春秋·决胜》云："巧拙之所以相过，以益民气与夺民气，以能斗众与不能斗众。"陈昌齐的《吕氏春秋正误》不知"斗众"是使动结构，以为"众"字因下文误衍，竟删两"众"字。这是不懂语法删而脱例。

《史记·晋世家》云："唐叔虞者，周武王子，而成王弟。""唐"上脱一"晋"字，后人以"晋""唐"不当并称，误删而脱。先秦时唐人之季世与周武王子封于唐者，皆谓之"唐叔虞"。而武王子封于唐者，实为晋之始祖，故言"晋唐叔虞"以别之。《索隐》本出"晋唐叔虞"四字，并加注，则原本自有"晋"字。这是不明史实而删脱例。

四、衍文例

衍文，也称"羡文"，与脱文相反，指比原文添字加句。古人校勘时，简称为"衍"，或称"长""剩"等。王引之在《经义述闻·通论·衍文》指出，经典衍义"有自汉儒作注时已衍者"，知其由来已久。

从衍文的多少和衍文所在的材料看，与脱文一样，有衍字、衍句、衍行、衍页、衍章、衍篇等例，兹不赘举。从衍文的原因看，则有无意的抄刻而衍和有意的臆改而衍两类。

（一）抄刻而衍

陈垣在《元典章校补释例》中曾指出抄刻而衍的几种原因：以已抄为未抄而误衍；错看前后行字句而误衍；衍字在两行接续之间；有误字既经点灭，后人不察，仍旧录存。这是就抄刻者主观原因而言。就抄刻时的客观原因而言，则有以下几种。

1. 涉上下字而衍

《史记·扁鹊列传》云："……太子……上有绝阳之络，下有破阴之纽，破阴绝阳之色，已废脉乱，故形静如死状。"后"之"字涉上文两"之"字而衍，"已"字为涉"色"字之误而衍出的一个形似字。《太平御览》人事部脉类引此，正作"破阴绝阳，色废脉乱"。而方术部所引已衍"之""已"二字，系后人依误本《史记》所加。这是涉上字而衍形似字例。

《史记·天官书》云："其食（日食），食所不利；复生，生所利；而食益尽，为主位。""益"字为涉下"尽"字而衍的形似字，《汉书》无"益"字可证。"而食尽，为主位"，是说如日食尽，则其罪在主位。这是涉下字而衍形似字例。

《墨子·耕柱》云："子墨子游荆，耕柱子于楚。"句子不通。《墨子》中这类句型，"游"后皆直接所与游的对象，如《鲁问》云："子墨子游公尚过于越。"此句"荆"字当为涉下文"耕"字而衍的形声俱近之字。这是涉上下字而衍形声皆近之字例。

《孟子·尽心上》云："君子所性，仁义礼智根于心。其生色也，睟然见于面，盎于背，施于四体，四体不言而喻。""不言而喻"是指君子仁义礼智之性及其表现，非专言四体，后"四体"二字因前二字而误重。这是涉上字而误重例。

2. 涉上下文而衍

"《榖梁传》曰：'一谷不升曰嗛（通"歉"），二谷不升曰饥，三谷不升曰馑，四谷不升曰康，五谷不升曰大侵。'……《墨子》曰：'一谷不收谓之馑，二谷不收谓之旱，三谷不收谓之凶，四谷不收谓之馈（通"匮"），五谷不收谓之饥馑。五谷不熟谓之大侵。'"语出《艺文类聚》百谷部谷下。查《墨子·七患》并无末句，《艺文类聚》乃涉上文《榖梁传》而衍。这是涉上文而衍例。

"故父母、学、君三者，莫可以为治法而可。然则，奚以为治法而可？故曰：莫若法天。"语出《墨子·法仪》，前"而可"二字，涉下文"而可"而衍。这是涉下文而衍例。

《荀子·王制》云："子产，取民者也，未及为政者也；管仲，为政者也，未及修礼者也。"元刻本"未及为政""未及修礼"后皆无"者"字，《韩诗外传》《群书治要》及《文选·永明十一年策秀才文》注，引此皆无两"者"字。这是涉上下文的"者"字而衍。这是涉上下文而衍例。

3. 涉其他而衍

《汉书·儒林传》云："韦贤治《诗》，事博士大江公及许生。""晋灼曰：'大江公即瑕邱江公也。以异下博士江公，故称大。'"是其下注文。由注可知正文本无"博士"二字，盖涉注文"博士江公"而衍。《经典释文·序录》云："韦贤受《诗》于江公及许生。"正本此文。这是涉注文而衍例。

帛书《战国纵横家书》云："成昭襄王之王。"燕有昭王，不闻有"昭襄王"，今本《战国策》即作"昭王"。盖因传抄者因"昭王"联想到"襄王"，而误加了"襄"字。这是联想而误衍例。

《淮南子·地形》云："地形之所载，六合之间，四极之内。"此篇全说地之所载，"地"下不应有"形"字，"形"是涉篇名而衍。高诱释篇名说："纪东西南北、山川薮泽，地之所载，万物形兆所化育也。"可见正文本无"形"字。此句实本《山海经·海外南经》："地之所载，六合之间，四海之内。"所本亦无"形"字。这是涉篇名而衍例。

4. 误合两本异文而衍

《史记·礼书》云："孰知夫士出死要节之所以养生也，孰知夫轻费用之所以养财也，孰知夫恭敬辞让之所以养安也，孰知夫礼义文理之所以养情也。"首句本无"士"字，"出"隶书写成"屮"，故一本误为"士"。后人合正本、误本之字，变成了"士出"，衍一"士"字。这是合两本一正一误而衍例。

《战国策·赵策》云："夫董阏安于，简主之才臣也。""阏"与"安"是异文，《左传·定公十三年》《国语·晋语》《吕氏春秋·爱士》《史记·赵世家》《汉书·古今人表》皆作"董安于"，《韩非子·十过》《淮南子·道应》皆作"董阏于"，二者实是一人。后人误合二本为一，成为"董阏安于"。这是合两本同词异形字而衍例。

《战国策·秦策》云："大王览其说而不察其至实。"本作"不察其至"，《史记·张仪列传》转述时作"不察其实"，"至""实"为同义词。后世抄刻古书，以"至"字义僻，代以同义词"实"字，再抄刻时见两本字异，误合而衍。这是合两本同义词而衍例。

5. 旁注误入正文而衍

《文选》卷五十一《非有先生论》云："举贤才，布德惠，施仁义，赏有功，躬亲节俭。""躬亲节俭"上下十一句皆三字，此不得独作四字。李善本此句作"亲节俭"，后人见五臣本、《汉书·东方朔传》并作"躬节俭"，遂记异文"躬"在"亲"字旁。后世抄刻者误以"躬"为李善本正文，故衍一字。这是校读之字误入正文例。

《管子·山权数》云："北郭有掘阙而得龟者。""掘"字衍。"阙"，求月反；"掘"其月反，上古二字可通。例如，《左传·隐公元年》曰："若阙地及泉，隧而相见，其谁曰不然。"即借"阙"为"掘"。后人读《管子》此文，注"掘"于"阙"旁以示其本字，抄刻者误以为正文，故衍一字。这是注释之字误入正文例。

（二）臆改而衍

1. 不懂训诂而妄增

"人或毁孟尝君于齐湣王，曰：'孟尝君将为乱。'及田甲劫湣王，湣王意疑孟尝君。"语出《史记·孟尝君列传》，"疑"字衍。"意"古有"疑"义，《文选·长杨赋》注引《广雅》曰："意，疑也。"例如，《吕氏春秋·去尤》云："人有亡铁者，意其邻之子。"《史记·梁孝王世家》云："梁王阴使人刺杀袁盎及他议臣十余人……于是天子意梁王。"皆用"意"为"疑"。后人不知，妄加"疑"字。《太平御览》所引即无

"疑"字。这是不知古义而妄加例。

《淮南子·览冥》云："夫阳燧取火于日，方诸取露于月。""阳"字衍。《周礼·秋官·司烜氏》云："掌以夫遂取明火于日。""遂"与"燧"同。郑注："夫遂，阳遂也者。"故高注云："夫，读大夫之夫。"后人不知"夫"非语词，而妄加"阳"字。这是不明虚实而妄加例。

《荀子·儒效》云："不恤是非然不然之情。""然不然"本作"然不"，"不"通作"否"。《荀子·哀公》云："情性者，所以理然不取舍也。"句法用字正与此同。后人不知，妄加作"不然"与"然"为对。这是不知假借妄加而衍。

2. 不审文义而妄增

《荀子·荣辱》云："夫贵为天子，富有天下，是人情所同欲也；然则从人之欲，则势不能容，物不能赡也。故先王案为之制礼义以分之，使有贵贱之等，长幼之差，知贤愚能不能之分，皆使人载其事而各得其宜。""贤"字衍，元刻本即无"贤"字。"使有"为兼语句，"贵贱之等"以下三个偏正结构并列做"有"的宾语。后人不知，以"知"为动词，遂加"贤"字与"愚"相对，以"贤愚能不能之分"作为"知"的宾语，铸成谬误。这是不懂语法妄加而衍例。

《战国策·赵策》云："与秦城何如？不与何如？"后"何如"衍，《太平御览》人事部引此句可证。本句当作："与秦城，何如不与？"后人误于"何如"后断句，又妄加"何如"与"不与"成句。这是误断文句妄加而衍例。

《史记·匈奴列传》云："匈奴骑，其西方尽白马，东方尽青駹马，北方尽乌骊马，南方尽骍马。""青駹""乌骊"下本皆无"马"字。此文其字下四句，首尾二句皆五音节，故中二句省略"马"字，以与前后谐音，构成五五相对的修辞效果。《艺文类聚》兽部上、《太平御览》兽部五引此，中二句即皆无"马"字，可证。这是不懂修辞妄加而衍例。

五、错位例

错位，指原文文字位置的颠倒错乱，包括"错简""倒文""串文"等，简称"错"。

（一）从错位的现象看

从错位的现象看，有错位文字的多少和错位位置的远近两种情况。

就错位文字的多少而言，有一字错位、二字错位、数字错位、数十字错位、数百字错位乃至整章错位、整篇错位等例，此不赘举。

就错位位置的远近而言，则有倒文和串文两种情况。

1. 倒文

倒文，即相邻文字互错其位。古时勾改文字叫"乙"，所以倒文又习称"乙文"或"倒乙"，简称"倒"。就倒文的位置来看，有以下诸例。

《礼记·月令》云："制有小大，度有长短。""长短"是"短长"互倒。《吕氏春秋·仲秋纪》正作"小大""短长"，相对成义。这是句中文字互倒例。

《大戴礼记·王言》云："明王之所征，必道之所废者也。彼废道而不行，然后诛其君，致其征，吊其民，而不夺其财。""诛其君"与"致其征"互倒。"彼废道而不行，然后致其征"补说前"所征"之意，"诛其君，吊其民，而不夺其财"则是说"征"的目的。这是句间文字互倒例。

据帛书《老子》校今本《老子》，其第四十一章（"上士闻道，勤而行之……"）应在第四十章（"反者道之动，弱者道之用……"）之前。这是章间文字互倒例。

张舜徽的《中国古代史籍校读法》以《百衲本二十四史》校清武英殿本《二十四史》，发现殿本《北齐书·元晖业传》错置于《元弼传》后，《新唐书·祝钦明传》末的《山恽附传》误列于《传赞》之后。这是篇间文字互倒例。

2. 串文

串文，指串入不相邻的文字之中。其串文字数较多者，大致就是所谓"错简"。就串文位置来看，有以下诸例。

《大戴礼记·小辨》云："礼乐而力忠信其君其习可乎?""君其习"三字原在句首。此句原作："君其习礼乐而力忠信，其可乎?"这是句中串文例。

《吕氏春秋·精通》云："今夫攻者砥厉五兵，侈衣美食，发且有日矣。所被伐者不乐，非或闻之也，神者先告也。""侈衣美食"原在"不乐"之前。这是句间串文例。

《管子·揆度》云："其在色者，青、黄、白、黑、赤也；其在声者，宫、商、羽、徵、角也；其在味者，酸、辛、咸、苦、甘也。……人君以数制之。味者所以守民口也，声者所以守民耳也，色者所以守民目也。人君失二五者亡其国，大夫失二五者亡其室，民失二五者亡其家。""味者所以守民口也"下二十四字，当在"酸、辛、咸、苦、甘也"下，与上文色、声、味对应，方文通字顺。这是数句相串例。

据帛书《老子》校今本《老子》，其第二十四章（"企者不立，跨者不行……"）是在第二十二章（"曲则全，枉则正……"）之前，是二十四章从二十二章前串到二十三章后。这是章间串文例。

《墨子·备穴》中"城坏或中人"与"为之奈何"之间，旧本有"大铤前长尺"云云七百余字，所述皆为"备城门"之事而不是"备穴"。所以孙诒让的《墨子间诂》以为这一段文字是《备城门》篇因错位而入于《备穴》篇的。这是篇间串文例。

此外，还有不相邻的两处文字互换位置，即互串。如《墨子·非儒下》云："夫仁人事上竭忠，事亲得孝，务善则美，有过则谏。""得"与"务"互串，"务孝"与"竭忠"对，"得善"与"有过"对。这是两句中不在相对位置上的文字互串。又有在相对位置上的文字互串的，如《论语·季氏》曰："丘也闻有国有家者，不患寡而患不均，不患贫而患不安。""寡""贫"二字互串。"贫"指财富言，财富不均匀还不如贫；"寡"指户口言，社会不安定还不如人口少。

（二）从错位的原因看

1. 抄刻而错

《淮南子·原道》云："扶摇抮抱羊角而上。""抮"原在"扶摇"之前，"抮扶摇"与"抱羊角"为同构同义并列词组。因高诱注云："抮、抱，引戾也。"古书原无标点，后人以为"抌抱"成文，故移"抌""抱"至一处，遂致错位。这是涉注文而错位例。

《吕氏春秋·贵信》云："管仲可谓能因物矣，以辱为荣，以穷为通，虽失乎前，可谓后得之矣。物固不可全也。"末句与上文语义不相连贯，实是下篇《举难》的首句，则《举难》前几句读为："物固不可全也，以全举人难⋯⋯"语义正相连贯。这是分篇误而错位例。

《吕氏春秋·爱士》云："凡敌人之来也，以求利也。今来而得死。"高诱注："是不得利而进。"这句注文正承上几句而言，本为正文，后人抄刻此句作小字双行，遂错为注文。这是正文错作注文例。

《庄子·齐物论》云："昔者庄周梦为蝴蝶，栩栩然蝴蝶也。自喻适志与！不知周也。""自喻适志与"是后人以注文误入正文，无此句，正文文义正相连贯。这是注文错作正文例。

《汉书·严助传》云："男子不得耕稼种树，妇人不得纺绩织纴。""树""种"同义连文。宋景祐本、殿本皆作"树种"，此因后世多说"种树"而误倒。这是涉后世常语而错位例。

《论衡·卜筮》云："夫卜筮兆数，非吉凶误也。占之不审吉凶，吉凶变乱。变乱，故太公黜之。""占之不审吉凶"，文不成义。此文本作："占之不审，吉＝凶＝变＝乱＝，故太公黜之。"按古代重文例，应读为："占之不审，吉凶变乱。吉凶变乱，故太公黜之。"抄刻者误将四字一句的重文分两截读之，遂致错位。这是误读重文号而错位例。

2. 臆改而错

《逸周书·周祝》云："故恶姑幽，恶姑明，恶姑阴阳，恶姑短长，恶姑刚柔。""刚柔"为"柔刚"之倒，后人见孔晁注作"刚柔"，即改而从之。不知正文倒"刚柔"为"柔刚"，是为了押"阳""长"之韵的需要；又不知换变式为常式是注家训诂的一种常用方法。这是据注妄改正文而错位例。

《诗》曰："凤皇秋秋，其翼若干，其声若箫，有凤有皇，乐帝之心。""有凤有皇"本作"有皇有凤"。此诗"秋""箫"为韵，上古二字皆在幽部；"凤""心"为韵，上古二字皆在侵部。后人不知，改与首句"凤皇"相对，以致错位。这是不谙古音妄改而错位例。

《国语·晋语》云："若无天乎？云若有天，吾必胜之。""云"本用作"有"，《公羊传·文公二年》："人旱之日短而云灾，故以灾书；此不雨之日长而无灾，故以异书也。""云""无"对文，可证。后人不知，以"云"用为常义而倒于"若"前，又加"有"字，以致本与"若无天"相对成义的"若云天"，错讹成了"云若有天"。这是不解古义妄改而错位例。

《国语·鲁语》云："土发（春分）而社，助时也⋯⋯今齐社而往观旅，非先王之训也。""往观旅"本作"旅往观"，"旅"为"鲁"之借字，指鲁庄公。后人不知，误解"旅"为军旅之众，妄移于"观"后。这是不知假借妄改而错位例。

六、句读例

（一）古书的句读

《礼记·学记》云："一年，视离经辨志。"郑玄注："离经，断句绝也。"可见古人读书重视句读。清黄以周在《儆季杂著·群经说三·离经辨志说》云：

> 古离经有二法：一曰句断，一曰句绝。句断，今谓之句逗，古亦谓之句投（原注：《文选·长笛赋》）。断与逗、投皆音近字。句断者，其辞于此中断而意不绝。句绝，则辞、意俱绝也。郑注"离"，训"断绝"，兼两法言。①

后人于句断处加一点（、）于旁，于句绝处加以圈（。）于旁，是为句读。清金埴的《不下带编》卷一说："古人读书，以识字分句读为第一义……凡朱发四声及占分句读外（就童子初学而言，凡经书语绝处，谓之句，则点于字之偏旁；语将绝未绝而点分之，以便诵咏，谓之读，又谓之顿，则点于字之中间），或与学者不同……"

古人著书，一般不加句读，这就给后世读书造成了很多困难。唐人《资暇集》卷上引稷下谚语说："学识何如观点书。"这话是很有道理的。如《韩非子·外储说左下》云：

> 哀公问于孔子曰："吾闻夔一足，信乎？"曰："夔，人也，何故一足？彼无其他异，而独通于声。尧曰：'夔一而足矣'，使为乐正。故君子曰：'夔有一，足。'非一足也。"②

可见句读不同，对文义的理解也不同。句读与文义的关系，其重要若此。

后世读者校书、读书，对句读的处理有两种方法，如下。一种是在原文中加上句读，如南宋岳珂校《九经三传》，用馆阁校书之例，于经文注文，皆加圈点。据《增韵》记载，宋秘书省校书式为：凡句读则点于字之旁，分读则微点于字之中间，可见其来有自。另一种是在注释中说明断句，如汉代郑玄注经，唐代陆德明的《经典释文》，都谈及句读。今人了解古人句读是否讹误，除了原文已有句读的古籍以外，主要根据的是古书中的注释。

辨别古书断句，有以下数例。

清王先谦在《汉书补注·张释之传》中说："上登虎圈问上林尉禽兽簿十余问尉左右视尽不能对虎圈啬夫从旁代尉对（〔补注〕先谦曰……）上所问禽兽簿甚悉欲以观其能口对响应无穷者。"按前人注书之例，都在断句处加注。据王先谦在"代尉对"后加注，可知他认为在"对"字断句，误。此处应在"甚悉"后断句。这是从注者加

---

① （清）黄以周：《黄以周全集》第 10 册，284 页，上海，上海古籍出版社，2014。
② （战国）韩非著，陈奇猷校注：《韩非子新校注》，731 页，上海，上海古籍出版社，2000。

注处辨别注者断句例。

《礼记·檀弓上》云："将军文氏之子其庶几乎亡于礼者之礼也其动也中。"孔颖达疏云："言文氏之子庶几堪行乎无于礼文之礼也。"可知他把"庶几乎"连下文，不断。陈澔的《礼记集说》云："文氏之子，其近于礼乎！虽无此礼而为之礼，其举动皆中节矣。"则以"其庶几乎"为句。陈氏断句为是。这是从注者解说中辨别注者断句例。《论语·乡党》云："厩焚子退朝曰伤人乎不问马。"陆德明在《经典释文·论语音义》云："'曰伤人乎。'绝句。一读至'不'字绝句。"郑玄注、邢昺疏，皆取前者。而两种断句，文意截然不同。这是从注中得知前人句读例。

《盐铁论·刑德》引用《论语·乡党》说："鲁厩焚，孔子罢朝，问人不问马，贱畜而重人也。"可知《盐铁论》以"不问马"为句。这是从引文中得知前人句读例。

（二）句读讹误

古籍句读讹误，就其现象而言，略举数例如下。更详细的例证，可参看杨树达的《古书句读释例》。

"孔子之丧，有自燕来观者，舍于子夏氏。子夏曰：'圣人之葬人与人之葬圣也，子何观焉？'"语出《礼记·檀弓上》。郑注："与，及也。"则郑玄断句如上文。而孔疏引王肃云："'圣人葬人与'属上句。以言若圣人葬人与，则人庶有异闻，得来观者。若人之葬圣人，与人何异？则子何观之？"则以圣人以下分作二句读，上句作反问句："圣人之葬人与"，王氏断句较妥。这是当断而不断例。

《左传·僖公二十三年》云："夫有大功而无贵仕，其人能靖者与，有几？"《经典释文》断句如上。王引之在《经传释词》卷一认为陆氏断句误，说："言能靖者有几也。与，语助也。'与有几'三字连读。"王说是。这是不当断而断例。

《左传·僖公二十三年》云："及曹，曹共公闻其骈胁，欲观。其裸浴，薄而观之。"《经典释文》断句如此，并说："闻其骈胁，绝句。……欲观，绝句。一读至裸字绝句。"杨树达在《古书句读释例》中说："按曹君之所欲观，固在骈胁，然非重耳裸，则骈胁不可得而观。故传云'欲观其裸'耳。据文势，'其裸'应属上。陆所举一读是。"这是当属上而误属下例。

《诗·小雅·鱼丽》云："君子有酒旨，且多。"《经典释文》断句如此，并说："'有酒旨'绝句，'且多'此二句为句。后章放此。异此读则非。"而郑注、孔疏皆以"旨且多"为句，是。马瑞辰的《毛诗传笺通释》说："凡诗言'且'者，多连上为句。"这是当属下而误属上例。

"子曰：'吾与回言终日，不违如愚，退而省其私，亦足以发，回也不愚。'"语出《论语·为政》。《李文公集·答王载言书》引"子曰吾与回言"，不连及下文。《论语集注考证》云："张师曾校张达善点本，谓'吾与回言终日'。自《集注》取李氏之说，始读为句绝。前此儒先亦以'吾与回言'为句。"杨树达的《古书句读释例》认为："终日"为表时状词，或状上"言"字，或状下"不违"，两皆可通。这是两读皆可通例。

（三）标点讹误举例

近几十年来，为了便于阅读，开始标点古书，成为古籍整理的一项重要工作。但标点错误，则屡见不鲜。吕叔湘在校勘 1959 年版《通鉴》的标点后，撰《通鉴标点琐议》一文，选出有代表性的 133 例，归纳为 30 条标点讹误例。这 30 条大致可分为两大类。

从第一条至第十八条，从标点讹误现象来看，则有：当断不断，不当断而断，"而""以"之前断否不当，谋事误为成事，成事误为谋事，当属上而属下，当属下而属上，点断错误以致张冠李戴，兼承误为单承，贯通误为中断，插叙误为正文，层次错乱，不当用而用引号，当用引号而不用，引文不溢，引文下衍，引文不足与中断，当用问号而用句号、叹号等例。

从第十九条至第三十条，从标点致误原因来看，则有：专名误为非专名，非专名误为专名，姓名与封爵、郡望混淆，因不计人数而误，顺不明地理而误，因不明物理而误，因不明制度而误，因不明词义而误，因不谙文体而误，因信任胡注而误，因只校不改而误，因失校而误等例。

兹以此文为主，择其最常见者，兼采他书，略举五类为例，以见一斑。

1. 不明词义误用标点例

《通鉴·王莽中始建国二年》云："周有泉府之官，收不售与欲得。""收不售"下应用逗号。胡注引颜师古说："言卖不售者，官收取之；无而欲得者，官出与之。"可知"与"是动词，非连词。标点本《汉书·食货志》不误。

2. 不明专名误用标点例

《通鉴·南朝宋明帝泰始元年》云："山阴公主，帝姊也……帝乃为公主置面首，左右三十人……""面首左右"为这一特殊职称名，不应点断。省称为"面首"是后来的事。以"某某左右"为侍从的职名，创于江南，延及北朝。这是不明职官制度而误用标点例。

《新校正梦溪笔谈》云："今成、皋、陕西大涧中，立土动及百尺。"① "成皋"是一个地名，不应点断。同书云："予熙宁中奉使镇定。""镇"指镇州，亦称镇阳；"定"指定州，亦称中山；是两个地名，应点断。这是不明地理而误用标点例。

3. 失检事理误用标点例

《通鉴·梁武帝天监六年》云："悉弃其器甲，争投水死者十余万，斩首亦如之。""投水"下应加逗号。投水为了逃命，而不是为了寻死。

4. 不明语法误用标点例

《通鉴·汉章帝建初二年》云："言之不舍昼夜而亲属犯之不止……""而"字逆转，其前宜有逗号。

5. 引号误用例

"伊邪莫演罢归，自言：'欲降，即不受我，我自杀，终不敢还归。'"语出《通

① （宋）沈括撰，胡道静校注：《新校正梦溪笔谈》，239 页，北京，中华书局，1957。

鉴·汉成帝河平二年》。应为："自言欲降：'即不受我……'"先为间接引语，然后转入直接引语，史传多有此例。这是不明记言起讫误用引号例。

《汉书·司马迁传》云："仆闻之，修身者，智之府也；爱施者，仁之端也；取予者，义之符也；耻辱者，勇之决也；立名者，行之极也。士有此五者，然后可以托于世，列于君子之林矣。""修身"至"行之极"也，见《说苑·谈丛》，是古代成语，当用引号。这是不明引语失用引号例。

七、多重误例

前面几节分别介绍了误字、脱文、衍文、错位、句读等类的通例，多为一例一误。实际上，古籍中的异文和疑误，除了这种单纯的现象以外，还有许多错综复杂的讹误，有的在一个句子或一个语段之中可能同时出现好几处讹误，有的则往往因为某种讹误的存在而引起了其他讹误。这就是所谓"多重误"，或称"复杂误"。

徐复的《校勘学中之二重及多重误例》说："顾乃文句中有一字之舛讹衍夺，比照文义，求之尚易；其有二重及多重之谬误，则非耽思旁讯，即难为订正。此在昔贤，亦曾致力，无如条例未立，所得不多，学者深病之！"① 该文归纳二重及多重者凡 16 例：上衍下夺例，上夺下衍例，一倒一夺例，一倒一衍例，一倒一误例，一夺一误例，一衍一误例，一误一改例，二形并误例，妄补二字例，句夺二字例，句衍二字例，二形并误而又误倒例，一字形误径改二形例，一字形误径改三字例，三字形误又衍一字例。他所举的 16 例，应当仅是举例性质，否则古籍中的讹误错综复杂，如此条列，不免举不胜举。

多重误例虽然难以尽举，但简言之，总是前述各种单纯讹误的错综相加。下面仅举数例以见之。

（一）一句或一个语段中有数误

《荀子·正论》云："故鲁人以榶，卫人用柯，齐人用一革。"原本应作："故鲁人以榶，卫人用柯，齐人用革，一也。"今本"一革"两字误倒，又脱句末"也"字，遂不可解。这是一句数误例。

《淮南子·主术》云："夫寸生于穗，穗生于日，日生于形，形生于景。""穗"，《字汇补》："禾穗也。"与"寸"无涉。"穗"为"樑"之误，《宋书·律历志上》："律之数十二，故十二樑而当一分，十二分而当一寸。"又"樑生于日"以下三句文不成义，应作："夫寸生十樑，樑生于形，形生于景，景生于日。"如此则文通字顺，且与下文"乐生于音，音生于律，律生于风"文义一律。这是一个语段有数误例。

（二）某种讹误的存在又引起其他讹误

《荀子·宥坐》云："萦三年而百姓往矣。""往"，《太平御览·治道部》五引、《韩诗外传》及《说苑·政理》并作"从风"。因"从"字误为"往"，"往风"二字义不可通，后人又妄删"风"字。这是因字误而删脱例。

---

① 徐复：《校勘学中之二重及多重误例》，载《新中华》，1945（11）。

扬雄在《太玄·玄莹》中说："阴阳所以抽㨨也，从横所以莹理也，明晦所以昭事也。㨨情也，抽理也，莹事也，昭君子之道也。"由上句可知下句本作："抽㨨也，莹理也，昭事也，君子之道也。"因涉"㨨"字遂衍"情"，于是妄移"抽"于"理"前，"莹"于"事"前，"昭"于"君子"前，以致诸句错位。这是因衍文而错位例。

思考与练习

1. 举例说明主要的误字例。
2. 举例说明主要的衍文例。
3. 举例说明主要的脱文例。
4. 举例说明主要的错位例。
5. 举例说明标点错误例。

第五节 古籍校勘的操作过程和处理方式

一、古籍校勘的操作过程

古籍校勘的具体实践，是将校勘学的原理、方法、通例等运用于一种古籍、一篇文献或一部作品等工作对象的操作过程。古籍校勘的操作过程，大致可以分为以下四个步骤，即了解古籍的基本情况；搜集他书资料，汲取前人成果；校读各本，列出异文，发现疑误；分析异文，解决疑误，审定正误。

（一）了解古籍的基本情况

了解所校古籍的基本情况，是具体校勘前必须完成的准备工作。一般来说，这项工作是在利用前人成果的基础上，从调查目录、版本的文献记载入手的。一种古籍的基本情况主要包括流传情况和版本系统、基本内容和结构体例、基本文体和语言特点三个方面。

1. 古籍的流传情况和版本系统

首先，可以根据所校古籍的著作者和成书年代，查考相关的文献目录记载，大体了解这一古籍成书以后的流传情况，包括历代对它的整理情况。一般地说，凡属见诸史传的历史人物的编著，大都可从正史的本传和艺文志（经籍志）以及本书的有关序跋中，得到它大体的流传情况；而不见史传的编著，则大多需查考本书的序跋、私家的目录记载和方志等材料，以便了解它的流传情况。

其次，应根据目录记载所提供的线索以及其他各种途径，搜集所校古籍现存的各种版本，分析版本源流，归纳版本系统。目录记载提供的流传情况是历史的，与现存版本的实际情况往往差距较大，其中有的版本已亡佚，有的还有再刻、再校本。因此必须尽可能地搜集现存版本，结合目前的记载和前人的校勘记、叙录等资料，进行分析归纳，掌握版本的源流和系统。归纳版本系统，分析版本源流的具体方法，可参看第二章"古籍版本学"一章的第四节。

再次，比较所校古籍各种版本的校勘价值。比较的方法和步骤是按照版本系统和版本源流，纵向比较各本及其底本，横向比较出自同一底本的同层次的各本。

最后，在了解现存版本的源流系统和各版本的校勘价值的基础上，选择底本、对校本和参校本，以便着手进入具体的校勘工作。底本是用来校勘的工作本，对校本是用来与底本逐一比对的本子，参校本是用来供解决某些问题需要时查对相关部分的本子。

底本要求从古籍校勘的根本原则出发，选择现存版本中最接近原本的善本，可以是古本、旧本，也可以是后人校勘的善本；可以是祖本，也可以不是祖本。一般来说，古本、旧本年代较近原本，倘若保存原貌，应取为底本。当古本、旧本残损或传讹时，可取后人精校本为底本，对校古本、旧本。有时几种最好的版本各有长短，分不出主次，那么就可以同时取这几种版本作为底本，分别进行通校。

除了底本以外，其他有校勘价值的本子都可以作为对校本和参校本。一般情况下，对于底本校勘价值较大的选用为对校本，对于底本校勘价值较小的则选用为参校本。如果所校古籍的版本不多，则底本以外的各种版本都需用作对校本，以便广泛搜集异文，发现疑误，分析勘正。如果所校古籍的版本甚多，错综复杂，则需有所选择，除了各种名家校本都必须用作对校本以外，对其他的版本，可采取粗校的办法，斟酌精选其中较好的作为参校本。

2. 古籍的基本内容、结构和体例

不同古籍的内容、结构和体例往往各不相同。一般地说，基本内容指一书的主要论题或主题和主要论据或题材。结构指一书的整体结构，包括篇章结构安排或情节结构安排。体例则是著作者对著作编撰格式的某些具体规定。

在具体校勘之前，通读全书，初步了解全书的基本内容，大体掌握它的结构体例，是运用本校法、理校法进行校勘时所必需的准备。同时，随着校勘的进行，不断加深理解基本内容，熟悉结构体例，也是提高本书校勘质量的一个必需条件。

3. 古籍的基本文体和语言特点

古代文体繁细，除诗赋韵文和骈古散文、文言文和白话文、学术应用文和文学创作文的区别以外，各大类还可分为若干小类。而且，古籍的文体有的是单一的，有的则是错综使用的。古籍中作为表达工具的语言，也不仅因时代文体等的不同，而有古今、韵散、文白之分，而且还因著作者不同，有作者独有的语言风格和语言习惯，形成某种特例。从校勘的角度看，每一种古籍的基本文体和语言特点都在不同程度上具有各自的一些特例，熟悉和掌握这些特例，也是运用本校法和理校法时所必须做到的。

（二）搜集他书资料，汲取前人成果

查考、搜集有关所校古籍的他书资料，同时了解、汲取校勘注释这一古籍的研究成果，二者是相辅相成的，都是校勘前的重要准备工作。

他书资料是校勘的一种间接的内证材料或外证材料，是分析判断异文或疑误的重要依据。如前所述，他书资料与本书的关系不外乎三类：本书引用他书的、他书引用本书的、本书和他书互见的。查考他书资料的主要范围，大致是类书、相关的他书和古书注等。

从理论上说，查考他书主要基于校者的学识，必须相当熟悉古籍文献。但从实践上看，由于许多重要的古籍都经过了前人的整理研究，留下了丰硕的成果；而一般的古籍既经刊行或经翻刻，也多有序跋说明，可供了解，因此，充分汲取前人的成果，从中寻找线索，详加搜集校录，是查考他书资料时切实可取的重要方法和途径。

（三）校读各本，列出异文，发现疑误

在尽力做好上述各项工作，最主要的是选好底本、确定对校本和参校本之后，便可进入具体的古籍校勘工作。

具体校勘的第一个步骤是校读各本，列出异文，发现疑误。其基本方法是对校法，即对读比较各本异同；兼用他校法，即比较本书与他书资料的异同。

校读各本，包括四方面内容：一是以底本为主，对读所校古籍的各种版本；二是随文辨析注疏所据的本文；三是随原文对读有关的他书资料；四是随文汲取前人有关的校勘成果。这四个方面，都以详记异文、疑误为主。归纳而言，校勘中一般有 10 种常见的情况和不同的注记方式，现胪列如下：

①凡文字有不同者，可注云："某，一本作某。"（或具体写明版本名称。）

②凡脱一字者，可注云："某本某下有某字。"

③凡脱二字以上者，可注云："某本某下有某某几字。"

④凡文字明知已误者，可注云："某当作某。"

⑤凡文字不能即定其误者，可注云："某疑当作某。"

⑥凡衍一字者，可注云："某本无某字。"

⑦凡衍二字以上者，可注云："某本某字下无某某几字。"

⑧字倒而可通者，可注云："某本某某二字互乙。"

⑨字倒而不可通者，可注云："某本作某某。"

⑩文句前后倒置者，可注云："某本某句在某句下。"①

上述情况之一，有前后数见者，但于首见时注明"下同"或"下仿此"等字样。

列出异文，发现疑误，是为下一步的审定正误做好准备。对校各本以及本书和他书资料，辑录前人的校勘成果，都需认真对照阅读，随文记下异文和摘录前人校语。而辨析注疏所据的本文，则已涉及发现疑误，因此必须兼用本校法和理校法。疑误也必须在随文对校时记注下来，以便与异文一起做进一步的分析审定。

---

① 参见张舜徽：《中国古代史籍校读法》，180～181 页，北京，中华书局，1962。

（四）分析异文，解决疑误，审定正误

这是校勘实践中最重要、最关键的一个步骤，也是难度最大的工作。根据存真复原的校勘根本原则，综合运用各种校勘方法，参考各类校勘通例，具体分析致误原因，充分提出订正依据，做出令人信服的论断，是这一步骤的具体工作和所用方法。简言之，就是要求有理有据，具体分析，审定是非，存真复原。

校勘所得的异文，一般有三种情况：一是既有异文，必有正误；二是两种或几种异文都解释得通，即所谓"义得两通"的异文；三是两种或几种异文都解释不通，即既存异文可能都属错讹，正确文本已经泯灭。在通常情况下，分析异文的前提条件是，古籍原稿不存，没有绝对客观的确证。因此，分析异文应如宋人彭叔夏的《文苑英华疏证》所说："实事是正，多闻阙疑。"即必须以实事求是的客观审慎的态度，不受版本古今的影响，不受名家论断的束缚，更不能主观臆断。

实事求是地分析异文，要求具体分析每一种异文的实质差别，致误的类型和原因，提出订正的依据和理由，以便取得令人信服的科学论断，从而达到尽可能符合原稿或接近原稿的原则要求。所谓异文的实质差别，是指同书的异文的差别，属于词义、语音、字形、语言学知识、历史地理知识或其他范畴，这将有助于判断异文的正误。对于错误的异文，要根据其表现形式即误字、脱文、衍文、错位等，分别类型，分析致误原因；对于正确的异文，则须从内容、形式等方面提出充分的理由和可信的证据，包括内证和外证，予以论证，做出论断；倘若缺乏充分的理由和可信的证据可以审定异文的正误，则应该说明原因，留以存疑。

异文是有形可见的错讹，疑误则是无迹可寻的错讹，因此分析、解决疑误更为困难。疑误的发现，主要依靠校者对文义的理解和对所校古籍的熟悉，虽然所用方法主要是本校和理校，但在分析时却需要有关的知识依据。

实际上，发现疑误往往同时包含着解决疑误的因素，但解决疑误则有赖于充分的理由和可信的证据，否则便只能"阙疑"。一般情况下，疑误往往是从文义事理上发现矛盾抵牾而引起怀疑的。既然发现矛盾抵牾，则校者必有一种不矛盾抵牾的见解，所以就包含着解决疑误的因素。但是，校者要证明自己见解的合情合理，就必须说明理由，拿出证据。由于疑误并没有直接或间接的异文可作为版本依据，因此其理由往往是对所校古籍的上下文义或有关知识的说明，其证据则为所校古籍的内容、义例、上下文义或有关知识的考证，所用方法为理校、本校和考证。因此，解决疑误要求更为审慎，不可轻易论断，更不可轻易改字。

例如，《墨子·法仪》云："百工为方以矩，为圆以规，直以绳，正以悬。无巧工不巧工，皆以此五者为法。"俞樾用本校法校勘，就上下文义看，认为"五"当作"四"，因上文"百工为方以矩"云云，并无五者。而孙诒让用他校法，引《周礼·冬官·考工记》"舆人"条："圜者中规，方者中矩，立者中县，衡者中水，直者如生焉，继者如附焉。"以此校之，疑上下或当有"平以水"三字，盖本有五者，而脱去其一。二人皆无版本根据，一说字误，一疑脱文，难断是非，只可两存其说，未可轻易遽改。

对疑误的分析、解决，可以据上下文义，可以比较本书义例或本书语例，可以据语义辨误，可以用名物考证，总之侧重于推理和考证。解决疑误的结果，无论理由如何充足，一般应遵循"无本不可改字"的原则，否则就有替古人改正错字、病句之嫌。王引之就明确说过"无本不改"。俞樾长于发现疑误，也只是"平议"而已。因此，疑误的价值主要在所谓"立说"，以及其所立之说有无道理，是否有启发。

二、古籍校勘的处理方式

古籍校勘的处理方式，包括校勘记、改字和叙例三方面的内容。

（一）校勘记

校勘记，又称校记、校字记，前人或称为"考异"。

1. 出校的原则

出校是确定哪些异文、疑误必须注出，以示读者。校勘不仅要重视版本，也要对异文、疑误的价值进行恰当的估量，有所选择，有所删汰，存精去芜，择要而出，以免罗列无遗，烦琐无用。

异文都是有版本出处的，习惯上估量异文的价值大多看其所出版本是否古本、旧本，是否名家校本。但是，版本固然是衡量异文价值的重要标准，但却不是唯一标准。衡量异文的价值与判断异文的正误一样，还应以义理和证据为标准。按照清代对校学派的观点，尤其是顾广圻"不校而校"的说法，势必造成异文毕录。但实际上，有不少异文是不必录，甚至不必校的。一般地说，如属于对校本中明显错字的异文，或用以校勘的他书资料中自身的明显错讹，都不须校录；异体字、假借字、古今字，则酌情处理，一般不须校录。而凡是异文中涉及歧解，且有证据的，都须出校，并可作校勘记。

疑误的出校原则基本上与异文一样，也是从义理和证据两方面估量每一疑误的价值。由于疑误只是对既存文句的怀疑和否定，并无版本依据，大多是从文字、音韵、训诂及有关知识上论证，一般只能提出本书义理或语例上的内证。因此，估量疑误的价值，实际上大多限于与义理、语例相关的知识及其论证是否有说服力。只要是有说服力的疑误，就可出校，并作校勘记。

除了基于异文和疑误的价值以外，在确定哪些异文、疑误可以出校时，还应注意以下三个因素。

第一是致误原因。致误原因虽然与异文本身的价值无关，但却有助于理解文字讹误的类型和反证正文的合理。所以，如果分析致误原因比较合情合理，那么即使所订正的文句未必确论，也对读者有启发作用和参考价值，可认为是一种有价值的疑误，可以考虑出校。

第二是文字的形音特点。一般情况下，形异义同的异体字、假借字、古今字是不须出校的，一部分生疏的假借字、古今字，可以用注释来处理。但是有的后出的翻刻本依据后世的正字规范或便读需要将本字改了，这类假借字、古今字、俗字、简字虽然不存在义理通不通的问题，但从存真复原的校勘原则出发，就必须出校。又如避讳字，或因缺笔误为别字（如"民"缺为"氏"之类），或用别字代替讳字（如"人"代"民"之类），也是应当恢复本字予以出校的。再如诗歌韵文根据韵脚发现疑误，或后人以今音考古韵，或由于其他原因改了韵脚，也须出校。

第三是校者的学识高下。虽然名家校勘不可迷信，但比较而言，名家校勘水平较高，影响也大，所以出校与否虽不能以校者高下为原则，但也可以作为参考依据。

出校的基本原则是：①凡底本不误而他本误者，不用出“某本作某，误”的校记；凡本书不误而他书误者，亦不必出校记。②凡文字两通而含义有别者，可出异文校记。③已知有误，但又无十分把握，只好作为疑问，录于校记，是谓“存疑”。④已知有误，又有可靠证据者，可以改补或乙正。⑤古人引书，每有省改，故凡引文与所引原文文义不悖者，不在校勘之列。⑥避讳字，凡作者所用，录以存真；凡传刻所用，应予回改。⑦古今字、异体字、通假字，不在校勘之列。

2. 校勘记的类型

撰写校勘记是整理具体校勘成果的一项主要工作，其实质是对每一处确定出校的异文、疑误进行小结。一种专书校勘的成果能否很好地表达出来，它的学术性能否得当地体现出来，取决于校勘记的撰写。而成功的校勘记，则取决于校者对具体成果的进一步提炼和表达文字的精练，使读者一目了然，所以校勘记的原则要求就是简明扼要。

校勘记可从不同角度分类。

第一，就内容详略而言，校勘记可分为简式和详式两种类型。

对一些规模巨大、篇幅浩繁的总集、类书之类的古籍，一般采用简式校勘记，即随文标注出重要的有价值的异文，不做论证，甚至有的连异文出处也不注出。《全唐诗》大体便属此类，其形式是随文以双行小注出校“一作×”“一作×，又作×”等。

对于专著别集之类的古籍，一般采取详式校勘记，即在校勘记中包括校、证、断三层内容。“校”就是记录对校各本所得的异文或校者所发现的疑误。“证”就是校者对异文、疑误的分析论证，包括转述前人的校证见解，古人称为“按”。“断”就是校者所做的结论。“按”和“断”合称“按断”。比如，校者只做论证，不做结论，就称为“按而不断”。

第二，就对校勘的把握程度而言，校勘记可分为是非校勘记、倾向校勘记、存疑待考校勘记、异同校勘记四类。

是非校勘记，即对校正讹误有完全把握的校勘记。校勘古籍，既要避免轻断，又要当断即断。因此是非校勘记就常常应用。这类校勘记常用的校勘术语有：“改”（“改为”“意改”）、“补”（“增”“意补”）、“删”（“意删”）、“乙正”（“互易”“原倒置”“移”“某原在某处”）、“是”等。

倾向校勘记，即对校正讹误没有完全把握的校勘记。这种校勘记应力避使用过滥，过于保守。这类校勘记常用的校勘术语有：“疑”（“疑作＼为＼即”“疑误＼脱＼缺＼衍＼重＼倒置＼易位”）、“当”（“当作＼为＼即”“当误＼脱＼衍＼倒”“当改＼补＼删＼乙＼从＼正”）、“应”（大致与“当”同）、“似”（“似误＼脱＼衍＼倒”，把握程度小于“应”“当”），以及“疑当（应）”“似当（应）”“义长”（“于义较长”“为优”“较佳”“较合”），还有“近是”“可从”等。

存疑待考校勘记，即有疑需考的校勘记。情况有多种：或确有讹误，但无从校正；或怀疑有误，但一时无法校改；或提出校勘倾向，但一时缺乏有力的证据；或确知有误并已校正，但不知致误原因；或众本不同，一时难以抉择。这类校勘记常用的术语有"未详""待考（校）""存疑"等。

异同校勘记，即是非难以定断，指出异文的校勘记。这类校勘记常用的术语有："某本作（有、无、多）某""某本一作某""一（今、古、旧）本作（有）""或作"等。异同校勘记应尽量避免抄录大段文字。

第三，就校勘记的内容性质而言，可分为一般校勘记、集校校勘记和专书校勘札记三类。

一般校勘记的内容应力求扼要，除对校异文择要记录外，论证部分必须选择作为重要论据的他说，并且提要记述结论，不必全录原始论证，同时断语也应十分简明。

集校校勘记则主要是精选重要的、有价值的前人校语，删汰雷同的、参考价值不高的旧校，在集录前人校语时尽量备录各家之说，保持原始论证，以便提供读者比较研究，自己的按断也应申述清楚。

专书校勘札记实际是笔记，属于学术论争的性质，其对校不求全面，着重于证，大抵是举出证据，阐述己见，有的放矢，以成一家之言。王念孙的《读书杂志》、俞樾的《诸子平议》等，都属此类。

下面以一则一般校勘记为例，说明校勘记的写法。

> 《诗经·周南·汉广》云："南有乔木，不可休息。汉有游女，不可游思。"
>
> 阮元《毛诗注疏校勘记》云："不可休息"，唐石经、小字本、相台本同。案，《释文》云："旧本皆尔。本或作'休思'，此以意改耳。"《正义》云："《诗》之大体，韵在辞上，疑'休''求'为韵，二字俱作'思'。但未见如此之本，不辄改耳。"《正义》之说是也，此为字之误。惠栋《九经古义》以为"思""息"通，非。

此校勘记分三段：首段记述对校结果，诸本无异文。次段案语，引述《经典释文》说明唐以前一本作"休思"，是间接内证，实质上相当于引述古本异文；又引孔颖达《毛诗正义》的校语，作为旁证。末段论断，取《正义》之说，认为惠栋之说错误，但不引原文。

此例可代表校勘记的一般写法程式，即第一，指出异文或疑误；第二，交代判定正误是非的根据和理由；第三，给正误是非做定断。

如上例所见，校勘记语言的使用，包括掌握校勘程式和习惯用语。校勘程式是指传统形成的一系列方式，例如，标出被校语句；在《叙例》中交代底本、对校本和参校本；在《校勘记》中习用各本的简称；在前言、后记或附录中交代引用各家的姓名和书目；在《校勘记》中习用省称；等等。习惯用语或称校勘术语，略同于自然科学的术语符号作用。例如，掌握校勘通例以说明致误原因，用"形似而讹""声近而误"

"涉注而衍"之类的术语，可以省却许多繁词。校勘习用语多为浅近文言，如"近是""疑非"等，因此校勘记的撰写要求掌握精练浅近的文言写作。

3. 校勘记的位置

附于定本或底本的校勘记，位置比较灵活，大致有以下九种。

①置于全书之后。这一般是在校勘记不太多的情况下使用，校勘记较多，就不宜采用。

②置于卷后。这为古今校勘家所广泛使用，如阮元的《十三经注疏》等。

③置于回后。这只用于章回体小说。

④置于篇后。这一般是在校勘记较多的情况下使用。

⑤置于章后。例如，张松如《老子校读》的校勘记，中华书局版《搜神记》的校勘记等。

⑥置于语段后。语段是一个完整的内容单位的一部分，如上海古籍出版社 1985 年第 2 版《战国策》的校勘记。

⑦置于句后。即置于有讹误的句子之后。但大字正文夹小字校勘记，往往容易造成讹误。

⑧置于有误的词语后。

⑨置于页左、页上、页下。

以上九种位置各有所长：第一种集中，第二、第三、第四、第五种相对完整，第六、第七、第八、第九种便于阅读。古籍校勘者可酌情选用。

（二）改字

与校勘记相应的工作是改字。底本文字与校者论断的正文不同，就有改不改字的问题。叶德辉的《藏书十约》称改字者为"活校"，不改字者为"死校"。其实这是一个处理方式的问题。底本照录，一字不改，但在校勘记中做出正误是非的论断，实则和改字相同，只是在处理上比较谨慎，留有余地；而如果改正底本讹误，校者据己见校出一种新的版本，理应较为完善，但终究是一家之见，难免一得一失，未必一字无讹。现在通行的另一种处理方式，是使用各种标记符号，使正误异文并见于版面，既方便读者，又留有余地，但版面不免较乱。

通常可见的改字处理方式有以下四类。

第一，照录底本，注记正误。

阮元说："刻书者最患以臆见改古书。今重刻宋板，凡有明知宋板之误字，亦不使轻改，但加圈于误字之旁，而别据校勘记，择其说，附载于每卷之末。"

第二，择善而从，无本不改。

王树民在《廿二史劄记校证·前言》说："《瓯北全集》于嘉庆初年以湛贻堂名义印行，其后《廿二史劄记》一书翻刻者甚多，以光绪二十六年（1900）广州广雅书局及二十八年湖南新化西畬山馆二种为最佳。湛贻堂本虽为原刻本而校刻欠精，广雅与西畬二本不仅多作文字校正，于内容疏略之处亦间为校补，尤以西畬本补正者为多。本书即以三本互校，择善而从，凡原刻本误而经二本改正者，皆从之，并在校证中注明；如原刻本不误而二本误改者，则从原刻本而不出校。"倘三本皆无异文，而王氏以为疑误，则出校而不改字。

第三，改正底本，注存异文。

卢文弨在《新校说苑序》中说："宋本自胜近世所行本，然亦多错误。今取他书互证之，其灼然断在不疑者，则就改本文，而注其先所讹于下，使后来者有所考。若疑者、两通者，则但注其下而已。"又如，陈奇猷在《韩非子集释·凡例》中说："篇中字句不轻加改易，改易者必有论证而又有善本为根据，虽有强有力之论证而无善本援据者，不敢窜改。"

第四，改正底本，并见异文。

黄晖在《论衡校释·例略》中说："以通津本为据，其依别本及他书改、补者，则曰'据某本某书当改''据某本某书当补'，不敢冯臆擅动，窜乱原书。其是正补删之字，以符号识别。"如缺字用□号，补字用〔　〕号，改字用（　）号。

（三）校本的叙例

一篇完整的叙例，应具备下列几项内容：一是本书流传的历史情况，二是本书的版本源流系统，三是本书校勘的底本和对校、参校各本，四是本书校勘所用他书，五是本书所吸取的前人校勘成果，六是本书出校的具体原则，七是本书校改的具体原则和具体方式，八是本书校勘记和按断的具体说明。由于每种古籍都有各自的特点，因此上述八项内容的详略侧重不必尽同。

根据历代校勘著作的叙例经验，从清代以来，对于一些年代久远、校注较多的重要典籍，往往采取叙例和附录相结合的方式，把叙例中前五项内容分别整理成独立著述或系统资料，附录于书后，而在叙例中只做简要说明。这类附录一般应有下列几项：本书流传的著录资料、本书版本源流考、本书所据刻本目录、本书引用他书目录、本书引用前人校勘目录以及佚文和辨伪。

叙例的结构，大体有两类：一是综合说明，二是条例说明。综合说明大多为前言的一部分；条例说明则把有关校勘的说明归并为几条，或独立，或列于全书凡例。

（四）校勘的成果形式

根据撰写校勘记与处理改字的不同特点，校勘的成果形式一般可分为定本式、底本式、札记式三类。

1. 定本式

根据校勘的结果，把底本中的误字、衍文、脱文、错位等错误，径直改正，写成定本，或附校勘记或不附校勘记，是为定本式。径直改正讹误，写成定本，不出校勘记的形式，刘向的《列子新书目录》称为"定著"。除了普及读物如《古文观止》之类以外，后人一般的校勘专著都不用这种形式，因其所定正文未必正确，而读者也不知校勘者改定的依据。一般校勘专著的定本式都附校勘记，有下列三种情况。

第一，有的校注者将底本确凿错误之处全部改正，在注中作校勘记，如杨伯峻的《春秋左传注》、陈奇猷的《韩非子集解》、王利器的《颜氏家训集解》等。杨氏的《春秋左传注·凡例》说，其书经传都以阮元刻《十三经注疏》本为底本，利用阮氏《校勘记》，改正一部分错误，再取《校勘记》所未见者如敦煌各种残卷等补校。凡改正底本者，多于注中作校勘记，其文字有重要不同，虽不改动底本，亦注出，以供参考。

第二，有的改正底本的一部分错误，其已改及未改者均在注中作校勘记，如孙诒让的《墨子间诂》、王先谦的《荀子集解》等。孙氏在《墨子间诂·自序》说："凡讹脱之文，旧校精确者，径据补正，以资省览。其以愚意订定者，则著其说于注，不敢专辄增改，以昭详慎。"孙氏将前人校勘精确的，改正底本；他自己校勘的，不改底本，只在注中出校勘记。

第三，正文全用底本，再用符号改成定本，在注中或书后作校勘记。例如，中华书局校点本《史记》以清同治间金陵书局刊行的《史记集解索隐正义合刻本》为底本，附以张文虎所作《校勘史记集解索隐正义札记》。但此本也有在《札记》中说"疑脱某字""疑应作某"而未加改正的。校点本为便利读者起见，认为张氏所疑是正确的就照改，但应删、应改的字还保存，只加上圆括弧，用小一号字排；认为应增、改正的字，加上方括弧，仍用大字。例如，《高祖本纪》云："与杠里秦军夹壁，破（魏）[秦] 二军。""魏"字误，应改作"秦"。《楚世家》云："于是灵王使（弃）杀之。""弃"衍文，应删。《陈丞相世家》云："平为人长 [大] 美色。""大"脱文，应补。标点本二十四史都采用这种符号，并多数后附校勘记。

2. 底本式

不改动底本，在注中作校勘记，或书后附校勘记，是为底本式。这种形式既不以意改动正文，也不以意取舍异文，相当严谨、完整。例如，中华书局标点本《资治通鉴》，以清胡克家翻刻的元刊胡注本为底本，将章钰的《胡刻通鉴正文校勘记》里的重要校勘记收入本书为注文；不改正原文，只有比较重要的遗漏才补入正文。阮元的《十三经注疏》亦为底本式，但在底本与其他各本有异文的字右旁加○号（今中华书局缩印本作▲号），凡有符号的，后边都有校勘记说明。这就便于读者检索。

3. 札记式

不录原书全文，只录校勘记，是为札记式。札记式有以下三种。

第一，单行的校勘记。这是比较完整的校勘记，或合多书的单行校勘记为一书，如卢文弨的《群书拾补》、张元济的《校史随笔》等；或某书校勘记自为一书，如罗继祖的《辽史校勘记》、闻一多的《楚辞校补》等。

第二，杂在读书笔记中的校勘记。这是随笔摘记式的校勘记，往往较为详尽，如王念孙的《读书杂志》、王引之的《经义述闻》、俞樾的《群经平议》《诸子平议》等。其专校释一书者，如郭沫若的《管子集校》等。

第三，单篇文章的校勘记。这在古代主要有书信、序跋、章表等，如段玉裁的《与诸同志论校书之难》、伍崇曜的《九经三传沿革例跋》、洪亮吉的《卷施阁文集》卷七《上石经馆总裁书》等。现在则多以各种文章形式，在各种报刊、文集中发表。

思考与练习

1. 为了做好校勘的准备工作，如何全面了解一部古籍的基本情况？
2. 具体的校勘工作有哪些主要步骤？
3. 出校的基本原则是什么？为什么？
4. 校勘记有哪些主要类型？
5. 有哪些改字的处理方式？
6. 什么是定本式？什么是底本式？什么是札记式？

第四章　古籍目录学

第一节　古籍目录学理论

一、目录释名

（一）目、录和目录

目录是目和录的合称。

"目"字的本义是眼睛。眼睛是复数，所以人们便用它来标示复数的事物。例如，"颜渊问仁。子曰：'克己复礼为仁。'……颜渊曰：'请问其目。'子曰：'非礼勿视，非礼勿听，非礼勿言，非礼勿动'"，语出《论语·颜渊》。孔子的回答就是"克己复礼"的具体条目。董仲舒在《春秋繁露·深察名号》说："目者，遍辨其事也。""遍辨"指一一辨别，分条细说，就是条目的意思。用于书籍，则"目"原指篇名，即细名、小名或小题；后亦指书名，即总名、大名或大题。

"录"，原指刻木时发出的声音，引申为记录的意思。《周礼·天官·职币》云："职币掌式法以敛官府都鄙，与凡用邦财者之币，振掌事者之余财，皆辨其物而奠其录，以书楬之。"杜子春释"奠其录"为"定其录籍"，即将财物依其次第记录在簿籍上。又如，《公羊传·隐公十年》云："《春秋》录内而略外。"《穀梁传·庄公十七年》云："将有其末，不得不录其本也。""录"与"略"相对，对外的记载就简略，对内就详叙；对末就简略，对本就详叙。可见"录"又有详叙或着重说明之意。用于书籍，"录"就是对"目"的说明和编次，也称序录或书。它可以作为包括"目"在内的简称。

把一批篇名或书名与说明编次在一起，就是目录。"目录"连用成词，始于刘向、刘歆父子。《文选》卷二十二王康琚《反招隐诗》李善注引刘向《别录》有《列子目录》；西汉刘向奉诏整理图书，首先就是"条其篇目"，即编定一书的目录。他的儿子刘歆继续完成这项校书事业之后，才将群书分类、编目，这是群书的目录。

后来，班固在《汉书·叙传》叙其志艺文，说："刘向司籍，九流以别，爰著目录，略序洪烈，述《艺文志》。"以之稽考《汉书·艺文志》体例，则班固所谓"目录"，已引申条一书篇目之义为定群书部类，撮一书指意之义为别学术源流。汉末郑玄仿《别录》作《三礼目录》《孔子弟子目录》（见《隋书·经籍志》），《四库全书总目》卷八十五"目录类"小序，以为"目录"一词始于郑玄，不免失考。

刘向所谓"目录"乃偏义词，即有目之录；而他所说的"录而奏之"，录实包括目。后世南朝梁阮孝绪的《七录》、唐元行冲的《群书四录》、毋煚的《古今书录》，也是举录以包目。宋王尧臣等的《崇文总目》、清纪昀等的《四库全书总目》，则是以目为录。汉王充在《论衡·案书篇》云："六略之录，万三千篇。"《文选》卷四十六《王文宪集序》云："集录如左。"这是以录为篇目。《世说新语·言语》篇注引邱渊之《文章录》，在《文学》篇注引作《文章叙录》；毋煚的《古今书录序》言："览录而知旨。"这里录就是叙。

简言之，就其性质而言，目录是按照一定次序编排的篇名或书名，是一部书或一批书的内容和形式的集中反映；就其功能而言，目录是著录、揭明和评论图书的工具，是宣传图书和考查图书的工具。

（二）一书目录和群书目录

古籍目录，有一书的目录，有群书的目录。

将一本书的篇名与说明按一定的体例加以汇集、编排，即为一书的目录。

一书目录在体制上有三种形态。第一种是依次开列篇名，每篇都作叙录，如《史记·太史公自序》《汉书·叙传》，但尚为叙体，而非独立的目录。第二种是前列全书篇目，后作全书叙录，如《汉书·艺文志》载刘向校书："每一书已，向辄条其篇目，撮其指意，录而奏之。"这里所说的"录"，包括"条其篇目"和"撮其指意"，即整理记录篇目次第和详细说明全书宗旨；前者为目，后者为录，合而后成为目录，简称"录"。第三种是只列全书篇名，不做提要。一书的目录原置于全书之末，南北朝以后才移于全书之首。

记载群书的书名和说明，并按一定的逻辑次序，主要是按学术分类加以排列，则为群书的目录。群书目录是目录学研究的主要对象。

就编撰体制而言，群书目录有三种形态：一是分类记录书名，大小各类有小序，每书有叙录，如《四库全书总目》；二是分类记录书名，大小各类有序，但每书无叙录，如《汉书·艺文志》；三是仅分类记录书名，类序、叙录均阙。

就编撰工作而言，群书目录有三种类型：一是官撰目录，即由国家主持，对国家藏书加以整理并编制成目的目录；二是史志目录，即正史中的《艺文志》《经籍志》和一些朝代的《国史艺文志》之类的目录；三是私修目录，即私人藏书家或学者对私藏按不同情况、用不同方法编制的目录。

就目录内容而言，群书目录有三种类型：一是综合目录，即以某时期、某地区、某类型的所有书籍为对象而编制的目录，如国家藏书目录、史志目录、地方文献目录、丛书目录、私人藏书目录等；二是学科目录，即专门著录某学科书籍的目录，如经学目录、诸子学目录、文学目录、语言学目录等；三是特种目录，即为某种特定需要而编制的目录，如阙佚书目录、推荐书目录、禁毁书目录、版本目录、目录的目录等。

在历史上，群书目录名称繁多。有的称"录"，如刘向的《别录》、阮孝绪的《七录》；有的称"略"，如刘歆的《七略》、宋郑樵的《通志·艺文略》；有的称"志"，如班固的《汉书·艺文志》、南朝齐王俭的《七志》；有的称"簿"，如魏郑默的《中经簿》、晋荀勖的《中经新簿》；有的称"书目"，如晋李充的《晋元帝四部书目》、宋尤袤的《遂初堂书目》；有的称"书录"，如唐毋煚的《古今书录》、宋陈振孙的《直斋书录解题》；有的称"录目"，如唐释智升的《开元释教录》有《历代所出众经录目》；有的称"考"，如元马端临的《文献通考·经籍考》、清朱彝尊的《经义考》；有的称"记"，如清钱曾的《读书敏求记》、周中孚的《郑堂读书记》；有的称"目"，如宋《崇文总目》、清《四库全书总目》；等等。

古籍的一书目录，起源甚早，详见本书第一章第三节。至于群书目录，则始于汉代刘向、刘歆父子，成于班固。以"目录"作为书名的，《隋书·经籍志·簿录》记载有 16 部。而以"目录"为图书部类之名，则始于《旧唐书·经籍志》。

二、古籍目录学的内容

唐毋煚的《古今书录》称历代校书所撰目录为"目录类"，现代目录学名家姚名达的《中国目录学史》据此认为，唐代学者已经称整理文献之学为目录学了。至于明确地称目录为学，则始见于北宋苏象先的《苏魏公谭训》卷四：

> 祖父（指苏颂）谓王原叔（指王洙），因论政事，仲至（王洙之子王钦臣之字）侍侧，原叔令检书史，指之曰："此儿有目录之学。"①

古人曾从目录学的对象、性质、功用等多方面，说明了目录学的含义。近人汪辟疆的《目录学研究》对此加以综合，列述目录学的含义有四：

> 其一，目录学者，纲纪群籍，簿属甲乙之学也……汇集群籍之名为一编，而标题其书之作者篇卷。或以书之性质为次，或以书之体制为次，要皆但记书名……踵事而兴，则进而商榷其体例，改进其部次者。乃得谓之目录之学……
>
> 其二，目录学者，辨章学术剖析源流之学也……后人览其目录，可知其学之属于何家，书之属于何派，即古今学术之隆替，作者之得失，亦不难考索而得……
>
> 其三，目录学者，鉴别旧椠雠校异同之学也……汉时诸经，本有古今文之不同，然必详加著录，不厌重出者；非如此则异同得失，无所折衷……刘向必广求诸本，互资比较，乃得雠正一书，则旧本异本之重视，盖可知矣……
>
> 其四，目录学者，提要钩玄、治学涉径之学也……如龙启瑞之《经籍举要》，张广雅之《书目答问》，或指示其内容，或详注其版本；其目皆习见之书，其言多甘苦之论。彼其所以津逮后学、启发群蒙者，为用至宏。②

---

① 参见（宋）苏颂：《苏魏文公集》，1141 页，北京，中华书局，1988。
② 汪辟疆：《目录学研究》，1～3 页，上海，华东师范大学出版社，2000。

其一、三两条，由目录学的对象立说；而二、四两条，则从目录学的功用立说。姚名达在《中国目录学史·叙论篇》中简括为：

> 目录学者，将群书部次甲乙，条别异同，推阐大义，疏通伦类，将以辨章学术，考镜源流，欲人即类求书，因书究学之专门学术也。①

《简明不列颠百科全书》的"目录学"（Bibliography）条释：描述书籍的技术或科学……目录学一词现在有互异而又相关的两种意义：其一，按某种体系编列的书目（这可称之为叙述性目录学）；其二，关于书籍所用的材料及其编制方法的研究（这通常称为评论性的目录学或版本目录学）。目录学的职能是为学者提供有用的情报，一方面提供与其研究有关的资料情报，另一方面帮助其确立一书（或一文）在作者全部作品中的地位及其作为课文学习的质量和可靠性。描述性目录学编制者的任务是：发现并罗列某一学科有些什么书籍；逐本加以描述；集中所得图书的条目，做出实用的编排，以供研究和参考。它包括国家书目、个人书目、专题书目、书目指南。

综合以上所述，古籍目录学是研究古籍目录和整理古籍目录的学问，是阐述古籍目录编制和古籍目录利用的历史、理论和方法的学科。要言之，古籍目录学包括以下四方面内容。

第一，古籍目录学理论。探讨古籍目录学的对象、范围、内容、功用和研究方法，以及古籍目录学与相关学科之间的关系等问题。

第二，古籍目录学史。描述和研究古籍目录学发生、发展的历史过程，探究和总结历代目录学家的理论和方法。

第三，古籍目录的类型和体例。研究古籍目录的各种类型及其构成特征；研究古籍目录的独特体例，包括古籍目录的体制、著录事项和分类沿革。

第四，古籍目录编制和利用。研究如何对古籍目录加以适当分类、编目、提要，以便一方面向读者揭示、报道、推荐古籍文献，另一方面充分利用古籍文献进行学术研究。古籍目录的编制和利用，充分体现了古典文献学的实用性原则。

本章将重点介绍古籍目录类型、古籍目录体制、古籍目录编制的相关理论和方法。

三、古籍目录学的功用

古籍目录学的功用，大要有三。

（一）了解古代文献

唐释智升在《开元释教录》卷一说："夫目录之兴也，盖所以别真伪，明是非，记人代之古今，标卷部之多少，撮拾遗漏，删夷骈赘，欲使正教纶理，金言有绪，提纲举要，历然可观也。"古代文献有真伪、是非、古今、多少之别，不明目录，就容易遗

---

① 姚名达：《中国目录学史》，6页，上海，上海古籍出版社，2005。

露或胼赘。

分而言之，古籍目录学有助于研究古代图书的状况，大要表现在以下五个方面。

第一，查找、了解、统计历代书籍的存佚状况。

中国古典文献浩如烟海，有人认为我国古书总数有七八万种之多，有人认为可能有 15 万种左右。要从书海中迅速而准确地查找所需的文献资料，就必须具有一定的目录学知识，以便"即类求书，因书究学"。

例如，清末学者杨守敬（1839—1915）于 1880 年随驻日公使何如璋出使日本，他在《日本访书志缘起》中表示自己有志于搜集日本现存而中国久佚的古籍，但是"茫然无津涯，未知佚而存者为何本"。"凡（其书在我国国内）版已毁坏者皆购之。不一年，遂有三万余卷。"① 他实际搜访逸书 235 部，近两万卷，著《日本访书志》16 卷。1884 年黎庶昌影刻书目中的部分书籍为"古逸丛书"。

又如，《四库全书总目》"释家"类，以唐代的《开元释教录》为"佛氏旧文"之"最古"者，而不知在此书之前还有几部更古的佛教名著，就是因为缺乏佛典目录学知识，只是"随手翻检，未尝一究史源"，所以造成不应有的错误。

第二，考辨古书的时代、作者及其真伪、完阙。

古籍中撰者有阙名，篇帙有不同，而伪作、伪托更需订定，这都需要借助于目录。

例如，《汉书·东方朔传》列举东方朔的文辞《答客难》等 10 篇后，说："凡刘向所录朔书具是矣。世所传他事皆非也。"这是班固以刘向《别录》的著录与否为依据断定东方朔著作的真伪。

据《唐会要》卷七十七载，唐玄宗开元七年，诏令儒官详定《子夏易传》。并引司马贞议论说：

> 又按刘向《七略》有《子夏易传》，但此书不行已久，今所存者，多非真本。又荀勖《中经簿》云："《子夏传》四卷，或云丁宽所作。"是先达疑非子夏矣。又《隋书·经籍志》云："《子夏传》残缺，梁时六卷，今三卷。"是知其书错谬多矣。②

《四库全书总目》卷一《子夏易传》提要引刘知几议论说："《汉志》《易》有十三家，而无子夏作《传》者。至梁，阮氏《七录》始有《子夏易》六卷，或云韩婴作，或云丁宽作。然据《汉书》，《韩易》十二篇，《丁易》八篇。"作者及篇目，各不相合。因此，"必欲行用，深以为疑"。司马贞和刘知几对《子夏易传》的辨伪，其最有力的根据，就是目录书所载作者姓名和书的篇卷数各有不同，以此证明此书是后人伪作。

第三，考定古书的内容。

根据目录书，可以考知古书篇目之分合。例如《礼记正义》卷一引了郑玄的观

---

① 杨守敬：《日本访书志》，225 页，沈阳，辽宁教育出版社，2003。
② （宋）王溥：《唐会要》，1409 页，北京，中华书局，1955。

点，认为《曲礼》在刘向《别录》中属于制度。《乐记》原是由 11 篇合成。《冠礼》在大、小戴《礼记》及《别录》里，都编列在第一篇。这些篇目的次序及分合，都是根据刘向《别录》的原篇目考知的。

也可以根据目录书著录的分类部次，考订古书的性质。例如，《南史·陆澄传》载陆澄之说：《孝经》是字书，郑玄都没有给它作注，不应当列入经类。王俭认为《七略》和《汉书·艺文志》都把《孝经》列在《六艺略》中，而没有把它列入字书一类中，以此可证明《孝经》是经。

第四，用目录书可以考订古籍版本。

有的目录书兼记图书版本，如宋尤袤的《遂初堂书目》、清官修的《天禄琳琅书目》等，这就便于人们考订古籍的版本。通过这样的目录书，人们还可以知道某一图书各个时代的不同刊本和流传情况，从而估计某一图书的价值。

第五，因目录访求、考证亡佚之书。

《隋书》卷四十九《牛弘传》载牛弘将梁朝的目录与现存的书籍一一对比，发现原有的书缺佚了半数之多，因此上表，请求隋文帝下诏征求并购买已缺之书。又载牛弘所上《明堂议》，认为刘向《别录》曾经登载讲论明堂的书《古文明堂礼》等七种，现在都已亡佚。

（二）指导读书治学

唐代毋煚认识到不编目录，不懂目录学，将给读书学习造成很大困难。《旧唐书·经籍志》引《古今书录序》说："苟不剖判条源，甄明科部，则先贤遗事，有卒代而不闻；大国经书，遂终年而空泯。使学者孤舟泳海，弱羽凭天，衔石填溟，倚杖追日，莫闻名目，岂详家代，不亦劳乎！不亦弊乎！"

清代王鸣盛在《十七史商榷》中，特别提出读书应从讲求目录入手。卷一说："目录之学，学中第一紧要事，必从此问途，方能得其门而入。"卷七说："凡读书最切要者，目录之学。目录明，方可读书；不明，终是乱读。"卷二十二又引金榜之说："不通《汉·艺文志》，不可以读天下书。《艺文志》者，学问之眉目，著述之门户也。"

由此可知，目录书，特别是一些著名学者编写的解题目录、举要目录，对于读书治学确实具有祛疑指径、事半功倍的作用。目录书打开了我们的眼界，使我们能够找到自己所需要读的那些书，并知道在我们所需要读的那些书中，哪些是基本的，哪些应先读，哪些可供参考。例如，读《说文解字》，清人的研究著作甚多，汪辟疆的《读书举要》下篇《文字学之部》告诉我们，段玉裁的《说文解字注》最精详，应为研究《说文》的基本著作。其他如桂馥的《说文义证》，王筠的《说文释例》《说文句读》，朱骏声的《说文通训定声》等，各有独到之处，可供参考。而对于初学者，先读王筠的《说文句读》，较易入门。

即使同一书籍，也有许多版本，有的是劣本，有的是善本。目录书就有助于我们选择较好的版本，以免误读劣本。张之洞专门编撰了《书目答问》一书，为初学者指引门径。其卷首《略例》说：

读书不知要领，劳而无功；知某书宜读而不得精校精注本，事倍功半。今为分别条流，慎择约取，视其性之所近，各就其部求之。又于其中详分子目，以便类求。一类之中，复以义例相近者使相比附。再叙时代，令其门径秩然，缓急易见。凡所著录，并是要典雅记，各适其用。总期令初学者易买易读，不致迷罔眩惑而已。①

张之洞主张编撰书目，应该"慎择约取""详分子目""义例相近，使相比附"，以使初学者能够分别书之缓急，"易买易读"，这样，目录便真正成为指导读书门径之书。例如，《书目答问》中有关《十三经注疏》列举了乾隆四年武英殿刻附考证本、同治十年广州书局覆刻殿本、阮文达公元刻附校勘记本、明北监本、明毛晋汲古阁本等版本，并指出"阮本最于学者有益，凡有关校勘处旁有一圈，依圈检之，精妙全在于此。四川书坊翻刻阮本，讹谬太多，不可读；且削去其圈，尤谬。明监、汲古本不善"，这就很便于实用。

现代史学大师王国维研究学术，都是先讲目录学，以窥见某种学问或某个问题材料的多少或有无。他研究金文，就先编成《宋代金文著录表》《国朝金文著录表》；研究宋元戏曲，就先编撰《曲录》。史学大师陈垣也曾特别强调读书与研究应"从目录学入手"，以便扩大视野，摸清门径，充分掌握前人的研究成果；在研究每个专题以前，一定先把有关的目录索引编制出来。② 他研究元史，就先编《元史目录》；研究基督教在中国的历史，就先编《中国基督教史资料目录》。

（三）考辨学术源流

宋代史学家郑樵在《通志·校雠略》中论目录与学术研究的关系说："类例既分，学术自明，以其先后本末具在。""学之不专者，为书之不明也；书之不明者，为类例之不分也……类例分，则百家九流各有条理。"

最先提出目录学的作用在于"辨章学术，考镜源流"的，是清代学者章学诚。他在《校雠通义》卷首《校雠通义叙》中说：

校雠之义，盖自刘向父子，部次条别，将以辨章学术，考镜源流，非深明于道术精微、群言得失之故者，不足与此。后世部次甲乙，纪录经史者，代有其人，而求能推阐大义，条别学术异同，使人由委溯源，以想见于坟籍之初者，千百之中，不十一焉。③

汪辟疆在《目录学研究》中也说：

① （清）张之洞：《书目答问二种》，5 页，北京，生活·读书·新知三联书店，1998。
② 参见陈垣：《谈谈我的一些读书经验》，载《中国青年》，1961（16）；陈智超：《介绍陈垣的治学经验》，载《人民日报》，1980-03-27。
③ （清）章学诚：《校雠通义》，1 页，北京，古籍出版社，1956。

> 目录者，综合群籍，类居部次，取便稽考是也。目录学者，则非仅类居部次，又在确能辨别源流，详究义例，本学术条贯之旨，启后世著录之规，方足以当之。①

这里特别强调了目录学与学术研究的密切关系。

余嘉锡在《目录学发微》卷一，曾将目录之书按其体制分为三类：一是部类之后有小序，书名之下有解题者；二是有小序而无解题者；三是小序、解题并无，只著书名者。并进一步评论说：

> 属于第一类者，在论其指归，辨其讹谬。属于第二类者，在穷源至委，竟其流别，以辨章学术，考镜源流。属于第三类者，在类例分明，使百家九流，各有条理，并究其本末，以见学术源流之沿袭。以此三者互相比较，立论之宗旨，无不吻合，体虽异，功用则同。盖吾国从来之目录学，其意义皆在"辨章学术，考镜源流"，所由与藏书之簿籍自名赏鉴，图书馆之编目仅便检查者异也。②

的确，优秀的目录学著作，如刘向的《七略》、班固的《汉书·艺文志》《隋书·经籍志》，以及《四库全书总目提要》等，本身就具有学术史、文化史的价值。

思考与练习

1. 请试从不同角度，划分群书目录的类型。
2. 为什么说读书治学应从讲求目录入手？
3. 举前辈学者之例，说明读书治学如何从讲求目录入手。

第二节　古籍目录的类型

据汪辟疆的《目录学研究》一书的统计，从汉魏到明末，计有官书目录 60 种，私家目录 77 种，史家目录 14 种，共 151 种。孙殿起的《贩书偶记》正续编中著录了清以来的目录书 155 种。综计汪、孙二人的统计，已有 306 种，实际数字当远不止此，如彭国栋的《重修清史艺文志》"目录类"，即著录清代目录 400 部。

清人汤纪尚的《棐藺文乙集》卷下《周郑堂别传》，曾将历代目录书分为三类："目录之书，权舆中垒，流派有三：曰朝庭官簿，曰私家解题，曰史氏著录。"这是根

---

① 汪辟疆：《目录学研究》，10 页，上海，华东师范大学出版社，2000。
② 余嘉锡：《目录学发微》，11～12 页，成都，巴蜀书社，1991。

据目录编纂者及编目对象的不同来区分的。此外，如余嘉锡的《目录学发微》卷一，根据目录体例的繁简，区分目录为三种，即有小序和解题者、有小序而无解题者和小序解题并无者；汪辟疆的《目录学研究》目录的功用为标准，区分目录为四类，即目录家之目录、史家之目录、藏书家之目录和读书家之目录。

本书拟以目录编制的目的和收录的范围为标准，将古籍目录书分为三大类，即综合目录、学科目录和特种目录，依次加以介绍。

一、古籍综合目录

综合目录就是以某时期、某地区、某类型所有的书籍为对象而编制的目录。根据目录编纂者及编目对象的不同，主要有国家藏书目录、史志、私人藏书目录、丛书目录、地方文献目录等。

（一）国家藏书目录

国家藏书目录，一称官书目录，或称官修目录，即"官簿"，是由政府主持对当时尚存的国家藏书进行整理后所编制的目录。汪辟疆的《目录学研究》附有"汉唐以来目录统表"，其"官书目录表"共列汉魏至明末的官书目录 32 家。

1. 历代主要国家藏书目录一览

汉《别录》20 卷，西汉刘向撰，残。此书编撰，历时 19 年，刘向卒，书未完，由其子刘歆编成。此书为各书叙录的汇编，开创叙录之体。

汉《七略》7 卷，西汉刘歆撰，残。此书是古代分类目录之始，上奏此书在汉成帝绥和二年（前 7）。以上二书现存辑本有 7 种，以清姚振宗的《快阁师石山房丛书》本中的《七略别录佚文》较好。

魏《中经》14 卷，魏郑默撰，佚。此书开创图书四部分类法，略为经、子、史、集。

晋《中经新簿》16 卷，西晋荀勖撰，佚。此书系据郑默的《中经》而作，附录佛经类。全书只录书名、卷数、撰人，而无叙录。

晋《元帝四部书目》，东晋李充撰，佚。此书首次确立了四部分类经、史、子、集的次序。

宋《元嘉八年秘阁四部目录》，宋谢灵运撰，佚。此书或为殷淳撰。

宋《元徽八年四部目录》4 卷，宋王俭撰，佚。

齐《永明元年四部目录》，齐王亮、谢朏撰，佚。

梁《文德殿四部目录》4 卷，梁刘孝标撰，佚。

隋《开皇四年四部目录》4 卷，隋牛弘撰，佚。

唐《群书四部录》（一名《群书四录》）200 卷，唐元行冲、殷践猷等撰，佚。此书撰成于开元九年（721）。

唐《古今书录》40 卷，唐毋煚撰，佚。此书系《群书四部录》的修正、补充和简化本，撰成于开元九年。

宋《崇文总目》66 卷，宋王尧臣等撰，残。此书撰成于庆历元年（1041）。清钱伺等有《辑释》五卷、《补遗》一卷。

宋《中兴馆阁书目》70 卷，宋陈骙撰，佚。此书撰成于淳熙五年（1178）。现有赵士炜的《中兴馆阁书目辑考》5 卷。

宋《中兴馆阁续书目》30 卷，宋张攀撰，佚。此书撰成于嘉定十三年（1220）。现有赵士炜的《中兴馆阁续书目辑考》1 卷。

明《永乐大典目录》60 卷，明解缙等撰，存。

明《文渊阁书目》20 卷，明杨士奇撰，存。此书撰成于正统六年（1441），分类不按四部成规。

明《新定内阁藏书目录》6 卷，明张萱等撰，存。此书撰成于万历三十三年（1605）。

清《四库全书总目》200 卷，清纪昀等撰，存。

清《天禄琳琅书目》前编 10 卷、后编 20 卷，清于敏中、彭元瑞等撰，存。此书前编撰于乾隆九年（1744），后编撰于嘉庆三年（1798），是国家藏书目录讲究版本的开端。收录宋元精椠、辽金秘籍，其解题详记各书版刻年代、刊印、流传、庋藏，为集大成之作。有清光绪间王先谦校刊本。中华书局藏抄本、校影印光绪间刻本，较佳。今人施廷镛、张允亨编有《天禄琳琅查存书目》《天禄琳琅现存书目》。

综合来看，中国古代的国家藏书目录有以下特点：第一，著录的图书全面而丰富，代表了当时国家的藏书水平；第二，绝大多数采用了四部分类法，与魏晋以后国家藏书按四部陈列相一致；第三，著录较为详细，多有小序、叙录。

2.《四库全书总目》说略

《四库全书总目》200 卷，是历代国家藏书目录中最出色的代表作。

《四库全书》自清乾隆三十七年（1772）开馆纂修，至乾隆四十七年（1782）完成。全书分经、史、子、集四部，一式缮写 7 部，分别贮藏"北四阁"（文渊、文源、文津、文溯）和"南三阁"（文澜、文汇、文宗）。现仅存 4 部，分别藏于：中国国家图书馆（文津阁本）、甘肃省图书馆（文溯阁本）、浙江省图书馆（文源阁本）、台北故宫博物院（文渊阁本）。可参看黄爱平的《四库全书撰修研究》（中国人民大学出版社，1988），郭伯恭的《四库全书纂修考》（上海书店，1992），张书才主编的《纂修四库全书档案》（上海古籍出版社，1997）。

据中华书局 1965 年《四库全书总目》的《出版说明》，《四库全书总目》共著录入库古籍 3461 种，79309 卷，存目古籍 6793 种，93551 卷，有 401 部无卷数。

《总目》的编纂体例具见卷首《凡例》20 则。《总目》分 4 部、44 类、若干子目，部有总序，类有小序，子目下有按语，各书有叙录（即提要），多出于纪昀笔削删定。提要不仅"叙作者之爵里，详典籍之源流"，而且还"旁通曲证""剖析条流""辨章学术"①，体例完备，内容丰富，具有较高的学术价值。但其分类或有不善，史源时有不究，不讲版本，不查原书，因此不免多有讹误。

① 余嘉锡：《四库提要辨证·序录》，48 页，北京，中华书局，1980。

《总目》有商务印书馆《万有文库》本 40 册，另有合订 4 册本；中华书局 1965 年影印精装本 2 册，附《四库撤毁书提要》《四库未收书提要》《四库全书总目校记》《四库全书总目书名及著者姓名索引》。

与《总目》相关的书目有如下。

《四库未收目提要》5 卷，又名《擘经室外集》《擘经室经进书录》，清阮元等编，商务印书馆 1955 年新印本，共收录古籍 170 余种。

《四库采进目》，原名《进呈书目》，是修四库全书时进呈书籍的书目。商务印书馆 1960 年版，附人名、书名索引。

《四库提要辨证》24 卷，余嘉锡撰，北京科学出版社 1958 年版，北京中华书局 1980 年新版。此书纠正《总目》著录的书籍 491 篇，包括提要本身以及古籍的内容、版本、作者生平等。

《四库全书总目提要补正》60 卷，《补遗》1 卷，《未收书目提要补正》2 卷，胡玉缙撰，王欣夫辑，北京中华书局 1964 年版。此书辑录了清人至近人校订《总目》及《未收书提要》的文字，并加按语。共订正书籍 2300 余种。

《四库全书简明目录》20 卷，乾隆四十九年（1784）杭州刊本，北京古典文学出版社 1957 年排印本、1964 年印本，附书名索引、著者索引。因《总目》篇帙过大，所以简编此书，无总序和小序。有些子目附入简按且不录存目书，颇便翻检。

《增订四库简明目录标注》20 卷，清邵懿辰撰，邵章续录，北京中华书局 1959 年版。此书以《四库全书简明目录》为底本，在各书下注明现存版本，极为实用。增订本有所补充，并附录善本书跋、四库未传本书目及东国（朝鲜、日本）书目，并附书名、著者名综合索引。

《续修四库全书总目提要》13 册。此书仅及原续修提要稿 31000 余篇的三分之一，讹谬甚多。《续修四库全书总目提要》原稿现藏中国科学院图书馆，1986 年起由中华书局陆续出版。

（二）史志

史志，指正史中的《艺文志》《经籍志》和有些朝代的《国史艺文志》一类目录书以及某些政书中的目录书。史志大多由后代史官依靠某一时期所能见到的书籍目录，包括官修目录、私家目录以及其他文献资料编纂而成，所以并非严格的藏书目录。但史志一直有着辨章学术、考镜源流的优良传统。

史志可细分为三类：正史原有史志、后人补续正史史志和政书史志。

1. 正史原有史志叙录

（1）《汉书·艺文志》1 卷

此书系东汉班固依据刘歆的《七略》剪裁编次而成，著录有六略 38 种，596 家，13269 卷。这是我国现存的古代第一部完整的目录书。而且，史籍中有目录部分，目录中有史志体制，亦发端于此。此书具有很高的学术价值，清姚振宗的《汉书艺文志条理·叙例》说："今欲求周秦学术之渊源，古昔典籍之纲纪，舍是志无由津逮焉。"《汉书》断限在王莽地皇四年（23），上距《七略》成书（前 7）历 30 年，却只增入刘向、扬雄、杜林三家之书，未能全面增补新出文献，因此不能全面反映汉代文献著作。又《汉志》删除《七略》中每书的叙录，只在必要之处，摘录一二，作为小注。

有关此书的研究著作有：宋王应麟的《汉书艺文志考证》10 卷，清姚振宗的《汉书艺文志条理》8 卷，王先谦的《汉书艺文志补注》（在《汉书补注》中），姚明辉的《汉书艺文志注释》7 卷，顾实的《汉书艺文志讲疏》，陈国庆的《汉书艺文志注释汇编》，孙德谦《汉书艺文志举例》，张舜徽的《汉书艺文志释例》（《广校雠通义》附）等。

（2）《隋书·经籍志》4 卷

此书原属《五代史志》，"大抵是志初修于李延寿、敬播，有网罗汇聚之功；删订于魏郑公，有披荆翦棘之实。撰人可考见者凡三人。旧本题魏徵等撰，征实可信也"①。此书收录梁、陈、齐、周、隋五代官私书目所载典籍，实收 6518 部，56881卷，并于各类中夹注亡佚书目。此书的收录以撰人卒年为断，凡隋大业十四年（618）以前者收录，唐初始卒者一概不录。此书以经、史、子、集四部分类，并附道录、佛录，成为六大部类，是现存最早的以四部分类的目录书。此书体例承《汉志》，有总序、部序、类序和小注，有关此书的研究著作有：明焦竑的《隋经籍志纠缪》（《国史经籍志》附），清章宗源的《隋书经籍志考证》13 卷（只有史部），清姚振宗的《隋书经籍志考证》52 卷等。

（3）《旧唐书·经籍志》20 卷

此书系后唐刘昫等据唐毋煚等的《古今书录》编成，仅收唐玄宗开元以前的书籍，并删去原书各类小序。

（4）《新唐书·艺文志》4 卷

宋欧阳修据《旧唐志》增订，将开元书目已著录的 53915 卷，与唐代学者自为之书 28469 卷，合并整理，共著录图书 3277 部，52094 卷。新加唐人著作 1390 部，27127 卷。分类编次有所增改，其类目分著录与不著录二类，前者为《古今书录》原有之书，后者为新增入的唐人著作。全书虽无小序，但小注多可补史传之阙。全书多有粗疏失考之处。商务印书馆的《唐书经籍艺文合志》，根据善本排印，又以清沈炳震的《新旧唐书合钞》本作注，甚便检阅。

（5）《宋史·艺文志》8 卷

宋代吕夷简等撰《三朝国史艺文志》（太祖、太宗、真宗）、王珪等撰《两朝国史艺文志》（仁宗、英宗）、李焘等撰《四朝国史艺文志》（神宗、哲宗、徽宗、钦宗）、阙名撰《中兴国史艺文志》（高宗、孝宗、光宗、宁宗），开创了写当代史志目录的先例。这四部书现已不存，有赵士炜的《宋国史艺文志辑本》。元代脱脱主持编撰《宋史·艺文志》，主要就根据这 4 部《国史艺文志》，删其重复，并采用《新唐志》加注不著录的方法，补录史馆所存宋宁宗嘉定以后的新书，汇辑而成，共收书籍 9819 部，119972 卷。此书多有阙略重复。这是最后一部记载国家藏书的史志目录。

---

① 见王承略、刘心明：《二十五史艺文经籍志考补萃编第十五卷》第 1 册，6 页，北京，清华大学出版社，2014。

（6）《明史·艺文志》4 卷

明代焦竑曾撰《国史经籍志》6 卷。清顺治间傅维明据《文渊阁书目》，撰《明书·经籍志》3 卷。清康熙间黄虞稷曾撰《明史艺文志》，与后来黄氏所编《千顷堂书目》大致相同。康熙末年，王鸿绪任明史馆总纂，据黄虞稷志稿，删去前朝著作，编成《明史·艺文志》4 卷，开创了史志记一代著述之例。此书收录书籍 4633 种，分 4 部 35 类，体例紊乱。

（7）《清史稿·艺文志》4 卷

此书系吴士鉴、章珏、朱师辙撰，仿《明志》纪一朝之著述，共著录书籍 9630 种，138078 卷，并附载清人辑集的古佚书。但全书脱漏严重，分类混乱。

2. 后人补续正史史志一览

正史原书所无，后人补撰的《艺文志》或《经籍志》，和正史原书虽有，后人又补编的《艺文志》或《经籍志》，凡 44 种（未注刊本者均见开明书店《二十五史补编》本）。

《汉书艺文志拾补》6 卷，清姚振宗撰。

《补续汉书艺文志》1 卷，清钱大昭撰（《积学斋丛书》本作 2 卷）。

《补后汉书艺文志》4 卷，清侯康撰。

《补后汉书艺文志》10 卷，清顾櫰三撰（《小方壶斋丛书二集》本作 31 卷）。

《补后汉书艺文志》4 卷，清姚振宗撰。

《补侯康后汉书艺文志补》，清陶宪曾撰，《灵华馆丛稿》卷四。

《补后汉书艺文志》1 卷《附考》10 卷，曾朴撰。

（按以上 6 种，均补《后汉书》，以姚志最佳。）

《三国艺文志》4 卷，清姚振宗撰。

《补三国艺文志》4 卷，清侯康撰。

《补侯康三国艺文志补》，清陶宪曾撰，《灵华馆丛稿》卷四。

（按以上 3 种，以姚志最佳。）

《补晋书艺文志》4 卷，清秦荣光撰。

《补晋书艺文志》6 卷，清文廷式撰。

《补晋书艺文志》4 卷《附录》1 卷《补遗》1 卷《刊误》1 卷，丁国锡、丁辰撰。

《补晋书经籍志》4 卷，吴士鉴撰。

《补晋书艺文志》4 卷，黄逢元撰。

（按以上 5 种，各有所长。）

《补南北史艺文志》3 卷，徐崇撰。

《补宋书艺文志》1 卷，清王仁俊撰，《籀鄦諆杂著》（上海图书馆藏稿本）。

《补宋书艺文志》1 卷，聂崇岐撰。

《补南齐书艺文志》4 卷，陈述撰。

《补梁书艺文志》1 卷，清王仁俊撰，《籀鄦諆杂著》（上海图书馆藏稿本）。

《补后魏书艺文志》，李正奋撰，北京图书馆藏抄本。

（按以上 6 种，以徐志最佳。）

《隋书经籍志补》2卷，张鹏一撰。

《隋代艺文志》1卷，李正奋撰，北京图书馆藏抄本。

《南北史合八代史录目》，陈汉章，浙江图书馆藏稿本。

《补五代史艺文志》1卷，清顾櫰三撰。

《补五代史艺文志》1卷，清宋祖骏撰，朴学庐丛刻本。

《宋史艺文志补》1卷，清黄虞稷、倪灿、卢文弨撰。

《宋史艺文志》，清朱文藻撰，清吟阁书目存抄本16册。

《西夏艺文志》1卷，清王仁俊撰。

《辽史艺文志补证》1卷，清王仁俊撰。商务印书馆《辽金元艺文志》本。

《补辽史经籍志》1卷，清厉鹗撰。商务印书馆《辽金元艺文志》本。

《补辽史艺文志》1卷，黄仁恒撰。

《辽史艺文志》1卷，缪荃孙撰。

《金史补艺文志》1卷，郑文焯撰，传抄本。

《金史艺文略》6卷，孙德谦撰，上海图书馆藏稿本。

《金史艺文志补录》，龚显曾撰，商务印书馆《辽金元艺文志》本。

《补元史艺文志》4卷，清钱大昕撰。

《元史艺文志补》，张锦云撰，商务印书馆《辽金元艺文志》本。

《补辽金元艺文志》1卷，黄虞稷、倪灿、卢文弨撰。

《补三史艺文志》1卷，金门诏撰。

《明史艺文志》5卷，清尤侗撰，《西堂全集》本。

《明史经籍志》1卷，清金门诏撰，《金太史全集》本。

《清史稿艺文志补编》，武作成撰。

《重修清艺文志》，彭国栋撰。

日本学人在1825年汇集除《清史稿·艺文志》以外的6部正史史志和《宋史艺文志补》《补辽金元艺文志》《补三史艺文志》《补元史艺文志》4部补志，为《八史经籍志》，有清光绪间张寿荣翻刻本。1955年，商务印书馆开始编印十史艺文经籍志，至1982年已全部出齐。

3. 政书史志

政书指各种《通志》与《通考》，其中史志如下。

宋郑樵《通志·艺文略》8卷。

清嵇璜等《续通志·艺文略》8卷。

清嵇璜等《皇朝通志·艺文略》8卷。

元马端临《文献通考·经籍考》76卷。

明王圻《续文献通考·经籍考》。

清乾隆十二年敕编《续文献通考·经籍考》58卷。

清乾隆十二年敕编《皇朝文献通考·经籍考》28卷。

刘锦藻《续皇朝文献通考·经籍考》26卷。

郑樵的《艺文略》以分类见长，通录古今，兼记有无，本末全备；马端临的《经籍考》以辑录资料取胜：二家皆多有独创。至于续撰诸作，却远不如前。姚名达在《中国目录学史·史志篇》评述道："《续文献通考》《皇朝文献通考》《续通志》《皇朝通志》，几于完全抄撮《提要》。所不同者，惟沿袭马、郑之例，《通考》则稍取清初少数学者考论古籍之语，《通志》则惟录书目而删去提要。其分类亦依违于马、郑、《四库》之间，不值一顾。《续》《清》之别，一则继马、郑而迄明末，一则只记乾隆以前之清人撰述耳。"

（三）私人藏书目录

私人藏书目录，也称私家目录，始见于南朝梁任昉，见《梁书·任昉传》。南朝宋王俭的《七志》和梁阮孝绪的《七录》，皆取七部分类法，并附佛、道二类，实为九类。隋唐私家目录继有所作，但大都亡佚。宋代私家目录有了显著发展，而清代私家目录数量最多。私人藏书目录有综合目录与专科目录之分，这里只述综合目录。

私人藏书目录多为撰者当时见存书籍，并且是撰者实见实录的，一般著录详细，多有提要，便于读书治学。其所著录之书，也多能突破正统观念，多录异本，可补国家藏书目录与史志的不足。

1. 宋代著名私人藏书目录叙录

（1）《郡斋读书志》

晁公武撰。有淳祐九年（1249）衢州刻 20 卷本，淳祐十年（1250）袁州刻 4 卷本。袁本有后志、考异、附志，通行于世，四库著录即用此本。衢本一直罕见，至清嘉庆时汪士钟刊行后始获流传。王先谦以袁本校衢本，清光绪十年（1884）长沙思贤精舍刊，最为善本。此书连同《附志》共著录古籍 1937 种，分四部，45 类；每部有序，每类小序则见于此类第一部书叙录内；每一书有叙录，具列撰者、要旨、学派和篇次，尤重考订。其所著录之书，今已亡佚的有 500 多种。

（2）《直斋书录解题》

陈振孙撰。原为 56 卷，著录古籍 3096 种，51180 卷。后缺佚，清修《四库全书》时从《永乐大典》中辑出，校定为 22 卷，即今传本。此书虽不标四库之名，但仍以四部为先后，分为 53 类，仅存类序 9 篇；各书有叙录，评述卷帙多寡、作者名氏，考证撰述时间、图书版本，并品题得失、辨章学术。《四库全书总目》卷八十五评其价值说："然古书之不传于今者，得借是以求其崖略；其传于今者，得借是以辨其真伪，核其异同，亦考证之所必资，不可废也。"

（3）《遂初堂书目》

尤袤撰。此书著录亲见之书，"一书而兼载数本"，是我国最早记载版本的目录。现通行本缺卷数、撰者。《四库全书总目》卷八十五说："疑传写者所删削，非其原书耳。"现有《说郛》本、《常州先哲遗书》本、《海山仙馆丛书》本（《丛书集成》收入）。

2. 现存明代私人藏书目录一览

《古今书刻》上下编，周弘祖撰。按此书刊于明嘉靖间，上编保存了明代官私出版书籍的大量版刻资料，下编录各省所存石刻。

《西亭中尉万卷堂书目》16卷，朱勤美撰。

《菉竹堂书目》6卷，叶盛撰。

《李蒲汀家藏书目》2卷，李廷相撰。

《世善堂藏书目》2卷，陈第撰。

《晁氏宝文堂书目》3卷，晁瑮撰。此书成于嘉靖十九年（1540）。多录小说戏曲，每书有解题，有的图书记录版刻。

《百川书志》20卷，高儒撰。此书成于嘉靖十九年（1540），多录小说戏曲及元明人著作，各书多有简明提要。

《得月楼书目》1卷，李如一撰。

《澹生堂藏书目》14卷，祁承㸁撰。此书分四部45类235子目，类目详明，体例严谨，增删恰当。

《澹生堂明人集部目录》1卷，祁承㸁撰。

《徐氏家藏书目》（一名《红雨楼书目》）7卷，徐𤊹（万历间人）撰。此书虽成于万历三十年（1620），但续录至南明。多录小说、笔记、杂剧、传奇；多收明代艺文，"明诗选"部分更详注作者生平。

《脉望馆书目》4卷，赵琦美撰。

《绛云楼书目》7卷，钱谦益撰。

《千顷堂书目》32卷，黄虞稷撰。此书为明代私家目录巨制，所录皆有明一代之书，分为四部50类，每类之末附以宋、辽、金、元人著作，著录书13000多种，著录富赡；以四部排列，附注作者生平，体例严谨。现存《适园丛书》本，上海古籍出版社1990年出版排印本。

3. 现存清代著名私人藏书目录一览

《也是园藏书目》10卷，钱曾撰。

《述古堂藏书目录》4卷，钱曾撰。

《读书敏求记》4卷，钱曾撰。此书专记宋元精刻善本，并加考订，是第一部研究版本的目录专著，也是第一部善本书目。管庭芬、章珏的《钱遵王读书敏求记校证》最佳，现有1984年新校点本。

《汲古阁珍藏秘本书目》1卷，毛扆撰。

《传是楼书目》8卷，徐乾学撰。

《拜经楼藏书题跋记》6卷，吴寿旸撰。

《振绮堂书目》4卷，汪宪撰。

《士礼居藏书题跋记》6卷，《续编》5卷，黄丕烈撰。

《荛圃藏书题识》10卷，《续录》4卷，《再续录》3卷，黄丕烈撰。

《平津馆鉴藏书籍记》3卷，《续编》1卷，《补遗》1卷，孙星衍撰。

《孙氏祠堂书目》内编4卷，外编3卷，孙星衍撰。这是为孙氏宗祠藏书所撰的，突破了四部分类法。

《郑堂读书记》71卷，周中孚撰。此书成于嘉庆、道光间，时人誉为《四库全书总目》的续编。有商务印书馆 1959 年印本。

《爱日精庐藏书志》36 卷《续志》4 卷，张金吾撰。此书亦为版本目录学要籍。

《铁琴铜剑楼藏书目录》24 卷，瞿镛撰。此书为善本书目，解题出于黄廷鉴、王颂蔚、叶昌炽等诸名家之手。北京图书馆印有《铁琴铜剑楼宋金元本书影》。

《海源阁书目》6 册，杨保彝撰。其父杨绍和有《楹书偶录》5 卷，《续编》5 卷，杨保彝另有《海源阁宋元秘本书目》4 卷。

《皕宋楼藏书志》120 卷，《续志》4 卷，陆心源撰。此书著录明初以前稀见的宋元刻本、旧钞本、名人手校本，多有叙录。陆氏另有《仪顾堂题跋》16 卷《续跋》16 卷。皕宋楼所藏 15 万卷善本书，由岛田翰经手，于 1907 年落入日本三菱财阀岩崎氏的静嘉堂文库。参见岛田翰《皕宋楼藏书源流考并购获本末》。

《善本书室藏书志》40 卷，《附录》1 卷，丁丙撰。此书也是著名的善本书目，每书有解题。

清代私人藏书目录大多注重版本鉴定，所以多为善本目录。

（四）地方文献目录

地方文献目录是以某一地区有关的书籍为对象而编制成的目录，包括方志中的目录。地方文献通常有两方面的含义：一是内容关系到某个地区的著作，二是籍贯属于某个地区或长期居住在某个地区的作者的著作。地方文献目录不仅可供求书、检书之用，反映地方学术文化发展的状况，而且还可以借此搜辑、整理地方文献，甚至可能从中发掘出古代作者的遗佚著作。

唐刘知几在《史通·书志篇》说："近者宋孝王《关东风俗传》亦有《坟籍志》，其所录皆邺下文儒之士，雠校之司，所列书名，惟取当时撰者。"宋孝王是由齐入周的，可见早在北朝时，就已经有了专录一方人士著作的目录了。

记一地图书的专书，明代有祁承爜的《两浙著作考》46 卷，已佚；曹学佺的《蜀中著作记》12 卷，残存 4 卷，载《图书馆学季刊》第 3、4 期。最为著名的是清孙诒让的《温州经籍志》33 卷，《外编》2 卷，《辨误》1 卷。其书体例仿朱彝尊《经义考》，每书注明存、佚、阙、未见，辑录序跋及其他有关材料，并注明出处，附有按语，极为严谨。

中国古代的方志有 8500 余种。1935 年朱士嘉编著《中国地方志综录》（增订本），由上海商务印书馆于 1958 年出版，收录现存方志 5832 种。1978 年中国天文史料普查整理组编印《中国地方志联合目录》，收录现存方志 8200 多种，北京中华书局 1985 年出版。

南宋嘉定七年（1214）高似孙撰《剡录》，所录为与剡地（今浙江嵊州市）有关的作者的著作目录和单篇文章，实开方志著录文献的风气。历代方志中多有艺文或经籍等门类，著录地方著述，包括地方文献目录和与该地有关的诗文作品。清乾隆重刻《归德府志》，分所收图书为学宫经籍、名家著述、金石文字、郡县志乘四项，体制比较完备。李濂镗的《方志艺文志汇目》汇编了方志中的书目部分，颇便检索。

（五）丛书目录

丛书是按一定的原则（或属同一作者，或属同一学科，或属同一时代，或属同一地区），采用相同的物质形式（同一版面，同一装订），把一些著作汇刊在一起，并用一个统一名称的系列书籍。

明清时期，辑刻丛书之风盛行，丛书目录的编纂应运而生。清代至现代，重要的丛书目录有：

《汇刻书目初编》20卷，清嘉庆四年（1799）顾修编。这是第一部丛书目录，随手摘录丛书261种，体例不严。

《续汇刻书目》，清光绪间傅云龙续编、胡俊章补遗，收录丛书500种，按四部分类。

《汇刻书目》20册，清光绪间朱学勤、王懿荣编，收丛书567种。

《增订丛书举要》，1918年李之鼎编，收丛书1605种。

《丛书书目汇编》，1928年沈乾一辑，收丛书2086种，按书名字顺笔画排列。

按以上丛书都列子目于丛书书名之后，只能检索每种丛书所收书名与种数，难以检索某书或某人所著书在何种丛书之内。

《丛书子目书名索引》，1936年清华大学图书馆施廷镛编，收书1275种。

《丛书大辞典》，1936年杨家骆编，收书6000种，采丛书书名、各书书名与撰书人名为纲，互注其关系名目于下，以四角号码检字法混合编排。

《中国丛书综录》，上海图书馆编，中华书局上海编辑所1959年出版，上海古籍出版社1986年新版，收录现藏丛书2797种。共分三册：第一册《总目分类目录》，附《全国主要图书馆收藏情况表》；第二册《子目分类目录》；第三册《子目书名索引》《子目著者索引》。此书搜罗完备，便于检索，并反映了丛书收藏情况，以便研究者即目求书，就近借阅。但此书偶有小疵，如版本著录不全，异名反映欠详，子目时有遗漏等。其后阳海清编撰、蒋孝达校订《丛书综录补正》，江苏广陵古籍刻印社1984年出版。

二、古籍学科目录

学科目录专门著录某学科的书籍。早在公元前2世纪汉武帝时，我国就出现了第一部有文字可考的学科目录——杨仆的《兵录》，已佚。

（一）经籍目录

刘歆《六艺略》中即以经籍为主，包括史籍。东汉末年，郑玄作《三礼目录》，仅就三礼篇目，为之提要，可称经籍目录的萌芽。《宋史》卷二百四《艺文志》著录欧阳伸《经书目录》11卷，这是第一部经籍专目。明嘉靖间朱睦㮮撰《经序录》，取诸家说经之书，各采篇首一序，编为一集，颇有特色。

清康熙间，朱彝尊仿马端临的《文献通考·经籍考》体例，历20年，撰成《经义存亡考》300卷，是经籍目录的代表作，乾隆二十年（1755）刊行时定名《经义考》。《四库全书总目》卷八十五述其体例说：

> 每一书前，列撰人姓氏、书名、卷数。其卷数有异同者，则注某书作几卷。次列存、佚、阙、未见字。次列原书序跋、诸儒论说，及其人之爵里。彝尊有所考正者，即附列案语于末……上下二千年间，元元本本，使传经源委，一一可稽，亦可以云详赡矣。①

此书网罗宏富，为两千年来说经之书的总汇。但此书引用原始材料时有删略，是其不足。其书所注佚、阙、未见，由于见闻所限，时有与事实不符者，所以乾隆末年翁方纲撰《经义考补正》12 卷，加以订正。1933 年罗振玉编《经义考目录》8 卷，便于检索朱书。

专录一经之书的目录，有清人全祖望的《读易别录》，近人蒋复璁的《易经集目》《四书集目》《论语集目》《孟子集目》《孝经集目》等。

近人重要的经籍目录有：吕思勉的《经子解题》，郑振铎的《关于诗经研究的重要书籍介绍》（《中国文学研究》上册，作家出版社，1957）。

小学书籍从《七略》开始，就被看作经学的附庸。小学书目以清乾隆间谢启昆等的《小学考》50 卷，成就最大。此书除"敕撰"之书外，分训诂、文字、声韵、音义四类，收录完备，著录全按朱彝尊《经义考》的体例。1934 年罗振玉编《小学考目录》1 卷，王振声补录《小学考目录》2 卷，可备查检。

此外，黎经诰撰《许学考》26 卷，收书 240 余部，清人研究《说文》的著述大体具备。其体例是除书名、卷数外，下注版本，撰写作者传记，辑录书的序文。

（二）诸子学书目录

现存最早的诸子学目录是宋高似孙的《子略》4 卷。全书先录书名，次概述图书内容得失，次聚集诸家评论，共著录 37 家。

晚清王仁俊撰《周秦诸子序录》，搜罗子书较完备。近人胡韫玉有《周秦诸子书目》1 卷。陈钟凡编《诸子书目》，共辑录周秦至元明各代诸子书目 144 家，尤为完备。其书于每家著作，首列书名卷数，次列各种版本，并有考订，按著作时代序列。近人严灵峰编《周秦汉魏诸子知见书》6 册（北京中华书局据台北正中书局 1975—1979 年版影印，1993），更有后来居上之势。方勇著《子藏·庄子书目提要》（北京国家图书馆出版社，2015），著录历代《庄子》研究论著 302 部，有很高的学术价值。

（三）史籍目录

各代虽有史籍篇目和史目的专目，最早见于著录的史籍目录有唐杨松珍的《史目》，但现存最早的较完整的史籍目录是宋高似孙的《史略》6 卷，分类著录历代各种史书，但体例庞杂。

最重要的史籍目录，是清乾隆五十二年至嘉庆三年（1782—1798）章学诚初撰，道光二十五至二十六年（1845—1846）潘锡恩组织增订完稿的《史籍考》300 卷，惜

---

① （清）永瑢等：《四库全书总目》，732 页，北京，中华书局，1965。

其书于咸丰六年（1856）毁于火灾。但章学诚所撰《论修史籍考要略》《史籍考释例》《史籍考总目》，尚存《章氏遗书》中。从中可知此书分制书、纪传、编年、史学、稗史、星历、谱牒、地理、故事、目录、传记、小说 12 部，次分 55 目，分类颇为精密，论述也颇多发明。

今人重要的史学书目录有：张舜徽的《中国史学名著解题》，柴德庚的《史籍举要》，谢国桢的《晚明史籍考》《清开国史料考》，贺次君的《史记书录》等。

（四）文集目录

《七略》有《诗赋略》，记载文学作品。曹魏以后，文集大量出现，所以，南朝刘宋时王俭编《七志》，将《汉书·艺文志》中的《诗赋略》改成《文翰志》。梁阮孝绪《七录》又名《文集志》。《七录序》说："王以诗赋之名，不兼余制，故改为文翰。窃以顷世文词，总谓之集，变翰为集，于名尤显，故序《文集录》为内篇第四。"至《隋书·经籍志》径称文学书籍类目为集部，从此以后，相沿不改。

至于文艺书籍的专目，则始于晋挚虞的《文章流别志》4 卷，已佚。南北朝又多有续作，见《隋书·经籍志》著录。《宋史·艺文志》著录的沈建的《乐府诗目录》，是文艺专科中的单科专目。《千顷堂书目》著录的《国朝名家文集目》则是明代文集的专目。明蒋之翘有《楚辞总目》《楚辞目录》。明末张溥有《汉魏六朝百三家集》，每部文集有题辞，类似于书目提要。今人殷孟伦将题辞别裁集出，加以注释，成《汉魏六朝百三家集题辞注》（人民文学出版社，1960，1981；中华书局，2007），类似于文学书目录。

重要的戏曲目录有：元钟嗣成的《录鬼簿》，明初无名氏的《录鬼簿续编》，明吕天成的《曲品》，明祁彪佳的《远山堂曲品》《远山堂剧品》，清黄文旸的《曲海目》，姚燮的《今乐考证》，近人董康编《曲海总目提要》等。

今人的文艺书目录，可参看张君炎的《中国文学文献学》、潘树广的《中国文学文献检索》等书。重要的如下。

姜亮夫的《楚辞书目五种》（包括《楚辞书目提要》《楚辞图谱提要》《绍骚隅录》《楚辞札记目录》《楚辞论文目录》）。

洪湛侯的《楚辞要籍解题》。

王运熙的《汉魏六朝乐府诗研究书目提要》，《乐府诗论丛》附录。

万曼的《唐集叙录》（中华书局，1980），《唐诗书目》（见《唐诗鉴赏辞典》附录，上海辞书出版社，1983）。

陕西师范大学中文系编《唐诗研究专著论文目录索引》（1949—1981）。

唐圭璋的《宋词版本考》（见《宋词四考》，江苏文艺出版社，1959）。

饶宗颐的《词集考》。

张舜徽的《清人文集别录》（中华书局，1963，1980）。

袁行云的《清人诗集叙录》（文化艺术出版社 1994 年版，补《清人别集总目》）。

孙楷第的《中国通俗小说书目》（人民文学出版社，1982）。

江苏省社科院编《中国通俗小说总目提要》（中国文联出版公司，1990）。

袁行霈、侯忠义的《中国文言小说书目》（北京大学出版社，1981）。

阿英的《晚清戏曲小说书目》（中华书局，1959）。

傅惜华的《元代杂剧全目》《明代杂剧全目》《明代传奇全目》《清代杂剧全目》。

庄一拂的《古典戏曲存目汇考》。

（五）释道书目录

释道书目录，《隋书·经籍志》列于附录，其他目录书多列于子部之末，自成一类。

佛籍单独成为专书，体制较备，应以东晋释道安《综理众经目录》为始，此书久佚，但还能从《出三藏记集》中得其大体。《出三藏记集》卷二说它的编制法是："始述名录，铨品译才，标列岁月。"重点放在评论译书水平上，即"铨品译才"，是一部具有书评性质的目录书。

现存最早的佛籍目录，是梁释僧祐的《出三藏记集》15 卷。所谓"出"是译出，"三藏"指经、律、论，"记集"意为记录集合，合而言之就是记集中土所出翻译经律论的佛籍总目录。全书体制分撰缘起（记佛经与译经的起源）、铨名录（记历代出经名目，以时代撰人分类）、总经序（记各经前序和后序）、述列传（载译经人名传）四部分。

以后各代著名的佛籍专录有：隋释法经的《大隋众经目录》6 卷，隋费长房的《开皇三宝录》（一名《历代三宝记》）15 卷，唐释道宣的《大唐内典录》10 卷，唐释智升的《开元释教录》20 卷，宋释惟白的《大藏经纲目指要录》（第一部佛经提要目录），明末清初释智旭的《阅藏知津》44 卷等。

梁启超撰《佛家经录在中国目录学之位置》（《饮冰室专集》六十七），开辟了目录学的新领域。陈垣撰《中国佛教史籍概论》，略本《阅藏知津》，于每书后撰有叙录，详加辨析，初读佛教典籍者，可以由此略得门径。

道籍目录，最早的是晋葛洪的《抱朴子·遐览篇》，其中列举一些道籍的名目和卷数，但体制并不完备，既无明确分类，又未全注著者姓名。道籍收录于综合目录，从王俭《七志》的《道经录》始，而阮孝绪的《七录·仙道录》则对道籍加以明确分类。

道籍专录当推南朝刘宋时道士陆修静所撰《灵宝经目》为最早。唐、宋、元、明各代都有道籍目录的编撰，如宋张君房等撰《三洞经教部》2 卷（收于《云笈七签》中）等。其中著名的如明天启时白云观道士白云霁所撰《道藏目录详注》4 卷（上海图书馆藏缪荃孙旧藏清刻本，文物出版社、上海书店出版社、天津古籍出版社据之影印附于《道藏》之后；另有《四库全书》本），附《续道藏目录》，分道教之书为七部十二子目，虽然只有少数书加略注，不符详注之名，但在道籍目录中仍以它为较胜。20 世纪 80 年代中国社会科学院宗教研究所道教研究室编《道藏提要》，附有索引。此外尚有施舟人原编、陈耀庭改编《道藏索引》（上海书店，1996），包括《道藏子目索引》和《五种版本道藏经书子目联合目录》两部分。《道藏子目索引》按"逐字索引法"（Concodance）编制，每种经书的每个字都能检索。

三、古籍特种目录

特种目录是为某种特定需要而编纂的，与学科目录专收某种专门学科的书籍不同，它可以为同一目的把不同学科的文献目录都组织在一起。

（一）推荐书目录

推荐书目录，亦称举要目录或导读目录，是针对一定的读者对象，围绕一个专门目的，对有关文献加以选择，推荐给读者的一种目录。清道光二十六年（1847），湖北学政龙启瑞为指导诸生参加科举考试，编撰《经籍举要》，是一部较早的推荐书目。

最著名的推荐书目录，是张之洞的《书目答问》。清同治十二年（1874），张之洞任四川学政，仿龙启瑞的《经籍举要》撰此书，初刊于光绪二年（1876）。此书收书2200多种，处处体现实用性的原则："凡所著录，并是要典雅记，各适其用。总期令读者易买易读，不致迷罔眩惑而已。"在著录书籍的选择上，《书目答问·略例》说：

> 凡无用者、空疏者、偏僻者、淆杂者不录，古书为今书所包括者不录，注释浅陋者、妄人删改者、编刻讹谬者不录。古人书已无传本、今人书尚未刊行者不录，旧椠旧钞偶一有之、无从购求者不录。经部举学有家法实事求是者，史部举义例雅饬考证详核者，子部举近古及有实用者，集部举最著者。①

编者尤其重视新的研究成果，多列清人的研究著作。在版本的著录上，《书目答问·略例》说："多传本者举善本，未见精本者举通行本，未见近刻者举今日现存明本。"并对一些书籍的版本选择做了说明。在分类上，此书于四部之外，别立丛书一部，成为五部，并附立别录，分群书读本、考订初学各书、童蒙幼学各书，使《书目答问》成为一部完整的推荐书目录。

1930年，范希曾作《书目答问补正》，纠正原书的一些错误，并补注原书出版后新刊的版本，补收一些和原书性质相近的书，共1200种。

（二）禁毁书目录

为被统治者销毁或禁止的书籍编制的目录，称禁毁书目录。《宋史·艺文志》载《禁书目录》一卷，注云："学士院、司天监同定。"这是我国禁毁书目录见于记载之始。

禁毁书目录以清代为多。主要有：《清代禁毁书目附补遗》（包括《销毁抽毁书目》《禁书总目》《违碍书目》三种，附《江宁本省奏缴书目》及《各行省咨禁书目》），清姚觐元编，商务印书馆1957年版；《清代禁书知见录》，近人孙殿起编，商务印书馆1957年合印本，附人名、书名索引。

（三）阙佚书目录

著录阙佚古籍的目录，称阙佚书目录。

---

① （清）张之洞：《书目答问二种》，5～6页，北京，生活·读书·新知三联书店，1998。

王俭作《七志》，对照刘歆《七略》和《汉书·艺文志》、魏《中经簿》，所阙之书编为一志。阮孝绪作《七录》，也编亡佚书为一录。现存最早的阙佚书目录，是《隋书·经籍志》著录的《魏阙书目录》，可能是北魏孝文帝为向南齐明帝借书而令人编写的。

此后，《宋史·艺文志》著录《唐四库搜访书目》1 卷。唐释道宣的《大唐内典录》卷十有《历代众经有目阙本录》，释智升的《开元释教录》卷十四、卷十五亦为《有译无本录》。宋郑樵《通志·艺文略》著录《嘉祐访遗书诏并目》1 卷，《求书目录》1 卷。现存南宋绍定年间的《秘书省续编四库阙书目》，录书 3472 部。

清代《四库全书》编成后，郑文焯撰《国朝未刊书目》，朱记荣撰《国朝未刊遗志略》，刘世珩撰《征访明季遗书目》，也是著名的阙佚书目录。

（四）鬻贩书目录

鬻贩书目录是为推销图书而编制的一种书目，多为出版商人所编。明嘉靖元年（1522），金台书铺汪谅在其所刻《文选注》的目录后面，即附有鬻贩书目。鬻贩书目系知见目录，因此可以确知某书虽然罕见，但并未亡佚，否则就是书商改头换面，以假乱真。而且，鬻贩书目作为历史资料保存下来，往往具有很高的学术价值。

最著名的鬻贩书目，是孙殿起的《贩书偶记》和《贩书偶记续编》，前书有中华书局 1959 年重印本，后书有上海古籍出版社 1980 年印本。二书收古籍单刻本 15000 多种，基本上是清代以来的著述总目，其作用相当于《四库全书总目》的续编。孙殿起在北京设有通学斋书店，经营古籍贩卖事业数十年，将他所目睹手经的书册，主要是单行本，一一记录，包括书名、卷数、作者姓名、籍贯、刻版年代等，偶有备注。

（五）引用书目录

引用书目录是将某一著作或其注中所引用的书籍汇编而成的目录，借以考见其史源。

为自己的著作编引用书目录，始见于宋代。今传宋本《太平御览》卷首即载有《太平御览经史图书纲目》，全书引书 2800 余种，其中大部分今已失传，颇资后人辑佚。明谈恺刻本《太平广记》也附有引用书目一卷，虽为当时所作，但后有脱落和增补。① 受此影响，南宋初徐梦莘撰《三朝北盟会编》，卷首即按书目、杂考私书、全国诸录三类，著录引用书目录。清人著书，多有自编引用书目录的。如朱彝尊编《明诗综》，附有《明诗综采撷书目》；编《两浙盐生笑志》，附《两浙盐笑书目引证书目》。

为他人著作编的引用书目录也始于宋人。南宋洪迈《容斋续笔》卷十六《计然意林》条，已列举《意林》所引用的书名 30 余种。作者虽非有意编写引用书目，但可视为引用书目的萌芽。南宋高似孙撰有《世说注引书目》，见《纬略》卷九。清末沈家本则在为古书注编制引用书目方面做出了很大的成绩。他撰有《三国志所引目》《世说注所引书目》，分为四部，每书撰有提要，注明出处及前人目录著录情况，并有按语（均见《沈寄簃先生遗书》）。清汪师韩撰《文选理学权舆》，卷二为《注引群书目录》，总计引书 1600 多种。

---

① 参见邓嗣禹：《太平广记篇目及引书引得·序》，卷首，上海，上海古籍出版社，1990。

今人马念祖撰《水经注引书考》4卷，每书均撰有提要，颇资考证。1959年，马念祖编《水经注等八种古籍引用书目汇编》出版，包括《水经注》《三国志注》《世说新语注》《文选注》《艺文类聚》《一切经音义》《太平御览》《太平广记》，是诸书索引式综合性引用书目，极为有用。

（六）个人著作目录

个人著作目录是收录个人全部著作或部分著作的目录。其起源可追溯到曹魏。《晋书·曹志传》记载：

> （武）帝尝阅《六代论》，问志曰："是卿先王所作邪？"志对曰："先王有手所作目录，请归寻按。"还奏曰："按录无此。"帝曰："谁作？"志曰："以臣所闻，是臣族父同所作。以先王文高名著，欲令书传于后，是以假托。"帝曰："古来亦多有是。"顾谓公卿曰："父子证明，足以为审。自今后，可无复疑。"①

南宋郑樵有《夹漈书目》1卷，《图书志》1卷。陈振孙在《直斋书录解题》卷八于"目录类""《夹漈书目》一卷、《图书志》一卷"条下说："郑樵记其平生所自著之书。志者，盖述其著作之意也。"可见郑樵不仅有个人著作目录，而且还自作提要。此后个人著作目录越来越多。有自己作的，如清俞樾编《春在堂全书录要》，为个人著作编目提要；有他人作的，如赵万里为其师王国维编的《王静安先生著述目录》和《王静安先生手校手批书目》，有提要，可见王国维治学方法。

个人著作目录有三种类型：一是按专题排列；二是按著作体制排列；三是按时间排列。第三种也称个人著述编年书目，或某人著述系年，最为有用，如清浦起龙在《读杜心解》卷首所附《少陵编年诗目谱》。

（七）目录之目录

将各种目录按一定方法编纂起来，即目录之目录。

《广弘明集》卷三载阮孝绪《七录序》，开附《古今书最》，列举十种古代目录，是目录之目录的萌芽。此后，凡综合目录多有目录一类，实际上就是目录之目录。目录之目录的专书，首推周贞亮、李之鼎编的《书目举要》。此书汇编了自汉至清末的各种书目，共收书目及有关书籍270余种，分为部录、编目、补志、题跋、考订、校补、引书、板刻、未刊书、藏书约、释道目十一类。陈钟凡复作《书目举要补》，增自著书一类，补目150余条。

邵瑞彭、阎树森等编有《书目长编》2卷，附补遗、补校，收1300余条，分为贮藏、史乘、征存、评论四大类，每类再分若干小类。

日本学者长泽规矩也编著有《中国版本目录学书籍解题》（梅宪华、郭宝林译，书目文献出版社，1990），对500余部中国版本目录学书籍做了介绍与评价，体例得当，内容也颇具学术价值。

---

① （唐）房玄龄等：《晋书》，1390页，北京，中华书局，1974。

思考与练习

1. 举例说明国家藏书目录和史志目录各自的特征。
2. 简述《四库全书总目》的基本体例。
3. 以宋代某目录为例，说明私人藏书目录的价值。
4. 举例说明《中国丛书综录》的应用价值。
5. 简述朱彝尊《经义考》的基本体例。
6. 以某书为例，查找至少三种目录学著作的著录，注意对该书不同版本的著录及评价。

第三节 古籍目录的体制

古籍目录有两项重要内容：一是每一部书的著录事项及体例，即目录的体制；二是每一部在群书目录中的位置及价值，即目录的分类。前者使人们获得有关某书的若干知识，后者使人们知道某书在学术体系中的性质如何。本节先叙前者。

余嘉锡在《目录学发微》卷二论目录之体制说：

> 大要有三：一曰篇目，所以考一书之源流；二曰叙录，所以考一人之源流；三曰小序，所以考一家之源流。三者亦相为出入，要之皆辨章学术也。三者不备，则其功用不全。①

细分之，目录的体制应包括篇目、书名、版本、叙录、小序五个方面。

一、篇目著录

篇目本为一书目录的构成要素，其体例为条别全书，著录篇次。在群书目录中，著录篇目的体例大致有三种：一是依次著录各卷的内容，即"卷一××，卷二××，卷三××……"；二是概述全书的分类，即"凡分××、××、××……共××类"；三是综合分类和卷数，即"卷×至卷×为××（类），卷×至卷×为××类"。

在群书目录中著录各书的篇目，有很大的功用。

第一，显内容。

章学诚在《文史通义·繁称》说："古人著书，往往不标篇名。后人校雠，即以篇首字句名篇。"古书名篇，有的有意义，如《书》《春秋》《尔雅》等；有的无意义，如《论语》《孟子》等。后者的篇名往往不能反映内容。自荀子、韩非子以后，渐渐以事

---

① 余嘉锡：《目录学发微》，27 页，成都，巴蜀书社，1991。

与义分篇命名，篇名即可表示主题，如《荀子·劝学》《韩非子·说难》等，于是篇名就与内容密切相关。即使古籍亡佚，后人也可以依据篇名，考其大致内容。如《乐记》已亡的 12 篇的篇目，有《季札》第十八、《窦公》第二十三，则知《左传》季札观乐之事与《周礼》的《大司乐》章，皆为《乐记》所收录。

第二，便稽检。

篇目是稽检的基础。因此篇目的编排方法，必须以便于稽查为要求。少数古籍的篇目编排是按照某种自然次序的，如《左传》以鲁国十二公时代先后编年记事。大多数古籍的篇目则是根据人为的一定标准来编次的，或按分类，或按专题，或按特定的检索方法。因此，著录篇目，就便于读者稽检古籍中的相关内容。

第三，免错乱。

无论是简册帛书还是纸本书，如果没有篇目，或虽有篇目而未编定次序，那就很容易错乱。如刘向在《战国策书录》说："所校中《战国策》书，中书余卷，错乱相糅莒。"《四部丛刊》影印元至正本《战国策》卷首称，有的版本有"复重"，有的版本又"篇少不足"。所以刘向就重新编定了篇次，以免错乱。古书既多亡佚，后人就采取辑佚的方法，力图恢复古书原貌。但辑佚时，凡有篇目可考的，都可各归其位；凡无篇目可考的，辑佚者只好"望文分系""取便检阅"①，有时就不免文义凌乱，条理不清。由此也可见著录篇目具有避免错乱的功用。

第四，防散佚。

没有篇目，书籍就容易散佚。《四部丛刊》影印明活字本《晏子春秋》卷首载刘向《晏子书录》，介绍了其整理《晏子》的过程。"凡中外书三十篇，为八百三十八章。除复重二十二篇、六百三十八章，定著八篇、二百一十五章。外书无有三十六章，中书无有七十一章，中外皆有以相定。"可见有的章节中书没有，有的章节外书没有，显然有散佚。为了防止散佚，刘向不仅条其篇目，而且还注明章数，如"内篇谏上第一凡二十五章""内篇谏下第二凡二十五章"等。又如《说文解字》，许慎除标目外，还在卷末的叙中明确写道："此十四篇，五百四十部，九千三百五十三文，重一千一百六十三，解说凡十三万三千四百四十一字。"作者的用心无疑也是为了防止散佚。

有了篇目、篇次，甚至篇数、字数，就能比较容易地检查一部书是否完整无缺。如果有缺，还可以知道缺了哪几篇。《史记·太史公自序》说全书有 130 卷，但其中 10 卷有录无书，后以褚少孙续补，由此可知今传《史记》并非全出自司马迁之手。

第五，考分合。

书籍著录有"别裁"一法，即将一部整书中某些内容或价值相对独立的部分抽取出来，作为一部独立的书处理。古书别裁是常见的，遇到这种情况，就可以凭借一部书的篇目查考其分合关系。南宋朱熹编《四书》，其中《大学》《中庸》是从《礼记》

---

① 严可均：《全后汉文·桓子新论叙》，见《全上古三代秦汉三国六朝文》，537 页，北京，中华书局，1958。

中别裁出来的，从《礼记》篇目中即可考见其分合情况。又如，《礼记》中有《乐记》篇，孔颖达疏引郑玄的《三礼目录》说：

> 名曰《乐记》者，以其记乐之义。此于《别录》属《乐记》，盖十一篇合为一篇。谓有《乐本》，有《乐论》，有《乐施》，有《乐言》，有《乐礼》，有《乐情》，有《乐化》，有《乐象》，有《宾牟贾》，有《师乙》，有《魏文侯》。今虽合此，略有分焉。①

可见《乐记》是合11篇文章为一篇，有此11篇原目，得以知晓其分合情况。

二、书名著录

书名是群书目录不可缺少的项目，没有书名就没有目录。书名能准确地反映一部古籍基本的外貌特征。古籍著录中的"书名项"一般应包括书的名称、篇卷数、不同的版本及其藏者。这里先谈书名和篇卷数的著录，关于版本著录，详见后文。

（一）同书异名与同名异书之例

关于古籍书名的体例，可参看本书第一章第三节。书名往往概括地反映了一部书的内容、体裁与作者。在目录的著录中，特别要注意同书异名与同名异书的现象，可参看张雪庵的《古书同名异称举要》（山东人民出版社，1981）。

1. 同书异名之例

有的图书在成书之时已有不同的书名，如《红楼梦》又名《石头记》《情僧录》《风月宝鉴》《金陵十二钗》（《红楼梦》第一回），《儿女英雄传》又名《金玉缘》《日下新书》《正法眼藏五十三参》（《儿女英雄传》正文首回"缘起"）等。有的书编撰完成后所定书名与初稿书名不同，如《册府元龟》，初名《历代君臣故事》，编成后宋真宗改此名；《古今图书集成》，陈梦雷原稿名《古今图书汇编》，蒋廷锡重订后改此名；等等。但是，大多数同书异名现象则是图书产生后在流传过程中发生书名改变的。这大致有以下几种情况。

第一，文质互代。古代多数书名原是很质朴的，后来被改得文雅了，所谓"古人称名朴而后人入于华"②，如《老子》改名为《道德经》《道德真经》，《庄子》改称为《南华真经》，《列子》改称为《冲虚真经》等。反之也有原来较文雅的，改得质朴了，如淮南王刘安的《淮南鸿烈》，《汉书·艺文志》改名为《淮南子》；汉初蒯通的《隽永》，刘歆在《七略》改称为《蒯子》。

第二，偏全互代。以偏代全，如吕不韦的《吕氏春秋》有十二纪、八览、六论，司马迁的《报任安书》说"不韦迁蜀，世传《吕览》"，以《吕览》代替《吕氏春秋》。以全代偏，如汉人所称《史记》，往往泛指史官所记文献，至东汉末年即用以代替司

---

① （清）阮元：《十三经注疏》，1527页，北京，中华书局，1980。

② （清）章学诚：《校雠通义》，9页，北京，古籍出版社，1956。

马迁的《太史公书》。

第三，删增改易。删的例子，如应劭的《风俗通义》省称为《风俗通》，班固的《白虎通德论》，省称为《白虎通》。增的例子，如《诗》《书》《易》，后人尊经，称之为《诗经》《书经》《易经》。而后世在前人的书名上加上各种冠词，以示标榜，如增订、校正、批注、评点、改订、新刊之类，更属常见。改易的例子，如将《诗经》改称为《葩经》（出自韩愈的《进学解》："《诗》正而葩"），将《春秋》改称为《麟经》（出孔子修《春秋》，绝笔于获麟）。

古代大量出现同书异名现象，一是缘于出版者避复求新的需要，一种新版本出现，出版者都要另取书名，以资别异；二是由于书贾射利，随意妄造，将常见书改头换面，牟取高价；三是出于忌讳或避讳，如颜师古的《匡谬正俗》，《宋史·艺文志》为避太祖讳，改"匡"为"刊"或"纠"，结果就著录了《刊谬正俗》与《纠谬正俗》二书；四是目录书著录疏忽，如唐韦绚撰《刘宾客嘉话录》，《宋史·艺文志》既载《刘公嘉话》，又重出《宾客嘉话》，盖不及细察，所以误一书为二书；五是出于某书体例的需要，如《汉书·艺文志》著录书名，有以人命名之例，如《太史公》即《史记》，《晏子》即《晏子春秋》，《陆贾》即《新语》，《贾山》即《至言》，《贾谊》即《新书》等 。

一方面，无论是什么情况、何种原因，除了同一版本的不同部位所标的不同名称以外，同书异名总是标识着一书的不同版本；另一方面，书名并不是决定一书各本是否同属一书的因素。一部古籍的各种不同版本尽管常常会有书名的不同，但这并不影响它们同属一书的事实。图书的本名与异名，犹如一个人的姓名与别号、笔名或绰号的关系。

2. 同名异书之例

如同称《敝帚集》，有宋黄庭坚，明吴中蕃、陈益，清周庆森、赵秉忠、陈祚明等不同作者。有些带共同性的书名，重出更多。如以《宫词》为书名，习见的就有唐王建，后晋和凝，后蜀花蕊夫人，宋王仲修、张公祥、宋白、胡玮、周质彦、宋徽宗、王珪，明王叔承、朱权，清徐昂发等，不下十数人。如果仅看书名，不弄清作者，就难免发生误会。

导致同名异书现象的原因很多，主要有以下四种。

第一，作者写作动机相同。《补后汉书艺文志》同名之书有 4 种：一为 4 卷本，清侯康撰，有清光绪间刻本；一为 1 卷本，《附考》10 卷，清曾朴撰，有清光绪二十一年（1895）活字本；另一种 4 卷本为清姚振宗撰，有近人张均衡的《张氏适园丛书》本；一为 10 卷本，清顾櫰三撰，有《金陵丛刻》本。四部同名之书都是因《后汉书》无《艺文志》，欲为之补撰。

第二，作者著作寓意相同。例如，以《鸡肋集》为书名的书，已知就有 6 种之多，著者分别为宋代晁补之，明代王佐，清代释蕴上、揆叙，近代王桐乡，现代郁达夫，且均有传本存世。以"鸡肋"为书名，是取鸡肋食之无肉、弃之可惜的意思，为作者自谦之辞。

第三，作者姓名字号相同而偶合。例如，汉王褒与北周王褒的字都叫子渊，他们的集名就都称《王子渊集》。

第四，作者旨趣相近而故同。例如，清孔尚任与刘廷玑是知己好友，二人诗集同时刻于康熙年间，皆为写刻本，行款版式如一，都命名为《长留集》。

（二）书名著录之例

第一，著录书名，应看本书。

这不仅因为古代同书异名或同名异书的现象大量存在，而且还因为有些古籍仅从书名上是无法辨析其内容与体裁的。例如，宋人车若水因病脚气，作书自娱，故名所撰文集为《脚气集》，与医学著作了不相干。清人陈本礼为李贺诗作注，因李贺曾任协律郎，故取书名为《协律钩元（玄）》，这也绝不是音乐著作。所以郑樵在《通志》卷七十一《校雠略·见名不见书论》说：

> 编书之家，多是苟且。有见名不见书者，有看前不看后者。《尉缭子》，兵书也，班固以为诸子类，置于杂家，此之谓见名不见书。隋唐因之，至《崇文目》始入兵书类。颜师古作《刊谬正俗》，乃杂记经史，惟第一篇说《论语》，而《崇文目》以为《论语》类，此之谓看前不看后。应知《崇文》所释，不看全书，多只看帙前数行，率意以释之耳。按《刊谬正俗》当入经解类。[1]

章学诚在《校雠通义》卷三《汉志诸子》也感叹道："看名不看书，诚有难于编次者矣。"

第二，著录书名，应以正文卷端所题为准。

古书的书名，往往同时出现在封面、内封（书名页）、目录前后、正文卷端、正文卷末、书口、书根、序跋、牌记等处。现代新书通常以书名页所题为准，而古籍书名则一般以原书正文卷端所题为准。因为正文卷端上的书名一般为编撰者自题，而其他地方的书名往往为他人（如名人、书贾、刻工、藏书家等）所为，时有增删差异。清姑苏如莲居士编辑的《反唐演义传》，瑞文堂刻大字本内封横书"武则天改唐演义"，正面右栏题"评点薛刚三祭铁丘坟全集"，中题"异说反唐演传"，版心题"反唐全传"，而正文卷端题"反唐演义传"。如果不按照统一标准著录书名，就会造成混乱，使人将同一本子误为不同的书。

如果正文卷端无书名，或书名不适合，著录时也可采用变通办法，但应在附注中说明。例如，"《唐诗始音》一卷，《正音》六卷，《唐音遗响》四卷，各卷正文卷端题名不同，《序》及《凡例》题作《唐音》，故可著录《唐音》十一卷，附注："书名据《序》及《凡例》著录"。又如，《皇明二祖十四宗增补标题评断实纪》书名过于冗长，可据书口所题著录为《皇明实纪》，并附注："正文卷端题《皇明二祖十四宗增补标题评断实纪》"。

---

[1] （宋）郑樵：《通志》，832 页，北京，中华书局，1987。

第三，著录书名，应参考各种目录书的记载。

要正确地著录一部古籍，除查考作者、序跋、篇目、牌记等以外，还应充分利用各种目录书。例如，《新校本圣武亲征录》封面及内封题《圣武亲征录校本》，书口题《亲征录》。查《中国丛书综录》，发现该书还有《圣武亲征录》《圣武亲征录校注》《元亲征录》《校正元亲征录》等名。根据该书卷首《缀言》，得知《四库全书总目》曾著录此书，于是在《总目》卷二十五史部杂史类存目一中查得《皇元圣武亲征录》一书，经过核对，证实正是此书。所以，著录此书为《皇元圣武亲征录》。

（三）篇卷数著录之例

《〈全国古籍善本书总目〉著录条例》规定书名项："包括书名、卷数、附录等。""《金史》一百三十三卷目录二卷"，其中"《金史》"是书名，"一百三十三卷"是卷数，"目录二卷"为附录。这就完整地反映了该书的内容、形式和分量。所以篇卷数在古书书名著录中是很少被省略的项目。

关于古籍篇卷的体例，可参看本书第一章第三节。这里只谈篇卷数著录的体例及其功用。

1. 篇卷数著录的体例

在一书书名后直接著录篇数或卷数，如《论语》二十篇，《史记》一百三十卷等。

一书的篇卷数，如不同目录书著录有异同，则首录其确凿有据者，另注明某目录书作几篇或几卷，如郭璞的《尔雅注》，《隋志》著录五卷（《唐志》著录一卷，《释文序录》《宋志》著录三卷）。

一书的篇卷数，如不同版本有异同，则一一注明某版本作几篇几卷。例如，《旧本罗贯中水浒传》二十卷，《忠义水浒传》一百卷，《天都外臣序本水浒传》一百卷一百回，《忠义水浒传》一百回不分卷，《忠义水浒志传评林》二十五卷，《忠义水浒传》十卷一百五十回，《水浒传》二十卷一百十回，《水浒全传》十二卷一百二十回等（见孙楷第《中国通俗小说书目》）。

2. 著录篇卷数的功用

首先，著录篇卷数，可以审查一部书的完缺分合状况与版本差异。晁公武的《郡斋读书志》，《宋史·艺文志》传记类著录"《读书志》二十卷"，目录类著录"《晁公武读书志》四卷"。循此线索，可知其书在宋时有两个版本：其一为 4 卷本，淳祐十年（1250）番阳黎安朝知袁州，刊于郡斋，又取赵希弁家藏书补续为《附志》，这是所谓袁州本；其二为 20 卷本，晁公武的门人姚应绩编，淳祐九年（1249）南充游钧知衢州时刊刻，这是所谓衢州本。清人王先谦取二本合校刊行，世称善本。

其次，由于篇卷著录的不同，可以发现后人改易原书的现象，从而判断书籍的价值。以少易多的情况，如黄丕烈在《荛圃藏书题识续录》卷二《杨仁斋直指方论》十三卷旧钞本题识，说到医书《仁斋直指方论附遗》，世传有明刻 26 卷本，后来发现某人秘藏有旧抄 13 卷本，人们疑其卷帙之少，未敢信为善本，不以为重。后来黄丕烈觅得二本，互相比勘，发现所谓刻本原来是明人悉改 13 卷为 26 卷者，"其目录之大小字，或照原，或更改，尽出臆断，而本书面目尽失。因叹目录之学为甚难，苟非博闻广见，难以置喙，书必原本方为可贵也"。以多易少的情况，如清代杭世骏在《道古堂集》卷十八《欣托斋藏书记》说："《朱子集》多至三百余卷，明人编定，止四十卷。李纲《梁溪集》多至百三十余卷，《建炎进退志》及《时政记》附焉，闽中改刻，题曰《李忠定集》，亦止四十卷。前后互易，古人之面目失矣。"所以，一旦发现目录著录某书的篇卷数不同，最好搜寻各本，加以比勘，以确定各本的版本价值。

第三，根据卷数，可以判断著录上的讹误。刘咸炘在《刘咸炘论目录学·篇卷》说："数目之字，最易讹误。三脱一画，则为二矣；十四之倒，便为四十。簿目之书，徒列名数，又人所厌观而易忽者，故历代簿目篇卷多有歧异，必须目检本书，互相校正。《四库》所录，于此颇详。若悬据旧文，妄生异论，大不可也。"① 可见有时同一书在著录上的不同，是由著录的疏忽所造成的。《四库全书总目》吴韦昭注《国语》21卷提要称："昭所注本，《隋志》作二十二卷，《唐志》作二十卷，而此本首尾完具，实二十一卷，诸家所传南北宋版，无不相同，知《隋志》误一字，《唐志》脱一字也。"除目验本书、互相校正以外，比勘各种目录书也可以发现篇卷在著录上的错误。《吕氏春秋》在《汉书·艺文志》《隋书·经籍志》《旧唐书·经籍志》《新唐书·艺文志》《通志·艺文略》《郡斋读书志》《宋史·艺文志》等书中均著录为 26 卷，唯有《文献通考·经籍考》著录为 20 卷，《直斋书录解题》著录为 36 卷，可知前者脱一字，后者误一字。当然，这种"少数服从多数"的做法，也应谨慎小心。

第四，目录记录篇卷数，还可以看出历代学术的盛衰。郑樵在《通志》卷七十一《校雠略·阙书备于后世论》说：

> 古之书籍，有不足于前朝而足于后世者。观《唐志》所得旧书，尽梁书卷帙，而多于隋。盖梁书至隋，所失已多，而卷帙不全者又多。唐人按王俭《七志》、阮孝绪《七录》搜访图书，所以卷帙多于隋，而复有多于梁者。如《陶潜集》，梁有五卷，隋有九卷，唐乃有二十卷。诸书如此者甚多，孰谓前代亡书不可备于后代乎？②

正因为唐代文化空前繁荣，所以书籍的卷帙超过了前代。又如，《隋书·经籍志》记载，注《汉书》者 21 家，共 620 卷，而注《史记》者仅 3 家，共 95 卷。这是因为《史记》偏于用单行之文，《汉书》偏于用复行之文，而从西汉到汉魏六朝，文章总体趋势是由单行之文走向复行之文，所以在汉魏六朝时，研究《汉书》的人自然多于研究《史记》的人。因此通过对书籍篇卷数的统计，也可以了解某个时期孰为显学，从一个角度窥视文化变迁的迹象。

三、版本著录

在目录中著录版本，始于宋代。叶德辉在《书林清话》卷一《古今藏书家纪板

---

① 刘咸炘：《刘咸炘论目录学》，45 页，上海，上海科学技术文献出版社，2008。
② （宋）郑樵：《通志》，833 页，北京，中华书局，1987。

本》条说：

> 自镂板兴，于是兼言板本。其例创于宋尤袤《遂初堂书目》。目中所录，一书多至数本，有成都石经本、秘阁本、旧监本、京本、江西本、吉州本、杭本、旧杭本、严州本、越州本、湖北本、川本、川大字本、川小字本、高丽本。此类书以正经正史为多，大约皆州郡公使库本也。①

到了明清时期，私家目录著录版本之风更盛，如明嘉靖年间晁瑮的《晁氏宝文堂书目》、明末清初钱曾的《述古堂书目》《读书敏求记》等。官书记录版本，则始于乾隆四十年（1775）于敏中等编的《天禄琳琅书目》。在古籍版本目录中，最为实用的要数邵懿辰撰、邵章续录的《增订四库简明目录标注》和张之洞撰、范希曾补正的《书目答问补正》。

（一）著录版本的功用

第一，提供异本，以备阅读之选、校勘之资与考证之本。

目录著录一书的不同版本，既便于阅读古籍者选择较好的版本，也便于校勘古籍者寻找不同版本，作为校勘的依据，还便于版本学者考证版本源流，评价版本优劣。章学诚在《校雠通义·论修史籍考要略》第十二条"板刻宜详"说：

> 板刻之书，流传既广，讹失亦多。其所据何本，较订何人，出于谁氏，刻于何年，款识何若，有谁题跋，孰为序引，板存何处，有无缺讹，一书曾经几刻，诸刻有何异同，惜未尝有人仿前人《金石录》例而为之专书者也。如其有之，则按录求书，不迷所向，嘉惠后学，岂不远胜《金石录》乎？②

第二，著录版本，有助于治学著书。

黄丕烈在《荛圃刻书题识·季沧苇藏书目跋》说："方信藏书不可无目，且书目不可不详载何代之刻，何时之钞，俾后人有所征信也。"余嘉锡在《目录学发微》卷二更详言之：

> 盖书籍由竹木而帛而纸；由简篇而卷，而册，而手抄，而刻版，而活字，其经过不知其若干岁，缮校不知其几何人。有出于通儒者，有出于俗士者。于是有断烂而部不完，有删削而篇不完，有节钞而文不完；有脱误而字不同，有增补而书不同，有校勘而本不同。使不载明为何本，则著者与读者所见迥异。叙录中之论说，不能不根据原书……惟有明载其为何本，则虽所论不确，读者犹得据以考

---

①　叶德辉：《书林清话》，5页，北京，中华书局，1957。

②　（清）章学诚：《校雠通义》，81～82页，北京，古籍出版社，1956。

其致误之由，学者忠实之态度，固应如此也。①

第三，著录版本，有助于考见版本源流。

《四库全书总目》卷八十七评《宝文堂分类书目》云："其著录极富，虽不能尽属古本，而每书下间为注明某刻，亦足以考见明人板本源流。"

第四，著录版本，有助于采购及收藏图书。

叶德辉在《书林清话》卷一"古今藏书家纪板本"条曾举例说："明毛扆《汲古阁珍藏秘本书目》，注有宋本、元本、旧钞、影宋、校宋本等字。此乃售书于潘稼堂，不得不详为记载，以备受书者之取证。"有了版本目录，采购及收藏图书就有了较好的查阅凭证。

（二）版本著录的体例

《全国古籍善本书总目著录条例》规定：版本项包括出版年、出版地、出版者、版刻（版式、行款、装帧等），并附注题跋校注者。

出版年，即版本的刻印或抄写年代。在版本著录中，著录的年代应是版本最终完成的年代。著录出版年，一般应包括朝代、建元和年份三项内容；年份难考的，即著录前两项；建元也难考的，只能著录朝代。重刻、翻刻或覆抄、传抄的年份应与原刻年分别著录，一般将重刻、翻刻本的出版年放在前面，将原刻本的出版年放在后面。例如：《越绝书》，明嘉靖三十年（1551）梅守德重刻正德四年（1509）刘桓刻本；《晏子春秋》，明崇祯十三年（1640）郭绍孔传抄万历十六年（1588）吴怀保刻本等。重印本、修补印本的年份也应与原刻原印的年份分别著录，一般原刻印年在前，重印、修补年在后。例如：《文献通考》，元泰定元年（1324）西湖书院刻，至元又五年（1339）余谦修补印本；《樊南文集详注》，清乾隆间德聚堂刻、同治七年（1868）桐乡冯宝圻修补重印本等。如书内没有题出版年，只有序、跋文的年代，参照刻风、字体、纸张等条件确认刻书时间与序书大体一致时，可以序年为出版年，但在著录出版时间时，应写明某某年序并在附注项内注明，这就是所谓"序（跋）刻本"的来由和含义。

出版地，即指版本的出版者所在地点。通常也说出版地是指刻书所在的地点，因为版本的出版地和刊刻地一般是一致的。如果版本的出版地和刊刻地不同，著录时一般只写出版者所在地，而不写刻书地。当出版地与出版者的籍贯地有出入时，最好同时著录，如明正德十二年（1517）闽中廖铠关西刻本《史记》；但也可以只著录出版者的籍贯地，而忽略事实上的出版地。

出版者，指出版图书的负责人。官刻书籍，应注明官方机构名称，有时在著录官方机构名称的同时也写上该官府负责人的名字。例如：明天顺元年（1457）延公祥广州府刻本《重刊陆宣公奏议》，明成化二十年（1484）张岫开封府刻本《孝肃包公奏议集》等。凡个人刻印的书籍，应著录出版者的籍贯、姓名及其斋堂室名。如书中没有记载刊刻者、修补者或重印者姓名，却题有藏版人姓名时，出版者可著录为藏版人。

---

① 余嘉锡：《目录学发微》，72～73 页，成都，巴蜀书社，1991。

一般来说，知道出版者的版本是不必著录藏版者的，而著录藏版者的版本都是原出版者不详的版本。

版本著录，通常以封面、牌记或书尾所题为准，但须参考序、跋、名家目录以及有关资料决定。如有必要，可稍加考证。

此外，著录版本，一般应附带注明以下情况：第一，收藏者或收藏单位；第二，版本流传情况，说明版本的质量；第三，该版本的存佚情况。

对于著录图书及其版本的存佚，清朱彝尊的《经义考》创造了"四柱法"，即在每书之下分存、佚、阙、未见四类，加以注明。章学诚在《史考释例》中进一步对朱氏四柱法做了说明：

> 存佚必实见而著存，知其必不复存而著佚。然亦有未经目见，而见者称述其书确凿可信，则亦判存。又有其书久不著录，而言者有征，则判未见。如《后汉》谢承之书，宋后不复录，而傅山谓其家有藏本，曾据以考《曹全碑》，虽琴川毛氏疑之，然未可全以为非，则亦判为未见，所以志矜慎也。又如古书已亡，或丛书刻其畸篇残帙，本非完物，则核其著录而判阙。亦有其书情理必当尚存，而实无的据，则亦判为未见。他皆仿此。①

这四者中，存是说书存在，能看到；阙是说书还在，但阙少了一部分。阙有两种情况：一种是书已著成，但有一部分内容在流传过程中散佚了，这就应注阙；另一种是书本身没有完成，这就不必注阙。至于佚与未见，二者殊难区分，著录时应特别审慎。

（三）版本目录的类型

以著录古籍版本为主的目录，通称版本目录。版本目录主要有以下两种类型。

第一，罗列式版本目录。即在各书书名之下，一一条列各种版本，简单说明版本的流传情况和质量优劣。较著名的罗列式目录有：清邵懿辰撰、邵章续编《增订四库简明目录标注》20 卷，清莫友芝撰、莫绳孙编《邵亭知见传本书目》16 卷，清张之洞撰、近人范希曾补正《书目答问补正》，近人孙殿起撰《贩书偶记》《贩书偶记续编》，以及《中国丛书综录》《中国古籍善本书目》等。

仅举上海图书馆编《中国丛书综录》"集部·别集类"中一条为例：

宋学士全集三十六卷
　　（明）宋濂撰
　　四库全书·集部别集类
文宪集三十二卷
　　（明）宋濂撰
　　摛藻堂四库全书荟要·集部

---

① （清）章学诚著，仓修良编注：《文史通义新编新注》，447 页，北京，商务印书馆，2017。

宋学士全集三十二卷补遗八卷附录二卷

　　金华丛书（同治光绪本、民国补刊本）·集部

　　丛书集成初编·文学类

宋学士文集七十五卷

　　（明）宋濂撰

　　四部丛刊（初次印本、二次印本、缩印二次印本）·集部

宋文宪公全集五十三卷首一卷

　　（明）宋濂撰

　　四部备要（排印本、缩印本）·集部明别集①

　　第二，提要式版本目录，即以提要的方式著录一书的版本情况，其中的提要可称为版本提要。以描述图书版本情况为主要内容的各种题跋汇录集，也属此类。较著名的提要式版本目录有：清初钱曾的《读书敏求记》4 卷，清于敏中等的《天禄琳琅书目》前编 10 卷、后编 20 卷，清黄丕烈的《士礼居藏书题跋记》6 卷及续编 5 卷、《荛圃藏书题识》10 卷，清瞿镛的《铁琴铜剑楼藏书目录》24 卷，清杨绍和的《楹书偶录》5 卷、续编 4 卷，清丁丙的《善本书室藏书志》40 卷、附录 1 卷，清陆心源的《仪顾堂题跋》16 卷、续跋 16 卷，近人缪荃孙的《艺风堂藏书记》8 卷、续记 8 卷再续记 7 卷，近人傅增湘的《藏园群书题记》20 卷，近人王重民的《中国善本书提要》等。

　　版本提要的主要内容有：第一，描述版本的外在特征，使人读提要如见原书；第二，记录鉴别经过，论证所下断语；第三，记述流传经过；第四，与他本相比较，评判此本价值。

　　清末著名版本目录学家缪荃孙在《适园藏书志·序》中，总结前人经验，认为版本提要的一般撰写方法是：

　　　　先举书名，下注何本，举撰人之仕履，述作者之大意，行款尺寸，偶有异同，必详载之。先辈时贤手跋题跋，校雠岁月，源流所寄，悉为登载，使人见目如见此书。收藏印记，间登一二，不能备载也。②

缪荃孙进一步将版本提要的撰写做了程式化的规定：

　　　　××××几卷

　　　　××××撰（撰人上有籍贯或官衔，须照原书卷首钞写）××刊本（何时刊本须略具鉴别力）每半叶×行，行××字，白（或黑）口，单（或双）边，中缝

---

① 上海图书馆：《中国丛书综录》第 2 册，1322 页，上海，上海古籍出版社，1982。

② 参见刘纪泽：《目录学概论》，《民国丛书第二编·目录学概论》第 51 册，22 页，上海，上海书店，1990。

鱼尾下有×××几字，卷尾题××××（此记校刻人姓名或牌子）前有××几年×××序，××几年×××重刻序，后有××几年×××跋。××字××，××人，××几年进士，官至××××（撰人小传可检本书序跋或四库提要节钞），书为门人××所编集（或子侄所编或自编），初刻于××几年，此则××据××刻本重刻者。×氏××斋旧藏，有××印。①

当然，版本提要的撰写不可拘泥一法，可视具体情况而定。

四、叙录体例

叙录，或称解题，或称提要，或称书录。它是用来揭示图书作者的生平和图书的内容、价值，为读者提供方便，向读者指示门径的。《四库全书总目》卷八十五《直斋书录解题》提要解释叙录的内容和作用说："……各详其卷帙多少、撰人名氏，而品题其得失，故曰解题……然古书之不传于今者，得借是以求其崖略；其传于今者，得借是以辨其真伪，核其异同，亦考证之所必资，不可废也。"

（一）叙录之体本与列传相近

叙录的体制源于书序。刘向所作《书录》，体制与史书列传相近，与司马迁、扬雄的自叙亦大抵相同。章学诚在《校雠通义·汉志六艺第十三》说：

> 《艺文》虽始于班固，而司马迁之列传实讨论之。观其叙述战国、秦、汉之间，著书诸人之列传，未尝不于学术渊源，文词流别，反复而论次焉。刘向、刘歆盖知其意矣。故其校书诸叙论，既审定其篇次，又推论其生平。以书而言，谓之叙录可也；以人而言，谓之列传可也。史家存其部目于《艺文》，载其行事于列传，所以为详略互见之例也。②

其实，最早淮南王刘安作《离骚传叙》，已用此体。而王逸所作《离骚经叙》，用司马迁《史记·屈原列传》，略有改易，即是仿效刘安之叙为之。

汉魏六朝人所作书序，多叙其人生平事迹及其学问渊源，如《徐干中论序》《文选·王文宪集序》等，即是此体，可参看严可均所辑《全上古三代秦汉三国六朝文》及《文苑英华》卷六百九十九以下所录文集诗集序。到唐代仍有效法者。由此可见，"盖叙录之体，即是书叙，而作叙之法略如列传。故知目录即学术之史也"③。

王俭作《七志》，《隋书·经籍志》说他"不述作者之意，但于书名之下每立一传"，则已变叙之名，从传之实，偏重事迹，于学术少有发明。阮孝绪的《七录》大略

---

① 参见陈乃乾：《上海书林梦忆录》，张静庐辑注：《中国现代出版史料·甲编》，425页，中华书局，1954。

② （清）章学诚：《校雠通义》，28页，北京，古籍出版社，1956。

③ 余嘉锡：《目录学发微》，37页，成都，巴蜀书社，1991。

相同。而释僧祐、道宣、智升之徒，为佛书作目录，其体制也模拟儒家，皆为译著之人作传记。凡此也可见叙录之体，本与列传相近。

（二）叙录的内容

傅增湘在《藏园群书题记》卷首载余嘉锡序，概括了叙录的内容："昔者刘向奉诏校书，所作书录，先言篇目之次第，次言以中书、外书合若干本相雠校，本书多脱误，以某为某，然后叙作者之行事，及其著书之旨意。"据此，叙录的内容大致包括三个部分，即考述图书校雠情况、考述图书作者和评介图书内容。以下分别论述之。

1. 考述图书校雠情况

如《四部丛刊》影印明活字本《晏子春秋》卷首载刘向的《晏子书录》说：

> 右《晏子》凡内外八篇，总二百十五章。护左都水使者、光禄大夫臣向言：所校中书《晏子》十一篇。臣向谨与长社尉臣参校雠太史书五篇，臣向书一篇，参书十三篇，凡中外书三十篇，为八百三十八章。除复重二十二篇，六百三十八章，定著八篇二百一十五章。外书无有三十六章，中书无有七十一章，中外皆有以相定。中书以天为芳、又为备，先为牛，章为长，如此类者多。谨颇略楷，皆已定，以杀青，书可缮写。①

2. 考述图书作者及其生平和时代

阅读古代文献，首先必须考明作者的姓名，知人论世，才能更好地领会著作的内容、意旨，这是中国古代治学的一个传统。《孟子·万章下》有言："颂其诗，读其书，不知其人，可乎？是以论其世也。是尚友也。"陈启源在《毛诗稽古编》卷二十五也说：

> 考诸孟子所论读诗之法，其要不外二端：一曰"诵其诗，不知其人可乎？是以论其世"，一曰"说诗者不以文害词，不以词害意"。然则学诗者必先知诗人生何时，事何君，且感何事而作诗，然后其诗可读也。②

这都是至理名言。

为了便于知人论世，为读者提供更多的研究资料，古籍目录的叙录应考证图书的作者，记述图书作者的生平和时代。

（1）考证图书作者

关于古书作者署名的体例，参见本书第一章。图书作者的著录，应细为考证。刘国均在《中文图书编目条例草案·著者》说："凡书必有著作之人，故图书编目必先确定著者之姓名而著之于目，所以判明此书之责任，亦所以便于专研某一人著述者之

---

① 《四部丛刊初编史部·晏子春秋》，1 页，上海，商务印书馆，1922。
② （清）陈启源：《毛诗稽古编》，841 页，济南，山东友谊书社，1991。

检阅。然其事亦非易易。盖书有伪托者，有嫁名者，有一人而前后更名者，有不著撰人姓氏者，有用别署者，凡此种种，皆不能径照原书迻录，其理甚显。而一遇此等情形，则不能不参稽考核，以求一致。此编目时所特宜注意者也。"

（2）记述作者生平

余嘉锡在《目录学发微》卷二，曾以《别录》《七略》为例，指出刘向父子作叙录时，记述作者生平有三种体例。

其一，附录之例。刘向的《别录》对史有列传、事迹已详的作者，即剪裁原文入录，如《管子书录》《韩非子书录》之类。这正是古人叙录之例，不得以抄袭为难。后世著书，体例渐密，于是稍变成法，当纂集或校刻古人之书时，往往附录本传或家传碑志于叙录之前，实取班固的《汉志》于书名之下注"有列传"之法。后来史志及目录书，皆不采用此法。只有《四库总目提要》于撰人的姓名、籍里之外，凡诸史有本传或附见他传者，必为著明，真能得班固之意。

其二，补传之例。《别录》《七略》对于那些史有列传而事迹不详的作者，或无传的作者，则旁采他书，或据所见所闻，补写传记。《史记·晏子列传》只叙赎越石父及荐御者二事，《晏子叙录》皆削之，别叙其行事甚备。《史记·荀卿传》寥寥数语，且不载其名，《荀子别录》则云其名况，且增益至数倍。又如尸子，《史记》无传，《别录》则旁采他书以补史传；赵定、冯商皆在司马迁之后，《别录》《七略》则据身所见闻，叙其事迹。《七志》《七录》记述作者，也多补史所阙遗。

后来如宋邵博的《闻见后录》卷四载司马光之于王通，宋赵与时的《宾退录》卷九载沈作喆之于韦应物，明刻本《异苑》卷首载胡震亨之于刘敬叔等，皆为作补传。清人所作则更精，如孙诒让的《墨子间诂后语》卷上《墨子传》，最为著名。但许多目录家却不了解此例，大多只简述作者姓名仕履，而不肯详考作者生平。即使像《四库全书总目》，虽于古书作者必著姓名、籍里，但大多仅就常见之书及本书所有者载之，而不能旁搜博考，所以多云"始末未详""仕履无考"。有时也涉及作者生平事迹，但都是借以发其议论，述作者之意，而不能详考作者的立身行事。这大概是因为《四库全书总目》的编者认为，叙录是为古书作提要，而不是为古人作传，所以多所忽略。只有陆心源的《仪顾堂题跋》，娴于宋、元人掌故，所以对《四库全书总目》所未详的作者，往往博采群书，补述生平，凡见于杂史、方志、文集的材料都搜罗殆尽，可为治目录学者所效法。

班固取《七略》作《艺文志》，虽然删去书录，却仍在注中简述作者行事。其后，《隋书·经籍志》只载官爵，宋、明史志则但记姓名而已。唯有《新唐书》对于诸撰人未立传者，则详注其生平始末于《艺文志》，甚得著录之法。全祖望在《鲒埼亭集外编》卷四十二《移明史馆帖子二》说《新唐书·艺文志》："于别集之下，虽以明经及第，幕府微僚，旁及通人德士，皆为详其邑里，纪其行事，使后世读是书者得有所据，以补列传之所不备。"焦循在《雕菰集》卷十三《上郡守伊公书》说："《新唐书》之例，凡人之不必立传者，但书其爵里于书名之下，则列传中省无限闲文。"

其三，辨误之例。《别录》对于古书作者的事迹有所传讹的，则参考他书，加以辨正，实开后来考据家之先声。例如，《邓析子书录》因为《荀子·宥坐》《吕氏春秋·离谓》《说苑·指武》等，都说子产杀邓析，所以引《左传》为证，说明邓析为驷歂所杀，在子产卒后二十年。《四库全书总目》最长于考据，但以例不载撰人行事，所以仅辨正撰人的姓名、籍里、仕履而已。

（3）介绍作者时代

目录书考证古书作者的时代，实源于《诗》《书》的序。《诗》序对于作者，大都不求其人以实之，但对其时代则详加著录。《邶风·柏舟》序云："《柏舟》言，仁而不遇也。卫顷公之时，仁人不遇，小人在侧。"因为明了著作的时代，则凡政治情况、社会环境、文章风气、思想潮流，都可以据此推寻查考，对著作的评价才能有所凭借，实事求是。

余嘉锡《目录学发微》卷二总结了刘向父子介绍作者时代的四种方式。

其一，叙其仕履而时代自明。

例如，《别录·管子录》叙其事齐桓公，《晏子录》叙其事齐灵公、庄公、景公，《孙卿录》叙其齐宣王、威王时始来游学，及春申君以为兰陵令等。《汉志》《新唐志》犹存此意，后来目录家有的也因叙作者仕履而涉及其时代，但不著时代者居多。《四库全书总目提要》以作者科举入第先后为次序，但未尝入第的作者，时代就多不可考。

所谓作者时代，不只泛指汉、唐、宋、元、明、清而已，当考其某帝或某年号，才能确定作者的活动年代及著书时代。《隋志》全不注作者时代，如开卷第一条云："《归藏》十三卷，晋太尉参军薛贞注。"这里所说的"晋"，是指西晋还是东晋？是武帝时还是元帝时？实不可知。《汉志》《唐志》及诸家书目也多有不著明时代的，大致是或不可考，或从略。目录著录应该划一体例，每书必详考作者时代，不可考者亦明言时代未详，以便后学。

其二，作者之始末不详，或不知作者，也应考其著书的大致时代。

例如，《战国策书录》称："臣向以为战国时游士辅所用之国，为之策谋，宜为《战国策》。"《汉志·六艺略》说："王史氏二十一篇"，颜师古注引《别录》说："六国时人也。"《汉书·艺文志》又有如下言："《封禅议对》十九篇，武帝时也"；"《杂黄帝》五十八篇，六国时贤者所作"；"《曹羽》二篇，楚人，武帝时说于齐王"；"《道家言》二篇，近世，不知作者"；等等。后世目录学家对此也多未留意。

其三，叙作者的生卒年，并详其著书的年月。

此例仅见于《七略》记扬雄，《文选》任彦升的《王文宪集序》注引《七略》曰："子云《家牒》，言以甘露元年生也。"《艺文类聚》卷四十自《七略》转引扬雄《家牒》云："天凤五年卒。"又《文选》卷七《甘泉赋》注引《七略》曰："永始三年正月待诏臣雄上。"卷八《羽猎赋》曰："永始三年十二月上。"卷九《长杨赋》曰："绥和元年上。"后来史志，都未沿用此例。

自汉魏以后，知名之士皆有别传、家传①，皇甫谧甚至自作《玄晏春秋》，这都是

---

① 诸家别传目录详见姚振宗：《隋书经籍志考证》卷十三。

继承司马迁《自序》、刘向《叙录》的遗法。但有的已按年纪事，并录平生著作，则比书叙更为详细，其例则已自《七略》发端。

宋人注书，始追为前人作年谱，如吕大防等的《韩柳年谱》8卷、鲁訔的《杜工部诗年谱》1卷之类。清儒踵而行之，且上及于周秦之人，如林春溥的《孔孟年表》、汪中的《荀卿子贾谊年表》之类，对于辨章学术，最为有益。作目录书者，虽不能于每书每人皆为详载，但于其人平生著作与时代关系最密者，苟有年月可考，则应该在叙录中述及。如果作者的生卒年未能详定，也应在叙录中明确说明。

其四，不能确考作者的时代，则取其书中之所引用，后人之所称叙，著录其与某人同时，或先于某人、在某人后，以此参互推定，时代自明。当然，所取以比较的人应是世所共知、时代清楚的。

刘向的《列子书录》云："列子者，郑人也，与郑缪公同时。"班固的《汉书·艺文志》多用此例，孙德谦在《汉书艺文志举例·称并时例》中说：

> 编艺文者，于其人所生时世，必为详考之；苟无可考，则付之阙疑可也。《汉志》于农家宰氏、尹都尉、赵氏、王氏四家，注云："不知何世"，是其义也。其间又有虽无可考，而取一人与之同时者，为之论定，则并时之例生焉。《汉志》道家文子云"与孔子并时"，老莱子云"与孔子同时"；名家邓析云"与子产并时"，成公生云"与黄公等同时"，惠子云"与庄子同时"；赋家宋玉云"与唐勒并时，在屈原后"，张子侨云"与王褒同时也"，庄忽奇云"枚皋同时"。观其所称"并时"，或变文言"同时"，皆据世所共知者，以定著书之人。①

此外，《汉书·艺文志》中尚有先于某人与后于某人之例。前者如称道家郑长者"先韩子"；阴阳家闾丘子"在南公前"，将钜子"先南公"；名家尹文子"先公孙龙"；墨家田俅子"先韩子"等。这是以其为后人所称叙，而知其先于某人。后者如称墨家墨子"在孔子后"，赋家宋玉"在屈原后"。这是以其书中引用某人之说，而知其在某人之后。

其后，王俭的《七志》以及晁公武的《郡斋读书志》、陈振孙的《直斋书录解题》也有类此者，但不多见。

3. 评介图书内容

评介图书的内容，包括解释书名、考辨真伪和概述内容三个方面。

解释书名，如刘向的《易传古五子书录》云："分六十四卦，著之日辰，自甲子至于壬子，凡五子，故号曰《五子》。"又《易传淮南九师道训》云："淮南王聘善为《易》者九人，从之采获，故中书题曰《淮南九师书》。"

考辨真伪，如《汉书·艺文志》诸子略道家类有《文子》九篇，注云："老子弟子，与孔子并时，而称周平王问，似依托者也。"似此例者，在《汉志》中约有60处。

---

① 孙德谦：《汉书艺文志举例》，见《二十五史补编》第2册，1702～1703页，上海，开明书店，1937。

概述图书内容，或缕述图书篇卷的构成内容，或考论作者的学术渊源，或评价图书的价值利弊，或兼而有之。其中尤以考论作者学术渊源、评价图书价值利弊，在目录叙录中最为困难。治目录学者，务必秉公论断，贵在征实，而不可妄逞己见，凭空臆断。

一般来说，私人著述，成一家之言，可以谨守家法，自为取舍，而目录之书，则必须博采众长，善观其通，兼收并蓄，秉公论断。《四库全书总目》一书的修饰润色，出于纪昀一人之手，而纪昀不喜宋儒，动辄微文讥刺，曲意诋毁。例如，书中多次说到朱熹因刘安世曾上书论程颐，所以在《名臣言行录》中有心贬抑，不登一字。① 却不知道朱熹曾受学于其外舅刘勉之，而勉之之学出于安世，所以朱熹对安世十分推崇，《言行录》中载其事迹多至 37 条。纪昀对此，竟熟视无睹，这不是挟持成见，先入为主，所以好恶夺于中，而是非乱于外吗？

而且，叙录贵在征实，应多考证而少议论。即便有所议论，也应凭事实说话，实事求是，不为凿空臆断之言。刘向的《别录》，未尝以空言臧否人物，即使对贾谊、东方朔、董仲舒等的议论，也都就事实立言，所以为班固的《汉书》传赞所称引。而宋代曾巩奉诏校书，每书作序，则多发空论。《四库全书总目·凡例》批评道："然巩好借题抒议，往往冗长，而本书之始末源流，转从疏略。"

（三）解题目录的类型

因宋陈振孙的《直斋书录解题》用解题之名，所以凡具有叙录体例的目录书就被称为解题目录。又因为《四库全书总目》用提要之名，所以又称这一类目录书为提要目录。

解题目录或提要目录，由于取材内容和撰写方式的不同，可分为三种类型。

第一，叙录体。

这是解题目录中最早的体例，刘向的《别录》中的各篇叙录就是这一体例的创作。叙录介绍作者的时代和生平，叙述该书的学术源流，记录校雠异本的情况，分析评论图书内容，尤其是指出图书的"资治"意义。例如，《晏子书录》说"其书六篇皆忠谏其君，文章可观，义理可法，皆合六经之义"，又说"可常置旁御观"。这显示了目录工作与现实政治的密切关系。至宋代晁公武的《郡斋读书志》和陈振孙的《直斋书录解题》，叙录体例更称完备，主要包括卷帙、撰者状况、学术渊源、版本异同等项目。而《四库全书总目》则为这一体例的集大成之作。叙录体是解题目录中的大宗。

第二，传录体。

这是比叙录体内容简略的一种体例，往往只解释书名或记录作者简传，而不涉及其他。由于早期采用这一体例的目录书多已亡佚，所以只能从其他记载中略知一二。采用此体最早的，当是晋荀勖的《中经新簿》，《隋志》称此书："但录题及言……至于作者之意，无所论辩。""题"指书名，"言"指对书名的说明，即简略的题解，只介绍图书大致内容，而不论列作者意旨。刘宋王俭的《七志》，《隋志》说它："不述作者之

---

① 参见《四库全书总目》卷五十五《尽言集》提要、卷五十七《名臣言行录》提要、卷一百二十一《元城语录》提要。

意，但于书名之下每立一传。"此"传"字不是传记，而是传注，即解释说明，与《中经新簿》似为一体。由于《七志》的"每立一传"，所以称这种体例为传录体，即注录体。其后《新唐书·艺文志》、元钟嗣成的《录鬼簿》、明初无名氏的《录鬼簿续编》、明末徐𤊹的《徐氏红雨楼书目》等，皆为此类。后世一般藏书的典藏登录，仅写一简要的内容提要，亦当属此体。

第三，辑录体。

这是广泛辑录与一书相关的资料来揭示图书内容和进行评论的一种体例。辑录体解题萌芽于佛经目录。南朝梁释僧祐撰佛经目录《出三藏记集》15 卷，其中 6 卷至 12 卷为"总经序"，汇集各经典序文。唐释道宣编《大唐内典录》、智升编《开元释教录》，也都采用此法，间录作者自序。辑录体提要目录的成熟，以马端临的《文献通考·经籍考》为标志。《经籍考》除以晁公武的《郡斋读书志》和陈振孙的《直斋书录解题》为主要依据成书外，辑录了《汉志》《隋志》《新唐志》《崇文总目》《通志·艺文略》等，还辑录了正史列传、各书序跋和文集、杂说、诗话中的有关文字。马端临在《文献通考·自序》中说："凡议论所及，可以纪其著作之本末，考其流传之真伪，订其文理之纯驳者，则具载焉。俾览之者如入群玉之府，而阅木天之藏。不特有其书者，稍加研究，即可以洞究旨趣；虽无其书者，味兹题品，亦可粗窥端倪。盖殚见洽闻之一也。"即便书亡而序存者，也间为录入。但此书仅就一时所见，随手抄录，而未能广搜唐、宋文集。后来对目录书做辑佚、考证、拾补工作的，多采用此体。而清代朱彝尊的《经义考》和谢启昆的《小学考》，更是径仿其例，辑录原序及各家考订，撰成专科目录。至孙诒让的《温州经籍志》，义例更加严密。这一体例颇似会注体，使有关一书的资料汇集一编，对参证考索该图书及相关问题极为有用和方便。但在辑录时，首先应有所选择，注意删削繁文，屏除套语；其次应保存所录资料的原貌，注明出处，以便稽考。

五、小序体例

小序主要是为了"辨章学术"，对某一部类图书的学术流派、演变和特点加以论述。这对于掌握和了解这类图书，起了提纲挈领、鸟瞰全局的作用。

（一）小序的类型

小序的类型大略有四种。

第一，全目之序。这是介绍整个目录的说明性文字，如《汉书·艺文志》的序文，《四库全书总目》的凡例。全目之序主要总述经籍功用、文运源流以及该目录书的编撰义例。

第二，部类之序。这是介绍目录中每一部类（或"略"）的说明性文字。例如，《汉书·艺文志》将所著录的书分为六略，每略之后皆有一序（后世移于每略之前）。又如，《四库全书总目》将所著录的书分为四部，则每部之前皆有一序。部类之序往往总括地说明这一部类的起源、流别和功用。

第三，大类之序。这是介绍目录中每一大类（或"种"）的说明性文字。例如，

《汉书·艺文志》在六略之下，又将所著录的书分为 38 种，除诗赋略 5 种外，每种之后也有一序（后世同样移于每种之前）。大类之序往往概述这一大类的起源、流变和功用。

第四，细类之序。这是介绍目录中每一细类（或"子目"）的说明性文字。例如，《四库全书总目》在每一大类下，有时又分为若干细目，细目所列书籍之后，另写一按语，是为细目之序。细类之序往往概述这一细类的起源、流变和功用。

（二）小序的流变

刘歆所撰《七略》中的《辑略》，就是对各家学术源流利弊分别加以论述，然后汇辑一编，当作全书的凡例。这是全目之序的发端。阮孝绪的《七录序》说："（向）子歆撮其指要，著为《七略》，其一篇即六篇之总最，故以《辑略》为名。"后世目录，或无大、小类序，但多有全目之序及凡例，即本《辑略》。

各类之序，始于班固。班固以《七略》为据，删取其要，作为《汉书·艺文志》，并散《辑略》各篇入各类之后，稍加增改，更便参读。姚振宗的《七略佚文·叙》说："《艺文志》序一篇，六略总序六篇，每篇篇序三十三篇，综凡四十篇，除去班氏接记后事之语，皆《辑略》节文也。"

但是魏晋时的目录书未能继承这一优良传统，如《晋书》卷三十九《荀勖传》载，西晋荀勖"依刘向《别录》，整理记籍"。《隋书·经籍志》论其所撰《中经新簿》："但录题及言……至于作者之意，无所辩论。"似于部类之下无小序之体。

南北朝隋唐时，小序体例又被利用。刘宋王俭的《七志》，在首卷之中有《条例》九篇，虽然《隋书·经籍志》评其"文义浅近，未为典则"，但它可能就是《七志》中九个部类的小序（《七志》分类略承刘向，加图谱，合佛、道，共为九类）。隋许善心撰《七林》，除在篇首有总序外，部类之下尚有《类例》，以"明作者之意，区分其类例"，似也是小序。《隋书·经籍志》和唐毋煚的《古今书录》，正式标举出"小序"之名。可惜除《隋志》以外，他书皆已亡佚，对当时的小序体制仅能从其他记载中得其只言片语，而不能有更多的了解。

《旧唐书·经籍志》虽然在总序中保存了一些有用的资料，如毋煚的书序等，但却未能采用小序的体制，破坏了目录学的优良传统，开后世史志目录不立小序的恶例。宋代所修各种《艺文志》，恢复汉、隋二志的传统，在部类之下都有小序。宋朝的官修书目《崇文总目》也有小序。元初修《宋史》时，虽然主要依据宋代的各种《艺文志》，却沿袭《旧唐志》的体例，摒去了小序，后来各史志目录都沿此体制。余嘉锡《目录学发微》卷二批评说："由是自唐以下，学术源流多不可考。"

直到《四库全书总目》才又恢复了这一体制，每一部类既有总叙，每一大类又有小序，各细目还有按语，为后人研究古代学术源流与利弊提供了基本资料。《四库全书总目·凡例》说：

> 四部之首，各冠以总序，撮述其源流正变，以挈纲领。四十三类之首亦各冠以小序，详述其分并改隶，以析条目。如其义有未尽，例有未该，则或于子目之

末，或于本条之下，附注案语，以明通变之由。①

这也是《四库全书总目》之所以享有较高的学术价值的原因之一。

（三）小序的内容

叙录的体例，自古以来，大体相同。而小序的体例，在《汉志》六篇，已各自不同，所以难为一定之例。但《汉志》《隋志》《崇文总目》《四库全书总目》四部成书现在，稍加概括，小序基本上有以下五项内容。

第一，泛论经籍的功用。这一般仅用于全书之序，如《隋书·经籍志》序云：

> 夫经籍也者，机神之妙旨，圣哲之能事，所以经天地，纬阴阳，正纪纲，弘道德，显仁足以利物，藏用足以独善，学之者将殖焉，不学者将落焉……夫经籍也者，先圣据龙图，握凤纪，南面以君天下者，咸有史官，以纪言行。言则左史书之，动则右史书之。故曰"君举必书"，惩劝斯在……夫仁义礼智，所以治国也；方技数术，所以治身也；诸子为经籍之鼓吹，文章政化之黼黻，皆为治之具也。故列之于此志云。②

第二，阐述文运的源流。这也仅用于全书之序。一些目录书总结了我国古代图书事业发展史，从中可以看出历代文化学术的盛衰，如《宋史·艺文志》序云：

> 历代之书籍，莫厄于秦，莫富于隋、唐。隋嘉则殿书三十七万卷。而唐之藏书，开元最盛，为卷八万有奇。其间唐人所自为书，几三万卷，则旧书之传者，至是盖亦鲜矣。陵迟逮于五季，干戈相寻，海寓鼎沸，斯民不复见《诗》《书》《礼》《乐》之化。周显德中，始有经籍刻板，学者无笔札之劳，获睹古人全书。然乱离以来，编帙散佚，幸而存者，百无二三。③

第三，辨章学术的异同得失。这是各种类型小序的基本内容。姚振宗的《七略别录佚文·叙》说：

> 《七略》首一篇……盖六略分门别类之总要也……大抵六艺、传记，则上溯于孔子，诸子以下各详稽其官守，皆一一言师承之授受、学术之源流，杂而不越，各有攸归。④

---

① （清）永瑢等：《四库全书总目》，18页，北京，中华书局，1965。
② （唐）魏徵等：《隋书》，903～909页，北京，中华书局，1973。
③ （元）脱脱等：《宋史》，5032页，北京，中华书局，1977。
④ （清）姚振宗：《七略别录佚文·序》，8～9页，上海，上海古籍出版社，2008。

章学诚在《校雠通义》卷一《原道》也说：

> 刘歆《七略》，班固删其《辑略》而存其六。颜师古曰："《辑略》，谓诸书之总要。"盖刘氏讨论群书之旨也。此最为明道之要，惜乎其文不传。今可见者，唯总计部目之后，条辨流别数语耳。即此数语窥之，刘歆盖深明乎古人官师合一之道，而有以知乎私门初无著述之故也。何则？其叙六艺而后，次及诸子百家，必云某家者流，盖出古者某官之掌，其流而为某氏之学，失而为某氏之弊。其云某官之掌，即法具于官，官守其书之义也；其云流而为某家之学，即官司失职，而师弟传业之义也；其云失而为某氏之弊，即孟子所谓生心发政，作政害事，辨而别之，盖欲庶几于知言之学者也。由刘氏之旨以博求古今之载籍，则著录部次，辨章流别，将以折衷六艺，宣明大道，不徒为甲乙纪数之需，亦已明矣。①

第四，说明目录分类的义例。这也是各种类型小序的共同内容。小序应介绍所编目录在分类上有些什么义例，采用哪些编制方法。这就需要记评旧录部类的分合及其是非，阐明本录立名的依据及其沿革。例如，刘歆编《七略》、班固编《汉志》时，史书很少，未能列为独立部类。至魏晋时史部才独立出来。南朝梁阮孝绪的《七录》于《经录典》外别立《记传录》，并在序文中说：

> 刘王并以众史合于《春秋》。刘氏之世，史书甚寡，附见《春秋》，诚得其例。今众家记传，倍于经典，犹从此《志》，实为繁芜。且《七略》诗赋不从《六艺》《诗》部，盖由其书既多，所以别为一略。今依拟斯例，分出众史，序《记传录》，为内篇第二。②

第五，说明该部类、种类或细类涵盖的内容及其功用，并简述该目录书去取的原则。例如，《四库全书总目》卷一百八十六"总集类序"云：

> 文籍日兴，散无统纪，于是总集作焉。一则网罗放佚，使零章残什，并有所归；一则删汰繁芜，使菁稗咸除，菁华毕出。是固文章之衡鉴，著作之渊薮矣。《三百篇》既列为经，王逸所裒又仅《楚辞》一家，故体例所成，以挚虞《流别》为始。其书虽佚，其论尚散见《艺文类聚》中，盖分体编录者也。《文选》而下，互有得失。至宋真德秀《文章正宗》，始别出谈理一派，而总集遂判两途。然文质相扶，理无偏废，各明一义，未害同归。惟末学循声，主持过当，使方言俚语，俱入词章，丽制鸿篇，横遭嗤点，是则并德秀本旨失之耳。今一一别裁，务归中道。至明万历以后，侩魁渔利，坊刻弥增，剽窃陈因，动成巨帙，并无门径之可

① （清）章学诚：《校雠通义》，2 页，北京，古籍出版社，1956。
② 参见《目录学研究资料汇辑》第 2 分册，42 页，武汉，武汉大学图书馆系，1983。

言。姑存其目，为冗滥之戒而已。①

总之，小序往往论述了经籍的功用，阐述了文运的源流，讨论了学术的异同，说明了目录的义例，包括了分类的内容及功用，成为目录体例中总括性最强的组成部分。

思考与练习

1. 试举一例，说明在群书目录中著录一书的篇目有何功用。
2. 简述古籍书名和篇卷数著录的基本体例。
3. 简述古籍版本著录的基本体例。
4. 举例说明罗列式版本目录和提要式版本目录各有什么特点。
5. 举例说明在古籍目录中，应如何考述图书作者的生平。
6. 在古籍目录中，评介图书内容时应注意哪些问题？
7. 解题目录有哪些基本类型？
8. 以《四库全书总目》的小序为例，说明小序有哪几种基本类型，它们各包括哪些内容。
9. 简述下列古籍目录的基本体制：马端临的《文献通考·经籍考》，朱彝尊的《经义考》，纪昀等编《四库全书总目》，张之洞原撰、范希曾补正《书目答问补正》，王重民的《中国善本书提要》，上海图书馆编《中国丛书综录》。

第四节　古籍目录的分类和编制

中国古代图书的分类方式，通称"类例"。其名始见于《隋书·许善心传》："善心……更制《七林》……区分其类例焉。"任何一部古籍目录，都能通过其独特的分类方式，在外部形式上展示每一部图书在群书目录中的位置及其价值，在内在含蕴上展示每一部图书在文化体系中的独特性质与功能。因此，古籍目录实际上是以文献著录的面貌所展现出来的一个相对完整的文化体系，而古籍目录分类的变迁则是一部活生生的文化史。

一、古籍目录的分类

（一）古籍分类概说

目录分类可以把汗牛充栋的典籍按照不同的层次有序地组织起来，做到纲举目张，执简驭繁。有了分类，目录便有了条理，没有分类，目录只能是一堆杂乱无章的书目，无从区别和检用。南宋郑樵的《通志·校雠略》有"编次必谨类例论"6篇，

---

① （清）永瑢等：《四库全书总目》，1685页，北京，中华书局，1965。

指出："学之不专者，为书之不明也；书之不明者，为类例之不分也……士卒之亡者，由部伍之法不明也；书籍之亡者，由类例之法不分也。类例分，则百家九流各有条理，虽亡而不能亡。"明代焦竑在《国史经籍志》卷三也说，"《记》有之：'进退有度，出入有局，各司其局'，书之有类例，亦犹是也。故部分不明则兵乱，类例不立则书亡。"所以余嘉锡在《目录学发微》卷四《目录类例之沿革》说：

> 大凡事物之繁重者，必驭之以至简，故网有纲，裘有领。书之类例，文字之部首，皆纲领也。汉许慎《说文解字叙》曰："其建首也，立一为端，方以类聚，物以群分，同牵条属，共理相贯，杂而不越，据形系联，引而申之，以究万原。"此分类之法也。①

目录分类不仅可以分门别类，使书籍有序化，而且本身还具有辨章学术、考镜源流的功能。郑樵在《通志·校雠略》说："类例既分，学术自明，以其先后本末具在。"章学诚在《校雠通义》卷一《叙》说："校雠之义，盖自刘向父子；部次条别，将以辨章学术，考镜源流，非深明于道术精微，群言得失之故者，不足与此。"同书《互著》又说："盖部次流别，申明大道，叙列九流百氏之学，使之绳贯珠联，无少缺逸，欲人即类求书，因书究学。"

中国古代很早就将分类思想运用于学术分类和图书分类。周朝典籍逐渐增多，统治者就设官分守掌制，如《周礼·春官·宗伯》记载"太史掌建邦之六典""小史掌邦国之志""内史掌王之八枋之法""外史掌五外令"等。这是图书分类的萌芽，章学诚在《校雠通义》便认为："官守之分职，即群书之部次。"

到春秋时期，人们越来越注意运用分类思想观察自然，考察社会。《周易·系辞》说："方以类聚，物以群分。"《周易·同人·象传》说："君子以类族辨物。"这种分类思想运用于图书分类，如《左传·昭公十二年》记载，楚史倚相读过《三坟》《五典》《八索》《九丘》等典籍。据《尚书序》称：《三坟》乃三皇之书，《五典》乃五帝之书，《八索》乃八卦之义，《九丘》乃九州之志。这些典籍的名称已近乎一种书籍的分类。又《左传·哀公三年》记载，宫内失火，抢救藏书时按"御书""礼书"等分别救出，可见其时公府藏书已有分类。

西汉初年进行典籍整理，汉武帝时杨朴始校兵书（《汉书·艺文志·兵书略》称"纪奏兵书"），即编制兵书目录，但其次序之法，今已不可得而考。严格意义上的图书分类，则以西汉末年刘歆《七略》为发端。

（二）由六分法到四分法

《汉书》卷三十六《刘歆传》称："歆乃集六艺群书，种别为《七略》。"这是在目录中给群书分类的开端。《七略》撰成于汉哀帝建平元年（公元前 6 年），它比欧洲第一个正式的图书分类表——1545 年瑞士人吉士纳（Konard Nesher）的《万象图书分类法》早 1500 余年。该书已经亡佚，但据《汉书·艺文志》所载，《汉书》此篇系班

---

① 余嘉锡：《目录学发微》，125 页，成都，巴蜀书社，1991。

固采《七略》而略加增补而成，因此完整地反映了《七略》分类的面貌。

"略"意为领域。《辑略》一门，相当于后世目录的叙例，与分类无关，所以《七略》实际上将图书分为六大类，是一种六分法。以"六"分类，其源甚古。《周礼·地官·司徒》记载大司徒教民的行为标准有"六行"：孝、友、睦、姻、任、恤；道德标准有"六德"：知、仁、圣、义、忠、和；《礼记·昏礼》记载婚姻过程有"六礼"：纳采、问名、纳吉、纳征、请期、亲迎；《周礼·地官·司徒·保氏》记载学校教育内容有"六艺"：礼、乐、射、御、书、数；等等。《七略》以"六"分类，可能来源于此。

《七略》的分类标准，主要是依据学术发展状况（见表 4-1）。《六艺略》的主要部分是王官之学，《诸子略》为私门之学，诗赋、兵书、数术、方技则因各有专门，必加分别。可见《七略》的六分法一般皆以"义"（书籍的内容性质），而不兼用"体"（书籍的结构形态），因此分类标准比较严格。而清代的《四库全书总目》则兼用"义"与"体"作为分类标准，如集部中楚辞、词曲、诗文评以类分，而总集、别集则以体分，分类标准相对灵活。

表 4-1　《汉志》所见《七略》分类表

略　目	略　类
辑略	
六艺略	易、书、诗、礼、乐、春秋、论语、孝经、小学
诸子略	儒家、道家、阴阳家、法家、名家、墨家、纵横家、杂家、农家、小说家
诗赋略	屈赋之属、陆赋之属、荀赋之属、杂赋、歌诗
兵书略	兵权谋、兵形势、兵阴阳、兵技巧
数术略	天文、历谱、五行、蓍龟、杂占、形法
方技略	医经、经方、房中、神仙

此外，《七略》还有两种辅助的分类标准如下。第一，校书分职。学者术有专攻，所以分类职掌相应的图书，如刘向负责校理经传、诸子、诗赋，步兵校尉任宏分校兵书，太史令咸分校数术，侍医李柱国分校方技。第二，篇卷多寡。从学术源流来看，后世史书出于《春秋》，诗赋出于《诗经》，而《七略》将史书附于《春秋》之后，诗赋则自成一略。这是因为时至东汉初年，史家之书自《世本》以下，仅得 8 家 410 篇，不足成略；而诗赋自屈赋以下，达 106 家、1317 篇，足以自成一略。

到魏晋南北朝，六分法演变为四分法。这一图书分类法的变革，是因为汉魏以降文化学术发生了巨大的变动，文学创作日益增加，史学更呈现蓬勃发展的局面，而兵书、数术、方技类的图书质量上少有创新，数量上更呈递减，由此四部分类法应运而生。余嘉锡在《目录学发微》讨论目录类例之沿革时说：

> 书之有部类，犹兵之有师旅也。虽其多寡不能如卒伍之整齐画一，而要不能大相悬绝，故于可分者分之，可合者合之。《七略》之变为四部，大率因此。①

---

① 余嘉锡：《目录学发微》，126 页，成都，巴蜀书社，1991。

梁阮孝绪的《七录序》概括地总结了四部分类产生的情况：

> 魏晋之世，文籍逾广，皆藏在秘书中外三阁。魏秘书郎郑默删定旧文，时之论者，谓为朱紫有别。晋领秘书监荀勖因魏中经，更著新簿，虽分为十有余卷，而总以四部别之。惠怀之乱，其书略尽。江左草创，十不一存。后虽鸠集，涽乱已甚。及著作佐郎李充始加删正，因荀勖旧簿四部之法，而换其乙丙之书，没略群篇之名，总以甲乙为次。自时厥后，世相祖述。①

三国曹魏郑默的《中经》已经亡佚，其图书分类，可从西晋武帝时荀勖的《中经新簿》所分四部见之。《隋书·经籍志》云：

> 魏氏代汉，采摭遗亡，藏在秘书中、外三阁。魏秘书郎郑默，始制《中经》，秘书监荀勖，又因《中经》，更著《新簿》，分为四部，总括群书。一曰甲部，纪六艺及小学等书；二曰乙部，有古诸子家、近世子家、兵书、兵家、术数；三曰丙部，有史记、旧事、皇览簿、杂事；四曰丁部，有诗赋、图赞、汲冢书，大凡四部合二万九千九百四十五卷。②

以郑默、荀勖的四分法与刘歆的六分法两相对照，我们可以看出目录分类变迁的几个突出特点。

第一，甲部即六分法中的"六艺"，也就是后世的经部，历代相沿不变。余嘉锡在《目录学发微》卷四《目录类例之沿革》说："盖历代惟经学著述极富，未尝中辍，旧书虽亡，新制复作，故惟此一部，古今无大变更。"

第二，乙部即将六分法中的诸子、兵书、数术合为一部，而方技当已并入术数之中，这是后世子部之祖。因为从西汉以来，诸子类著作渐趋式微，兵书、术数、方技之作也日益减少，所以合并为一类。在四部分类中，子部从此成为内容最为庞杂的一个部类，也成为最具分裂趋向的一个部类。19世纪末至20世纪初，受西方学术思想的影响，大量科学类图书问世，起初都归并于子部之中。尤其值得称道的是荀勖在乙部中将古诸子家与近世子家别而为二，正如余嘉锡在《目录学发微》卷四《目录类例之沿革》所分析的，这是因为"自汉而后，不独名法之学失其传，即他家亦多无师法，非复周秦之旧"，所以不可"取后世之书强附九流"。这一做法为清末张之洞的《书目答问》所采用。

第三，丙部的史书原本附于《春秋》类，四分法却析出单独成部。这是因为汉魏以降，史体日兴，史书日多，私人撰史成为风气，于是史书由附庸而蔚为大观，仅据阮孝绪的《七录·纪传录》所载，即有1200种，14888卷。在四部分类中，史部实际上成为专门性质最为显著的一个部类。该部分类中，"史记"应指纪传编年之书，"旧事"即故

---

① 参见《目录学研究资料汇辑》第2分册，41页，武汉，武汉大学图书馆系，1983。
② （唐）魏徵等：《隋书》，906页，北京，中华书局，1973。

事，"杂事"即杂史。而"皇览簿"实为类书，当时未能定其性质，所以暂附于史部。

第四，丁部相当于四分法中的"诗赋"类，即后世的集部。至于将汲冢书归入此部，王鸣盛的《十七史商榷》卷六十七"经史子集四部"条以为不可解，赵翼在《陔余丛考》卷二十二"经史子集"条以为失当。而余嘉锡在《目录学发微》卷四《目录类例之沿革》则认为，汲冢书中四部之书皆有，但"皆科斗字，不与他书同，故不可以相杂厕，以取原书与所写之本并贮一处，以便相校雠。以其自为一类也，故附诸四部之末。犹后世藏书目以宋、元本别著于录，而今之图书馆有善本书库之比"，其说甚是。

东晋时，著作郎李充在郑默、荀勖四分法的基础上，调整了乙、丙两部的次序，以"五经为甲部，史记为乙部，诸子为丙部，诗赋为丁部"[1]，从而确定了后世经、史、子、集四部分类的次序，"自尔因循，无所变革"[2]。

要之，古籍目录分类史上四分法取代六分法，这是学术发展变化的必然结果。章学诚在《校雠通义》卷一《宗刘》总结道：

> 《七略》之流而为四部，如篆隶之流而为行楷……史部日繁，不能悉隶以《春秋》家学，四部之不能返《七略》者一。名墨诸家，后世不复有其支别，四部之不能返《七略》者二。文集炽盛，不能定百家九流之名目，四部之不能返《七略》者三。钞辑之体，既非丛书，又非类书，四部之不能返《七略》者四。评点诗文，亦有似别集而实非别集，似总集而又非总集者，四部之不能返《七略》者五。凡一切古无今有、古有今无之书，其势判如霄壤，又安得执《七略》之成法，以部次近日之文章乎！[3]

当然，在六朝时期，古籍目录分类并非四分法的一统天下，虽然四分法为多数官修书目所采用，但也有一些例外。例如，南朝刘宋时王俭撰《七志》，其中经典、诸子、文翰、军书、阴阳、艺术六志，完全照搬《七略》的分类法，尤其是无视当时书籍的实际情况，将史记、杂传仍然收录于经典志，甚为无当。在六志之外，王俭独立一类图谱志，专收地理书籍与图谱，郑樵在《通志·图谱略·索象篇》颇加称许。虽然别具匠心，但是将图谱与书籍相分离，分类标准以"体"不以"义"，这显然也甚不合理，所以为后世目录学家所不取。至于《七志》另列三个附录：阙佚书目、道经目录、佛经目录，则开拓了目录学的新内容，值得特别注意。

南朝梁阮孝绪的《七录》另辟蹊径，将书籍分为内、外篇，共七部，是为七分法。其中内篇五部，即经典录、记传录、子兵录、文集录、术伎录，前四部大略依照四分法，唯术伎为新增；外篇两部，即佛法录、仙道录。《七录》一书已佚，但从保存于唐释道宣的《广弘明集》卷三的《七录序》来看，阮孝绪的基本分类原则有两条。首先，书

①（梁）萧统编，（唐）李善注：《文选》，2075 页，上海，上海古籍出版社，1986。
②（唐）魏徵等：《隋书》，906 页，北京，中华书局，1978。
③（清）章学诚：《校雠通义》，2 页，成都，巴蜀书社，1991。

籍分类应当根据学术发展、文献保存的实际情况来进行。比如，刘歆时代"史书甚寡，附见《春秋》，诚得其例。今众家记传，倍于经典，犹从此志，实为繁芜"，所以必须单列记传录。而"兵书既少，不足别录，今附于子末，总以子兵为称"。其次，分类应当注意文献内容，便于检索利用。比如，王俭单列图谱一部，即不便利用，所以"图画之篇，宜从所图为部，故随其名题，各附本录。谱既注记之类，宜与史体相参，故载于记传之末"。

以经、史、子、集作为四部名称，始见于梁元帝时，见《北齐书·颜之推传》记颜之推《观我生赋》自注。在现存目录中，以四部分类而完整保存的是《隋书·经籍志》。该书以《汉书·艺文志》为基本依据，参照郑默的《中经》以下的各种目录分类法，确立了经、史、子、集四部分类的严密体系。而该书在细类的划分上，则取资于《七录》最多。姚振宗在《隋书经籍志考证》中说：

> 以《七录》叙目校之，唯史部之正史、古史、杂史、起居注四篇不用阮例，余或合并篇目，或移易次第，大略相同。①

许世瑛在《中国目录学史·四部分类法之确立·隋书经籍志与七录之关系》中也说：

> 究其内容，则《隋志》之四十种，原无大异于《七录》之四十六部（佛道九部除外）。试一较其异同，仅移纬谶入经部，改记传录为史部，删鬼神而增杂史，析注历为古史、起居注，并子兵、术技二录为子部，删杂艺，并卜筮、杂占、刑法入五行，合医经、经方为医方，屏道经、佛经于志外，如是而已。②

至于《隋书·经籍志》附录道、佛二录，仅分类统计种数、部数、卷数，而未细列书名，可以看出目录编纂者对这两类书籍隶属关系的犹疑。

余嘉锡在《目录学发微》卷四总结从《七略》到《隋书·经籍志》目录分类的变化说：

> 合而观之，七略之变而为四部，不过因史传之加多而分之于《春秋》，因诸子、兵书、数术、方技之渐少而合之为一部，出数术、方伎则为五，益之以佛、道则为七，述数术、方技则为六，并佛道则复为四，分合之故，大抵在诸子一部。互相祖述，各有因革。虽似歧出枝分，实则同条共贯也。③

其中的因革变迁轨迹，可参看表 4-2。

① 参见二十五史补编编委会：《隋唐五代五史补编》第 1 册，5 页，北京，北京图书馆出版社，2005。
② 许世瑛：《中国目录学史》，51 页，台北，中国文化大学出版部，1982。
③ 余嘉锡：《目录学发微》，148 页，成都，巴蜀书社，1991。

表4-2　六分法、七分法与四分法对照表①

七略		中经新簿		晋元帝四部书目		七志		七录		隋书·经籍志	
部	类	部	类	部	类	部	类	部	类	部	类
辑略Ⅰ											
六艺略Ⅱ	1易	甲部Ⅰ		甲部Ⅰ五经		经典志Ⅰ	1六艺	经典录Ⅰ	1易部	经部Ⅰ	1易
	2书								2尚书部		2书
	3诗								3诗部		3诗
	4礼								4礼部		4礼
	5乐		1六艺						5乐部		5乐
	6春秋						3史记		6春秋部		6春秋
	7论语						4杂传		7论语部		8论语（尔雅、五经总义附）
	8孝经								8孝经部		7孝经
	9小学		2小学				2小学		9小学部		10小学
											9谶纬
		丙部Ⅲ	1史记	乙部Ⅱ史记		记传录Ⅱ		记传录Ⅱ	1国史部	史部Ⅱ	1正史
			2旧事						3旧事部		6旧事
			3皇览簿								
			4杂事								3杂史
									2注历部		2古史
									4职官部		7职官
									5仪典部		8仪注
									6法制部		9刑法
									7伪史部		4霸史
									8杂传部		10杂传
									9鬼神部		（鬼神附）
									10土地部		11地理
									11谱状部		12谱系
									12簿录部		13簿录
											5起居注

① 本表将所举书目中的部、类分别按顺序标号，为方便读者横向比较，将同类、近类列于一行。因"部""类"下所标序号依原书所排，故"部""类"下序号顺序略有调整。

续表

七略 部	七略 类	中经新簿 部	中经新簿 类	晋元帝四部书目 部	晋元帝四部书目 类	七志 部	七志 类	七录 部	七录 类	隋书·经籍志 部	隋书·经籍志 类
诸子略III	1儒	乙部II	1古诸子家	丙部III诸子		诸子志II		子兵录III	1儒部	子部III	1儒
	2道								2道部		2道
	3阴阳								3阴阳部		
	4法								4法部		3法
	5名								5名部		4名
	6墨								6墨部		5墨
	7纵横								7纵横部		6纵横
	8杂								8杂部		7杂
	9农								9农部		8农
	10小说								10小说部		9小说
			2近世子家								
兵书略V	1兵权谋		3兵书			军书志IV			11兵部		10兵
	2兵形势		4兵家								
	3兵阴阳										
	4兵技巧										
术数略VI	1天文		5术数					技术录V	1天文部		11天文
									2谶纬部		
	2历谱					阴阳志V			3历算部		12历数
	3五行								4五行部		13五行
	4蓍龟								5卜筮部		
	5杂占								6杂占部		
	6形法								7形法部		
方技略VII	1医经								8医经部		14医方
	2经方								9经方部		
	3房中							仙道录VII	3房中	道经部V	3房中
	4神仙								1经戒部		1经戒
						艺术志VI			2服饵部		2饵服
									3符图部		4符录
								佛法录VI	1戒律部	佛经部VI	1经
									2禅定部		2律
									3智慧部		
									4疑似部		
									5论记部		3论

续表

七　略		中经新簿		晋元帝四部书目		七　志		七　录		隋书·经籍志	
部	类	部	类	部	类	部	类	部	类	部	类
诗赋略 Ⅳ	1 赋（屈原等）	丁部 Ⅳ	1 诗赋	丁部 Ⅳ 诗赋		文翰志 Ⅲ		文集录 Ⅳ	1 楚辞部	集部 Ⅳ	1 楚辞
	2 赋（陆贾等）										
	3 赋（孙卿等）										
	4 杂赋		2 图赞								
	5 歌诗		3 汲冢书								
									2 别集部		2 别集
									3 总集部		3 总集
									4 杂文部		

（三）四部分类法的完善与变迁

《隋书·经籍志》问世以后，由于四分法基本符合中国古代图书的实际状况，所以成为古籍目录分类法的主流。四分法流行既久，人们习以为范，易于图书编目，也便于索书治学。所以直至 20 世纪 50 年代编撰的《中国丛书综录》，仍以四部排列；其后编写的《中国古籍善本书目》，除增出丛书一部外，也按四部分类，成为方便实用的工具书。

但是四部分类法却遗留下三个相当棘手的难题。第一，如何处理大量佛、道著作的归属？第二，如何将古无今有的新出书籍按其性质分别纳入四部之中？第三，如何构成一个相对弹性的分类框架，以适应学术文化自身的变迁？

《隋书·经籍志》没有解决如何著录佛、道著作的问题，只是将相关书籍的目录独立置于附录中。《旧唐书·经籍志》乙部"史录·杂传类"收仙灵 26 家，高僧 10 家，丙部"子录·道家类"收道释著说 47 家。《新唐书·艺文志》丙部"子录·道家类"收神仙 35 家 50 部，释氏 25 家 40 部，另有不著录者若干家。在中国古籍目录史上，二书分别将佛、道著作并入史部或子部，从而成就了真正的四部目录。但是，道释著作性质完全不同于道家，如此归类，不免有乖名实。

北宋时的国家书目《崇文总目》，第一次将佛、道经书列入子部，并独立成类。全书 66 卷中，有 12 卷为道书类与释书类。尤其是道书类，不仅著录著作繁多，而且分类细密。郑樵的《通志·校雠略·崇文明于两类论》称道："《崇文总目》，众手为之。其间有两类极有条理，古人不及，后来无以复加也。道书一类有九节，九节相属，而无杂揉。"此后，《郡斋读书志》《直斋书录解题》《文献通考·经籍考》都承袭了这一做法。

至于《遂初堂书目》《明史艺文志》《四库全书总目》等，则另设释家一类于子部，将道书附于道家。这是因为，在宋元以后，一方面道家哲学与道教、神仙家的思想出现逐步融合的趋向，另一方面民间的道教著作被排斥于书目著录之外。《四库全书总目》卷一百四十六"道家类序"说："……长生之说与神仙家合为一，而服饵导引入之；房中一家，近于神仙者亦入之；鸿宝有书，烧炼入之；张鲁立教，符箓入之；北魏寇谦之等又以斋醮章呪入之。世所传述，大抵多后附之文，非其本旨。彼教自不能别，今亦无事于区分。"

在四部分类中，一些二级类目的学术地位也因时而变。比如，《孟子》类的书籍，直到北宋的《崇文总目》还都列在子部儒家类，但是自从朱熹在宋淳熙年间将《大学》《中庸》《论语》《孟子》定为《四书》以后，《孟子》的地位大大提高，于是《孟子》类书籍就由子部升入经部。南宋时，尤袤的《遂初堂书目》开始将《孟子》类附在《论语》类，陈振孙的《直斋书录解题》则干脆将《论语》类与《孟子》类合并为《语》《孟》类。陈振孙解释道："今国家设科取士，《语》《孟》并列为经，而程氏诸儒训解二书，常相表里，故今合为一类。"马端临的《文献通考·经籍考》亦从此例。明代科举，《四书》尤重，因此《明史·艺文志》便将古代目录中的《论语》类或《语》《孟》类改称为《四书》类，《四库全书总目》卷三十五"四书类序"明确地说明了此类单列的理据所在。

又如，从目录分类上，也可以看出谶纬之学的盛衰。《隋书·经籍志》将《七录·技术录》中的谶纬书改隶于经部，并解释说："起王莽好符命，光武以图谶兴，遂盛行于世。汉时，又诏东平王苍，正五经章句，皆命从谶。俗儒趋时，益为其学，篇卷第目，转加增广。言五经者，皆凭谶为说。"可见以谶纬书籍入经部，这正是东汉以降学术文化风气的反映。此后《旧唐书·经籍志》《新唐书·艺文志》《直斋书录解题》《文献通考·经籍考》皆循此例。但是，隋唐以来，谶纬之学已渐趋式微，陈振孙的《直斋书录解题》卷三说："考《唐志》犹存九部八十四卷，今其书皆亡。惟《易纬》仅存如此。及孔氏《正义》或时援引，先儒盖尝欲删去之，以绝伪妄矣。使所谓七纬者皆存，犹学者所不道，况其残缺不完，于伪之中又有伪者乎！"因此《宋史·艺文志》《明史·艺文志》《四库全书总目》就理所当然地将谶纬之书摒除不列。

还有一些著作，早期是显学，著述较多，足以自成一家，其后渐渐散佚，所存著作寥寥无几，已难自成一类，如名、法诸家，于是在后世目录著作中就不再单独立类，而并入杂家了。

子部杂家在古籍书目分类中的确是一个最为庞杂的类目，也是一个最具弹性的类目。凡是性质特殊，不能隶属于他类的著作，都可以统统纳入杂家；凡是新兴著述，数量较少，不足以成类的著作，也都可以暂时栖身于杂家。

将杂家作为容纳不便分类的书籍的渊薮，这是从《隋书·经籍志》就开始的。姚振宗在《隋书经籍志考证》卷三十指出：《隋志》杂家实暗分四目，由《尉缭子》迄《金楼子》，则"以上诸子之属，为一类，《四库提要》所谓杂学之属是也"；由《博物志》迄《论集》，则"杂家之不名一体者，为一类，其中亦略有分别，以类相从，故撰人如沈约、卢辩皆前后两见。《四库提要》所谓杂考、杂说、杂品、杂纂之属此皆有之"；由《皇览》迄《书抄》，则"为类事之属，至《唐经籍志》始别为一类"；由《释氏谱》迄《玄门宝海》，则"皆释家之属，两《唐志》皆附于道家之后"。

到《旧唐书·经籍志》，于子部中特立类书一家，出释家诸杂著附于道家之末。其序云："杂家以纪兼叙众说。"于是杂家在这一新的范畴中得以名副其实。此后宋人编《新唐书·艺文志》《崇文总目》《通志·艺文略》《郡斋读书志》《直斋书录解题》《国史经籍志》等目录，均依《旧唐志》之例。至明清时期，杂家又容纳了诸子，《四库全书总目》卷一百一十七"杂家序"云：

> 以立说者，谓之杂学；辨证者，谓之杂考；议论而兼叙述者，谓之杂说；旁究物理，胪陈纤琐者，谓之杂品；类辑旧文，涂兼众轨者，谓之杂纂；合刻诸书，不名一体者，谓之杂编。凡六类。①

其中杂学，即旧目所录杂家，以及学已衰微因而传书甚少的诸子；杂考以下四家，则从《隋书·经籍志》；杂编即丛书，至张之洞的《书目答问》始单列一部。

当然，在古代，四部分类也并非一直因循守旧，而是具有一定弹性的分类系统，便于容纳一些新出现的书籍类目。正如《四库全书总目·凡例》所说的："文章流别，历代增新。古来有是一家，即应立是一类。"

例如，南宋时晁公武的《郡斋读书志》删史钞类，创设史评类，其卷七《史通》提要云："前世史部中有史钞类而集部中有文史类，今世钞节之学不行而论说者为多。教自文史类内，摘出论史者为史评，附史部，而废史钞云。"马端临的《文献通考·经籍考》据此将史评、史钞合并为一类，而《四库全书总目》则又将史评单独列为一类。

又如类书，六朝时方其初出，为数不多，《隋书·经籍志》将其附于子部杂家类。至唐代类书迅增，于是《旧唐书·经籍志》子部即新设"类事"一类，收书22部；《新唐书·艺文志》又改"类事"为"类书"，收书24部。此后各家目录，相沿不改，因其"非经非史，非子非集，四部之内，仍无类可归"②。

清末张之洞在经、史、子、集四部之外另立丛书一部，更是在一级分类上别出心裁，最见胆略。《书目答问补正》卷五说："丛书最便学者，为其一部之中可该群籍，搜残存佚，为功尤巨，欲多读古书，非买丛书不可。其中经、史、子、集皆有，势难隶于四部，故别为类。"这种独辟蹊径的做法，在学术史上影响甚大。姚名达的《中国目录学史·分类篇·对于隋志部类之修正与补充》认为："以张之洞之权威，《答问》之流行，适值东西洋译书日多，四部分类法正苦不能容纳之时，纂新书目录者遂

---

① （清）永瑢等：《四库全书总目》，1006 页，北京，中华书局，1965。
② （清）永瑢等：《四库全书总目》，1141 页，北京，中华书局，1965。

得借口另起炉灶，不复依傍《四库总目》。张氏虽绝对无意于打倒《四库》，而《四库》之败坏自此始萌其朕兆也。"

至于历代不守四部成规的书籍分类法，其较为著名者，则有南宋初郑樵的《通志·艺文略》。该书将古今图书分为 12 类，即经类、礼类、乐类、小学类、史类、诸子类、天文类、五行类、艺术类、医方类、类书类、文类；此外，还在各部类下增加了许多小类目，共有 82 小类、442 子目，使古籍分类更趋细密。明万历年间张萱等人奉命修撰《新定内阁藏书目录》，将古籍分为圣制、典制、经、史、子、集、总集、类书、金石、图经、乐律、字学、理学、奏疏、传记、技艺、志录、杂部 18 类，颇为紊杂。清代孙星衍的《孙氏祠堂书目》创造性地采用了新的十二分法，即经学、小学、诸子、天文、地理、医律、史学、金石、类书、词赋、书画、说部，颇有见地。

当然，自隋唐以降，四部分类法始终在古籍分类中占据统治地位，这不仅因为它具有高度的学术概括性，更重要的是它适应了中国古代文化"讲伦理、重政治、轻自然、斥技艺"的特点，并且反过来强化了这种文化传统。由此可见，古籍分类与文化传统之间具有一种潜在的文化互动关系。透过古籍分类，我们可以从一个角度探测中国古代文化的奥秘及其变迁轨迹。

二、古籍目录的编制

为了较系统地整理某个领域的文献，常常需要编制新的古籍目录。为了个人学术研究的需要，比如撰写学术论文或学术著作，往往也需要编制一个方便实用的古籍目录。编制古籍目录，包括选题、著录和编排三个基本程序。

（一）古籍目录的选题

古籍目录的编制首先面临着如何选题的问题。一般而言，古籍目录的选题应遵循三个原则。

第一是实用原则。编制古籍目录，不是为了"藏之名山，传之后世"，而是为了更好地检索与利用古籍资料，因此古籍目录的选题必须遵循实用原则。就其社会价值而言，古籍目录的选题应有利于供国内外读书界、图书馆采购书籍时检查图书品种与考索图书版本之用，有利于供国内外学术界科学研究时搜集参考资料、进行古籍整理之用，或者有利于供国内外出版界出版图书及推销图书参考之用。就其个人价值而言，古籍目录的选题应与研究者自身的学术研究课题密切相关，以此作为科学研究入门的阶梯。古代文化、古代历史的研究者研究任何一个新的学术课题，都可以而且有必要先行设计与编制一个相关古籍文献的目录，并尽可能地"辨章学术，考镜源流"，为进一步的阅读与研究打下坚实的基础。

第二是补阙原则。在学术研究上应力避重复劳动，提倡学术创新。尤其是大型古籍目录的编制，如果前人已有较好的成果，便不必要重复编制，可以在前人研究的基础上加以修订或补遗。如果前人缺乏相关的成果，为了更好地保存和利用文献，则应该编制相应的古籍目录。例如，清末孙殿起编撰《贩书偶记》，旨在成为《四库全书总目》的续编，凡见于《四库全书总目》者概不收录，录者必卷数、版本有不同者，因此就成为补充《四库全书总目》著录的一部版本目录学专著。

第三是专业原则。古籍浩如烟海，任何人穷其一生，也不可能明其究竟。所以，如同校勘古籍需靠专家一样，编制古籍目录也是一项专业的学术工作。因此古籍目录的选题最好跟编制者自身的专业相关，只有在专业研究上深有所得，编制古籍目录才能得心应手。

与选题密切相关的是确定古籍目录的收录范围，即在时间和空间两方面确定某一古籍目录收录图书的品种。除了大规模的古籍目录如《中国古籍书目》《中国古籍善本书目》之类以外，任何古籍目录都不可能包罗万象、巨细无遗。因此，编制古籍目录，应该在遵循实用原则、补阙原则和专业原则的前提下，根据目录性质和使用对象，恰如其分地划定收录图书的时间和空间坐标。

例如，郭英德编撰《明清传奇综录》，首先碰到的问题就是如何确定收录传奇剧目的年代。该书根据传奇文体生成的时代特征，将其起点确定为明代成化元年（1465）；而其终点，则根据政治历史年代，简单地确定为清宣统三年（1911）。其次要根据目录的内容性质确定收录对象。因为该书的性质主要是为读者提供明清传奇戏曲文学研究资料，所以就根据学术研究的价值，确定该书主要收录"现有完整存本的明清传奇剧目。剧本残缺，但《曲海总目提要》著录剧情或剧情大体可考的传奇剧目，亦酌情收录。有存目而剧本已佚或未见者，及有存目而仅存残曲者，概不收录。现有存本的明清杂剧（明代在 12 出以下，清代在 8 出以下），亦不在收录范围"[1]。

由此可见，除了明确标为"全目"之类的古籍目录以外，确定古籍目录的收录范围，由目录性质和使用对象所决定，并不是越广越好，而是越精越好。恰当地确定古籍目录的收录范围，可以充分体现目录编制者的学术思想和学术眼光。

在确定目录选题与收录范围之后，应在所划定的时间和空间范围之内，通过各种检索途径，查寻、搜集相关的图书资料，仔细地进行阅读、分析、鉴别和选择，尽可能地保证收录图书的全面性和准确性。

（二）古籍目录的著录

正如本章第三节所介绍的，目录的体制应包括篇目、书名、版本、叙录、小序五个方面，这也构成古籍目录的主要著录项目。一部古籍目录究竟选择哪些著录项目，这要根据书目的性质、对象和功用来决定。

最简单的古籍目录，如学术论文与学术著作末尾附录的阅读书目、引用书目或参考书目，其著录项可以有两种著录方式。

1. 著者＋（整理者＋）书名＋（卷数＋）版本。例如：

王士禛：《渔洋山人诗集》二十二卷，清康熙八年（1669）吴郡沂咏堂刻本。（原刻本的著录）

---

[1]　参见郭英德：《明清传奇综录·前言》，16 页，石家庄，河北教育出版社，1997。

王士禛著，林佶辑：《渔洋山人精华录》十卷，清康熙三十九年（1700）写刻本。（编校整理本的著录）

姚鼐：《惜抱轩诗文集》二十六卷，《四部丛刊初编》影印本，上海：商务印书馆，1919。（丛刻本的著录）

司马迁：《史记》，北京：中华书局，1959。（新校本的著录）

汤显祖著，徐朔方笺校：《汤显祖全集》，北京：北京古籍出版社，1999。（新校本的著录）

邹式金：《杂剧三集》，北京：中华书局影印 1941 年武进董氏诵芬室刻本，1958。（影印本的著录）

2. 书名＋（卷数＋）著者＋（整理者＋）版本。例如：

《渔洋山人诗集》二十二卷，王士禛著，清康熙八年（1669）吴郡沂咏堂刻本。（原刻本的著录）

《渔洋山人精华录》十卷，王士禛著，林佶辑，清康熙三十九年（1700）写刻本。（编校整理本的著录）

《惜抱轩诗文集》二十六卷，姚鼐著，《四部丛刊初编》影印本，第 1758～1762 册，上海：商务印书馆，1919。（丛刻本的著录）

《史记》，司马迁著，北京：中华书局，1959。（新校本的著录）

《汤显祖全集》，汤显祖著，徐朔方笺校，北京：北京古籍出版社，1999。（新校本的著录）

《杂剧三集》，邹式金编，北京：中华书局影印 1941 年武进董氏诵芬室刻本，1958。（影印本的著录）

这两种著录方式，前者体现著者优先原则，后者体现书名优先原则，各有长处，可根据具体情况加以选择。

较详细的古籍目录，除了著者、书名、卷数、版本以外，根据目录性质和使用对象，还可以加上存佚、收藏地（或收藏者）、版本叙录（包括序跋等）、内容叙录等著录项，相关例证可参看本章第三节中"版本目录的类型""解题目录的类型"。如属分类目录，还可以为各类图书撰写小序。

至于古籍目录各著录项的详略与格式，编制者也都应根据该目录的不同对象与功用，分别加以细化规定，以规范全目的编撰体例。例如，郭英德的《明清传奇综录》对剧目与版本的著录规定："所录剧目，凡见于明清两代诸家曲目者，选择其最早的记载加以著录。若有异文，并略作考辨。一剧多名者，以通用名为主，异名附见。凡属近代以来新见曲籍而未见于明清曲目记载者，则举其出处，并酌情考其作者。""凡属一书的各种不同版本，不论其为稿本、刻本或抄本，均为序次胪列。并据见闻所及，约略考订各种版本之间的异同与流变嬗递关系。明代传奇剧目，凡傅惜华《明代传奇全目》著录者，版本介绍皆从简；未著录者，则从详。清代传奇剧目，则尽可能详记版本状况，以及所藏图书馆或收藏者，以便查阅。"①

此外，根据目录性质和使用对象的需要，在编制古籍目录时，还可选录一些同目录内容有联系的、有参考价值的资料，作为附录。有的可附于全目之后，如孙楷第的《中国通俗小说书目》（人民文学出版社，1982）卷八以下，附录《存疑目》《丛书目》《日本训译中国小说目录》等；有的可附录于相关条目之后，如李灵年、杨忠主编的《清人别集总目》（安徽教育出版社，2000），在每一位作者的别集目录之后，均附编作者小传，内容包括生卒、字号、籍贯、科第、仕履、亲友、师承、封谥等，并于其后附录传记资料索引。

（三）古籍目录的编排

出于"辨章学术，考镜源流"的目的和"即类求书，因书究学"的功用，中国古代的目录书绝大多数都是分类编排的。古籍目录的分类编排，充分体现了中国古人的智慧和中国文化的特征。

在分类目录中，有两种变通的方法，即别裁与互著。明祁承㸁的《庚申整书小纪》附《庚申整书略例》，总结了整理图书的四种方法，即因、益、通、互，后两种即指别裁与互著。章学诚在《校雠通义》卷一中首先提出"别裁"与"互著"这两个术语，并做了详细阐释。别裁与互著都是在分类著录中，遇到理有可通、书有两用的情况时，在两个或两个以上的类目中兼收并载同一部图书。它们的不同之处是：互著是把同一部图书分别著录在两个或两个以上的类目中，以便使不同类目所收图书更为全备，不致遗漏；而别裁则是把一部图书著录在某类中，而把该书中与其他类可以互通或两用部分裁篇别出，另标书名，著录在相关的类目中，并附注别裁篇第的出处，以便使学术源流完整无缺，清晰可辨。

除了分类编排以外，编制古籍目录时，还可以根据目录的性质、使用的对象、资料的多寡等特点，采用其他的编排方式，如按主题、时间、地区、体裁、著者、版本、检索方法等来编排。

无论用任何一种方法来编排古籍书目，都无法完全满足使用者不同的检索要求。为了给使用者提供方便，在编制收录数量较大的古籍目录时，往往同时编制各种相应的辅助索引，作为全目的附录。古籍目录索引的编制，就内容而言，可分为著者名索引、书名索引、主题索引等；就形式而言，可分为拼音索引、笔画索引、四角号码索引等。

思考与练习

1. 以《汉书·艺文志》的经部或子部为例，说明"辨章学术，考镜源流"学术精神的具体体现。

---

① 郭英德：《明清传奇综录·前言》，17～18页，石家庄，河北教育出版社，1997。

2. 自《汉书·艺文志》到《隋书·经籍志》，群书分类法有什么演变？简要评述各家分类法的优点和缺点。

3. 简述中国古典目录四部分类法形成的内在学术理路。

4. 试论郑樵的《通志·校雠略》在目录学史上的意义。

5. 章学诚的《校雠通义》提出哪些目录学新观点？这些观点有什么意义？

6. 选择一个学术研究课题，试撰写一份古籍目录编撰体例。

7. 选择一部古籍，撰写一份目录提要。

第五章　古籍注释学

第一节　古籍注释学理论

注释是阐释古籍的一种重要方法，也是整理古籍的一种重要形式。由于古籍问世以后，时过境迁，"时有古今，地有南北，字有更革，音有转移"①，每一部古籍的语言文字与知识内容不免出现这样或那样的阅读与理解障碍，因此就需要对古籍加以注释，以便于今人阅读、理解与接受。

一、注释释名

注释，既指疏通、解释古籍的活动，也指疏通、解释古籍的文字。

"注释"二字连言成词，始见于颜之推（529—约591）的《颜氏家训·书证》：

> 《诗》云："参差荇菜。"《尔雅》云："荇，接余也。"字或为莕。先儒解释皆云：水草，圆叶细茎，随水浅深。今是水悉有之，黄花似莼，江南俗亦呼为猪莼，或呼为荇菜。刘芳具有注释。②

刘芳，字伯文，后魏彭城人，撰《毛诗笺义证》10卷，事见《隋书·经籍志》及《魏书·刘芳传》。所谓"刘芳具有注释"，盖指其《毛诗笺义证》一书。可见注释连言成词，意为解释、注解，即为古籍本身及其旧注进行解释。

"注"字的本义为灌注，《说文》："注，灌也。"《诗·大雅·泂酌》曰："泂酌彼行潦，挹彼注兹，可以馈饎。"《荀子·宥坐》曰："挹水而注之。"又《诗·大雅·文王有声》曰："丰水东注，维禹之绩。"前二例指被动地灌注，后一例指主动地流入，意思是相通的。灌注引申而有疏通义，所以东汉时人们即将解释、疏通经籍文献称为"注"，为经籍文献而作的解释性文字也称为"注"。汉唐宋人的经注，字均作"注"，段玉裁的《说文解字注》认为至明代始改为"註"字，与古义不合。玄应的《一切经音义》引《字林》："註，解也。"《广雅·释言》："註，疏也。"宋陆九渊的《象山集》卷三十四《语录》上："学苟知本，六经皆我註脚。"可知"注""註"二字由来甚古，本为古今字，由"水"之"注"衍生出"言"之"註"，特指以言辞来疏通文献。今人仍通用"注"字。

---

① 陈第：《毛诗古音考》，7页，北京，中华书局，1988。

② （北齐）颜之推：《颜氏家训》，32页，上海，上海古籍出版社，1992。

"释"，《说文》云："解也，从采，采取其分别物也。""释"是"解"的意思，所以有"注解"的说法，即解释分析的意思。《后汉书·杨伦传》云："扶风杜林传古文《尚书》，林同郡贾逵为之作训，马融作传，郑玄注解，由是古文《尚书》遂显于世。"《三国志·魏书·邴原传》注："时郑玄博学洽闻，注解典籍，故儒雅之士集焉。"《尔雅》有《释诂》《释言》《释训》《释宫室》《释天》等 19 篇，全用"释"字。

在隋以前，解释经义曰传曰注，疏通传、注曰疏。清人顾炎武在《日知录》卷十八"《十三经注疏》"条，记先儒释经之书说：

> 其先儒释经之书，或曰传，或曰笺，或曰解，或曰学，今通谓之注。《书》则孔安国传，《诗》则毛苌传、郑玄笺，《周礼》《仪礼》《礼记》则郑玄注，《公羊》则何休学，《孟子》则赵岐注，皆汉人。《易》则王弼注，魏人。《系辞》则韩康伯注，晋人。《论语》则何晏集解，魏人。《左氏》则杜预注，《尔雅》则郭璞注，《穀梁》则范宁集解，皆晋人。《孝经》则唐明皇御注。其后儒辨释之书，名曰正义，今通谓之疏。①

除此之外，与注释意义相同或相近的名称，尚有训故、故、解故、训、训纂、说、说义、微、章句等。例如，《诗》有鲁申公训故，《苍颉》篇有杜林训故，为书名则为《诗鲁故》《苍颉故》。训故的异称有"解故"，如《书大小夏侯解故》。书名称"训"的有《淮南原道训》，称"训纂"的有扬雄的《苍颉训纂》，称"说"的有丁宽的《易说》，称"微"的有《左氏微》《铎氏微》《张氏微》，称"章句"的有《公羊章句》《穀梁章句》，称说义的有《欧阳说义》（为《书》传之传）。以上均见《汉书》的《艺文志》与《儒林传》。

下面大略说明一些古籍中常见的注释名称。

"传"是解说经义的文字，如《汉书·古今人表》中有"传曰：譬如尧舜，禹、稷、卨与之为善则行"一句，颜师古注："传，谓解说经义者也。"《公羊传·定公元年》曰："主人习其读而问其传。"注曰："传谓训诂。"所以王充的《论衡·书解》曰："圣人作其经，贤者造其传。"《论语·述而》载，对于《诗》《书》《易》《礼》等经书，孔子是"述而不作，信而好古"，"述"就是阐发经义，也就是传。因此，从原意讲，传主于传承师说，表示传述的意思。有的传述本事，证发经意，如《春秋左传》；有的传述师说，解释经意，如《春秋公羊传》《春秋穀梁传》。此外，传又有内传、外传、大传、小传、补传、集传之分。内传与经义相比附，而外传则不主经义。大传是传述大义的意思，小传与大传大小相对，因为小传名书名篇者多为略记其人其事之迹。补传即补注，集传即集注。

"说"之名起于《说卦》。《易·说卦》孔颖达疏曰："陈说八卦之德业变化及法象所为也。"用作名词，则指经书的注释。《汉书·晁错传》云："不问书说。"颜师古注

① （清）顾炎武著，黄汝成集释：《日知录集释》，799～800 页，石家庄，花山文艺出版社，1990。

曰："说，谓所说之义也。"说原本与传相对称，侧重于义多自出，即所释不是传述师说，而是自宣己见。在汉以前，说以说解经籍原文的要义为主，如《墨子·经说》《韩非子·内储说》《韩非子·外储说》。而宋代以后，说在说解经文的意蕴时，往往以辨正旧注的误说为标的，加强了考辨性质。

"解"，《说文》云："判也""判，分也"。字本从用刀分割牛而得义，如《庄子·养生主》所谓庖丁"解牛"。"解"字用于典籍，意思是解释分析词语章句的义理，所以《玉篇》释为"释"，《广韵》释为"讲"。《礼记·经解》篇孔颖达疏引皇氏之语云："解者，分析之名。此篇分析六经体教不同，故名曰《经解》也。"解与注连言为"解注"，即注解。解与诂、故连言为"解诂""解故"，即以今言释古言，就是训诂、释诂。解与义连言为"解义"，又有"解说""解释""集解"等。汉代以前，解或释经籍原文，如《韩非子·解老》和《管子》的《形势解》《版法解》等；或通论诸经要义，如《礼记·经解》。魏晋以下，则成为随文作注的形式，与注体相同。此外，有"直解"，谓以当时口语直接明白地解释经籍原文；有"句解"，指对原文逐句作解，通俗明了，易于普及。

"诂"作为名词是故言。张辑的《杂字》云："诂者，古今之异语也。"吕忱的《字林》曰："诂，故言也。""诂"作为动词，则是解释故言。《说文》曰："诂，训故言也。"段玉裁注："故言者，旧言也，十口所识前言也。训者，说教也。训故言者，说释故言以教人，是之谓诂。分之则如《尔雅》析故、训、言为三，三而实一也。汉人传注多称故者，故即诂也。《毛诗》云'故训传'者，故训犹故言也，谓取故言为传也。取故言为传，是亦诂也。贾谊为《左氏传训故》，训故者，顺释其故言。"孔颖达的《毛诗正义》曰："诂者，古也，古今异言，通之使人知也。"但《说文》原文也可读为"诂训，故言也。""诂"为名词，"诂""训"二字连文，见沈涛的《说文古本考》。诂，本亦作"故"，也可作"古"。以"故"为名的著作，大多是解释词义的著作，也有的征引故实、故事，如《周语》所载《大誓故》，后世少见。

"训"作为名词，是法则、标准的意思，《诗·大雅·烝民》曰："古训是式。"《毛传》曰："训，道。"《郑笺》曰："故训，先王之遗典也。""训"作为动词，则是说解、解释的意思，《说文》云："训，说教也。"段玉裁注："说教者，说释而教之，必顺其理。引申之，凡顺皆曰训。"《汉书·扬雄传》颜师古注："训，告也。""训"与"诂"连言为"训诂""诂训"，或作"训故""故训"，与注连言为"注训""训注"。

《说文》云："笺，表识书也。""笺"的原义为批注，批注于书上以为识，亦即笺注、笺释。以笺为注，始于郑玄。《四库全书总目》卷十五"《毛诗正义》提要"据《毛诗正义》引郑玄《六艺论》云："注诗宗毛为主，毛义若隐略，则更表明，如有不同，即下己意，使可识别。"提要又说："然则康成特因毛传而表识其傍，如今人之签记，积而成帙，故谓之笺。"

《说文》云："疏，通也。"《广雅·释诂》云："疏，识也。"先儒注经，在传、注之后复有注释，以使传、注疏通易晓，所以称为"疏"，如《十三经注疏》所列经书13种，各经皆有注，亦有疏。疏有异名甚多，如义疏、义注、义章、义赞、义证、谊府、义略、义钞、章疏、注疏、讲疏、讲义、述义、正义、兼义、别义、大义等。名称虽异，而内容多相同或相近。南宋以前，经注与疏皆各单行，至南宋光宗绍熙年间开始有合刊本，合称"注疏"。

凡文章，因字生句，积句为章，积章为篇，如《诗·周南·关雎》五章，章四句。"离章辨句"①，就是章句。刘师培的《国学发微》说："'故''传'二体，乃疏通经文之字句者也；'章句'之体，乃分析经文之章节者也。"分析章句，包括辨明句读和篇章结构，阐明句意、段意和全篇大意。章句之学往往烦琐寡要，为通人所不取。据桓谭的《新论》载："秦延君能说《尧典》篇目，两字之说，至十余万言；但说'曰若稽古'二三万言。"刘勰的《文心雕龙·论说》不满于这种学风，说："所以通人恶烦，羞学章句。"他认为章句之学远不如传注切实可用："若毛公之训《诗》，安国之传《书》，郑君之释《礼》，王弼之解《易》，要约明畅，可为式矣。"

此外，注释之书又称"诠"，多为说明书中事理的意思；称"订"，多为评议得失、修正错误的意思；称"述"，大多有所祖述，参以己见，互相发明；又称"证"，多为疏通证明的意思；称"微"，大约表明作注之旨在于探求其书的微言大义，深藏的精蕴，故称为"发微""显微""明微""见微""表微""析微""探微""述微""穷微""参微""指微"等；与微相近的有"隐"，如"隐义""表隐""发隐""索隐"等；称"义"，意思是作注而说其义，有"正义""要义""集义"等。专门辨音、释音之书，称"音""正音""音韵""韵读"等；辨音、注音又加释义的，称"音义""释文""音训""音诂""音注""音释""音证""音解""音隐""注音"等。

注释的一般方法，是以今释古，以浅释深，以通行语释方言，以具体明确的内容解释含义广阔的概念。这也是注释的基本原则。

二、古籍注释学的内容

古籍注释学是研究古籍注释的内容、方法和体式，探讨注释古籍的规律的学问。作为一门学问，它有特定的研究对象、研究方法和研究目的。要言之，古籍注释学的内容包括以下四个方面。

第一，古籍注释学理论。古籍注释学理论是对古籍注释学这一学科的宏观把握。它要求系统而深入地探讨古籍注释学的一些基本课题，如古籍注释学的研究对象、研究范围、研究性质、研究内容、研究方法、研究目的和任务，以及古籍注释学与相关学科之间的关系等，总结古籍注释学的基本原理。

第二，古籍注释学史。中国的古籍注释学史，实际上就是总结古籍注释实践和注释经验的历史。古籍注释学史旨在研究历代古籍注释实践的基本状况及其发展过程，总结和评价历代的注释家和注释学家所运用的注释观点和注释方法，考察这些观点和方法的发展源流。这对于继承和发扬古代注释家和注释学家留下的丰富遗产，建立和完善古籍注释学的学科体系，有着重要的意义。

---

① （南朝宋）范晔：《后汉书》，955 页，北京，中华书局，1965。

第三，古籍注释的内容与方法。研究古籍注释基本内容及相应的操作方法，例如，如何确定注释对象，如何针对不同的注释对象采用相应的注释方法，如何通过注释向读者提供理解古籍时最重要、最必需的知识信息。同时，归纳古籍注释中带规律性的方法，总结出各类注释通例，作为具体注释实践的重要参考。

第四，古籍注释体式。古籍注释是一项操作性很强的科学研究工作，在长期的注释实践中，已经形成一系列行之有效的注释体式及相应的注释策略，包括注释的操作过程和注释的成果方式。了解这些注释体式，便于规范我们的注释实践，使注释实践科学化。

本章重点介绍古籍注释的功用、古籍注释的目的、古籍注释的内容与方法，以及古籍注释的基本体式。

三、古籍注释的功用

语言有古今之异，地域之分，雅俗之别。即以文字而论，字的形、音、义也随着时间和空间的改变而不断演变。例如，《尚书》是春秋以前历代史官所藏的政府文件和政治论文的选编，有很高的史学、文学、语言学价值。其原本文辞应是通俗易晓的。刘歆的《七略》说："《书》者，古之号令，号令于众，其言不立具，则听受施行者弗晓。"但在后人看来，它的文辞实在过于简奥，唐人韩愈、近人王国维都曾感叹《尚书》佶屈聱牙，难以尽晓。其实早在汉代，人们读先秦典籍就已经有困难了。济南人伏生曾为秦博士，能治《尚书》，汉文帝便派晁错向伏生学习。伏生传授的是今文本《尚书》28 篇。孔安国又有古文《尚书》，他"以今文读之，因以起其家"①。汉人好《楚辞》。《汉书·王褒传》说："宣帝时，修武帝故事，讲论六艺群书，博尽奇异之好；征能为《楚辞》九江被公，召见诵读。"正因为古代典籍文献的文字难以明了，时代相隔遥远，所以需要后人给这些典籍文献作注释，以便清除语言文字的障碍，介绍历史文化知识，说明作者写作思想、写作目的等。

因此，古籍注释的功用，主要就是排除阅读古籍的障碍，包括语言文字的障碍和知识内容的隔阂，它是古籍阅读、古籍整理和古籍研究的基础工作。

胡适曾说："治古书之法，无论治经治子，要皆当以校勘训诂之法为初步。校勘已审，然后本子可读；本子可读，然后训诂可明；训诂明，然后义理可定。"② 在这一点上，古籍注释学与训诂学有相通之处，但二者又不可混为一谈。

训诂学隶属于传统语言文字学，旨在从语言角度研究古典文献，以便准确地探求和诠释古籍中语言文字的词义，进而探求古代语言文字的系统和根源，"它实际上就是古汉语词义学"③。古人训诂实践的主要形式是为古籍作注，注释的内容是对古籍中一切需要加以说明的词语和一切难于理解的事物进行解释。古代训诂家对于以注释形

---

① （汉）司马迁：《史记》，3125 页，北京，中华书局，1959。
② 胡适：《胡适文存》二集，270 页，上海，亚东图书馆，1925。
③ 陆宗达、王宁：《训诂方法论》，5 页，北京，中国社会科学出版社，1983。

式出现的不同内容往往不能加以区别，而统谓之训诂。孔颖达在《诗·周南·关雎》的疏文中说："诂者古也，古今异言，通之使人知也；训者道也，道物之貌，以告人也……然则'诂训'者，通古今之异辞，辨物之形貌，则解释之义尽归于此。"① 但是，在具体的训诂学研究中，古代学者从未超出于语言文字的注释，而对其他注释则大多付诸阙如。这说明在实践中古代学者是十分清楚训诂学的性质和内容的，并没有"越位"的情况。

简单地说，训诂与注释的关系是：训诂中有注释，但不是一切注释都属于训诂；注释中有训诂，但注释不能包摄所有的训诂内容。传统的训诂学有两种基本的实践形式，即专书训诂和传注训诂。专书训诂主要是编撰字典辞书，如《尔雅》《方言》《说文解字》《释名》等，其主要任务是汇集古代文献中各种语词常用的、基本的或全部的含义，融会贯通地加以研究，做出准确的、简明的解释。这类训诂可以成为古籍注释的工具书，但本身不是古籍注释，不能成为古籍注释学的研究对象。传注训诂的主要任务是解释古籍中词语的意义，它既属于训诂，又属于注释，其主要的重叠之处在于对古籍的词义解释上。而注释所包含的其他内容，如历史事实的考证、说明、补充，名物典故、引用书籍的介绍，思想内容的分析、发挥、批判，作者创作意图的分析、评价，文学作品的艺术欣赏、评价，各种材料的补辑、辨析等，则不是训诂的内容。简言之，训诂的对象比较单纯，就是古汉语的词义，而注释的对象复杂多样；训诂的方法主要是形训、音训、义训，而注释的方法则多元、变化，包括训诂学方法、考据学方法、心理学方法、文艺学方法、历史学方法、哲学方法等；训诂的目的是探求古代语言文字的系统和根源，而注释的目的则是理解本文的意义。

即使是词义的解释，注释与训诂也有所不同。例如，《诗》中"四牡骙骙"出现三次，《毛传》释义均不同：

> 《小雅·采薇》云："驾彼四牡，四牡骙骙。君子所依，小人所腓。"《毛传》云："骙骙，强也。"②
> 《大雅·桑柔》云："四牡骙骙，旟旐有翩。乱生不夷，靡国不泯。民靡有黎，具祸以烬。於乎有哀，国步斯频。"《毛传》云："骙骙，不息也。"③
> 《大雅·烝民》云："四牡骙骙，八鸾喈喈。仲山甫徂齐，式遄其归。"《毛传》云："骙骙，犹彭彭也。"④

《说文》云："骙，马行威仪也。"这是"骙"字的本义。但《毛传》在注释时却没有照搬"骙"字的本义，而是根据具体的语言环境（上下文），联系每一首诗的历史背景、

---

① 《毛诗正义》，2 页，北京，北京大学出版社，2000。
② 《毛诗正义》，694 页，北京，北京大学出版社，2000。
③ 《毛诗正义》，1385 页，北京，北京大学出版社，2000。
④ 《毛诗正义》，1439 页，北京，北京大学出版社，2000。

思想内容、感情色彩等因素，做出不同的解释。《采薇》描写周文王派遣将士守卫边疆，用"强"字解释"骙骙"，表现了出征战马的雄武强壮。《桑柔》讽刺周厉王好利暴虐，导致国势混乱，《毛传》释"骙骙"为"不息"，表现出征战频繁、劳国害民的情形。《烝民》讽喻周宣王疏远贤臣仲山甫，上章有"四牡彭彭"，《毛传》注"彭彭"为"行貌"，与此章的"骙骙"一样，形容仲山甫仓皇出走的形貌。同是"骙骙"一词，出现在三种不同的语言环境中，从各诗的整体意义着眼，就可以而且应该有三种不同的解释。① 这一例子说明注释中解释词义具有随文释义的灵活性，目的是更好地帮助读者理解本文的意义。这一点与训诂探求词义的确定性，以便构成语言文字的系统，显然是不同的。

四、古籍注释的目的

概言之，无论是经书的注释还是其他古籍的注释，所追求的目标都是阐释和理解本文的意义。

古籍的注释发端于对经典的注释，经典的神圣感对注释者自有一种与生俱来的威慑力，他们把解释经典的活动视为恢复与重建圣人的精神世界的神圣工作，具有"代圣贤立言"的无上权威。所以传统观念认为，本文的意义就是作者的原意，注释的目的就是把作者寄托在作品中的原意揭示出来，这就是"追求原意"说。清人仇兆鳌的《杜诗详注》卷首《序》说：

> 是故注杜者必反覆沉潜，求其归宿所在，又从而句栉字比之，庶几得作者苦心于千百年之上，恍然如身历其世，面接其人，而慨乎有余悲，悄乎有余思也。②

"追求原意"说实际上是对注释目的的误解。任何一部作品都寄托了作者的原意，蕴含着作者的思想，这是不可否认的事实。董洪利认为解释者认识和理解作者的原意，必须受到两个条件的制约：第一，作者的原意只有在解释者（读者）阅读作品的时候才会被发现，也就是说它只出现在读者与作品的交流关系中；第二，作者的原意不能离开解释者的理解而独立存在。在这之间的一个基本媒介是语言，"解释者要解释和理解作品的原意，就不得不面对围绕着作者、作品和解释者本人之间所形成的种种语言关系"。就解释者与本文语言的关系而言，解释者与本文书面文字的距离，本文语言的表层意义与潜在意义之间的距离，都可能造成解释的多重可能性。就作者与本文语言的关系而言，作者的意图与本文的语言表达之间的矛盾（即意与言的矛盾），作者的意图与本文语言的意义之间的差距，也都可能造成解释的多重可能性。正是有鉴于此，德国学者伽达默尔说："本文的意义超越它的作者，这并不只是暂时的，而是

① 参见杨端志：《训诂学》，44页，济南，山东文艺出版社，1992。并见董洪利：《古籍的阐释》，33～34页，沈阳，辽宁教育出版社，1993。本章写作多有参考此二书者，下文恕不一一出注。
② （清）仇兆鳌：《杜诗详注》，2页，北京，中华书局，1979。

永远如此的。因此，理解就不只是一种复制的行为，而始终是一种创造性的行为。"①

因此，注释的目的不是追求作者的原意，而是理解本文的意义。尽管本文的意义脱胎于作者的意图，但是，一旦本文脱离了作者的语境，就立即进入意义未决或意义待决状态，只有在解释者与本文重新建立起语境关联时，本文的意义才能得以实现。而解释者总是以一个自我的形态与本文建立语境关联的，因此，在解释本文的过程中，解释者不可避免地会调动和运用个人生活经历和知识经验中形成的独特感受。因此，理解本文的意义是一种创造性的解释活动。而解释的客观性就存在于理解的过程之中，解释者的理解不可能是放任自由的。他只能以自己的前理解为起点，以作品语言所表达的内容为基础来展开理解。本文语言所表达的内容与解释者的前理解的相互交融，伽达默尔称为"视界融合"，它将超越二者各自独立的状态和相互的距离，形成一个新的视界，从而促使本文产生新的意义。

伽达默尔的"视界融合"说与孟子的"以意逆志"说有相通之处。《孟子·万章上》云："故说《诗》者，不以文害辞，不以辞害志。以意逆志，是为得之。如以辞而已矣，《云汉》之诗曰'周余黎民，靡有孑遗。'信斯言也，是周无遗民也。"赵岐注云："文，诗之文章，所引以兴事也。辞，诗人所歌咏之辞。志，诗人志所欲之事。意，学者之心意也……人情不远，以己之意，逆诗人之志，是为得其实矣。"朱熹注云："当以己意迎取作者之志。"其实，这里的"志"当指本文之志，尤其是本文所记之事（所包容的历史或现实现象）的内在含义，而并非指作者之志。把"志"理解为作者之志，是汉人说诗以后的事。而"以意逆志"的"逆"，则表现出读者力图与本文之志相融合的努力，即分属于不同主体（独立的本文也是一种主体）的"意"与"志"，经过"逆"的过程会合在一起，从而达到理解。同时，"以意逆志"说也说明了在理解过程中"意"与"志"之间距离的客观存在，"因而尽管它所要表达的是消除这种距离的努力，但隐含的意思却是，这种距离实际上是无法回避、无法消除的"②。

认识到注释的目的是阐释和理解本文的意义，我们就可以做到：一方面，充分尊重本文自身的语言系统及其蕴含的内在意义，以之作为阐释与理解的客观基础，易言之，任何阐释与理解都必须以本文自身的语言系统及其蕴含的内在意义为指归；另一方面，充分发挥解释者的生活经历、知识积累和主体感受，以之作为阐释与理解的主观动力。古籍注释就是本文的客观基础与解释者的主观动力二者高度融合的结晶。

思考与练习

1. 结合具体文献，深入了解注、释、疏、笺、解、传等各种注释体式的特征。

---

① ［德］伽达默尔：《真理与方法——哲学阐释学的基本特征》，380 页，上海，上海译文出版社，1999。

② 郭英德等：《中国古典文学研究史》，29 页，北京，中华书局，1995。

2. 请举例说明你在阅读文献时，古人的经典注疏如何影响着你对文本的理解。

3. 查检《毛诗注疏》和《说文解字》，举某字为例，简单说明注释与训诂的异同。

4. 你怎样理解孟子所说的"以意逆志"？

第二节　古籍注释的内容与方法（上）

南宋郑樵在《通志·艺文略·春秋左氏传》说："古人之言所以难明者，非为书之理意难明也，实为书之事物难明也；非为古人之文言难明也，实为古人之文言有不通于今者之难明也。"这实际上指出了古籍注释内容的两个主要的组成部分：一是解析古籍的书写方式——"古人之文言"，即古人的语言文字，使之"通于今"；二是揭示古籍的历史内容——"书之事物"，即古籍记载的特定的生活习俗、典章制度、人物事件、时代背景等，使后人得以理解。除此之外，古籍注释还涉及对本文的文学、美学、哲学等内涵的阐释。因此大而分之，古籍注释的内容大致包括释语词、析句读、明史实、阐文义四个方面，每个方面都有相应的具体内容和注释方法。此节先说释语词与析句读。

一、释语词

古籍注释的首要任务是排除古籍阅读时出现的语言文字障碍，因此，解释语词无疑是古籍注释最基本的内容。清戴震说："盖士生三古后，时之相去千百年之久，视夫地之相隔千百里之远无以异。昔之妇孺闻而辄晓者，更经学大师转相讲授，而仍留疑义，则时为之也。"[①] 古今异言，时代的不同，社会的发展，引起语词发生变化，有的语词消失了，有的语词产生了，有的语词意义变化了，有的语词含义难以索解，这些都给后人阅读古籍造成各种各样的困难。因此，语词注释就成为古籍注释的核心内容。

古籍中被注语词的确定有两个基本原则：第一，必须适合预先确定的读者对象，读者对象文化程度、知识水平的高低，直接决定着被注语词的多寡；第二，必须适合注家预定的注释性质，即注释是学术研究性的还是大众普及性的，是详注还是简注，这也决定着被注语词的选择。

古籍中应予以注释的语词，大致包括难词、通假字、虚词、名物等。字词的读音也在此节中连带述之。

（一）解难词

所谓难词，有三种不同的含义：一是指古籍中就今人阅读而言已难以确解的语词；二是指古籍中就今人阅读而言易产生歧义的语词；三是指在古籍的特定语境（上下文）中显现出特定所指的语词。

---

① （清）戴震：《戴震文集》，44页，北京，中华书局，1980。

1. 难解语词

同一时代或不同时代表示同一事物、同一概念的语词，有的可能仍在沿用，有的则已被淘汰。因此，是否至今仍习用，这是确定被注语词的一个重要标准。

例如，一义多词是古汉语中的常见现象，只要阅读《尔雅》，对此就会一目了然。在古籍注释中，凡一义多词的现象，沿用至今的词，可以不出注；而今已不用的词，则一般应出注。

以人称代词为例。在古代，第一人称有"朕""台""卬""余""予""吾""我"等，第二人称有"若""女（汝）""而""尔""乃""子""戎"等，第三人称有"其""之""厥"等。其中"余""予""吾""我""尔""汝""其"等，在今人旧体诗文或书面文章中还时有所见，因此，如果读者有一定的文化水平，一般就不予出注。但"朕""台""卬""若""而""乃""子""戎""之""厥"等，作为人称代词都已被淘汰了，所以一般宜出注。

又如，《史记·李斯列传》云："治离宫别馆，周遍天下。"《文选》卷四十五录晋石季伦的《思归引序》云："晚节更乐放逸，笃好林薮，遂肥遁于河阳别业。"《晋书·谢安传》云："方与玄围棋赌别墅。"其中"别馆""别业""别墅"三词同义，均指本宅外另建的园林游息处所。"别墅"沿用至今，可以不注；"别馆""别业"现已不用，则应出注。

在一义多词的现象中，有一些语词往往具有特定时代的特征，即在某一时代流行、通用，而后却消失了。这种语词大量存在于俗文学文献中，如唐五代敦煌变文、宋元话本、元曲及明清时期的戏剧、通俗小说、说唱文学等。这些语词是特定时代的语言现象，虽然文字相当浅显，但语义却难以索解，所以一般都应加以注释。这些语词由于用法灵活，难有确解，所以在实际注释中，更多地采用随文释义的方法，确定该语词在特定语境中的确切含义。例如，《李陵变文》云："幸请方圆，拟求生路。"又云："制不由己降胡虏，晓夜方圆拟叛国。"《下女夫词·儿答》云："车行辋尽，马行蹄穿，姑来过此，任自方圆。"《王昭君变文》云："一依蕃法，不取汉仪。棺椁穹庐，更别方圆。"以上四例中的"方圆"一词，蒋礼鸿的《敦煌变文字义通释》依据上下文，分别释为方略、谋画、处置、制度。①

2. 歧义语词

歧义语词，指一词多义的词语。在汉语中，随着时间的推移，许多语词的词义会发生变化，出现歧义。凡是有歧义的语词，都应出注。

以"仇"字为例：

A.《诗·大雅·皇矣》云："帝谓文王，询尔仇方。"（注：仇方，友好之国。）

B.《诗·小雅·正月》云："执我仇仇，亦不我力。"（注：仇仇，傲慢的样子。）

---

① 参见蒋礼鸿：《敦煌变文字义通释》，157~158页，上海，上海古籍出版社，1988。

C.《尚书·仲虺之诰》云："乃葛伯仇饷，初征自葛。"（注：仇饷，杀人而夺去饷馈的食物。）

D.《左传·成公十三年》云："君之仇雠，而我昏姻也。"（注：仇雠，仇人。）

E.《史记·郭解传》云："雒阳人有相仇者……解夜见仇家，仇家曲听解。"（注：相仇，相互仇怨。仇家，仇人，仇怨之家。）

F.《文选》收录汉王褒的《四子讲德论》云："鸣声相应，仇偶相从。人由意合，物以类同。"（注：仇偶，匹配，伴侣，指意气相投的人。）

按以上诸例，除了D、E两例以外，其余各例中"仇"字的用法今天均已消失，而且词义有异，因此在注释时都应出注。

3. 变异词语

词义演变一般表现为概念的扩大、缩小、转移，简言之，就是词义的引申。一个单音词在开始时往往只有一个所指，但在实际运用过程中，由于具体场合、搭配对象、句中地位等的变化，也由于人们说话或写作时运用了积极修辞（如比喻、借代、双关）或渗透进某种感情，因而造成了词义或细微或明显的变化。这种变化一旦约定俗成，成为一种固定的用法，语词就表现出一种与本义、常用义相区别的所指，这就是词义的引申。在具体的注释实践中，既要辨析语词常见的引申义，更要注意随文释义，指明语词在不同语境中特定的、具体的所指。这是由注释的确切性特征所决定的。注释时，不必要对词义的引申现象详加说明，而只是以词义的引申为背景，简要地指明该语词在特定语境中的含义和用法。

以"更"字为例。"更"的本义为改，《说文·攴部》说："更，改也。"《论语·子张》云："过也，人皆见之；更也，人皆仰之。"何晏注："更，改也。"即以本义为注。改则取而代之，故"更"又有代义，《礼记·儒行》云："遽数之不能终其物，悉数之乃留，更仆未可终也。"陆德明注："更，代也。""更"既为代，则又有交替、更迭、更换、变易义，如《汉书·万石君传》云："九卿更进用事。"颜师古注："更，互也。"《仪礼·大射礼》云："更爵，洗。"郑玄注："更，易也。"此外，因语境变化，"更"又有偿、续、历、经等义。《周礼·夏官·马质》云："马死则旬之内更。"郑玄注引郑司农语云："更，谓偿也。"《国语·晋语四》云："姓利相更，成而不迁，乃能摄固，保其土房。"韦昭注："更，续也。"由此例可见，注家对一个语词在特定语境中具体含义的训释，固然离不开对该语词本义、基本义的了解，但更重视该语词词义的特殊性，采取随文注释的方法，以便反映语词因语境变化而发生的词义的细微变化，从而准确地揭示语词的具体含义。

在古籍中，语词多有比喻用法。语词在比喻用法中出现的词义，往往具有临时性和不确定性，一旦脱离了特定的语境，这一词义就会消失或转移。对这种比喻用法，古注常用的术语有："××谓××也。"例如，《离骚》云："惟草木之零落兮，恐美人之迟暮。"王逸的《楚辞章句》云："美人，谓怀王也。"有时也直接指明其"托言"的性质。例如，《诗·魏风·硕鼠》云："硕鼠硕鼠，无食我黍。三岁贯女，莫我肯顾。誓将去女，适彼乐土。乐土乐土，爰得我所。"朱熹在《诗集传》云："民困于贪残之政，故托言大鼠害己而去之也。"语词这种临时改变的词义，往往没有固定的规律，带有很大的随机性，需要注释者深入分析和体会上下文的具体语境，才能做出准确的解释。因此，这种解释又具有很强的主观性，往往渗透着注释者的主观看法。

如果语词的比喻用法长期使用，原本用作比喻的语词逐渐脱离被比喻的事物，脱离比喻用法的语境，这时便会转化为比喻义。例如，《诗·齐风·敝笱》云："齐子归止，其从如云。"《毛传》云："如云，言盛也。"又《诗·鄘风·君子偕老》云："鬒发如云，不屑髢也。"《毛传》云："如云，言美长也。"云浓重，充斥天空，故能比喻为"众盛"；云在天空中无边无际，故又能比喻为"美长"。

比喻义被经常使用，甚至比语词的原义用得更加普遍，便形成了语词的固定词义。在注释古籍时，应仔细分辨比喻用法与比喻义，不可相混。例如：

> 《艺文类聚》载南朝梁王僧孺的《为临川王让太尉表》云："陛下海涵春育，日镜云伸。"（注：海涵，喻人肚量宽宏。——比喻用法）
>
> 明佚名《袁文正还魂记传奇·千秋》云："恰才我舍弟言语冒渎，望大人海涵。"（注：海涵，原谅、宽容。——比喻义）
>
> 刘向的《新序·杂事》云："凶年饥岁，士糟粕不厌，而君之犬马有余谷。"（注：糟粕，比喻恶食。——比喻用法）
>
> 王安石的《读史》云："糟粕所传非粹美，丹青难写是精神。"（注：糟粕，比喻事物粗劣无用的部分，与粹美相对称。——比喻义）
>
> 《史记·勾践世家》云："蜚鸟尽，良弓藏；狡兔死，走狗烹。"（注：走狗，随猎人出猎的猎犬。——本义）
>
> 袁枚的《随园诗话》卷六曰："郑板桥爱徐青藤诗，尝刻一印云'徐青藤门下走狗郑燮'。"（注：走狗，追随主人的走卒。——比喻用法）
>
> 孔尚任的《桃花扇》云："正排着低品走狗奴才队，都做了高节清风大英雄。"（注：走狗，比喻受人豢养的爪牙。——比喻义）

在古籍中，借代的运用十分普遍。朱祖延的《古汉语修辞例话》分借代为 14 个小类，包括：以人名代地名，以地名代事物，以职业、劳动代人，以官名、地名代人，以事物的功用、职能代事物，以事物的特征、标志代事物，以事物的状态、属性代事物，以事物的数量代事物，以部分代整体，以原料代成品，以结果代原因，以特殊代一般，以具体代抽象，以实数代虚数。① 凡属借代，都可以选作注释对象，说明具体所指。例如：

---

① 参见朱祖延：《古汉语修辞例话》，29～87 页，武汉，湖北教育出版社，1990。

《诗·鲁颂·閟宫》言："春秋匪解，享祀不忒。"郑玄云："春秋，犹言四时也。"孔颖达云："作者错举春秋，以明冬夏，故云'春秋，犹言四时也'。"（注：此为以部分代全体。）

《礼记·坊记》云："大夫不坐羊，士不坐犬。"郑玄注："古者杀牲食其肉，坐其皮；不坐犬羊，是不无故杀之。"（注：以犬、羊代替犬、羊之皮，是以整体代替部分；而"坐犬""坐羊"是"杀牲"的曲说，避忌"杀"字。）

注释中对于借代可以随上下文意加以判断，予以注释。当然，借代作为临时的修辞手法，它所产生的词义不一定就能转化为词汇义的借代义。完成这个转化过程，需要具备习见常用和有独立运用能力两个条件。对于临时的借代，注释时可用"此处指""此处借指"之类的术语。而对于已获得独立运用能力的借代义，可径直释义，有时还应当交代来龙去脉。

一般而言，双关语所造成的词义变化，具有临时性和不确定性，往往只是临时地运用语词与语词之间的多义关系和谐音关系引发读者的联想，使读者透过语词的表层含义理解其深层含义。注释时遇到这种情况，既要说明在上下文关系中直接表达的意义，同时又要指出因双关而变化了的词义。例如，《西洲曲》："低头弄莲子，莲子青如水。置莲怀袖中，莲心彻底红。""莲"双关爱怜之"怜"，"莲子"即"怜子"，犹言"爱你"。

（二）明通假

通假字是假借字的一部分。假借字有造字假借和用字假借两种，在本有其字的情况下，不写本字，而借用另一音同或音近的字，就是用字假借，习称通假。戴震的《答江慎修先生论小学书》说："一字具数字用者，依于义以引申，依于声而旁寄，假此以施于彼，曰假借。"段玉裁的《说文解字注》卷十五说："本义既明，则用此字之声而不用此字之义者，乃可定为假借。本义明，而假借亦无不明矣。"王引之的《经义述闻·自序》引王念孙之语说："诂训之指，存乎声音，字之声同声近者，经传往往假借。学者以声求义，破其假借之字而读以本字，则涣然冰释。如其假借之字而强为之解，则诘鞫为病矣。"由此可见，所谓通假，就是借用音同或音近的字来表示另一个字所蕴含的意义。

通假又有两种情况。一种是有本字而不用，却借用别的字，但久借不归，代替了本字的地位。如草木之草，本有艸字，而借用柞栎实之草，"草"作为正字流行，"艸"反而不用了；容貌之容，本有颂字，而借用容纳、包容之容，"容"遂成正字，"颂"反而不用于此义。这种假借已成为社会公认的通行字，注释时一般不必从假借角度关注这类字词。另一种有本字的假借，是指有些词有常用的正字而不用，却借用音同或音近的字来代替，这是注释时应该关注的通假问题。这类假借实际上是古人在用字上的习惯性错误，有些甚至是明知其错却不得已而用之，如因避讳而用假借。注释的主要任务之一，就是找出古书中按照字面讲不通的通假字在上下文语境中所表示的本字。

用音同或音近的字代替本字，在上古是普遍现象。许嘉璐主编的《古代汉语参考资料》附《常用假借字表》，收列通假字 256 字，实际总数当远不止此。①

由于音同音近字极多，所以在运用通假字时又有一字为数字之用和数字为一字之用两种现象。例如，朱骏声的《说文通训定声》，"敦"字共假借为憝、端、惇、谆等二十字，而"材"字却有材、财、哉、载、裁等借字。又如：

> 《诗·卫风·氓》云："匪来贸丝，来即我谋。"郑笺云："匪，非。"
> 《左传·襄公八年》引《诗·小雅·小旻》云："如匪行迈谋，是用不得于道。"杜预注："匪，彼也。"
> 《诗·卫风·淇奥》云："有匪君子。"《礼记·大学》引此文，"匪"作"斐"。②

确定通假字的条件和原则有四。

第一，通假字的时限。一般认为，通假字的时限应是上古，下限不得晚于魏晋。如果不在时限上加以严格规定，势必会承认后代的讹字为通假字，从而混淆了通假字与错别字的界限。

第二，一个字在上下文语境中所应表达的意义与这个字的本义或常用意义不相符，亦即一个字的本义或常用意义在确定的上下文中讲不通，就有可能是通假字。上文所举例证中，"匪"字的本义是筐篚之"筐"的初文，在上述三例中，这一本义皆讲不通。可见，借字与本字必无词义联系。章太炎的《文始·略例乙》说："若本有其字，以声近通用者，是乃借声，非六书之假借。"如果以为字义有联系可以通假，以为借义可以从本义引申，势必会混淆古今字、同义词、异体字与通假字的概念。因此，如果是字义引申，切不可强求通假。

第三，音同或音近的标准。通假又称古音通假，语音的共同性是通假字得以存在的基本条件。所谓音同，指声、韵、调全同，具有语音的完全的共同性。所谓音近，指在双声的前提下，韵母符合对转、旁转等几种联系紧密的情况；在叠韵的前提下，声母符合准双声、旁纽等几种联系紧密的情况。因此，通假字可以分为双声叠韵通假、双声通假、叠韵通假、声韵相近通假等几种类型。③ 声母发音部位很远的叠韵字和韵母发音部位很远的双声字是不可能通假的。④ 尤其值得注意的是，在判定通假字时，千万不要以今音读古音，解释通假字必须以上古音为标准，不能从今音出发去考虑。

---

① 参见许嘉璐：《古代汉语参考资料》，北京，北京广播学院出版社，1988。并见曹先擢：《通假字释例》，郑州，河南人民出版社，1985。

② 参见裘锡圭：《文字学概要》，194 页，北京，商务印书馆，1988。

③ 参见曹先擢：《通假字例释》，193～195 页，郑州，河南人民出版社，1985。

④ 参见王力：《训诂学上的一些问题》，见《龙虫并雕斋文集》第 1 册，339 页，北京，中华书局，1980。

第四，通假字必须有文献语言材料的证明作为前提。同一文句的某字在不同文献中的不同写法（异文），音读又相同或相近而非同源字、异体字者，是确定通假字的重要依据。以此为条件，才能有效地避免不明通假或妄说通假的错误。

注释古籍时，处理通假字的基本原则和方法是因声求形，以形说义。这是训诂的常用方法，此不赘述。

（三）释虚词

虚词是相对实词而言的。所谓虚，是指它只表示抽象的语法意义，而不表示实在的概念意义。在古籍中，虚词的数量虽然远远少于实词，但虚词使用频率之高却是实词所无法比拟的。明人曾有"之乎者也矣焉哉，七字安排好秀才"的说法。所以人称"实词易解，虚词难释"。

虚词、实词的观念古已有之，但直至明人卢纬作《虚字说》，才有了专门研究虚词的著作。此后，如清人王引之的《经义述闻》卷三十二《通说·语词误解以实义》《经传释词》，近人裴学海的《古书虚字集释》、杨树达的《词诠》、吕叔湘的《文言虚字》等著作，为古籍的研读注释提供了实用的工具书。

古人在注释实践中，往往明确地指明虚词的性质和作用。其例或称"辞"，或称"语辞"，或称"语助"，或称"疑辞"，或称"发声"，或称"发语辞"，或称"语终辞"，或称"叹辞"，或称"因上生下之辞""因下起上之辞"等。例如：

> 《诗·周南·汉广》云："汉有游女，不可求思。"《毛传》："思，辞也。"朱熹注："思，语辞也。"
>
> 《左传·隐公元年》云："尔有母遗，繄我独无。"杜预注："繄，语助。"
>
> 《诗·鄘风·柏舟》云："母也天只，不谅人只。"朱熹云："只，语助辞。"
>
> 《礼记·曾子问》云："孔子曰'祭哉！'"孔颖达疏："哉者，疑而量度之辞。"
>
> 《论语·雍也》云："何事于仁！必也圣乎！"朱熹注："乎者，疑而未定之辞。"
>
> 《诗·邶风·式微》云："式微式微，胡不归？"郑玄笺："式，发声也。"
>
> 《诗·邶风·日月》云："乃如之人兮，逝不古处。"朱熹注："逝，发语辞。"
>
> 《汉书·宣帝纪》云："其德弗可及已。"颜师古注："已，语终辞。"
>
> 《孟子·公孙丑上》云："恶！是何言也！"朱熹集注："恶，惊叹辞也。"
>
> 《毛诗·国风序》云："是以一国之事系一人之本，谓之风。"孔颖达疏："是以者，承上生下之辞。"
>
> 《礼记·学记》云："故君子之于学也，藏焉，脩焉，息焉，游焉。"孔颖达疏："故，谓因上起下之辞。"
>
> 《尚书·皋陶谟》云："皋陶曰'宽而栗，柔而立'。"蔡氏《集传》云："而，转语辞也。"

判断虚词的性质和作用，有三种情况应予注意。

第一，有些虚词是临时假借实词而为之，人们对它的实词用法较为熟悉，而对虚词用法较为生疏，注释中容易产生误解。例如，《诗·大雅·文王》曰："思皇多士"，郑玄注："思，愿也。"误作实词训释。

第二，有些词在原文中的意义介乎虚词和实词之间，解释成虚词或实词似乎都讲得通，有时不易分辨。例如，"举"字作为形容词是全部的意思，作为副词是全、全都的意思，二者差别不大，在具体语境中有时就不太容易分辨。

第三，有些虚词存在一词多义的现象。例如"其"，既可以做代词，又可以做副词、连词、助词。其中做副词时，表示估计、推测，可释为大概、可能、或许；表示劝告、命令，可释为要、一定要。对于一个虚词表示多种意义的现象，我们不能仅用"辞也"笼统地指出其虚词性质，而应准确地指明其意义和作用。例如《诗·大雅·文王》中"思皇多士，生此王国"一句，孔颖达疏曰："思，语辞，不为义。"

在古籍中，凡文言虚词已沿用成为现代语虚词的，一般可不予注释；凡今已不用或古代用法与今不同的，则必须注释。古籍注释时，对于古今有联系的虚词，对于一类或一组义同或义近的虚词，一定不能满足于以一个比较宽泛的概念来解释，而应指出那些互相间有区别的因素。

（四）析名物

所谓"名物"，本义为名号物色。《周礼·天官·庖人》云："掌共六畜六兽六禽，辨其名物。"所谓"名物"，仅指牲畜禽兽。而我们这里以"名物"概指古籍中出现的动物植物、文物器皿、天文地理等各种事物、概念的名称。

古籍中的名物词有三种不同的情况：一是事物、概念并未消失，而表示这一事物、概念的语词今已不用，这就是"一物多名"；二是事物、概念已经消失，表示这一事物、概念的语词也就跟着"作古"了，这就是"古有今无"；三是语词所指称的事物纷杂多样，必须加以确认，这就是"一名多指"。这三种情况的名物词，都需要加以注释。

第一，一物多名，这是古籍中的一个复杂现象，郭璞注《尔雅》所谓"释古今之异言，通方俗之殊语"，有很大一部分指的就是名物词的异名。

造成异名的原因，一是时间因素，即古今异言；二是空间因素，即方俗殊语；三是人为因素，即文人因修辞需要，有意造成异名，沿以成习。例如：

> 《礼记·礼器》云："大明生于东，月生于西。"
> 屈原的《天问》云："角宿未旦，曜灵安藏？"
> 宋玉的《招魂》云："朱明承夜兮，时不可以淹。"
> 《文选》卷二十三张载《七哀诗》之二云："朱光驰北陆，浮景忽西沉。"
> 《艺文类聚》卷七十六录梁元帝《郢州晋安寺碑铭》云："峰下阳乌，林生阴兔。"

以上几例中加点的词，在注释时都可以释为"太阳"。此外，"太阳"的异名还有"日母""日驭""日车""日君""日轮"等。

一物多名的情况，大多采用以今天通用的正名统一训释古籍中异名的方法。黎锦熙在 1936 年版《辞海》的序言中说："物必有名，古今方俗用语不同，必须先就实物采定一个比较通用的标准名称，这就是'正名'，然后集合同物的异名，或异物的同名，考证辨别，确是某物，便注以该物的标准名称，这就是'辨物'。辞典中名物字最多，假如编大辞典没有这样的准备工作，那就只能类比旧说，有许多'名'终于不知道是什么'物'，或彼此缴绕，或前后冲突，概不负责，'纂诂'而已。"① 就注释而言，其工作程序恰好与编辞典相反，不是先"正名"而后"辨物"，而是先据名物词的上下文以"辨物"，而后据辞典的标准训释以"正名"。

第二，古有今无。古代特用的名物语词，随着相关事物的消亡，这些语词也就成了死词。这类语词在古籍中随处可见，成为阅读古籍的重要障碍。因此，对这一类语词的注释宜稍为详细，具体解释名物词所指称的对象，以使今人能够了解古代事物。以下略举数例。

人物称谓，如宋叶绍翁的《四朝闻见录》卷二《宪圣不妒忌之行》云："宪圣再拜对曰'大姐姐远处北方，臣妾缺于定省'。"宋宫廷中，媳称丈夫的母亲为"大姐姐"。宪圣是宋高宗后，这里的"大姐姐"指高宗母韦后。

文物器皿，如宋人王禹偁的《待漏院记》中，"漏"指"刻漏"，是古代的一种计时器具，今已为钟表所代替，成为历史文物，所以应出注。如系简注，可作："漏，即刻漏，古代计时器具。"如详注，则可以说："漏，即刻漏，古代计时的器具，用铜铸成壶，壶底穿孔，壶内竖一支刻有度数的箭形浮标；壶中的水从孔中漏出而逐渐减少，箭上的度数即依次显露，如此便可以知道时辰。"②

天文地理，如《史记·天官书》云："察刚气以处荧惑……礼失，罚出荧惑，荧惑失行是也。出则有兵，入则兵散。"古代以"荧惑"为火星别名，因其光芒不显，隐现不定，令人迷惑，故名。

第三，一名多指，尤其在人名、地名中最为常见，不仔细辨析，便极易张冠李戴。例如，《文选》卷三十四载枚乘的《七发》云："将以八月之望，与诸侯远方交游兄弟，并往观涛乎广陵之曲江。"此处的"曲江"，指今江苏扬州南长江的一段。又《史记·司马相如传》载司马相如的《哀二世文》曰："临曲江之隑州兮，望南山之参差。"此处的曲江，则指陕西西安东南的曲江池。

此外尚有一种情况，即对具有抽象概念的名物词的解释，往往采用义界的方法。所谓义界，指用一串语词来概括、叙述一个语词的意义界限和特征，也就是给某个语词下定义。当一个语词没有相应同义词或近义词，不能用语词对译的方式加以解释时，就需要用标明义界的方式来说明。尤其是内涵丰富的概念和代表某种事物的名称、术语等，古今并无相应的词语，不能用同义词或近义词互释的方式来解释，而需

---

① 参见舒新城：《辞海·序》，1 页，上海，中华书局，1936。
② 任继愈：《中国文化大典》，1139，太原，山西教育出版社，1999。

要对它们所表示的概念进行说明。例如：

> 《中庸》曰："仲尼曰'君子中庸，小人反中庸。'"朱熹的《章句》曰："中庸者，不偏不倚，无过不及，而平常之理，乃天命所当然，精微之极致也。"

从原则上说，标明义界应该对一个词的各方面的意义特征做出较为全面的、科学的解释，但在实际注释过程中却很难真正做到。因为标明义界也同语词对译一样，具有随文释义的性质，注释者往往只需要突出语词在不同语境中所表达的重点意义，而对词义的其他方面则略而不谈。一般来说，标明义界时，既要概括出语词的普遍的一般属性，又要指出其特殊的个别属性。也就是说，既要注意语词在具体语境中的特殊含义，也不能忽视语词本身的一般含义。

名物词注释的详略可有所不同，有的名物词只需沟通古今，以今名释古名，以通用名释异名，这是所谓"简训法"；有的名物词则应对指称对象做具体解释，这是所谓"详解法"。

简训法，即只用一两个相对应的训释词语或训释词组，简单说明一个被训名物。例如：

> 《诗·鄘风·蝃蝀》云："蝃蝀在东。"《毛传》云："蝃蝀，虹也。"（以异名为训例。）
>
> 《周礼·冬官·考工记》云："鹝鸡不逾济。"郑玄注："鹝鸡，鸟也。"
>
> 《逸周书·克殷解》云："武王乃手太白以麾诸侯。"晋孔晁注："太白，旗名。"
>
> 《文选》载曹子建的《白马篇》云："仰手接飞猱，俯身散马蹄。"李善注："猱，猿属也。"
>
> 《周礼·地官·大司徒》云："丘陵，其动物宜羽物，其植物宜核物。"郑玄注："羽物，翟、雉之属。""核物，李、梅之属。"
>
> （以上释以类属例。）
>
> 《诗·卫风·竹竿》云："桧楫松舟。"《毛传》云："桧，柏叶松身。"（释以特征例。）
>
> 《仪礼·士昏礼》云："宾降，出。主人降，授老雁。"郑玄注："老，群吏之尊者。"
>
> 《诗·王风·丘中有麻》云："贻我佩玖。"《毛传》云："玖，石次玉者。"
>
> 《礼记·月令》云："鹍旦不鸣。"郑玄注："鹍旦，求旦之鸟也。"
>
> 《汉书·司马相如传》云："黄甘橙楱。"颜师古注引郭璞之说曰："黄甘，橘属而味精。"
>
> 《楚辞·离骚》云："贯薜荔之落蕊。"王逸注："薜荔，香草也，缘木而生。"
>
> （以上释以类属和特征例。）
>
> 《诗·邶风·柏舟》云："我心匪鉴。"《毛传》云："鉴，所以察形也。"

《汉书·卜式传》云："仓府空。"颜师古注："仓，粟所积也。府，钱所聚也。"

（以上释以用途例。）

《汉书·地理志》云："惟箘簬、楛，三国厎贡厥名。"颜师古注："箘簬，竹名；楛，木名也，皆可为矢。"

（释以类属和用途例。）

《诗·秦风·无衣》云："修我戈矛。"《毛传》云："戈，长六尺六寸。矛，长二丈。"（释以规制例。）

《周礼·夏官·职方氏》云："东北曰幽州，其山镇曰医无闾。"郑玄注："医无闾，在辽东。"

《史记·秦本纪》云："四年，取蒲阪。"张守节的《正义》云："《括地志》云'蒲阪，故城在蒲州河东县南二里，即尧舜所都也。'"

《三国志·魏书》云："特进曹洪乳母当，与临汾公主侍者共事无涧神系狱。"裴松之注："无涧，山名，在洛阳东北。"

（以上释地名例。）

详解法，即从各方面详细解释被训名物在特定语境中所具有的义项。例如：

《礼记·内则》云："鱼去乙。"郑玄注："乙，鱼体中害人者名也。今东海鰫鱼有骨名乙，在目旁，状如篆乙，食之鲠人，不可出。"

《孟子·离娄下》云："得志行乎中国，若合符节。"朱熹的《集注》云："符节，以玉为之，篆刻文字而中分之，彼此各藏其半，有故则左右相合以为信也。"

《史记·封禅书》云："薄山者，衰山也。"张守节的《正义》云："《括地志》云'薄山亦名衰山，一名寸棘山，一名渠山，一名雷首山，一名独头山，一名首阳山，一名吴山，一名条山，在陕州芮县城北十里。'此山西起雷山，东至吴阪，凡十名，以州县分之，多在蒲州。"

《后汉书·西羌传》云："厉王无道，戎狄寇掠，乃入犬丘，杀秦仲之族。"李贤等注："犬丘，县名，秦曰废丘，汉曰槐里也。"

（以上《史记》《后汉书》二例，释一物多名。）

（五）注读音

古籍字词注音是一项复杂而困难的工作。由于音韵学的研究还未能达到完全准确地反映古代音读的程度，而古籍中一字多音和变读、破读的情况常因上下文而异，这都给古籍注音造成了困难。

古籍字词注音与词典注音不同，不需要审订字词音读的历史源流演变，而只要指出某字某词在某处的单一读音即可。隋唐之际陆德明的《经典释文》是古籍字词注音的典范。

古籍注音的方法，大致经历了四个阶段：一是比况法，二是直音法，三是反切法，四是字母注音法。比况注音，常见的有"读若"（"读如"）法，即以某字的读音为标准，指示人们按照这个字的音去读即可知其音的方法。[①] 例如：

> 《诗·郑风·大叔于田》云："叔善射忌，又良御忌。"郑玄笺："忌，读如'彼已之子'之已。"
>
> 《诗·豳风·狼跋》云："公孙硕肤，赤舄几几。"郑玄笺："孙，读当如'公孙于齐'之孙。"

直音法，即以同音字来注音的方法。例如《淮南子·说山》，高诱注："磏，廉，或直言蓝也。"《汉书·高帝纪》云："父太公往视，则见交龙于上。已而有娠。"孟康注："娠，音身。"此法现在仍常沿用。反切，"古人或称为'反'，或称为'翻'，或称为'切'，都只是拼音的意思"[②]。反切法，即用两个字来拼音，上字取声母，下字取韵母与声调，合成一个音。例如《汉书·高帝纪》，孟康注："媪，母别名，音乌老反。"又颜师古注："陂，音彼皮反。"

为古籍注出今音，有一个基本原则，即在通常情况下应从俗、从变、从今。严学窘在《怎样注音、订音和正音》一文中，提出"舍古从今""舍繁从简"的原则，可以参看。[③] 这具体地表现为四个方面。

第一，古籍语词不必字字注音，字字复古。因为这既是不可能的，也是不必要的。但是对于韵文中的协韵字，则应区别对待。韵文中协韵字的音读有两种情况：一是古时协韵，今音虽不同古音，亦协韵，则按今音读，可不出注；二是古时协韵，今不协韵，则应注出古音。例如：

> 《诗·邶风·北风》曰："北风其凉，雨雪其雱。惠而好我，携手同行。"
>
> 《诗·卫风·氓》曰："淇水汤汤，渐车帷裳。女也不爽，士贰其行。"
>
> 《史记·天官书》曰："斗为帝车，运于中央，临制四乡。分阴阳，建四时，均五行。"

以上三例中的"行"字，古音都读作"háng"。在前二例中，"行" 释为"行走"，

---

① 古籍字词注音术语有"读若""读如""读若某同""读与某同""读为""读曰"等。段玉裁的《说文解字注》认为，在汉人那里，"读若""读如"，一般表示注音；"读为""读曰"，一般表示假借，即改字而读。唐人作正义，往往混淆"为""若"两字。但钱大昕的《古同音假借说》却认为："汉人言'读若'者，皆文字假借之例，不特寓其音，并可通其字。"陆宗达、王宁的《训诂方法论》附录《训诂学名词解释》据此认为，《说文》中的"读若"，不只表示直音，还表示以下几种情况：标明通行的异体字，如"矗，读若沓"；标明通行的假借字，如"蔑，读若杜""肌，读若旧"；标明相互通用的同源字，如"雀，读与爵同"。

② 王力：《汉语音韵学》，108 页，北京，中华书局，1956。

③ 参见严学窘：《怎样注音、订音和正音》，载《辞书研究》，1980 (3)。

一释为"德行、行为"，今音都读作"xíng"。但在特定语境中，前二例的"行"都是协韵的，所以必须注出音"háng"。而后一例中，虽然在特定语境中"行"字也协韵，但毕竟这是散文，可由读者自便，不必要注音，也可以约定俗成地读作"xíng"。

第二，凡破读音，凡今音仍保留了本音与破读音两读的，则出注；凡今音只有一读的，则不出注。

所谓破读音，是指字的词义分化或词性转化，引起声调变化，从而造成不同的音读。这是从汉代开始，六朝时大量出现的变音现象。破读字据宋人贾昌朝的《群经音辨》统计，有 210 字；据元人刘鉴的《经史正音切韵指南》统计，有 207 字；据近人马建忠的《马氏文通》统计，有 202 字。唐作藩据上述三书所收，在《破读音的处理问题》一文中，共分析了 260 字的本音和破读音及其演变情况，可以参看。①

在破读音的语词中，只有那些不注音不足以释义或区别词性的语词，才应当考虑注音，如"亲"（qīn、qìng），"度"（dù、duó），"食"（shí、sì），"读"（dú、dòu），"大"（dà、tài），"父"（fù、fǔ）等。有一些词语古为破读，后来加偏旁字，形成古今字而专司破读音，在注释时，只要在古字后加注今字即可，如"陈，阵""知，智"等。

第三，难字和多音多义字，一般应出注。这有三种情况：一为某常用字的异体字；二为非现代常用字；三为虽是常用字，但非常读音。兹据杨伯峻的《论语译注·学而篇》，依次各举一例：

"学而时习之，不亦说乎?"注：说——音读和意义跟"悦"字相同，高兴、愉快的意思。

"人不知而不愠，不亦君子乎?"注：愠——yùn，怨恨。

"其为人也孝弟，而好犯上者，鲜矣。"注：鲜——音显，xiǎn，少。《论语》的"鲜"都是如此用法。②

第四，某些专名，虽是常用字，但读法特殊，应当注音。如宋人洪适（kuò）、安徽六（lù）安等。

二、析句读

在古人那里，"句读"的概念范围很广，包括章节的划分、语句的点断、语气和情感的分析说明等。在这里我们主要指句法结构、离章断句两方面内容。

（一）释句法

句法结构是由词和词组按照一定的搭配方式组合而成的。在汉语中，大多数句法结构古今差别不大，在注释中没必要一一指出。在注释中解释句法结构，重点应放在那些容易给阅读和理解造成障碍的古代特殊的句法结构上。

---

① 唐作藩：《破读音的处理问题》，载《辞书研究》，1977（2）。
② 杨伯峻：《论语译注》，1～3 页，北京，中华书局，1980。

第一，古籍中往往存在一些特殊句法，在注释时，可以通过解释虚词和疏解句义的方式加以分析。下面举杨伯峻的《论语译注》二例：

> 《论语·为政》曰："人而无信，不知其可也。"注："人而无信——这'而'字不能当'如果'讲。不说'人无信'，而说'人而无信'者，表示'人'字要作一读。古书多有这种句法，译文似能表达其意。"译文："做为一个人，却不讲信誉，不知那怎么可以。"①
>
> 《论语·阳货》曰："年四十而见恶焉，其终也已。"注："其终也已——'已'是动词，和'未之也已'、'斯害也已'的'已'字相同，句法更和'斯害也已'一致。'其终也''斯害也'为主语；'已'为动词，谓语。如在'其终也'下作一停顿，文意便显豁了。"②

前一例，"人而无信"，是不同于现代汉语的句子，因此须做辨析。后一例，"也已"在古汉语里常用作语气词，表示肯定和感叹的语气，如《论语·子罕》云："虽欲从之，末由也已""四十、五十而无闻焉，斯亦不足畏也已"。而"也"字表停顿，"已"字做谓语，则是比较特殊的例子，所以要做解释。

第二，古籍中往往出现句子成分的位置移动、词组的顺序变化等现象，为现代汉语所不用，在注释中应加以解释。以下略举数例，以见一斑。

A. 动词宾语前置例：

> 《诗·周南·汝坟》曰："既见君子，不我遐弃。"孔颖达疏："不我遐弃，犹云不遐弃我。古之人语多倒，《诗》之此类众矣。"
>
> 《孟子·梁惠王上》曰："然而不王者，未之有也。"杨伯峻的《孟子导读》说："未之有也——句是'未有之也'的倒装。古文，凡否定句以指代词做宾语的，除偶有例外，都将宾语放在动词前。"③

——以上为否定句代词宾语前置例

> 《礼记·檀弓上》曰："泰山其颓，则吾将安仰？梁木其坏，哲人其萎，则吾将安放？"
>
> 《战国策·齐策》曰："孟尝君曰'客何好'？曰'客无好也'。"

——以上为疑问句代词宾语前置例

① 杨伯峻：《论语译注》，21页，北京，中华书局，1980。
② 杨伯峻：《论语译注》，191页，北京，中华书局，1980。
③ 杨伯峻：《孟子导读》，47页，成都，巴蜀书社，1996。

《诗·小雅·角弓》曰："如蛮如髦，我是用忧。"郑玄笺："我用是为大忧也。"

《左传·庄公三十二年》曰："虢多凉德，其何土之能得？"

《论语·先进》曰："论笃是与，君子者乎？色庄者乎？"杨伯峻的《论语译注》说："论笃是与——这是'与论笃'的倒装形式，'是'是帮助倒装之用的词，和'唯你是问'的'是'用法相同。与，许也。'论笃'就是'论笃者'的意思。"①

《左传·隐公六年》曰："我周之东迁，晋、郑焉依。"杨伯峻《春秋左传注》说："晋、郑焉依，即晋、郑是依，故《国语·周语》及《水经》《渭水注》引'焉'字俱作'是'，焉、是均为结构助词，助宾语倒置动词前者。"②

《诗·豳风·七月》曰："朋酒斯飨，曰杀羔羊。"

　　　　　　　　——以上为"用""之""是""焉""斯"等结构助词助宾语前置例

B. 介词宾语前置例：

《诗·卫风·氓》曰："将子无怒，秋以为期。"

《论语·为政》曰："诗三百，一言以蔽之，曰思无邪。"

C. 介宾位置、谓补位置颠倒例：

《诗·大雅·崧高》曰："申伯还南，谢于诚归。"郑玄笺："谢于诚归，诚归于谢。"孔颖达疏："言谢于诚归，正是诚心归于谢国。古人之语多倒，故申明之。诚归者，决意不疑之辞。"

《左传·僖公九年》曰："入而能民，土于何有。"

第三，由于古代社会文化、典章名物、思想心理和语言习惯等方面与后世存在着差距，所以古人所运用的省略方式和内容以及上下文的语境，不一定能为后人所了解，这时，省略就会变成理解的障碍。古籍注释需要扫除这种障碍。

在古籍中，有的上下文语境十分清楚，只要通过阅读，就能知道被省略的成分是什么，这样的省略就不必在注释中加以说明。例如：

"孟武伯问：'子路仁乎？'子曰：'〔〕不知也。'"（《论语·公冶长》）

"公将鼓之。刿曰：'未可〔〕。'齐人三鼓，刿曰：'可〔〕矣！'"（《左传·庄公十年》）

---

① 杨伯峻：《论语译注》，116 页，北京，中华书局，1980。
② 杨伯峻：《春秋左传注》，51 页，北京，中华书局，1981。

这些被省略的成分在上下文中有十分清楚的表述，而且语气衔接紧密，不容做其他解释，在特定的语境中，甚至连翻译时都没有必要加以注释或补足。

但是，如果省略现象造成理解的困难，甚至容易造成误解和歧义，则需要在注释中加以说明。例如：

> A.《诗·小雅·大东》曰："或以其酒，不以其浆。"《毛传》曰："或醉于酒，或不得浆。"
>
> B.《诗·豳风·七月》曰："五月斯螽动股，六月莎鸡振羽，七月在野，八月在宇，九月在户，十月蟋蟀入我床下。"郑玄笺："自'七月在野'至'十月入我床下'，皆谓蟋蟀也。"

A 例中，毛氏在解释第二句时加一个"或"字，意在告诉读者，第二句不承上，单独省略了主语"或"，两句是并列关系。这两句的意思是：有的人喝得烂醉，有的人却连酒浆也得不到。B 例中，郑玄在注释中指出"七月在野"以下三句是探下省，而不是承上省，这样阅读时就不会产生误解。

（二）析章句

古代的标点符号之学，习称句读之学。虽然古籍大都没有标点，但古人早就有标点的概念。古人著书时不用标点，而读书时常用标点，古人称为"点读"。在战国早期文献，如湖北随县出土的曾侯乙墓竹简中，就有不少是加上标点的。秦汉时的文献，也有不少使用标点，如《流沙竹简》等。

句读之称，始见于何休的《公羊传序》中"援引他经，失其句读"一句。"句读"也作"句投"，如马融的《长笛赋》云："观法于节奏，察变于句投。""《说文》曰：'逗，止也。'投与逗，古字通，音豆。投，句之所止也。"原本"句读"二字是同义词复用，后人加以区别，把语意完整的句子称为句，语意不完整的停顿称为读。唐代高僧湛然的《法华文句记》说："凡经文语绝处，谓之句；语未绝而点之，以便诵咏，谓之读。"

句读，在汉代又称为章句之学。清武亿的《经读考异》说："汉代诸儒，分章析句，各自为业。其于经读，必由师传授受，转多异同。今检《释文》，略存梗概，或一句离为二三，或二句并作一读，又或一字上承句末，亦可成文，下属句首，义亦两通，皆兼取并采，是其例也。"吕思勉的《章句论》说："古所谓章句者，实后世画段点句之类。故《论衡》谓'文字有意以立句，句有数以连章，章有体以成篇'也。"章句，就是分章析句、辨明句读的意思。

在古代，注释一般都采用双行小注的形式，在需要解释的字词下加上注文。所以，注文出现之处，往往都是需要断句之处。有些注释直接对句读加以分析，例如：

> 《孟子·公孙丑上》曰："必有事焉而勿正，心勿忘，勿助长也。"朱熹注："必有事焉而勿正。赵氏、程子以七字为句，近世或并下文'心'字读之者，亦

通。必有事焉，有所事也，如'有事于颛臾'之'有事'。正，预期也。《春秋传》曰'战不正胜'是也。如作'正心'，义亦同。此与《大学》之所谓'正心'者，语意自不同也。"

　　大多数注释并不直接分析句读，而是在解释词义的过程中表达对句读的理解。例如，《左传·哀公十六年》载子西之语曰："胜如卵，余翼而长之。楚国，第我死，令尹、司马非胜而谁?"杜预在"第"字下注云："用士之次第。"杜预注"第"字的词义，表明是在"第"字下断句。清武亿的《经读考异》说："考此'第'作'但'字训，宜读'余翼而长之楚国'为句，'第我死'为句。"杜预释"第"为实词，属上读；武亿释"第"为虚词，属下读。二者相较，武亿的释义和句读较为近是。但武亿把"楚国"属上读，也是错误的。杨树达在《古书句读释例》中纠正说："楚国当另为一读，不当属上。楚国犹言在楚国也。"

　　对古籍的句读的注释，也可以说明行文的语气，如以下两例：

　　　　《诗·大雅·文王》曰："王之荩臣，无念尔祖?"《毛传》曰："无念，念也。"孔颖达曰："言之进用臣法，可无念汝祖文王乎? 言当念汝祖文王之法。"
　　　　《文选》载陆士衡的《叹逝赋》曰："嗟人生之短期，孰长年之能执?"李善注："能执，言不能执持得长年也。"

孔颖达的疏文和李善的注文，分别说明《诗·大雅·文王》、陆士衡的《叹逝赋》中的两句诗赋，都当读作反诘语气。

思考与练习

　　1. 举例说明难解语词、歧义语词、变异语词。

　　2. 确定通假字有哪些基本条件与原则?

　　3. 以常用虚词为例，简要说明古人在注释实践中如何指明虚词的性质和作用。

　　4. 举例说明一物多名、古有今无、一名多指三种情况的名物词。

　　5. 从《毛诗正义》中各举一例，说明名物词的简训法和详解法。

　　6. 从《十三经注疏》中自选一段经文原典进行注释，为生僻字注出今音，注意在注音过程中坚持从俗、从变、从今的基本原则。

　　7. 根据杨伯峻的《论语译注》，举例说明如何疏解古籍中的特殊句法。

第三节 古籍注释的内容与方法（下）

一、明史实

古籍中的史实，可以包括典故、典章制度、风俗习惯、历史事实、人物事迹等方面。因为时过境迁，这些史实为今人难以明了或确解，因此成为古籍注释的重要内容。古籍中涉及史实的地方，有时只是一个语词，有时则是一句话、几句话乃至一段话，注释时可以以语词为单位，也可以以句子或段落为单位。

（一）说典故

典故包括两种：一为语典，即有来历出处的语词；二为事典，即见于古书记载的或历代流传的各种故事。精彩的典故，往往能用极其精练的语言深刻地揭示人生哲理，表达丰富的思想情感，传递多层次的内心感受，反映多姿多彩的社会生活。因此，古人写作诗文、议论叙事，多爱用典故。如果读者对作者所用典故的来源与含义有所了解，就能从典故中获得更多的思想启迪和审美感受。如果读者对作者所用典故一无所知或知之甚少，那么阅读时就会产生理解的障碍，要么不知所云，要么浅尝辄止，要么隔雾观花。因此，对古籍中的典故进行注释就是十分必要的。

一个典故在作品中的运用，往往具有多层次的意义：首先是典故在原出处语境中的表层意义和启示意义，其次是典故在流传和使用过程中所增益或转化的意义，最后是典故在所注作品特定语境中的表层意义和启示意义。注释者必须充分了解、准确把握典故的多层意义，根据注释的需要，做出适当的解释。

注释典故，先应该说明典故的原始出处及其原本意义，这是必不可少的。但是仅止于此，并未达到注释典故的目的，为了帮助读者更好地理解本文，注释家必须解释典故在被使用的特定语境中的意义，这才是注释典故的最终目的。一个典故用在诗文作品中的意义，有时与原典意义相同，有时与原典意义不同，有时与原典意义同中有异，注释时应分别加以处理。

古书用典，有时属于"借喻"，"即引述某个典故来比喻或代替某个事物，典故在作品中只起到指代性地表达词义的作用，没有更深刻的内涵，也没有扩大理解空间"①。这种用典方式，宋魏庆之的《诗人玉屑》卷七称之为"语用事"，认为这是一种低层次的用典方式。但是如果属于大众普及型的读本，对这类典故理应加以注释，以便引导读者得到正确的理解。解释这类典故，一般只要指明出处，并有针对性地、简洁明了地揭示典故所指代的意义，没有必要过深地求索该典故的内在含义，或者过多地引证其他用典实例。

例如，《李太白全集》卷十五《窜夜郎，于乌江留别宗十六璟》言："我非东床人，令姊忝齐眉。浪迹未出世，空名动京师。"清王琦注"东床"：

---

① 董洪利：《古籍的阐释》，211 页，沈阳，辽宁教育出版社，1993。

《世说》：郗太傅在京口，遣门生与王丞相（王导）书，求女婿。丞相语郗信："君往东厢任意选之。"门生归白郗，曰："王家诸郎亦皆可佳，闻来觅婿，咸自矜持。惟有一郎，在东床上坦腹卧，如不闻。"郗公曰："此正好。"访之，乃是逸少，因嫁女与焉。

可知后世以"东床"代称女婿。又注引《后汉书》"齐眉"："梁鸿每归，妻为具食，不敢于鸿前仰视，举案齐眉。"后以"举案齐眉"或"齐眉"形容妻子贤惠，敬侍丈夫。

一般常用习见、人所共知的典故，甚至可以用简略注明法，连典故出处与故事都不必叙述。例如：

《淮南子·齐俗》曰："待西施、毛嫱而为配，则终身不家矣。"高诱注："西施、毛嫱，古好女也。"

《文选》收录司马迁《报任少卿书》曰："虽才怀随、和，行若由、夷，终不可以为荣。"李善注："随，随侯珠也。和，和氏璧也。由，许由也。夷，伯夷也。"

古籍用典还有一种方式，宋魏庆之的《诗人玉屑》卷七称之为"意用事"。在这种用典方式中，典故所表达的不是某个词语的表层意义或某种比喻意义，而是传递了作者寄托在作品中的情感和意蕴。这种情感和意蕴或者与典故本身的情感和意蕴协调地融合在一起，或者把该典故在流传使用中所转移或增益的情感和意蕴也都包容进来，使典故呈现出多层次的丰富内涵。因此，在注释这类典故时，不仅要说明出处和语词的表层意义，还要揭示出典故在作品中的深刻内涵，有时还应该更进一步结合历史上意义相关的用典实例，揭示包含在典故中的多层意蕴。

例如，吴伟业的《圆圆曲》最后写道："君不见，馆娃初起鸳鸯宿，越女如花看不足。香径尘生鸟自啼，屧廊人去苔空绿。换羽移宫万里愁，珠歌翠舞古梁州。为君别唱吴宫曲，汉水东南日夜流。"据《吴越春秋》载，春秋时吴王宠爱越国美女西施，终致亡国。前四句诗出典于此。这里以吴王代指吴三桂（以吴姓为双关），西施代指陈圆圆，借古讽今，隐喻吴三桂纵情声色，多行不义，其恩爱富贵必不可长久。所以末句翻用李白的《江上吟》："功名富贵若长在，汉水亦应西北流。"汉水西北流是不可能的事，而东南流却是自然规律，古往今来，概莫能外。

钱锺书的《宋诗选注》的注释方式堪为典范。该书不仅探寻典故的来源，也不仅仅解释本文用典的意义，更梳理了从典故的源头到本文用典之间的意义内涵的演化过程，从典故使用史的角度，对典故源与流之间的关系做了深入分析，如解释朱弁的《春阴》中"酒薄难将梦到家"一句说：

"将"是扶助、携带的意思，参看唐人李端《赠岐山姜明府》："雁影将魂去，虫声与泪期。"这句分三层：要回故国除非在梦里；可是又睡不着，要做梦除非喝醉了酒；可是酒力又不够，一场春梦还没到家早已醉退人醒了。唐人孟郊《秋夕贫居述怀》诗的"卧冷无远梦"和《再下第》诗的"梦短不到家"，刘威《冬夜旅怀》诗的"酒无通夜力"，方干《思江南》诗的"夜来有梦登归路，不到桐庐已及明"，宋人韩疁《浪淘沙》词的"相逢只有梦魂间，可奈梦随春漏短，不到江南！"似乎都不及朱弁这七个字的曲折凄挚。这些诗句也都算得岑参《春梦》的翻案："枕上片时春梦中，行尽江南数千里。"①

"酒薄难将梦到家"化用前人诗歌，钱锺书征引了前人诗中与此句意义内涵紧密相关的诗句，以明"梦里还家"这个意象在语典和构思上的来源，从而既说明了"梦里还家"这个意象在使用过程中意义内涵和情感色彩的发展、演变，从"梦里可还家"到"梦短不到家"，从而扩大了读者的理解空间，也揭示了朱弁这一诗句超越前人、有所创新的"曲折凄挚"的艺术境界。

（二）解制度

所谓典章制度，指政治、经济、文化方面所制定的政策、法规等。在中国古代社会中，各种典章制度随时而异，构成丰富的古代文化知识。大量典章制度出现在古籍中，给读者造成种种阅读和理解的障碍，因此注释时不能不做出适当的解释。兹略举数例，以见一斑。

《春秋·僖公五年》云："夏，公孙兹如牟。"杜预注："叔孙戴伯娶于牟，卿非君命不越竟，故奉公命聘于牟，因自为逆。"孔颖达《正义》云："牟是附庸之国，唯桓十五年，邾人、牟人、葛人来朝，自尔以来，更不朝聘于鲁，鲁不应使卿聘此小国。当是叔孙聘妻已定，但卿非君命不得越竟，故咨公请使，奉君命以聘，因自为逆妇。故《传》称'娶焉'，明其因娶而聘。"（《礼记·曲礼下》记春秋制度："大夫私行出疆，必请。"）（此为释政治制度例。）

《礼记·曲礼下》云："诸侯未及期相见曰遇，相见于郤地曰会。诸侯使大夫问于诸侯曰聘，约信曰誓，莅牲曰盟。"孔颖达《正义》云："盟之为法，先凿地为方坎，杀牲于坎上，割牲左耳盛以珠盘，又取血盛以玉敦，用血为盟，书成，乃歃血而读书……盟牲所用，许慎据《韩诗》云：'天子诸侯以牛豕，大夫以犬，庶人以鸡。'"（此为释外交制度例。）

《淮南子·泰族》云："商鞅为秦立相坐之法而百姓怨矣。"高诱注："相坐之法，一家有罪，三家坐之。"（此为释法律制度例。）

《汉书·景帝纪》："二年……令天下男子年二十始傅。"颜师古注："旧法二十三，今此二十，更为异制也。傅读曰附，解在《高纪》。"《汉书·高帝纪》"傅"字颜师古注："傅，著也。言著名籍，给公家徭役也。"（此为释户籍制度例。）

《汉书·高帝纪》："（汉五年）八月，初为算赋。"颜师古注引如淳所引《汉仪

---

① 钱锺书：《宋诗选注》，227～228页，北京，生活·读书·新知三联书店，2002。

注》曰："民年十五以上至五十六，出赋钱，人百二十为一算，为治库兵车马。"
（此为释经济制度例。）

《毛传》释《诗·曹风·候人》中"候人"："候人，道路送迎宾客者。"

《毛传》释《诗·小雅·祈父》中"祈父"："祈父，司马也，职掌封圻之兵
甲。"（以上释官名例。）

典章制度的注释一定要清楚明白，让读者易于把握。现在我们要注释古籍中的典
章制度，除了参考古籍旧注及相关辞典以外，还应该参考历代史书以及著录历代各种
制度的典籍，如通史政书（如"十通"）与断代政书之类（参见本书第七章）。

（三）释风俗

各民族有各民族的风俗，各时代有各时代的风尚，各地域也有各地域的习惯。古
籍中涉及大量不同民族、不同时代、不同地域的风俗习惯，往往成为读者理解上的障
碍。所以古籍注释必须重视风俗习惯的说解。兹亦举数例以明之。

《诗·魏风·葛屦》云："纠纠葛屦，可以履霜。"《毛传》云："夏葛屦，冬皮
屦。葛屦非所以履霜。"郑玄云："葛屦贱，皮屦贵。魏俗至冬犹谓葛屦可以履霜，
利其贱也。"（此释地方习俗例。）

《诗·小雅·小旻》云："发言盈庭，谁敢执其咎？"《毛传》云："谋人之国，
国危则死之，古之道也。"（此释传统士人俗例。）

《诗·邶风·终风》云："寤言不寐，愿言则嚏。"《郑笺》云："言，我；愿，
思也。嚏读当为'不敢嚏咳'之'嚏'。我其忧悼而不能寐，汝思我心如是，我则
嚏也。今俗，人嚏，云'人道我。'此古之遗语也。"（此释民间习俗例。）

《史记·秦始皇本纪》的："二十三年，秦王复召王翦，强起之，使将击荆。"
张守节的《正义》云："秦号楚为荆者，以庄襄王名子楚，讳之，故言荆也。"（此
释避讳习俗例。）

（四）叙史事

一般来说，古籍中出现的有关历史事件和历史人物的简略语句，往往都含有大量
的、潜在的、有弹性的信息。如何合理地、合适地把握和处理这些信息，是否出注，
出注时是详是略，都颇费斟酌。注释者一般应依据不同的注本性质和读者对象，斟酌
选择。

古籍中因史实问题造成理解障碍，无疑是需要加以注释的，这主要有两种情况：
一是史实记述过于简略，需要说明或补充；二是史实记述有错误，需要考证。

史实记述过于简略，这在古籍中非常多见。这种情况的出现，首先是由于历史的
原因。有许多史实在作者著书时是人所共知或人所熟知的，属于一般的知识范围，所
以作者不需要详言，只要稍加提示或简单概述，就能引起当时读者的联想，从而理解
史实的内涵。但一旦时过境迁，这些史实对于后世的读者就构成了阅读的障碍，不得

不加以注释。其次，史实记述过于简略，也由于表述的原因。古人写作时，或者为了文字简省或文笔流畅，或者为文章容量所限，或者因取舍标准不同，对某些史实只是简略提及，点到为止，不做更多的交代和说明，这也给后世的读者造成了理解的障碍。因此，史实的注释就是必需的。例如：

> 《诗·大雅·生民》云："履帝武敏，歆攸介攸止，载震载夙，载生载育，时维后稷。"
>
> 郑玄云："祀郊禖之时，时则有大神之迹，姜嫄履之，足不能满，履其拇指之处，心体歆歆然，其左右所止住，如有人道感己者也。于是遂有身，而肃戒不复御。后则生子而养长之，名之曰弃，舜臣尧而举之，是为后稷。"

《诗》的语言过于简略，未能将史实叙述清楚，而这正是郑玄的注释需要解决的问题。

有些古籍虽然首尾完整地记述了史实，但限于体例、见闻或观点，采纳的资料并不充分，不少有价值的资料未能采纳。对于这种情况，注释者应予以补充资料。以补充资料为主的注释所引证的资料，不仅仅是对事实的增补，也是对原文的考证和解释。这种注释围绕着说明原文，将各种资料搜集起来，既有很高的资料价值，又起到了考证和解释原文的作用。裴松之的《三国志注》、刘孝标的《世说新语注》和郦道元的《水经注》，就是以补充详尽的资料而著称的。例如：

> 《三国志·魏书·武帝纪》云："嵩生太祖。太祖少机警有权数，而任侠放荡，不治行业。故世人未之奇也。"
>
> 裴松之注引《曹瞒传》云："太祖少好飞鹰走狗，游荡无度，其叔父数言之于嵩，太祖患之。后逢叔父于路，乃阳败面喎口，叔父怪而问其故，太祖曰'卒中恶风。'叔父以告嵩，嵩惊愕呼太祖，太祖口貌如故。嵩问曰'叔父言汝中风，已差乎？'太祖曰'初不中风，但失爱于叔父，故见罔耳！'嵩乃疑焉。自后叔父有所告，嵩终不复信，太祖于是益得肆意矣。"

《三国志》本文仅仅粗略地记述了曹操少年"机警而有权数"的性格特征和"任侠放荡，不治行业"的行为梗概，并没有举出具体事例。裴注引《曹瞒传》补充了具体而生动的故事，使读者对曹操的性格有了清晰的认识。又如：

> 《世说新语·德行篇》云："晋文王称阮嗣宗至慎，每与之言，言皆玄远，未尝臧否人物。"
>
> 刘孝标注文如下："《魏氏春秋》曰：'阮籍字嗣宗，陈留尉氏人，阮瑀之子也。宏达不羁，不拘礼俗。兖州刺史王昶请与相见，终日不得与言。昶愧叹之，自以不能测也。口不论事，自然高迈。'李康《家诫》曰：'昔尝侍坐于先帝，时有三长史俱见，临辞出，上曰"为官长当清，当慎，当勤。修此三者，何患不治

乎?"并受诏。上顾谓吾等曰:"必不得已而去,于斯三者何先?"或对曰:"清固
为本。"复问吾,吾对曰:"清慎之道,相须而成,必不得已,慎乃为大。"上曰:
"卿言得之矣。可举近世能慎者谁乎?"吾乃举故太尉荀景倩、尚书董仲达、仆射
王公仲。上曰:"此诸人者,温恭朝夕,执事有恪,亦各其慎也。然天下之至慎
者,其唯阮嗣宗乎?每与之言,言及玄远,而未尝评论时事,臧否人物,可谓至
慎乎?"'"

阮籍的为人至慎,《世说新语》仅仅简略地引述了晋文帝司马昭的评论,但没有举出具
体事例。刘孝标注引述了《魏氏春秋》和李康的《家诫》两条资料,前者列举了阮籍与
王昶交往的具体事例,后者介绍了司马昭评论阮籍的背景,这就很好地补充了史实。

　　史实记述错误,在各类古籍中也是常见的。究其原因,或是有意之讹,或是无心
之误。具体而言,有以下几个方面:一是因为有些史实缺乏文字材料,仅仅根据传说
或传闻,再加上作者的推测加以记录,所以难免会出现错误;二是有些作者为了宣传
自己的学说或主张,任意歪曲或篡改某些史实,甚至胡乱编造一些历史上根本不存在
的事情,借古人抬高自己;三是有些作者引录材料疏于核查,把一些有错误的记载移
入本文,或者仅凭不准确的记忆而不查对原书就使用某些材料,这都可能造成史实记
述的失误。

　　历史事件的注释,一般应注出历史事件发生的时间、地点、人物以及事件发生、
发展和结局的简略过程,有时还应注出资料出处,如有异说,还需加以考证。例如:

　　　《论语·宪问》中有"子路曰:'桓公杀公子纠,召忽死之,管仲不死。'曰:
　　'未仁乎?'子曰:'桓公九合诸侯,不以兵车,管仲之力也。如其仁,如其仁。'"
　　一段。

　　　　杨伯峻的《论语译注》说:"管仲不死——齐桓公和公子纠都是齐襄公的弟
　　弟。齐襄公无道,两人都怕牵累,桓公便由鲍叔牙侍奉逃往莒国,公子纠也由管
　　仲和召忽侍奉逃往鲁国。襄公被杀以后,桓公先入齐国,立为君,便兴兵伐鲁,
　　逼迫鲁国杀了公子纠,召忽自杀以殉,管仲却做了桓公的宰相。这段历史可看
　　《左传》庄公八年和九年。"①

　　　　邢昺对此段的注解如下:"言九合者,《史记》云:'兵车之会三,乘车之会
　　六。'《穀梁传》云:'衣裳之会十有一。'范宁注云:'十三年会北杏,十四年会
　　鄄,十五年又会鄄,十六年会幽,二十七年又会幽,僖元年会柽,二年会贯,三
　　年会阳,五年会首戴,七年会宁,九年会葵丘,凡十一会。不取北杏及阳穀,为
　　九也。'"

　　杨伯峻的注释重在讲述史实,简明扼要,并注明出处。邢昺的注释则重在考证,说明

---

　　① 杨伯峻:《论语译注》,151 页,北京,中华书局,1980。

齐桓公纠合诸侯共计 11 次，此处仅言 9 次。但他说"不取北杏及阳榖，为九也"，则过于拘泥。其实这一个"九"字不过表示其多罢了。

（五）考人物

古籍中涉及的人物主要有四种类型：一是历史上的真实人物；二是现实中的真实人物；三是神话和传说中的人物；四是虚构的人物。这四类人物，前三类是注释的重点。

凡古籍中出现的较生疏的历史人物，一般都应出注，以利于读者更好地理解文意。在历史人物的注释中，应注意以下三个问题。

第一，注文应该从注释对象在原文中的意义出发，注出与原文相应的内容，起到补充、说明和昭示原文意义的作用。例如：

> 赵岐注《孟子·公孙丑章句上》云："公孙丑者，公孙，姓；丑，名。孟子弟子也。丑有政事之才，问管、晏之功，犹《论语》子路问政，故以题篇。"

赵岐的注释既介绍了公孙丑其人，又解释了为何以人名为篇名，很好地与本文相适合。

第二，注文尽可能避免对历史人物进行评价，如果一定要评价，则应注意客观公正、实事求是，切不可照搬古注或沿袭旧说。

第三，注释历史人物，要根据注释的体例掌握好繁简的尺度。历史人物的注释，由简至繁，可分为三种类型。

第一种类型是简释人名。古人有姓、名、字、号、谥、排行、职官、身份等的称呼，如果是贵妇人，还往往冠以娘家国名。在一般情况下，古籍中凡人物称呼同人共见时，应分别指明姓、名、字、号等；凡未称本名的人物，一律注出本名。例如：

> 《春秋·桓公四年》云："夏，天王使宰渠伯纠来聘。"杜预《集解》云："宰，官；渠，氏；伯纠，名也。"

> 《孟子·告子下》云："慎子勃然不悦，曰：'此则滑厘所不识也。'"赵岐《章句》云："滑厘，慎子名。"

> 《汉书·王贡两龚鲍传》云："依老子、严周之指，著书十余万言。"颜师古注："严周，即庄周。"（此因避汉明帝刘庄讳而改。）

> 《后汉书·张衡列传》云："松、乔高跱孰能离？"李贤注："松，赤松子也；乔，王子乔也。"（此为释省名。）

> 《淮南子·人间训》云："田子方见老马于道。"高诱注："田子方，魏人。"（此为释何处人。）

> 《论语·颜渊》云："季康子问政于孔子。"何晏之《集解》云："郑曰：康子，鲁上卿，诸臣之帅也。"（此为释以官爵、身份。）

> 《论语·泰伯》云："泰伯，其可谓至德也已矣。"何晏之《集解》云："泰伯，

周太王之长子，次弟仲雍，少弟季历。"（此为释以亲属关系。）

第二种类型是详释人名。详释人名，往往要求依次注出历史人物的姓、名、字、号、谥、籍里、职官、身份、著述等内容。如有异义，还应略做考辨。但对人物的生平事迹，则一般不做介绍。例如：

> 《穀梁传·文公元年》云："天王使毛伯来锡公命。"范宁之《集解》云："毛，采邑；伯，字也。天子上大夫也。"
> 《列子·天瑞》云："粥熊……"晋张湛注："周文王师，封于楚，著子书二十二篇。"

第三种类型是详细注释生平事迹。注释历史人物的生平事迹，一般有两种情况：一种情况是仅仅说明在特定的上下文中人物活动的前因后果；另一种情况是简明扼要地注出人物一生的主要事迹，如有需要，也可稍做考辨，或引证相关资料加以补充说明。前者如：

> 《后汉书·西羌传》云："秦穆公得戎人由余，遂霸西戎，开地千里。"
> 唐李贤等注："由余，其先晋人也，亡入戎。戎王闻穆公贤，使由余观秦，秦穆公以客礼待之。秦遗戎王以女乐，由余谏，不听，由余乃降秦，为谋伐戎。"

李贤等并没有详细注明由余一生的事迹，而仅仅介绍了秦穆王得戎人由余的缘由，恰与本文的内容相适应。后者如：

> 《史记·货殖列传》云："昔者越王句践困于会稽之上，乃用范蠡、计然。"司马贞之《索隐》对此段的解读如下。"计然，韦昭云范蠡师也。蔡谟云蠡所著书名《计然》，盖非也。徐广亦以为范蠡之师，名研，所谓'研、桑心计'也。《范子》曰：'计然者，葵丘濮上人，姓辛氏，字文，其先晋之公子。南游越，范蠡事之。'《吴越春秋》谓之'计倪'。《汉书·古今人表》计然列在第四，则'倪'之与'研'是一人，声相近而相乱耳。"

人名训释，旧有疑误，故加以考辨。又如杨伯峻的《孟子译注》说：

> 梁惠王——就是魏惠王，名䓨，惠是他的谥号，于公元前 370 年承继他父亲魏武侯击而即位。即位后九年，即公元前 362 年，由旧都安邑迁都大梁。（此从《史记·魏世家》《集解》所引《汲冢纪年》之说，司马迁列于惠王之三十一年，误。清人雷学淇《介菴经说》卷九有考订。大梁就是今天的开封。）所以又叫梁惠王。他在即位最初二十多年之内，在战国诸雄中最为强大，因之第一个自封为

王。（楚国自封为王在春秋时，又当别论。）①

这段注释有述有据，略加考证，清晰明白。

二、阐文义

王充在《论衡·正说》指出："文字有意以立句，句有数以连章，章有体以成篇，篇则章、句之大者也。"古籍注释，往往要阐释古籍本文的意义。而古籍本文的意义，从大至小，包括篇题、章旨与文理三方面的内容。

（一）释篇题

在古籍注释中，无论是作家的作品集，还是各种文学选本，都应结合作者的生平、思想、创作背景等，分篇考述、阐释作品的意义，概括介绍、分析作品的思想内容、艺术特征或故事情节等。这就是题解（或称"解题"）、提示或说明文字。题解中说什么，不说什么，怎么说，都要根据注释对象和注释体例来决定。例如：

> 《毛诗·小雅·白华·序》曰："《白华》，周人刺幽后也。幽王取申女以为后，又得褒姒而黜申后。故下国化之，以妾为妻，以孽代宗，而王弗能治。周人为之作是诗也。"
>
> 赵岐《章句》注《孟子·离娄上》曰："离娄者，古之明目者，盖以为黄帝之时人也。黄帝亡其玄珠，使离朱索之。离朱即离娄也，能视于百步之外，见秋毫之末，然必须规矩乃成方圆。犹《论语》'述而不作，信而好古'，故以名篇。"
>
> 高诱注《淮南子·原道训》曰："原，本也。本道根真，包裹天地，以历万物，故曰原道，因以题篇。"
>
> 朱熹注《论语·学而》曰："此为书之首篇，故所记多务本之意，乃入道之门，积德之基，学者之先务也。凡十六章。"
>
> 邢昺为《论语·为政》作疏文曰："《左传》曰'学而后入政。'故次前篇也。此篇所论，孝敬信勇，为政之德也……故以'为政'冠于章首，遂以名篇。"

概括以上诸例，释篇题的内容大致包括解释篇名、说明背景、概括篇义、揭明结构等内容。

以《诗小序》为例，在行文的方法上，题解的体例可归纳为四种类型：第一种类型或用"美"（即赞美、歌颂），或用"刺"（即讥刺、批判或揭露的意思），或用"责"（即指斥、谴责），或用"闵"（即表示怜悯、同情），指明所歌颂、批判或怜悯的对象（人或事），再说明具体事实或原委。如：

> 《邶风·凯风·序》曰："美孝子也。卫之淫风流行，虽有七子之母，犹不能

---

① 杨伯峻：《孟子译注》，2 页，北京，中华书局，1960。

安其室，故美七子能尽其孝道，以慰其母心而成其志尔。"

《邶风·雄雉·序》曰："刺卫宣公也。淫乱不恤国事，军旅数起，大夫久役，男女怨旷，国人患之而作是诗。"

《邶风·旄丘·序》曰："责卫伯也。狄人迫逐黎侯，黎侯寓于卫。卫不能修方伯连率之职，黎之臣子以责于卫也。"

第二种类型仅说明作诗的缘由，例如：

《邶风·式微·序》曰："黎侯寓于卫，其臣劝以归也。"

《卫风·河广·序》曰："宋襄公母归于卫，思而不止，故作是诗也。"

第三种类型先揭示诗的性质，再做具体说明，例如：

《邶风·泉水·序》曰："卫女思归也。嫁于诸侯，父母终，思归宁而不得，故作是诗以自见也。"

《鄘风·蝃蝀·序》曰："止奔也。卫文公能以道化其民，淫奔之耻，国人不齿也。"

第四种类型是用极其简捷的词语揭示主题，例如：

《王风·采葛·序》曰："惧谗也。"

这四种类型成为后世题解的典范。

至于全书书名意义的注释，内容与方法和篇题的注释大略相同，仅举一例为证：

孔颖达注《春秋经传集解·隐公第一》曰："《五经》题篇皆出注者之意，人各有心，故题无常准。此本经、传别行，则经、传各自有题，注者以意裁定，其本难可复知。据今服虔所注，题云'隐公左氏传解谊第一'，不题'春秋'二字，然则'春秋'二字，盖是经之题也；服言'左氏传'三字，盖本传之题也。杜既集解经、传，'春秋'此书之大名，故以'春秋'冠其上，《序》说'左氏'，言已备悉，故略去'左氏'而为此题焉。'经传集解'四字，是杜所加，其余皆旧本也。经者，常也，言事有典法，可常遵用也。传者，传也，博释经意，传示后人，分年相附，集而解之。故谓之'经传集解'。"

（二）揭章旨

孔颖达注《毛诗·周南·关雎》说："章者，明也，总义包体，所以明情者也。"一章的"总义"，古代注释家称之为"章旨"（或作"章指"），也就是我们现在说的段落大意。在古籍注释中，揭明章旨是一项重要的工作，同样包括说明背景、概括章义、总述结构等内容，例如：

> 《诗·豳风·七月》云："七月流火，九月授衣……同我妇子，馌彼南亩，田畯至喜。"郑玄云："此章陈人以衣食为急。"
>
> 《诗·小雅·无羊》云："谁谓尔无羊？三百维群。谁谓尔无牛？九十其犉。尔羊来思，其角濈濈。尔牛来思，其耳湿湿。"朱熹之《诗集传》曰："此诗言牧事有成，而牛羊众多也。"

至于以"章句"取名的注释著作中，揭明章旨更是一项重要任务，如王逸的《楚辞章句》：

> 王逸注《九章·思美人》："此章言己思念其君，不能自达，然反观初志，不可变易，益自修饬，死而后已也。"（以《九章》为篇，故以《思美人》等为章。）
>
> 王逸注《九章·惜往日》："此章言己初见信任，楚国几于治矣。而怀王不知君子小人之情状，以忠为邪，以僭为信，卒见放逐，无以自明也。"

赵岐的《孟子章句》每章之后都设专项，并标明"章旨"字样，来揭示章旨。钱大昕在《十驾斋养新录》中说："赵岐注《孟子》，每章之末，括其大旨，间作韵语，谓之章指。"例如：

> 赵岐注《滕文公上》"有为神农之言者许行"章："言神农务本，教于凡民。许行蔽道，同之君臣。陈相倍师，降于幽谷。不理万情，谓之敦朴。是以孟子博陈尧舜上下之叙以匡之也。"

有的注释还讲求在章旨中揭示文章的层次结构，以加深读者对文章的理解。如《礼记·礼运》篇开头孔颖达《正义》引皇侃说云：

> 从"昔者仲尼"以下至于篇末，此为四段：自初至"是谓小康"为第一，明孔子为礼不行而致发叹。发叹所以最初者，凡说事必须因渐，故先发叹，后使弟子因而怪问，则因问以答也。又自"言偃复问曰如此乎礼之急"至"天下国家可得而正也"为第二，明须礼之急。前所叹之意正在礼急，故以礼急次之也。又自"言偃复问曰夫子之极言礼也"至"此礼之大成也"为第三，明礼之所起。前既言礼急，急则宜知所起之义也。又自"孔子曰呜呼哀哉"讫篇末为第四，更正明孔子叹意也，以前始发，未得自言叹意，而言偃有问即随问而答，答事既毕，故更备述所怀也。

如此则层层揭示了《礼运》篇的结构段落及其内在理路。例如：

> 《四书·大学》曰："物格而后知至，知至而后意诚，意诚而后心正，心正而后身修，身修而后家齐，家齐而后国治，国治而后天下平。"
>
> 朱熹在《大学章句》曰："修身以上，明明德之事也。齐家以下，新民之事也。物格知至，则知所止矣。意诚以下，则皆得所止之序也。"

朱熹的章句依次说明了此段的层次结构，并使全篇上下勾连。

（三）析文理

古籍的文理，一般以句子为单位。而对句子的注释，一般是针对一个句子，但也可以针对一群句子，其基本方法有串讲、翻译和析义。

1. 串讲

串讲，即把句意连贯起来，做概括性的讲述。例如：

> 《诗·周南·关雎》云："窈窕淑女，君子好逑。"《毛传》云："言后妃有关雎之德，是幽闲贞专之善女，宜为君子之好匹。"
>
> 《诗·鄘风·相鼠》云："人而无仪，不死何为？"郑《笺》云："人以有威仪为贵，今反无之，伤化败俗，不如其死无所害也。"

串讲文意主要有两种方法，即翻译式串讲和概括式串讲。一般而言，翻译式串讲重在解释原文的表层意义，而概括式串讲则旨在解释原文的深层意义。例如：

> 《诗·邶风·新台》云："鱼网之设，鸿则离之。"《毛传》云："言所得非所求也。"郑《笺》云："设鱼网者宜得鱼，鸿乃鸟也，反离焉。"

在此例中，《毛传》用概括式串讲，揭示了原诗的言外之意；而郑《笺》则用翻译式串讲，只解释了诗句的表层意义。

一般而言，当句子的含义比较丰富、深刻，用翻译式串讲无法充分表达时，就需要用概括式串讲。概括式串讲可以说明言外之意，例如：

> 《离骚》云："日月忽其不淹兮，春与秋其代序。"王逸在《章句》云："言天时易过，人年易老也。"（第一句释字面意义，第二句释言外之意。）
>
> 《汉书·张良传》云："此所谓金城千里，天府之国。"颜师古注："财物所聚谓之府。言关中之地物产饶多，可备赡给，故称天府也。"
>
> 《文选》载司马迁《报任少卿书》曰："仆少负不羁之行，长无乡曲之誉。"李善注："不羁，言材质高远，不可羁系也。"（以上二例揭示隐含义。）

也可以说明比喻义，例如：

> 《诗·小雅·大东》曰："周道如砥，其直如矢。"《毛传》曰："如砥，贡赋平均也。如矢，赏罚不偏也。"
>
> 《汉书·河间献王德传》曰："修礼乐，被服儒术，造次必于儒者。"颜师古注："被服，言常居处其中也。"（被服，本义指衣带衣服，引申为穿着打扮。此处是比喻用法。）
>
> 《红楼梦》第十七回说："可谓管窥蠡测矣。"启功注："从管子里看天，用葫芦瓢测量大海。比喻见识狭小浅薄。蠡，瓠瓢。"（先用翻译式串讲解释表层意义，再用概括式串讲解释比喻意义。）

串讲还可以用疏解文义的方法，例如：

> 《孟子·告子下》曰："傅说举于版筑之间，胶鬲举于鱼盐之中，管夷仲举于士，孙叔敖举于海，百里奚举于市。"赵岐注："傅说筑傅岩，武丁举以为相。胶鬲，殷之贤臣，遭纣之乱，隐遁为商，文王于鬻贩鱼盐之中得其人，举之以为臣也。士狱官也。管仲自鲁囚执于士官，桓公举以为相国。孙叔敖隐处，耕于海滨，楚庄王举之以为令尹。百里奚亡虞适秦，隐于都市，缪公举之于市而以为相也。"

《孟子》原文是一种特殊形态的被动句，全句以主动句的形态出现，实际上却表达了被动意义，主动者隐而未现，以主动语态出现的主语实际上是受动者。有的语法书称这种句子是"意念被动句"①。赵岐通过叙述史实、疏解文义的方式加以解释。注中"武丁举以为相"、文王"举之以为臣""桓公举以为相国""楚庄王举之以为令尹""缪公举之于市而以为相"等句，既提供了理解文义的历史背景，又起到了分析句法、介绍出动作的施动者的作用。

2. 翻译

翻译，即注释者用当代的语言文字把古代的语言文字的意思表达出来，用今语译古语。

翻译与串讲，既有联系，又有区别。首先，从对象来看，串讲往往忽略那些一看就懂的句子，而侧重于较难理解或较有深度的句子；而翻译则必须把每个字、每句话都译成现代汉语，不能有所缺漏。其次，从方法来看，串讲既可以逐字讲解，也可以采用概括方式，概括句子的言外意、比喻义、深层义等，甚至可以采用串讲兼评论的方法；而翻译则必须忠实于原文，每个字都要一一对译，落到实处，而严忌增句、增

① 参见易孟醇：《先秦语法》，105页，长沙，湖南出版社，1989；廖振佑：《古代汉语特殊语法》，239页，呼和浩特，内蒙古人民出版社，1979。

意。再次，从行文风格来看，串讲可以不必过多地考虑行文时词气的连贯性，也不必过多地考虑是否符合原文的语言风格；而翻译则必须考虑行文时词气的连贯性，翻译的语言要顺畅通达，用词得当，尽量保持原文的语言风格。

翻译的主要标准是"信、达、雅"。翻译的主要方法，有直译与意译两种。

直译法，又称对译法，即译文与原文，词义、词性大致相应，语法结构基本相当的翻译。直译的关键是选择的现代词汇要能准确地传达出原文的语词在特定语境中的含义。这是翻译的一种最基本的方法，能够保持原文用词造句的特点，较为忠实地反映原文的语言风格和句型结构。例如：

《诗·郑风·扬之水》曰："扬之水，不流束楚?"《毛传》曰："激扬之水，可谓不能流漂束楚乎?"（注文加"乎"字，表明原文实为反问句。）

《诗·大雅·常武》曰："王命卿士，南仲大祖。"《毛传》曰："王命南仲于大祖。"（可知卿士即指南仲。诗文八字，当为一句。）

《诗·王风·君子于役》曰："君子于役，不知其期，曷至哉?"郑《笺》曰："君子于往行役，我不知其反期，何时当来?"

《诗·小雅·节南山》曰："四方是维，天子是毗。"郑《笺》曰："维制四方，上辅天子。"（诗句宾语前置，《笺》文顺译。）

《汉书·贾谊传》曰："国其莫吾知兮。"颜师古注："一国之人不知我也。"（同上。）

由最后两例可以看出，直译时有时可以采用调整次序的方法，即把原文的词序按照便于理解的原则加以调整。尤其是古文今译，对古汉语中的特殊词序，包括否定句中代词做动词宾语前置，疑问句中代词做动词宾语前置，疑问句中代词做介词宾语前置、介词结构做状语后置、陈述句中动词或介词宾语前置等，往往按照现代汉语的正常词序加以调整。

意译法，即用解释性文字将词和句子的意义概括出来。意译法在基本尊重原文大致意思的前提下，可以不拘原文词义与语法结构，甚至可以增减一些词语和句子，以便更准确、更顺畅地传达原文意义的翻译。例如：

《诗·小雅·白华》曰："鼓钟于宫，声闻于外。"《毛传》曰："有诸宫中，必形见于外。"（句对句意译，译意较近真。）

《诗·邶风·柏舟》曰："我心匪石，不可转也；我心匪席，不可卷也。"《毛传》曰："石虽坚，尚可转；席虽平，尚可卷。"（此例用相反语气翻译，改用让步转折句，意义与正文相符。故郑《笺》曰："言己心志坚平，过于石席。"）

《周礼·秋官·小司寇职》曰："听民之所刺宥。"郑玄注："民言杀，杀之；言宽，宽之。"（原文一句，译为四句。）

《诗·大雅·大明》曰："明明在下，赫赫在上。"《毛传》曰："文王之德明明于下，故赫赫然著见于天。"（增补主语。）

《史记·天官书》曰："自河山以南者中国。"张守节的《正义》曰："从华山及黄河以南为中国也。"（增补谓语系词。）

《周礼·春官·肆师》曰："缩食，授祭。"郑玄注："授宾祭肺。"（增补宾语。）

《诗·大雅·云汉》曰："上下奠瘗。"《毛传》曰："上祭天，下祭地，奠其礼，瘗其物。"（增补动宾。）

《孟子·梁惠王上》曰："苟为后义而先利，不夺，不餍。"赵岐的《章句》曰："诚令大臣皆后仁义而先自利，则不篡夺君位，不足自餍饱其欲矣。"（增补多种成分。）

《论语·子路》曰："如有政，虽不吾以，吾其与闻之。"何晏的《集解》引马融之语曰："如有政非常之事，我为大夫，虽不见任用，必当与闻之。"（增补中连语"我为大夫"。）

《诗·召南·野有死麕》曰："有女怀春，吉士诱之。"郑《笺》曰："有贞女思仲春以礼与男会，吉士使媒人道成之。"（增补翻译。）

由上举数例可以看出，在意译时可以辅之以补充和省略的方法。所谓补充，即在原文之外增字为训。古人言辞多简略，有时不增加一些语词或句子，就不足以充分揭示其确切的含义，所以译文中常常要补充一些原文之外的词句。这些补充的成分，有的属于内容方面，有的则属于语法方面。补充有两个基本原则：一是能不增字为训的尽可能不增字为训；二是力求文意通顺，容易理解。所谓省略，即省略原文一些不必要的、重复的语词。例如，古籍中的一些虚词，为古文句法结构所必需，不翻译出来并不影响文意，可以不必译出。

3. 析义

析义，即不直接解释语词或文句的字面意义，而重在揭示或评论其内在的含义。析义的具体方法，有推因、点明含义和评析。

推因，即不直解字句义，而是解说出现正文中情况的原因。例如：

《诗·召南·野有死麕》曰："野有死麕，白茅包之。"郑《笺》曰："乱世之民贫，而强暴之男多行无礼，故贞女之情，欲令人以白茅裹束野中田者所分麕肉为礼而来。"

《诗·小雅·黄鸟》曰："黄鸟黄鸟，无集于谷榖，无啄我粟。此邦之人，不我肯榖。言旋言归，复我邦族。"朱熹的《集传》曰："民适异国，不得其所，故作此诗，托为呼其黄鸟而告之曰，尔无集于榖而啄我之粟，苟此邦之人不以善道相与，则我亦不久于此而将归矣。"（朱氏之《集传》自"民适异国"至"故作此诗"是推因，以下是串讲。）

点明含意，即不解释句子的字面意义，只是点明句子内容的实质或隐含的意思。例如：

> 《诗·郑风·山有扶苏》曰："不见子充，乃见狡童。"《毛传》曰："狡童，昭公也。"
>
> 《诗·小雅·小宛》曰："战战兢兢，如履薄冰。"郑《笺》曰："衰乱之世，贤人君子虽无罪犹恐惧。"
>
> 《诗·邶风·静女》曰："静女其姝，俟我于城隅。"《毛传》曰："城隅，以言高而不可踰。"孔颖达《疏》曰："城隅高于常处，以喻女之自防深。"

评析，即对句子的思想内容或写作方法给以评论分析，帮助读者更深、更细地理解文意，如吴正子注李贺的《苏小小墓》时说：

> 幽兰露，如啼眼。（便是墓中语。）无物结同心，烟花不堪剪。（妙极自然。）草如茵，松如盖。风为裳，水为珮。油壁车，夕相待。冷翠烛，劳光彩。西陵下，风吹雨。（参差苦涩，无限惨黯，若无同心语，亦不为到。此《苏小小墓》也，妖丽闪烁间，意固不欲其近《洛神赋》耳。古今鬼语，无此惨澹尽情。本于乐章，而以近体变化之，故奇涩不厌。"冷翠烛，劳光彩"，似李夫人赋西陵语，括《山鬼》更佳。）①

无论推因、点明含意，还是评析，既应该首先尊重原文语词和文句的本义，又允许注释者发挥自身的知识、思想、感悟等能力，这样才能深入地揭示原文隐而不彰的内在含义。

思考与练习

1. 分别举例说明"语用事"与"意用典"两种情况。

2. 注释下列诗词中的典故。

痴儿了却公家事，快阁东西倚晚晴。落木千山天远大，澄江一道月分明。朱弦已为佳人绝，青眼聊因美酒横。万里归船弄长笛，此心吾与白鸥盟。（黄庭坚：《登快阁》）

绿树听鹈鴃，更那堪，鹧鸪声住，杜鹃声切。啼到春归无寻处，苦恨芳菲都歇。算未抵，人间离别。马上琵琶关塞黑，更长门，翠辇辞金阙。看燕燕，送归妾。

将军百战身名裂，向河梁，回头万里，故人长绝。易水萧萧西风冷，满座衣冠似雪，

---

① （宋）吴正子：《笺注评点李长吉歌诗》，见《景印文渊阁四库全书》第 1078 册，491 页，台北，商务印书馆，1986。

正壮士悲歌未彻。啼鸟还知如许恨，料不啼清泪长啼血。谁共我，醉明月。（辛弃疾：《贺新郎·别茂嘉十二弟》）

3. 注释下列文章中的典制与风俗。

天道不言，而品物亨、岁功成者，何谓也？四时之吏，五行之佐，宣其气矣。圣人不言，而百姓亲、万邦宁者，何谓也？三公论道，六卿分职，张其教矣。是知君逸于上，臣劳于下，法乎天也。古之善相天下者，自咎、夔至房、魏，可数也。是不独有其德，亦皆务于勤尔。况夙兴夜寐，以事一人，卿大夫犹然，况宰相乎！朝廷自国初因旧制，设宰相待漏院于丹凤门之右，示勤政也。至若北阙向曙，东方未明，相君启行，煌煌火城。相君至止，哕哕銮声。（王禹偁：《待漏院记》）

4. 注释下列文章中的史事与人物。

楚庄王伐郑，郑伯肉袒牵羊以逆，庄王曰："其君能下人，必能信用其民矣。"遂舍之。勾践之困于会稽，而归臣妾于吴者，三年而不倦。且夫有报人之志，而不能下人者，是匹夫之刚也。……观夫高祖之所以胜，而项籍之所以败者，在能忍与不能忍之间而已矣。项籍唯不能忍，是以百战百胜，而轻用其锋。高祖忍之，养其全锋，而待其毙，此子房教之也。当淮阴破齐而欲自王，高祖发怒，见于词色，由此观之，犹有刚强不忍之气，非子房其谁全之？太史公疑子房以为魁梧奇伟，而其状貌乃如妇人女子，不称其志气。呜呼！此其所以为子房欤！（苏轼：《留侯论》）

5. 简述《诗小序》释篇题的基本类型。

6. 举例说明在古籍注释中，串讲与翻译的异同。

7. 举例说明如何对古籍中的语词与文句进行析义。

第四节　古籍注释的体式

古籍注释的体式，以注释方式言，可分为独注、集注、补注、注疏等；以注释内容言，可分为校注、评注、笺注、译注。

一、独注

独注，即对一部古籍独立地进行注释。这是较基本、较常见的注释体式，也是较富于原创性的注释体式。

独注有两种基本的类型：一是在注释中仅仅解释词义，不及其他；二是释义加串讲的形式，在注释中包括字词的解释和句意、段意的解释。在一篇作品的注释中，这两种类型往往可以交互使用，不必强求统一。在不需要解释字词义的时候，可以只有句意、段意的串讲；在不需要解释句意、段意的时候，可以只有字词义的解释。试举《毛诗故训传》中一例：

《魏风·伐檀》曰："坎坎伐檀兮，寘之河之干兮，河水清且涟猗。"《传》曰："坎坎，伐檀声。寘，置也。干，厓也。风行水成文曰涟。伐檀以俟世用，若俟河水清且涟。"

"不稼不穑，胡取禾三百廛兮？不狩不猎，胡瞻尔庭有县貆兮？"《传》曰："种之曰稼，敛之曰穑。一夫之居曰廛。貆，兽名。"

"彼君子兮，不素餐兮。"《传》曰："素，空也。"

以上三段，第一段采用释义加串讲，第二、第三段则只用释义。

在注释实践中，释义加串讲的类型运用得最为普遍。具体做法有两种：一是先解释字词义，然后串讲全句之义；二是先串讲句义，然后解释字词义。仍以《毛诗故训传》为例：

《鄘风·君子偕老》曰："君子偕老，副笄六珈。"《传》曰："能与君子俱老，乃宜居尊位，服盛服也。副者，后夫人之首饰，编发为之。笄，衡笄也。珈笄，饰之最盛者，所以别尊卑。"

当然，注释一书，凡前人旧解训义妥当者，不烦自作，也可以引用成说，但需要标明主名、书名或二者兼标，标书名时最好还应该标明篇名，以便查对。例如：

《世说新语·言语》曰："登北固望海云。"刘孝标注文引《南徐州记》曰："城西北有别岭入江，三面临水，高数十丈，号曰北固。"

《文选》选张平子《四愁诗》曰："我所思兮在汉阳，欲往从之陇阪长。"李善注："《汉书》曰'天水郡，明帝改曰汉阳。'应劭曰'天水有大坂，名曰陇阪。'"

有时也可引证而加以申说，例如：

《后汉书·王常传》曰："七年，使使者持玺书即拜常为横野大将军，位次与诸将绝席。"李贤等注："绝席，谓尊显之也。《汉官仪》曰'御使大夫、尚书令、司隶校尉，皆专席，号三独坐。'"

二、集注与补注

集注，即集一部古籍的众家之说，成为注释，又称为"集解""训纂""集传""集说""集释""集证"等。

集注出现于东汉。汉人的集注著作，现在已难以知其原貌，如应劭的《汉书集解音义》，只能在颜师古《汉书》注中见到零散材料。现存最早的集注体著作，是三国魏何晏等人的《论语集解》，采纳孔安国、包咸、马融、郑玄、王肃及其他人注释，较为集中地保存了《论语》的汉魏古注，是当时一部注释《论语》的集大成著作。此书集诸家之说，并非客观地罗列无遗，而是择善而从，有时还不限一说，往往兼存两义。凡注中不标举姓氏者，皆何晏等人新注。这些新注不限于改易旧说之不安者，时有拾遗补阙之处，尤重训解和串释，确实起到补阙纠谬之功；也有阐发义理之处，有的据儒家思想立说，有的据道家思想立说，援道入儒。其后韦昭的《国语解》、杜预的《春秋经传集解》，盖本此书集注体式，而渐臻完善。

集注的体例是集众说于一书，客观地反映各家注释的情况，然后考辨异同，断以己意，定其取舍，使注释与论断建立在有充分依据的基础上，以提高其注释的可信程度，为读者提供丰富的可资参考的见解和材料。优秀的集注，有以下三个特点。第一，广泛收集资料，全面网罗旧说，按时代顺序依次加以征引；第二，精心选择资料，删除重复，去粗取精，选择有创意的、有价值的、有代表性的注释；第三，在征引旧说之后，简明扼要地对旧说做出论断，或提出新说。

一般而言，集注有三种主要类型。

第一，集注而不按断。在注释一部古籍时，只罗列众家之说，而不做出自己的解释。这种集注，一般以保留旧说、比较异同为目的。例如，清代孙堂辑《九家周易集注》一卷，收入孙堂辑《汉魏二十一家易注》中，清嘉庆四年平湖孙氏映雪草堂刻本。此书虽名为集注，但只以辑录旧注为目的。

第二，集注而不求全，并加以按断。在注释一部古籍时，只收集几家比较重要的注本，求精而不求全。这种类型期于发明文意，不期于纂集资料。例如，宋司马光的《法言集注》，仅收集了李轨、柳宗元、宋咸、吴秘四家之注，并在此基础上加上自己的阐释。这种集注，在古今注释中数量最多，是集注最普遍的类型，也是比较正确的、切实可行的一种类型。又如，清人刘宝楠作《论语正义》，广泛地收集历代注家之说，"先为长编得数十巨册"，然后对这些资料分析研究，去粗取精，"荟萃而折衷之"[1]，终于使《论语正义》成为《论语》学中价值极高的著名注本。

第三，集注而求全，并加以按断。在注释一部古籍时，尽可能地收集一个时代或一个方面的全部注释。例如，王先谦的《荀子集解》以收集唐代杨倞的注释和清人关于《荀子》的校注为主，然后加上自己的解释。

与集注广集前人注释不同，补注是在前代某一家注释的基础上加以补充注释。一般的方法是先列所主旧注，继为增补，或辨正旧注，或补旧注所未备。例如，宋洪兴祖的《楚辞补注》，补东汉王逸的《楚辞章句》的缺略；清王先谦的《汉书补注》，补唐颜师古《汉书注》的缺略；王先谦的《后汉书补注》，补唐李贤的《后汉书注》的缺略。补注不求面面俱到，更避免细大不捐，而是无缺则录，有缺则补，重在发挥拾遗补阙的功能。

---

① （清）刘叔俛：《论语正义·后叙》，见（清）刘宝楠：《论语正义》，798 页，北京，中华书局，1990。

三、注疏

注疏，即对一部古籍的旧注再作疏解。

注疏是南北朝人创造的一种注释体式，最初称为义疏或讲疏，本来是玄门清谈和佛门讲经的一种方式，其特点是以疏通文字、讲解义理为主，方式较为自由，内容较为细致，疏解者既可以围绕本文讲解大义，也可以随意发挥自己的理解。南北朝时，在玄学和佛教的影响下，注释家引入义疏的方式来解释儒家经典和其他古籍，基本方法是据一家之注，逐字、逐句、逐章讲析经文和注文，因此是一种讲义体。皮锡瑞在《经学历史》第六章说："夫汉学重在明经，唐学重在疏注。当汉学已往，唐学未来，绝续之交，诸儒倡为义疏之学，有功于后世甚大。"并据《梁书》《陈书》《魏书》《北齐书》《周书》《南史》《儒林传》，详细胪列南北朝时的义疏之作。南朝梁皇侃撰《论语义疏》（清钟谦钧收入《古经解汇函》），《礼记讲疏》《礼记义疏》（均佚，《玉函山房辑佚书》辑有《礼记皇氏义疏》），是南北朝义疏之作的代表。

唐代贞观年间，孔颖达等人奉唐太宗诏命，为五经作义赞，亦即注疏。书成之后，唐太宗下令改为"正义"，这以后注疏又称为正义。在唐代，疏是单独流行的，自成一书，不与注文合。到了宋代，才将注疏合刻，疏分属注文之下。

注疏的形式，一般是先解释原文，然后再解释注文。注释内容包括分段、分节撮述大义，训解串释经传，引据考证等。

注疏的基本特点就是疏不破注，亦即疏必须维护旧注的观点，在旧注的基础上引申发挥，对旧注或疏证，或补阙，或注明引据出处。刘师培解释唐人"正义"说："夫所谓正义者，即以所用之注为正，而所舍之注为邪，故定名之始，已具委弃旧疏之心。故其例必守一家之注，有引申而无驳诘。凡言之出于所用之注者，则奉之为精言；凡言之非出于所用之注者，则拒之若寇敌。故所用之注，虽短亦长；而所舍之言，虽长亦短。"①

例如，孔颖达的《春秋左传正义》：

> 《左传·隐公元年》云："颍考叔为颍谷封人"。
> 《杜注》云："封人，典封疆者。"
> 《正义》云："《周礼·封人》掌'为畿封而树之。'"
> 郑玄云："'畿上有封，若今时界也。'天子封人，职典封疆，知诸侯封人亦然也。《传》言祭仲足为祭封人，宋高哀为萧封人，《论语》有仪封人，此言颍谷封人，皆以地名封人。盖封人职典封疆，居在边邑，颍谷、仪、祭皆是国之边邑也。"

《正义》先举《周礼·地官·封人》并郑注为证，由周王室的官制推及诸侯官制；再

---

① 转引自范文澜：《群经概论》，6页，上海，上海书店，1990。

举《左传》内证和《论语》外证，以证明诸侯国之有封人，并非完全出于根据《周礼》而生发出的推想。

孔颖达的《五经正义》对旧注往往曲徇其说，不置可否，而对于有违旧注的异说，则多加驳难。例如，《毛诗正义》对毛、郑之异，往往各从其义，不加与夺。例如：

> 《毛诗·小雅·十月之交·序》曰："《十月之交》，大夫刺幽王也。"
>
> 《郑笺》曰："当作刺厉王，作《训诂传》时移其篇第，因改之耳。"
>
> 《正义》曰："毛以为刺幽王，郑以为刺厉王，经八章皆刺王之辞，此下及《小宛》序皆刺幽王。郑以为本刺厉王，毛氏移之。事既久远，不审实然以否。纵其实然，毛既移其篇第，改厉为幽，即以为幽王说之，故下《传》曰'艳妻褒姒'，是为幽王之事，则四篇皆如之。今各从其家而为之义，不复强为与夺。"

据王先谦的《集疏》："三家义当与毛同"。阮元在《揅经室集·诗十月之交四篇属幽王说》中，认为诗中有"十月之交，朔月辛卯，日有食之"，所记日食，即前代天文历算家如南朝梁虞劂、唐僧一行、元郭守敬等所推定的周幽王六年十月那一次。王国维则以厉王时铜器《函皇父敦》所记人物，断为厉王时期作品。近年紫金山天文台张培瑜发表了《中国早期的日食记录和公元前十四至十一世纪日食表》，认为幽王六年即公元前 776 年 9 月 6 日的那次日食，是一次很小的日偏食，中原周都地带根本无从看到。因此有的学者将这首诗的写作年代定于东周平王三十六年（前 735），因为该年的夏历十月底（阳历 11 月 30 日）的辛卯日，发生过一次食分很大的日食现象，中原地区可以看到。①

注疏这一体式，今人已很少运用。即使是专为某一旧注作疏解，今人也大多广搜旧疏，博采众家，以定一说，而不再坚守"疏不破注"的旧规。

四、校注、评注与译注

校注，即校勘加注释，又称"校释""校义""校诠""校诂"等。早在汉代，人们就开始使用校注这种注释体式，如郑玄经注中，常有古文某作某，今文某作某（如《仪礼·士冠礼》："今文礼作醴"）的注文，就是在注释中兼用校勘。而此体标名则起于清代，至今颇为流行。

按其性质划分，校注主要有三种类型。

第一，以注为主，注中带校。这种类型重点是注释，在校勘方面用力不多，大多只是介绍不同版本的文字异同，很少判定是非正误，如洪兴祖的《楚辞补注》、朱熹的《楚辞集注》、郭庆藩的《庄子集释》等。

第二，以校为主，校中带注。这种类型的重点是校勘，注释是为校勘服务的。因此，校勘的功夫较为深透细密，而词义的解释只是在判定文字校勘的正误时才使用。

---

① 参见赵光贤：《〈诗·十月之交〉作于平王时代说》，载《齐鲁学刊》，1984（1）。

例如，清周廷寀的《韩诗外传校注》、王先谦的《荀子集解》，郭沫若、闻一多、许维遹的《管子集校》等。

第三，校、注并重。例如，姜亮夫的《屈原赋校注》、黄晖的《论衡校释》等。

评注，即在注释之外再加上不同角度的评论，这些评论包括艺术特色的分析、思想观点的解说和写作技巧的讲求。① 评注体可分为以评为主和评注兼重两种类型。评注体往往对原文加以圈点或断句，亦称"读本"，如清方柏堂的《春秋左传文法读本》、英和等奉敕撰《春秋左传读本》等。至于评论方式，可包括全书总评、篇章总评（或置于篇章之前，或置于篇章之末）、文中夹评、眉评等。

例如，朱宝莹的《诗式》是唐人五言、七言近体诗的选注本，体例严谨，评、注分明，可作为以艺术分析为主的评注体的代表。试以王昌龄的《西宫春怨》举例：

西宫夜静百花香，欲卷珠帘春恨长。斜抱云和深见月，朦胧树色隐昭阳。

评：首句，西宫二字略读。君王不来，故夜静，惟静故闻百花之香。描写春怨二字甚细。二句，因百花之香，故欲卷珠帘。夫曰欲者，有卷之之意而未卷也。曰春恨长者，欲卷而无力卷也。三句，帘未成卷，去抱云和，抱而不弹，故曰斜抱。此时又见月在帘外，隔着帘子，人在帘内，故曰深见。四句，月照着树，其色朦胧，若隐有昭阳，盖心里只想昭阳，虽朦胧不可辨，所见亦疑是矣。

注：西宫——太后所居。班婕妤失宠，供奉太后，故亦在西宫。云和——瑟名。朦胧——月将入也。潘岳赋：月朦胧以含光兮。昭阳——殿名。赵昭仪得宠居之。②

又如仇兆鳌的《杜诗详注》（又名《杜少陵集详注》），汇集诸家注本，评、注兼用，详备明晰。该书卷首的凡例，涉及评注体例，有三条最为重要。

第一，主张杜诗分段串讲。其说云："《诗经》古注，分章分句。朱子《集传》，亦踵其例。杜诗古律长篇，每段分界处，自有天然起伏，其前后句数，必多寡匀称，详略相应。分类千家本，则逐句细断，文气不贯。编年千家本则全篇浑列，眉目未清。兹集于长篇既分段落，而结尾则总拈各段句数，以见制格之整严，仿《诗传》某章章几句例也。"

第二，强调"内注解意"，即对杜诗加以评论，兼作集评。其说云："欧公说诗，于本文只添一二字，而语意豁然。朱子注诗，得其遗意。兹于圈内小注，先提总纲，次释句义，语不欲繁，意不使略，取醒目也。其有诸家注解，或一条一句，有益诗旨者，必标明某氏，不敢没人之善，攘为己有耳。"

第三，坚持"外注引古"，即注释以引证为主，不做释义。其说云："李善注《文选》，引证典故，原委灿然，所证之书，以最先者为主，而相参者，则附见于后。今圈

---

① 参见董洪利：《古籍的阐释》，279～288 页，沈阳，辽宁教育出版社，1993。
② 朱宝莹：《诗式》，31～32 页，上海，中华书局，1921。

外所引经史诗赋，各标所自来，而不复载某氏所引，恐冗长繁琐，致厌观也。"①

兹据中华书局新排印本，稍加删略，举一例以见其体：

> 望岳
>
> 鹤注：公《壮游》诗云"忤下考功第，放荡齐赵间"，乃在开元二十四年后，当是其时作。《元和郡县志》：泰山一曰岱宗，在兖州乾封县西北三十里。
>
> 岱宗夫（音扶）如何①，齐鲁青未了②。造化钟神秀，阴阳割昏晓③。荡胸生曾（《集韵》通作层）云④，决眥（墙细切）入归鸟⑤。会当凌绝顶⑥，一览众山小⑦。
>
> 此望东岳而作也。诗用四层写意：首联远望之色，次联近望之势，三联细望之景，末联极望之情。上六实叙，下二虚摹。岱宗如何，意中遥想之词。自齐至鲁，其青未了，言岳之高远。拔地而起，神秀之所特钟，蟠天而峙，昏晓于此判割。二语奇峭。王嗣奭《杜臆》云："荡胸"句，状襟怀之浩荡。"决眥"句，状眼界之空阔。公身在岳麓，而神游岳顶，所云"一览众山小"者，已冥搜而得之矣，非必再登绝顶也。杜句有上因下因之法，荡胸由于曾云之生，上二字因下。决眥而见归鸟入处，下三字因上。上因下者，倒句也。下因上者，顺句也。末即登泰山而小天下之意。
>
> ①《虞书》：东巡狩，至于岱宗。《前汉·郊祀志》：岱宗，泰山也。郑昂曰：王者升中告代必于此山，又是山为五岳之长，故曰岱宗。
>
> ②《史记·货殖传》：泰山之阳则鲁，其阴则齐。《子夜歌》：寒衣尚未了。
>
> ···········
>
> 卢世㴶曰：公初登东岳，似稍紧窄，然而旷甚。后望南岳，似稍错杂，然而肃甚。固不必登峰造极，而两岳真形已落其眼底。
>
> ···········
>
> 少陵以前题咏泰山者，有谢灵运、李白之诗。谢诗八句，上半古秀，而下却平浅。李诗六章，中有佳句，而意多重复。此诗遒劲峭刻，可以俯视两家矣。
>
> 龙门及此章，格似五律，但句中平仄未谐，盖古诗之对偶者。而其气骨峥嵘，体势雄浑，能直驾齐梁以上。②

全篇有题解，有注音、注通假、注典故，有解析章句，有串讲句意，也有评析写作技巧（如"上因下因之法"）、艺术风格与审美价值，内容相当丰富。

在评注体中，评论可为注释者自评，也可采用集评。评论和注释可以截分开，分别标示，如上举《诗式》与《杜诗详注》；也可以浑然一体，融注释于评论之中（如沈祖棻的《唐人七绝诗浅释》），或融评论于注释之中（如钱锺书的《宋诗选注》）。

译注，即注释加翻译。译注大致有两种形式：一是以译为主，兼用少量注释，以补充解释那些无法用翻译准确表达的事物，如某些名物制度、历史典故、专门术语、

---

① （清）仇兆鳌：《杜诗详注》，23页，北京，中华书局，1979。

② （清）仇兆鳌：《杜诗详注》，3～5页，北京，中华书局，1979。

逻辑概念等；二是注译并重，有注有译。译注体出现较晚，是一种颇受现代读者欢迎的注释体式。

思考与练习

1. 在古籍注释中，如何使用注释加串讲的方法？
2. 举例说明集注的主要类型。
3. 以《毛诗正义》为例，说明古人"疏不破注"的特点。
4. 选择一首杜甫的诗歌加以评注。
5. 选择一篇韩愈的文章加以译注。

第六章　古籍考证学

第一节　古籍考证学理论

由于时代的变迁，古籍在流传过程中出现一些真伪难辨的现象，古籍的内容也出现错连混杂或迷乱不清的现象，如果不加以考辨，就不能准确地辨析古籍文献的真实面目，也不能有效地理解古籍原文的准确含义，于是古籍考证学应运而生。根据文献资料，对古籍的文字音义及古代的名物典章制度等进行考核、辨证和说明，这就是考证。考证是整理、研究古籍的一种基本方法。

一、考证释名

考证，即考核辨证。考，本义为"老"，引申为"成"，见《尚书·洪范》"五曰考终命"句郑玄注；又引申为"考察"，如《尚书·周官》"又六年，王乃时巡，考制度于四岳"；或"考核""核实"，如《尚书·舜典》曰"三载考绩"，《疏》曰"以三年考校其功之成否也"。证，本义为"验"，《广韵·证韵》曰："证，验也"；《玉篇·言部》（元刊本）曰："证，验也。"如《楚辞·九章·惜诵》曰："故相臣莫若君兮，所以证之不远。"引申为证实，如《论语·子路》载叶公语曰："吾党有直躬者，其父攘羊，而子证之。"又引申为证据，如《晋书·范宁传》曰："宁据经传奏上，皆有典证。"考、证二字合成一词，用为考核、辨证之义，似较晚出，如《元诗百一钞》卷五刘因的《夏日饮山亭》曰："人来每问农桑事，考证床头《种树篇》。"姚鼐的《惜抱轩文集》卷六《复秦小岘书》曰："天下学问之事，有义理、文章、考证三者之分，异趋而同为不可废。"

考证又名"考信""考核""考实""考订""考异""考据"等。"考信"一词，语出《礼记·礼运》的"以考其信"。用作书名如崔述的《洙泗考信录》《洙泗考信余录》。"考核"即考覈，意为考查审核，如《尚书注疏》附《释音》卷一疏："今所考核《尚书》，首自舜之末年以禅于禹，上录舜之得用之事由尧，以为《尧典》。""考实"，意为考正实情。如《三国志·魏志·傅嘏传》曰："循名考实，纠励成规，所以治末也。"书名如江永的《春秋地理考实》、余嘉锡的《宋江三十六人考实》。"考订"，意为考核订正，一般用于研究古书古事的真伪异同，如马端临的《文献通考·自序》评杜佑的《通典》时说："有如杜书，纲领宏大，考订该洽，固无以议为也。""考异"，即对书籍的文字或所记异同的考订，如司马光的《资治通鉴考异》、胡克家的《文选考异》、钱大昕的《廿二史考异》。"考据"，强调根据事实查考证实，如《汉书》卷五十一颜师古注："而义父者，似谓悼惠而不可考据。"

考证是研究语言、历史等的一种方法，根据事实的考核和例证的归纳，提供可信的材料，做出正确的结论。

考证源于对古代文献的疑问。例如，《论语·子张》载，孔子弟子子贡曾怀疑文献中有关纣王的罪恶的记载不实，说："纣之不善，不如是之甚也，是以君子恶居下流，天下之恶皆归焉。"子贡认为，纣王没有像文献所说的那样恶，当是为后世"君子"所增饰。

自西汉开始，考证方法就开始大量用于图书文献的整理工作。秦火以后，文献散佚颇多。汉代留存的一些重要典籍，往往存有多种版本，人们也有多种解释，于是便有加以辨析、考证的必要。在《史记·伯夷列传》中，司马迁面对大量文献时提出考证的标准是"夫学者载籍极博，犹考信于六艺"，意谓要以儒家经典作为考证的依据。

在东汉，与古文经学相适应，考证之学亦大兴于世。王充所著《论衡》中，有多篇属考证性质的文章，如《书虚》《儒增》《艺增》《语增》等，这些篇章分别考辨古书内容的不信不实之处。汉末经学集大成者郑玄也是考证学大家。经学至东汉已发展得极为烦琐和纷纭，经有数家，家有数说。于是，郑玄立足于古文经学，兼采今文，遍注群经，其注多有对语言文字和典章名物的考证。《后汉书·郑玄传》云："郑玄括囊大典，网罗众家，删裁繁诬，刊改漏失，自是学者略知所归。"

宋代兴起疑经风气，考证之学亦繁盛一时。司马光及其助手所撰的《资治通鉴考异》，自明著述取舍的原因，开史家为己著自撰考证之例。《四库全书总目》卷四十七评曰："昔陈寿作《三国志》，裴松之注之，详引诸书错互之文，折衷以归一是，其例最善。而修史之家，未有自撰一书，明所以去取之故者，有之，实自光始。"

明清之际学者顾炎武、黄宗羲等主张"通经致用"，推崇汉儒朴实学风，反对宋儒空谈义理，开创了清代考证学之先河。清初阎若璩、胡渭等用考证方法治经，皆有所创获。至乾隆、嘉庆时，有惠栋、戴震、段玉裁、王念孙、王引之等学者，考证之学大兴，时人尊为"汉学"，后人或称为"朴学"。

考证与校勘，在文字错讹的订正这一点上稍有重合，但趋向有异。简言之，校勘侧重于"勘异同"，而考证则偏重于"定是非"。经过校勘，发现古籍中由于文字异同造成的事实出入，可以用考证的方法去判断是非，如人名、地名、时间、名物等。至于古籍中纯系历史事实的出入，则是笺证、考释应当解决的问题，这不属于校勘的范围。

二、古籍考证学的内容

古籍考证学的研究对象是古籍的考证，其目的和任务是总结历代学者考证古籍的经验，研究考证古籍的基本法则和规律，为具体进行古籍考证提供理论指导和方法示范。因此，古籍考证学的内容包括以下几个方面。

第一，古籍考证学理论。古籍考证学必须研究古籍考证的目的、原则、功用、类型、内容和方法等，这都是古籍考证学最基本的研究课题。对这些课题的认识和研究，不仅对具体的古籍考证实践有着重要的指导作用，而且是古籍考证学之所以能成为一门科学的基础。

第二，古籍考证学史。中国的古籍考证学史，其实就是古籍考证实践和考证经验的历史。历代的考证学家一直自觉或不自觉地运用各种行之有效的方法去进行具体的考证实践，与此同时，也总结出一系列古籍考证的经验和教训。系统地考察、总结历代考证学家的考证实践和考证经验，这对于继承和发扬古代考证学家的思想方法，丰富和完善古籍考证学的学科体系，无疑有着重要的意义。

第三，古籍考证程式。古籍考证是一项操作性很强的科学研究工作，在长期的考证实践中，已经形成一整套行之有效的考证步骤和考证程式，包括考证的操作过程和考证的成果体式。了解这些考证程式，便于规范我们的考证实践，使考证实践科学化。

本章将重点介绍古籍考证的内容、古籍考证的方法、古籍考证的类型和古籍考证的体式。

三、古籍考证的原则

梁启超论王念孙和王引之父子的治学方法是："第一曰注意。凡常人容易滑眼看过之处，彼善能注意观察，发现其应特别研究之点，所谓读书得间也……第二曰虚己。注意观察之后，既获有疑窦，最易以一时主观的感想，轻下判断，如此则所得之'间'，行将失去。考证家决不然，先空明其心，绝不许有一毫先入之见存，惟取客观的资料，为极忠实的研究。第三曰立说……第四曰搜证……第五曰断案。第六曰推论。"[①] 他所说的也是学者考证时当注意的问题及步骤。

总体来看，运用考证方法时应遵循一些基本原则。

第一，要善疑多思。陈垣的《通鉴胡注表微·考证》云："考证贵能疑，疑而后能致其思，思而后能得其理。"[②] 这与梁启超所说的"注意"意思相近。考证要善于质疑，多加思考，才能发现值得考证的研究之点。

第二，要排除先入为主的主观意向。考证一定要坚持从材料出发，实事求是，绝不可主观臆断。假如观念先于材料，就有可能对某些有价值的材料视而不见，从而得出不符合真相的结论。《论语·子罕》载"子绝四：毋意，毋必，毋固，毋我"。可见孔子所坚决杜绝的四毋，居首便是"意"，即主观想当然。虽然这四毋并非专门针对考证而言，但对于考证也十分适用。著名学者也有因主观意度而失误之例。钱大昕在《潜研堂文集》卷三十《跋〈金石文字记〉》云："昆山顾氏论《开成石经》缺笔之例，自高宗至明皇，以祧庙而不讳，信矣。至文宗讳涵而不缺笔，则引古者卒哭乃讳，以证生不当讳。此考之未审，而强为之辞也。秦汉以后，御名未有不避者……文宗本名涵，及即位，改名昂。既有改名，则旧名固在不讳之条。九经无昂字，设有之，亦必缺笔也。亭林偶未检《唐史本纪》，以意揣度，遂有此失。"钱大昕的这段话，指出顾炎武因未检读史料，以意揣度，而导致考证文宗讳涵而不缺笔之原因有误。

---

① 梁启超：《清代学术概论》，42 页，北京，东方出版社，1996。
② 陈垣：《通鉴胡注表微》，98 页，北京，中华书局，1962。

第三，孤证不立。从理论上讲，考证必须尽可能地博采诸多证据，仅有一条证据，是不能据以立论、下断语的。例如，司马光的《资治通鉴》卷八十三载，晋惠帝永康元年（300）赵廞自称大都督、大将军、益州牧，署置僚属，改易守令，王官被召，无敢不往。《资治通鉴考异》引《晋春秋》云："'建号太平元年'，他书无之，今不取。"司马光认为只有《晋春秋》这一本书说"建号太平元年"，找不到其他相同的文献证据，因而弃之不取。但是，在实践中，孤证不立，也并非绝对的原则。在《资治通鉴》中，也有孤证而立的例子。《资治通鉴》卷一百二十一载，宋文帝元嘉五年（428），徐州刺史王仲德遣步骑二千伐魏济阳、陈留。《考异》引《后魏纪》云："淮北镇将。按《南史》，仲德时为安北将军、徐州刺史。《宋书·仲德传》阙。又，《宋书》《南史》《北史》本纪，及《魏书·刘裕传》《宋书·索虏传》，皆无是年王仲德等伐魏事，唯《后魏本纪》有之，今从之。"仅《后魏本纪》记载了王仲德于元嘉五年伐魏事，但司马光却取入史载。这又是孤证而立。可见，孤证是否当立，还要视具体文献及常情常理而定，并非一概而论。

第四，推论演绎诸环节当格外注意，要符合逻辑，符合情理。考证很多时候要借助推论演绎，因而这一环节需要格外谨慎，要符合逻辑，否则可能会得出荒谬的结论。例如，宋濂的《诸子辨·鬻子》认为该书："其文质，其义弘，实为古书无疑。"仅仅从文辞质朴，内容弘深，就断定《鬻子》是战国古书，如此推论明显不能成立。

第五，对不同的考证对象要区别对待。例如，对地理的考证，就明显不同于其他考证。古人在这方面积累了很多经验。例如，《水经注》总结出"考古推地"的方法。郑樵的《通志·地理略序》云："州县之设，有时而更，山川之形，千古不易。"这是提醒学者，要把自然地理和行政地理结合起来加以考证。其他如考证名物、典章制度、天文历法、人物生平等，因具体的考察对象不同，方法也是同中有异。

第六，避免以今类古。语言文字古今有变化，在考证时，要辨明古今，不能以今天的词义、观念去解释古典文献。例如，魏源在《书古微·尧典释天》中就指出戴震"以西洋之历象释《尧典》"，有以今释古之误。孙诒让在《周礼正义略例》中说："天算之学，古疏今密""后世新法，古所未有，不可以释周经汉注也"。考证之时，当以孙氏所言为戒。

四、古籍考证的功用

在史学家那里，考证的功用，主要是明史实。在经学家那里，考证的功用，有正文字之是非，有正学说之是非，有以考证而经世致用者。清戴震云："古训明则古经明，古经明则贤人圣人之义理明，而我心之同然者，乃因之而明。"[1] 他考证古训古经的目的是为了明义理："君子务在闻道也。今之博雅能文章善考核者，皆未志乎闻道，徒株守先儒而信之笃。"[2]

① 参见赵尔巽：《清史稿》，13198～13199 页，北京，中华书局，1977。
② （清）戴震：《答郑丈用牧书》，见《戴震集》，186 页，上海，上海古籍出版社，1980。

梁启超在论清代考证学的直接效果时说："一，吾辈向觉难读难解之古书，自此可以读可以解。二，许多伪书及书中窜乱芜秽者，吾辈可以知所别择，不复虚縻精力。三，有久坠之绝学，或前人向不注意之学，自此皆卓然成一专门学科，使吾辈学问之内容日益丰富。"又论清代考证学的间接效果，说："一，读诸大师之传记及著述，见其'为学问而学问'，治一业终身以之，铢积寸累，先难后获，无形中受一种人格的观感，使吾辈奋兴向学。二，用此种研究法以治学，能使吾辈心细，读书得间；能使吾辈忠实，不欺饰；能使吾辈独立，不雷同；能使吾辈虚受，不敢执一自是。"①

要而言之，考证学的功用大略包括三个方面。

第一，求古籍文本之真。通过考证，可以辨明古籍的真伪和文字的正讹，为进一步的科学研究提供可靠的文本。例如，清代梁玉绳长于史学考证，其《史记志疑》三十卷言："据经、传以纠乖违，参班、荀以究同异，凡文字之传讹，注解之傅会，一一析而辨之。"② 此书对《集解》《索隐》《正义》三家旧注的错误多所纠正，为后之学者研究《史记》提供了很多便利。

第二，求古代生活之真。通过对古籍中人物史事、典章制度、名物、天文历法、地理等内容的考证，可以更为真切地了解古代生活的真实情况。例如，崔述对先秦古史系统的考证，说明上古历史的构建，多出于后人的附会，造成历史事实的失真。他在《补上古考信录》卷上《开辟之初》中说："夫《尚书》但始于唐虞，及司马迁作《史记》，乃起于黄帝，谯周、皇甫谧又推之以至于伏羲氏，而徐整以后诸家，遂上溯于开辟之初。岂非以其识愈下则其称引愈远，其世愈后则其传闻愈繁乎！且左氏《春秋》传最好称引上古事，然黄炎以前事皆不载，其时在焚书之前，不应后人所知，乃反详于古人如是也。"③

第三，求古为今用之义。考证的结果，不仅是求真、求实，也不仅具有认识价值，还有使古籍便于为今人所参考的积极功用。例如，《汉书·五行志》曰："史记，成公十六年，公会诸侯于周。"颜师古注："此《志》凡称史记者，皆谓司马迁所撰也。"钱大昕引证了大量先秦时代把周王室和各诸侯国史都称为史记之例，进而得出结论。他在《廿二史考异》卷七《汉书二·五行志中之上》中说："然则丘明所论次者，谓之《春秋传》。《国语》乃左氏所录史记旧文，故亦可称史记。刘知几以班《志》所引不云《国语》，惟称史记，訾其忘本徇末，逐近弃远，盖未识此旨也。史迁著书未尝以史记名之，即孟坚未尝以史记目《太史公书》，小颜考之未详尔。"这一考证结果，不仅纠正了颜师古之误，还指出了"史记"一称内涵的历史演变，对历史学者有多方面的启发。

① 梁启超：《清代学术概论》，44～45 页，北京，东方出版社，1996。
② 转引自（清）钱大昕：《潜研堂文集》，353 页，上海，商务印书馆，1936。
③ （清）崔述：《补上古考信录》，4～5 页，北京，中华书局，1985。

思考与练习

1. 简述两汉的考证之学。
2. 举例说明考证与校勘有何区别。
3. 举例说明运用考证方法时应遵循哪些基本原则。
4. 清代方东树在《汉学商兑》卷上说："'我非生而知章'著，尹和靖说'生而可知者，义理耳。若夫礼乐、名物、古今事变，亦必待学而后有以验其实也。'据此，则汉学人谓宋儒坐谈空妙，置名物不讲，并《集注》未始寓目，但随声吠影耳。""夫说经不衷诸义理，辨伪得真以求圣人之意，徒以门户之私与宋儒为难，非徒不为公论，抑岂能求真得是？……然此犹不过欲以汉学考证破宋儒空言穷理，谓病其空疏耳。"清代有汉学、宋学之争。常谓汉学重训诂考证，宋学重义理。考证与义理二者是截然对立的吗？二者有何关系？并请进一步举例申说考证的功用。

第二节　古籍考证的内容

根据文献形态学的基本原理，古籍考证的内容可分为两个方面，即对古籍物质形态的考证和对古籍抽象形态的考证。古籍的物质形态包括图文符号、载体材料、装订形式、版式装帧等，有关这方面的考证内容，本书在第二章第三节中已加以介绍，此处不论。古籍的抽象形态包括古籍的知识内容、类型与体例，本书重点介绍有关古籍基本体例与知识内容的考证。

一、考证古籍的基本体例

古籍的基本体例，包括作者、书名、序跋、目录、正文、成书方式、成书年代等。由于古代在图书的基本体例诸方面普遍存在作伪现象，从而构成"伪书"，即作者不真、年代不实及内容伪造的图书，因此辨伪便成为考证的重要内容，而考证也成为辨伪的重要方法。在这一意义上，辨伪学与考证学是相关相通的，辨伪可以作为考证古籍基本体例的典型。例如，《四库全书总目》卷十二就称阎若璩的《古文尚书疏证》："然反复厘剔，以祛千古之大疑，考证之学则固未之或先矣。"

古籍的辨伪，在基本体例上，涉及作者的真伪、文献的真伪和文献的年代等方面内容。

古人著书立说，为著作能流传于世并受人重视，多有依托历史名人的现象，因此，一些文献所题的作者多伪。《汉书·艺文志》对此多有简略的考证论断。例如，道家《太公》237篇，注云："吕望为周师尚父，本有道者。或有近世又以为太公术者所增加也。"《黄帝君臣》10篇，注云："起六国时，与《老子》相似也。"《杂黄帝》58篇，注云："六国时贤者所作。"《力牧》22篇，注云："六国时所作，托之力牧，黄帝相。"《文子》9 篇，注云："老子弟子，与孔子并时，而称周平王问，似依托者也。"农家《神农》20 篇，注云："六国时，诸子疾时怠于农业，道耕农事，托之神农。"阴阳家《黄帝泰素》26 篇，注云："六国时韩诸公子所作。"小说家《黄帝说》40 篇，注云："迂诞依托。"《封胡》5 篇，注云："黄帝臣，依托也。"《天乙》3 篇，注云："天乙谓汤，其言非殷时，皆依托也。"后代类此的托古现象也时有所见，如唐代天文数学大家李淳风的著作，在历代史书记载中日益增加，《旧唐书·经籍志》只著录 5 种，经过宋、元、明、清，竟逐步增加到 27 种，《四库全书总目》卷一百一十感叹道："夫古书日亡而日少，淳风之书独愈远而愈增，其为术家依托，大概可见矣。"此外尚有为窃名、牟利、争胜、炫才、避嫌等原因，作者有意将己著假托他人或伪造旧书或杜撰新著的作伪现象，不一而足。

对伪书的考证，最典型的例子当属伪《古文尚书》公案。现行《十三经注疏》中的《尚书正义》，是孔颖达以南北朝时期流行的《古文尚书》58 篇及伪孔安国注为底本作的疏，陆德明的《经典释文》中的《尚书音义》亦以此本为据。其实，所谓《古文尚书》，其中 25 篇是假的，另 33 篇是真的。对于这 25 篇古文《尚书》的真伪，南宋吴棫开始怀疑，至元吴澄撰《校定古文尚书二十五篇序》，明梅鷟撰《尚书考异》《尚书谱》，清初阎若璩撰《古文尚书疏证》，始明确定案此 25 篇之伪。

古籍成书年代也是考证的重要内容。不仅后世多有托古之举，伪造古籍的成书年代以炫俗射利，即使那些可靠的古籍，其成书年代也多有难以确定的现象。例如，对《左传》成书年代，当代学者进行了诸多考证。杨伯峻的《〈左传〉成书年代论述》研究了《左传》本书及其在战国、西汉的流行情况，认为它成书年代在公元前 403 年以后，公元前 386 年以前。① 胡念贻在《〈左传〉的真伪和写作时代问题考辨》中，认为《左传》"作于春秋末年，后人虽有窜入，但它还是基本上保存了原来面目"②。

考证古籍的基本体例，以确定作者的真伪、文献的真伪和文献的年代，主要涉及以下三个方面的内容。

第一，从著录方面考察古籍源流。这就是胡应麟在《四部正讹》谈辨别伪书时指出的"核之《七略》以观其源""核之群志以观其绪"③，亦即梁启超在《古书真伪及其年代》中所说的"从传授统绪上辨别"④。

著录是辨别古籍真伪的重要依据。中国古代的历史学和目录学都相当发达，有名作者及其著作大体上都在各种正史经籍志、艺文志，以及各种公私图书目录上得以记载，或者可以从各种其他的著作中找到蛛丝马迹。因此，发现一本书向来无人经见，各种目录未曾著录，甚至图书来历暧昧不明，如《全唐文》卷九百二十道世《辨道经真伪表》所说的"书史无闻，典籍不记"，则可疑其伪或定其伪。比如先秦

① 杨伯峻：《杨伯峻学术论文集》，225 页，长沙，岳麓书社，1984。
② 胡念贻：《中国古代文学论稿》，72 页，上海，上海古籍出版社，1987。
③ （明）胡应麟：《少室山房笔丛》，423 页，北京，中华书局，1958。
④ 梁启超：《古书真伪及其年代》，39 页，上海，中华书局，1936。

书不见于《汉志》，汉人书不见于《隋志》，唐以前书不见于《崇文总目》，就大多难以取信。

著录也是考察古籍年代的重要依据。一部图书，如果《汉志》著录，当然其成书年代就应早于西汉末期到东汉中期，即刘向和班固著书的年代；如果《汉志》未著录，则大多晚于这个时代。例如，《全唐文》卷二百七十四刘知几的《孝经老子注易传议》在辨析《孝经》非郑玄所注时就认为，郑玄《自序》备言所注，独不及《孝经》；郑玄卒后，其弟子追论师所著述及应对时人之语，作《郑志》，亦未及注《孝经》之文；《郑志目录》记郑玄著述，寸纸片言，莫不记载，而无《孝经》之注；郑玄弟子所编《郑记》，各述师言，亦不及《孝经》；赵商的《郑先生碑铭》，具称诸所注笺驳论，不言注《孝经》；后汉史书，如谢承、薛莹、司马彪、袁山松诸作，俱为郑玄作传，载郑玄所注，皆无《孝经》；凡此皆从文献著录的角度加以辨析。当然，考古发现另当别论，如从马王堆帛书到上博楚简，就多有不见于《汉志》的图书。

第二，从作者方面考察古籍撰著情况。考证作者的生平事迹、生活经历、在世时代、思想观点、学术水平等与图书所记内容是否相符，这是考定古籍真伪与年代的有效途径。例如，刘向的《晏子叙录》云："又有颇不合经术，似非晏子言，疑后世辨士所为者，故亦不敢失，复以为一篇。"这就是从思想体系着眼，怀疑《晏子春秋·外篇》非晏子所作。柳宗元承其说，在《辨晏子春秋》中指出："吾疑其墨子之徒有齐人者为之……（且）其旨多尚同、兼爱、非乐、节用、非厚葬久丧者，是皆出《墨子》。"又如，《斜川集》十卷旧题苏过撰。据苏过墓志，苏过卒于北宋宣和五年（1123），但集中有南宋嘉泰（1201—1204）、开禧（1205—1207）年号，有周必大、姜夔、韩侂胄等苏过之后的人物，所述史事又多为南渡以后之事。《四库全书总目》卷一百七十四考证，其内容与南宋词人刘过《龙洲集》所载之诗尽同，所以断定："盖作伪者因二人同名为过而抄出，冒题为《斜川集》，刊以渔利耳。"

此外，胡应麟谈辨别伪书时曾说："核之撰者以观其托""核之传者以观其人"[1]。前者指的是，有人因为有某种专长或传说有某种专长，后人有类似的书，便托名于这些人。例如，班固在《汉书·东方朔传》云："朔之诙谐，逢占射覆，其事浮浅，行于众庶，童儿牧竖莫不眩耀。而后世好事者因取奇言怪语，附著之朔。"又如，诸葛亮用兵如神，所以《四库全书总目》卷一百《将苑提要》说："盖宋以来兵家之书多托于亮"。后者指的是，有人以造伪书著称于世，如三国时的王肃、宋代的魏泰、明代的杨慎和丰坊，则其所传之书往往可以疑伪。

第三，从成书方式方面考辨古籍文字内容。撰著一部图书，往往征引前人或时人的著述，因此书中的文字内容，只有后人征引前人，不可能前人预引后人，这是显而易见的常识。倘若出现倒置现象，便可疑为伪书。当然，现代考古发现说明，古人的书并没有著作权，弟子窜改先师的著作，后人抄补前人的图书，没有必要一一作注，也没有必要一一申明，所以便出现真伪掺杂的古籍。许多古籍的成书写作年代，往往

---

① （明）胡应麟：《少室山房笔丛》，423 页，北京，中华书局，1958。

呈现"累积型"，一次一次地抄补，一次一次地增删，就出现了很多难以判断的成书年代问题，考证时切不可一概而论。

一部古籍往往为后世所征引，所以也可利用见于其他古籍中的该书佚文与今本相对照，以判定真伪。如孔颖达的《尚书正义》卷十一引马融《书序》，辨《尚书·泰誓》云"吾见书传多矣，所引《泰誓》而不在《泰誓》者甚多"，从而断定《泰誓》为伪书。

一部古籍如果聚敛群书，冠以佚书之名或其他书名，则可以仔细对照该书与群书的文字内容，发覆其作伪之实。因时迁世革，典籍真本亡佚过半，于是出现了许多假托古籍的图书。正如陈登原所说的："画鬼之易，由于无所质证。伪书之兴，半缘世无真者。"① 东晋梅赜传出的《古文尚书》，明代范钦刊印的《竹书纪年》，都是典型的例证。考证此类古籍，可以从其组织成篇的原料上加以考察。《四库全书总目·古文尚书疏证提要》指出，清初梅鷟辨《古文尚书》为伪书，主要的方法就是"参考诸书，征其剽剟"，其方法直接影响到阎若璩的《古文尚书疏证》、惠栋的《古文尚书通考》、王国维的《今本竹书纪年疏证》等。

二、考证古籍的知识内容

清代钱大昕曾谈及史部文献考证所涉及的知识内容，他在《潜研堂集》卷二十四《二十四史同姓名录序》说："予好读乙部书，涉猎四十年。窃谓史家所当讨论者有三端——曰舆地、曰官制、曰氏族。"其实，无论经、史、子、集，考证的知识内容都相当广泛，涉及古籍中的人物、史事、典制、名物、天文、地理等，几乎无所不包。以下撮其要加以介绍。

（一）人物

对历史人物的考证，包括其生卒年、籍贯、仕宦经历、交游、生平事迹、著述等诸多方面。史传、别传、外传、行状、墓志、神道碑、传闻轶事、方志、宗谱、笔记、总集、别集、诗话等文献，都可以作为考证的资料。人物考证最为详尽的成果是年谱。

例如，章学诚的《丙辰札记》云："李百药撰《高齐书》矣，其子延寿撰《南北史》，叙述高齐，岂能徒借父书，无变例欤？"此处章氏误把李百药、李延寿看作父子。余嘉锡的《书章实斋遗书后》云："案，李百药，定州定平人，子名安期。延寿，相州人，父名大师（均见《唐书》一百二列传第二十七），二人如风马牛之不相及。盖因百药《北齐书》，系用其父德林《齐史》重修而成（见《史通·正史篇》），章氏恍惚记其父子修史，而忘却德林，遂使百药谓他人父矣。"②

王国维的《殷卜辞中所见先公先王考》一文，从殷卜辞中考证殷代先公先王。如考王亥，除卜辞外，还用《史记·殷本纪》《三代世表》《汉书·古今人表》《山海经·大荒东经》《竹书纪年》《吕览·勿躬》《世本》等典籍，得出结论："夫《山海经》一

---

① 陈登原：《古今典籍聚散考·叙引》，4 页，上海，商务印书馆，1936。

② 余嘉锡：《余嘉锡文史论集》，584 页，长沙，岳麓书社，1997。

书，其文不雅驯，其中人物，世亦以子虚乌有视之。《纪年》一书，亦非可尽信者。而王亥之名，竟于卜辞见之，其事虽未必尽然，而其人则确非虚构。可知古代传说存于周秦之间者，非绝无根据也。"①

邓广铭的《辛稼轩年谱》考证辛弃疾生平，征引古籍十分广博。例如，金大定二年（1162）"闰二月，耿京为张安国等所杀，稼轩缚安国献俘行在，改差江阴签判"一条，邓广铭引《宋史·高宗本纪》及《宋史》本传、《朱子语类》卷一百三十二《中兴至今人物》、洪迈《文敏公集》卷六《稼轩记》、康熙《济南府志》卷三十五《人物志》稼轩小传等相关记载为证，考出此年稼轩行事。② 该书考证辛弃疾交游中年岁可考者，则多据相关行状、神道碑、墓志铭等资料。

（二）史事

关于历史事件的考证，包括对历史事件真实性的考证、对传闻异辞的考证、对语焉不详记载的补遗等。

对历史事件真实性的考证，如《三国志·魏书·三少帝纪》载："二年春正月乙丑，镇东将军毋丘俭、扬州刺史文钦反。戊寅，大将军司马景王征之……甲辰，安风津都尉斩俭，传首京都。"裴松之注云："《世语》曰'大将军奉天子征俭，至项；俭既破，天子先还。'臣松之检诸书都无此事，至诸葛诞反，司马文王始挟太后及帝与俱行耳。故发诏引汉二祖及明帝亲征以为前比，知明帝已后始有此行也。案张璠、虞溥、郭颁皆晋之令史……惟颁撰《魏晋世语》，蹇乏全无宫商，最为鄙劣，以时有异事，故颇行于世。干宝、孙盛等多采其言以为《晋书》，其中虚错如此者，往往而之。"司马景王是否挟天子征讨毋丘俭，《三国志》所记与《魏晋世说》有异，裴松之据他书及司马文王诏，考证《世说》有误。

对传闻异辞的考证，如《史记·五帝本纪》曰："黄帝者，少典之子，姓公孙，名曰轩辕"。《集解》引徐广曰："号有熊。"《索隐》曰："有土德之瑞，土色黄，故称黄帝，犹神农火德王而称炎帝然也……注'号有熊'者，以其本是有熊国君之子故也。亦号轩辕氏，皇甫谧云'居轩辕之丘，因以为名，又以为号。'又据《左传》，亦号帝鸿氏也。"《正义》曰："《舆地志》云'涿鹿本名彭城，黄帝初都，迁有熊也。'案黄帝有熊国君，乃少典国君之次子，号曰有熊氏，又曰缙云氏，又曰帝鸿氏，亦曰帝轩氏……生日角龙颜，有景云之瑞，以土德王，故曰黄帝。"对于黄帝的名号来历，有多种传闻异辞。裴骃、司马贞与张守节都做了一些考证工作。

对语焉不详记载的补遗，如陈垣的《通鉴胡注表微·考证》云：

建武十四年，大中大夫梁统疏："丞相王嘉，轻为穿凿，亏除先帝旧约成律。"注曰："按《嘉传》及《刑法志》，并无其事。统与嘉时代相接，所引固不妄

① 王国维：《观堂集林》，416～417页，北京，中华书局，1959。
② 邓广铭：《辛稼轩年谱》（增订本），26～28页，上海，上海古籍出版社，1997。

矣。但班固略而不载也。"（卷四三）史略不载，即以梁统疏为证，并可以补史之略。①

《汉书》纪事过于简略，《资治通鉴》引梁统疏，得以补史之阙遗。

南朝宋裴松之的《三国志注》在史事考证方面的成就，受到后人的推崇。《四库全书总目提要》卷四十五归纳《三国志注》的体例和内容为六个方面："一曰引诸家之论以辨是非，一曰参诸书之说以核讹异，一曰传所有之事详其委曲，一曰传所无之事补其阙佚，一曰传所有之人详其生平，一曰传所无之人附以同类。"《三国志注》引证丰富，经传、诸子、史书、文集，共引魏晋人著作210余种，取得了丰硕的考证成果。

（三）典制

关于典章制度的考证，包括职官、礼仪、刑法、兵制、食货、科举等诸多方面。

例如，郑玄辨《礼记·月令》非周公所作，指出"其中官名时事多不合周法"，开创了从典章制度辨伪的方法。

又如，《古玉图谱》旧题宋龙大渊等奉敕撰。《四库全书总目》卷一百十六辨为伪书，云："今即其前列修书诸臣职衔，以史传考证，舛互之处，不可枚举。"其中有当时无其官而强立者，如张抡题为"提举徽猷阁"，"徽猷阁为哲宗御书阁，据《宋志》，祇设有学士、待制、直阁，并无提举一官"。有职名与当时规制不合者，如修书处列举"总裁""副总裁"等职，"宋制，凡修书处有提举、监修、详定、编修诸职名，从无总裁、副总裁之称"。有文武官衔混淆者，如叶盛列衔称"带御器械汝州团练使直敷文阁"，士禄列衔称"带御器械忠州防御使直宝文阁""带御器械、防御、团练皆环卫武臣所授阶官，而直阁为文人贴职，南宋一代从未有以加武职者"。据此，《四库全书总目》认定《古玉图谱》"必后人假托宋时官本，又伪造衔名以证之。而不加考据，妄为掊撼，遂致舛错乖互，不能自掩其迹"。

陈寅恪在《隋唐制度渊源略论稿·叙论》中说：

> 隋唐之制度虽极广博纷复，然究析其因素，不出三源：一曰（北）魏、（北）齐，二曰梁、陈，三曰（西）魏、周。②

在该书中，他从礼仪、职官、刑律、音乐、兵制、财政等方面详细辨析隋唐典章制度之传授因袭，考证极为详博。

对典章制度的考证一定要有凭有据，切忌无中生有，如《论语·八佾》曰：

> 哀公问社于宰我。宰我对曰："夏后氏以松，殷人以柏，周人以栗，曰，使民

① 陈垣：《通鉴胡注表微》，101页，北京，中华书局，1962。
② 陈寅恪：《隋唐制度渊源略论稿》，5~6页，石家庄，河北教育出版社，2002。

战栗。"子闻之，曰："成事不说，遂事不谏，既往不咎。"①

哀公之问，涉及对三代典制的考证，但宰我回答得太随意，因此孔子严厉地责备他的主观臆说。

（四）名物

名物，即名号物色。《周礼·天官·庖人》云："掌共六畜六兽六禽，辨其名物。"对名物的考证，包括动物、植物、器物等。《尔雅》的《释草》《释木》《释虫》《释鱼》《释鸟》《释兽》《释畜》等，就其性质而言，都属名物考证。历代经史类著作的注疏及学术笔记，亦多有对于名物方面的考证之文。

《论语·阳货》载，孔子曾指出《诗经》多名物的特征，说："小子何莫学夫《诗》……多识于鸟兽草木之名。"因此关于《诗经》一书中的名物，历代尤多考证之作。且不说毛传及郑玄注中的相关内容，其他专门的《诗经》名物考证著述，有陆玑的《毛诗草木鸟兽虫鱼疏》、蔡卞的《毛诗名物解》、冯应京的《六家诗名物疏》（所谓六家，指齐、鲁、毛、韩、郑笺及朱传）、毛奇龄的《续诗传鸟名》、徐鼎的《毛诗名物图说》、俞樾的《诗名物证古》，以及于省吾的《泽螺居诗经新证》等。《诗经》研究论著中，清代王夫之的《诗经稗疏》即以长于名物考辨而著名。《四库全书总目》评曰："是书皆辨正名物、训诂，以补传、笺诸说之遗。""至于鸟，则辨'雎鸠'之为山禽而非水鸟，'雀角'之'角'为咮，《诗》意言'雀实有角，鼠实有牙'；于兽，则辨'九十其犉'之语，当引《尔雅》'七尺曰犉'之文释之，不当以'黄牛黑唇'释之，'驿刚'之'刚'为犅，则以牛脊言之；于草，则辨'荂'为蓳荎之属，而非蒌蒿；薇自为可食菜，而非不可食之蕨；于木，则辨《诗》言'朴'者，实今之柞，'柞'者，实今之栎，'榛楛'之'榛'，即诗之所谓'梱'，而非'榛栗'之'榛'；于虫，则辨斯螽、莎鸡、蟋蟀之各类，而非随时异名之物，果蠃负螟蛉，以食其子，而非取以为子；于鱼，则辨鳢之即鲤，而《集传》误以为黄鱼，鲔之似鲤，而《集传》误以为鲟鱼；于器用，则辨《集传》训'重较'为'两輈上出轼者之未谙车制，及《毛传》训'綮'为历录，历录为纺车交綮之名，而《集传》增一'然'字之差……"《总目》所云集中说明了王夫之在《诗经》名物考证方面的突出成就。

（五）天文、地理

关于天文历法的考证研究，《史记·天官书》《汉书·天文志》《后汉书·天文志》《通志·天文略》等，均属此类著述。此外尚有王应麟的《六经天文编》，专门考证天文历法；魏了翁的《正朔考》，主周行夏时之说，举《诗经·豳风·七月》，再考六经及先秦古书与历代正史所书之月，皆为夏正；戴震的《原象》《续天文略》等，则专门考证天文算法。

山川地势一直是考证学中的重要内容，地名的古今变迁、水之源流、郡县图志等，均为考证的对象。古人在这方面著述丰富，如郦道元的《水经注》、李吉甫的《元

杨伯峻：《论语译注》，30页，北京，中华书局，1980。

和郡县志》、乐史的《太平寰宇记》、王应麟的《诗地理考》、徐弘祖的《徐霞客游记》、胡渭的《禹贡锥指》等，均为地理考证学的名著。

地理考证可发伪书之覆。例如，北朝颜之推在《颜氏家训·书证》中指出，《山海经》旧说夏禹及益所记，但书中可见长沙、零陵、桂阳、诸暨等秦汉地名；《本草》旧说神农所述，但书中有豫章、朱崖、赵国、常山等汉代地名。故二书中有后人羼入的内容。

地理考证也可明地名变迁。例如，《资治通鉴》载："（唐高祖武德五年）唐使者王羲童下泉、睦、建三州。"胡三省注云："武德四年，以建安郡之建安县置建州。盖隋置泉州建安郡，治闽县；景云元年，改为闽州；开元十三年改为福州。圣历二年，分泉州之南安、龙溪、莆田三县置武荣州；景云二年，更武荣州为泉州。是今之福州乃唐初之泉州，今之泉州乃景云二年之泉州也。"陈垣案曰："泉州、福州之名颇纠纷。《十驾斋养新录》十一曰'景云二年已前，凡曰泉州者，指今福州也。景云二年之后，凡曰泉州者，指今泉州也。'语本《舆地纪胜》百三十，颇简括，足与此注相发明。"①

思考与练习

1. 举例说明如何从著述方面考察古籍源流。
2. 举例说明如何从作者方面考察古籍撰著情况。
3. 举例说明如何从成书方式方面考辨古籍文字内容。
4. 考证历史人物可以参考哪些文献资料？
5. 关于历史事件的考证包括哪些内容？
6. 举例说明典制、名物、天文、地理的考证。

第三节　古籍考证的方法

在历代考证文献的具体实践中，形成了多种行之有效的方法。在这些方法中，既有适用于诸种考证内容的一般方法，也有针对个别考证内容的特殊方法。

一、古籍考证的一般方法

朱熹在《朱文公文集》卷三十八《答袁机仲来教疑河图洛书》中，曾自述其辨伪方法："熹窃谓生于今世，而读古人之书，所以能别其真伪者，一则以其义理之所当否而知之，二则以其左验之异同而质之。未有舍此两涂而能直以臆度悬断之者也。"顾炎武在《音论·古诗无叶音》中，亦自述其考证方法："列本证、旁证二条。本证者，《诗》自相证也；旁证者，采之他书也。二者俱无，则宛转以审其音，参伍以谐其韵。"据此，古籍考证的一般方法可分为三种，即本证法、旁证法与理证法。大要言

---

① 陈垣：《通鉴胡注表微·考证》，111 页，北京，中华书局，1962。

之，本证法与旁证法是有本可据的考证方法，而理证法则是有理可察的考证方法。

（一）本证法

考证所依据的文献资料可分为书内与书外两大类。以某一古籍本身的资料为依据进行考证，即本证，也称"内证"；以某一古籍之外的资料为依据进行考证，则是旁证，也称"他证"或"外证"。

一部古籍中不同部分的文字内容时有出入，可资相互比勘，或发其疑，或求其真。赵翼的《廿二史札记》考证廿二史，主要就用本证法。其《小引》云："此编多就正史纪传表志中参互勘校，其有抵牾处，自见辄摘出，以俟博雅君子订正焉。"如"《史记》自相歧互处"条云：

> 《田仁传》，庆太子斩江充，发兵与丞相刘屈氂战之事，既云："丞相令司直田仁闭守城门，因纵太子，下吏诛死。"下又云："仁发兵，长陵令车千秋上变，仁族死陉城。"文既繁复，且不可解。①

本证主要从以下两方面入手。

第一，考证某一古籍中所载人物、史事、典制、名物、天文、地理等。这一方面的相关例证，可参见前文，此不赘述。

第二，考证某一古籍的语词、音韵、句式、文风、文体等。一般而言，一个时代有一个时代的语词、音韵、句式、文风和文体，一个作家也有一个作家相对稳定的用语习惯和文章风格，因而往往可以据此考定古籍的年代和作者。

南朝梁释僧祐在《出三藏记集》卷五云："夫真经体趣融然深远，假托之文辞意浅杂，玉石朱紫，无所逃形也。"以"体趣""辞意"为依据，则古籍的真伪之别，如鉴照影，无所遁形。如《伊尹说》二十七篇，《汉书·艺文志》认为："其语浅薄，似依托也。"孔颖达的《尚书正义》卷十一引马融《书序》，辨《尚书·泰誓》为伪书，即认为"其文似若浅露"。赵岐注《孟子》时，《孟子题辞》认为《外书》四篇，"其文不能宏深，不与《内篇》相似，似非孟子本真，后世依放而托之者也"。元吴澄的《书纂言·序》引宋吴棫辨的《古文尚书》之伪，亦指出："增多之书皆文从字顺，非若伏生之书诘曲聱牙。"胡应麟也明确提出"核之文以观其体"②的辨伪方法。但是从语体文风上考证辨伪，难免主观臆测之弊，比较而言，从语词、音韵、句式等文法上考证辨伪则更为可靠。杨伯峻的《从汉语史的角度来鉴定中国古籍写作年代的一个实例——〈列子〉著述年代考》一文，便是运用文法考证辨伪的成功例证。③

从文体上考证辨伪，始见于刘勰的《文心雕龙·明诗》："至成帝品录，三百余

---

①　（清）赵翼：《廿二史札记》，15 页，上海，上海古籍出版社，2011。

②　（明）胡应麟：《少室山房笔丛》，423 页，北京，中华书局，1958。

③　杨伯峻：《从汉语史的角度来鉴定中国古籍写作年代的一个实例——列子著述年代考》，最初发表于《新建设》（1956 年第 7 期），后加以增订，做为附录收入杨伯峻的《列子集释》。参见杨伯峻：《列子集释》，325～348 页，北京，中华书局，1979。

篇，朝章国采，亦云周备，而辞人遗翰，莫见五言。所以李陵、班婕妤见疑于后代也。"又如《四库全书总目》卷一百一十一考证旧题汉东方朔撰《易衍》一书，云："而其歌括皆作七言律诗，则伪妄不待辨也。"七律一体，以庾信的《乌夜啼》较早，但只是暗合，至初唐沈佺期、宋之问才固定下来，东方朔生当西汉武帝时，岂能预作此体？然则此书必为伪书。这也是以古籍自身资料为依据进行的考证。

（二）旁证法

旁证也称"他证"或"外证"，是利用古籍以外的相关资料来进行考证。旁证一般有两种，即书证和物证。

所谓书证，指利用某一古籍以外的存世文献资料来进行考证。用有关联的古籍资料互证，相关的人物、史事、典制、名物、天文、地理等可经对勘互订而益明。赵翼撰《廿二史札记》，即以《汉书》比勘《史记》之大部，以《三国志》比勘《后汉书》之一部，以《南史》比勘宋、齐、梁、陈各书，以《北史》比勘魏、齐、周各书，以《北史》比勘《南史》，以《新唐书》比勘《旧唐书》，以《新五代史》比勘《旧五代史》，以辽金史比勘《宋史》，又以《金史》比勘《辽史》，以《宋史》《金史》比勘《元史》。经由比勘，足以发微烛幽。

书证之法也可用于辨伪。例如，《肃雝集》旧题元女子郑允端撰，钱惟、杜寅序。《四库全书总目》考集中《桃花集句》所谓"从教一簇开无主，终不留题崔护诗"者，杨循吉的《吴中往哲记》以为苏州李氏女子所作。又《碧筒》一首作于王夫人席上者，结有"可笑狂生杨铁笛，风流何用饮鞋杯"句。铁笛道人为杨维桢号，明瞿佑在《归田诗话》卷下《香奁八题》条说杨廉夫（维桢）："或过杭，必访予叔祖，宴饮传桂堂，留连累日。尝以《香奁八题》见示，予依其体作八诗以呈……廉夫加称赏，谓叔祖云'此君家千里驹也。'因以'鞋杯'命题，予制《沁园春》以呈。"杨维桢的《香奁八题》有自序，作于至正丙午（1366）春三月，此距郑允端之死已十年之久，则《碧筒》一首必非郑氏所作。据此，《四库全书总目》卷一百七十四推测："此殆允端原有诗集，岁久散佚，而其后人赝撰刊行。"

所谓物证，指利用存世文献以外的遗迹、实物，如古代遗址、金石器物、碑版志铭、甲骨卜辞等资料来进行考证。清初顾炎武就极其重视把书证与物证、文献与实物结合起来考察，《清史稿》本传载："所至之地以二骡二马载书，过边塞亭障，呼老兵卒询曲折，有与平日所闻不合，即发书对勘；或平原大野，则于鞍上默诵诸经注疏。"

后人往往可以根据出土实物的形制，以纠正古代传说的谬误。例如，三国魏王肃关于"牺尊"的考证，即是利用考古出土的遗器得名物之实。《毛诗·鲁颂·閟宫》云："牺尊将将。"《毛传》云："牺尊，有沙饰也。"孔颖达曰："牺尊之字，《春官·司尊彝》作献尊。"郑玄注："献读为牺，牺尊饰以翡翠，象尊以象凤皇。或曰以象骨饰尊。"王肃云："'将将'，盛美也。大和中，鲁郡于地中得齐大夫子尾送女器，有牺尊，以牺牛为尊。然则象尊，尊为象形也。"王肃所用，即为物证法。另外，《梁书·刘杳传》一段记载，也与此相关。传云：

　　杳少好学，博综遗书，沈约、任昉以下，每有遗忘，皆访问焉。尝于约坐语及宗庙牺樽，约云："郑玄答张逸，谓为画凤皇尾娑娑然，今无复此器，则不依古。"杳曰："此言未必可按。古者樽彝皆刻木为鸟兽，凿顶及背，以出内酒。顷魏世鲁郡地中得齐大夫子尾送女器，有牺樽作牺牛形；晋永嘉贼曹嶷于青州发齐景公冢，又得此二樽，形亦为牛象。二处皆古之遗器，知非虚也。"约大以为然。①

　　刘杳根据出土实物，反驳郑玄的臆说曲解，相当有说服力。现代出土的实物，进一步证实王肃与刘杳二人的说法是正确的，牺尊即以牛为形，象尊则以象为形。

　　后人也可以根据出土实物中的文字内容，以考证古籍的相关历史事实。古代有很多重要的历史记载，托铜器、石碑的刻辞以传于后世，研究这些刻辞的学问称为"金石之学"。以金石刻辞作为资料来考证古籍，在中国古代有着悠久的传统。例如，《礼记》是"七十子后学者所记"，大部分是汉以前的作品，其中《祭统》一篇论述鼎铭体例时说："夫鼎有铭，铭者，自名也，自名以称扬其先祖之美而明著之后世者也。为先祖者，莫不有美焉，莫不有恶焉。铭之义，称美而不称恶，此孝子孝孙之心也，唯贤者能之。"下文便援引卫国孔悝的鼎铭114字全文，来证明"称扬其先祖之美而明著之后世"的体例。这便开后世"取金石以证经"的风气。

　　又如，《颜氏家训·书证》云：

　　　《史记·始皇本纪》："二十八年，丞相隗林、丞相王绾等，议于海上。"诸本皆作山林之"林"。开皇二年五月，长安民掘得秦时铁称权，旁有铜涂镱铭二所。其一所曰："廿六年，皇帝尽并兼天下诸侯，黔首大安，立号为皇帝。乃诏丞相状、绾……皆明壹之。"凡四十字……了了分明。其书兼为古隶。余被敕写读之，与内史令李德林对，见此称权今在官库；其丞相"状"字，乃为状貌之"状"，丬旁作犬。则知俗作"隗林"，非也，当为"隗状"耳。②

　　颜之推根据出土秦铁称权上的铭文，考证《史记·秦始皇本纪》沿袭俗称将丞相"隗状"名字误作"隗林"，用的也是物证法。

　　后世石刻文辞的价值也不在金文之下。清人叶昌炽在《语石》卷六指出：

　　　撰书题额结衔，可以考官爵。碑阴姓氏，亦往往书官于上。斗筲之禄，史或不言，则更可以之补阙。郡邑省并，陵谷迁改，参互考求，瞭于目验。关中碑志，凡书生卒，必云终于某县、某坊、某里之私第。或云葬于某县某村某里之原。以证《雍录》《长安志》无不吻合。推之他处，其有资于邑乘者多矣。至于订史，唐碑之族望及子孙名位，可补《宗室宰相世系表》。建碑之年月，可补《朔闰表》。

　　① （唐）姚思廉：《梁书》，715页，北京，中华书局，1973。
　　② （北齐）颜之推：《颜氏家训》，35页，上海，上海古籍出版社，1992。

生卒之年月，可补《疑年录》。北朝造像寺记，可补《魏书·释老志》。天玺纪功、天发神谶之类，可补《符瑞志》。投龙、斋醮、五岳登封，可补《郊祀志》。汉之孔庙诸碑，魏之受禅尊号，宋之道君五礼，可补《礼志》。唐之令长新诚，宋之慎刑箴、戒石铭，可补《刑法志》。①

推而广之，以碑石刻辞作为考证依据，其为用亦广矣。

对金石的研究兴盛于宋代，成为专门之学。《宋史·刘敞传》载："尝得先秦彝鼎数十，铭识奇奥，皆案而读之，因以考知三代制度。"他写成了《先秦古器图》，并以拓片分送给欧阳修，欧阳修著成金石学专著《集古录》10 卷，登载数百篇跋尾。后来赵明诚仿其体例，写成《金石录》30 卷。其他尚有洪适的《隶释》27 卷、《隶续》21 卷，著录碑刻之文，并加考证，非常详备。清代王昶的《金石萃编》即遵此体例。

（三）理证法

凡缺乏文献资料或遗迹实物的证据，而仅用推理进行考证、得出结论者、称为理证。理证之法一般有两种不同的取径：一是依据古籍语言文字之内在理据进行推理，二是依据古籍知识内容之外在理据进行推理。前者即顾炎武在《音论·古诗无叶音》中所说的"宛转以审其音，参伍以谐其韵"之类，后者即朱熹的《朱文公文集》卷三十八《答袁机仲来教疑河图洛书》所说的"以其义理之所当否而知之"。

例如，《孟子·尽心下》载，孟子认为："尽信书，则不如无书，吾于《武成》，取二三策而已矣。仁人无敌于天下，以至仁伐至不仁，而何其血之流杵也。"《尚书·武成》描写武王伐纣的战况是"血流漂杵"，孟子认为这种情况不可信，他得出这一结论，并无文献依据，而是依理推断，所用的就是理证法。

胡三省注《资治通鉴》也有用理证之处。例如，《资治通鉴》卷五云："（周赧王五十五年），（秦）前后斩首虏四十五万人，赵人大震。"胡注曰："此言秦兵自挫廉颇至大破赵括，前后所斩首虏之数耳。兵非大败，四十万人安肯束手而死邪！"陈垣论曰："凡无证而以理断之者，谓之理证。《朱子语类》一三四，言'赵卒都是百战之士，岂有四十万人肯束手受死，决不可信。'又言'恐只司马迁作文如此，未必能尽坑得许多人。'此理证也。身之之言盖本于朱子。"②

又如，《资治通鉴》卷一百四云："（晋孝武帝太元七年）是岁秦大熟，上田亩收七十石，下者三十石，蝗不出幽州之境，不食麻豆，上田亩收百石，下者五十石。"胡注曰："物反常为妖。蝗之为灾尚矣，蝗生而不食五谷，妖之大者也。农人服田力穑，至于有秋，自古以来，未有亩收百石、七十石之理，而亩收五十石、三十石，亦未之闻也。使其诚有之，又岂非反常之大者乎！使其无之，则州县相与诬饰以罔上，亦不祥之大者也。秦亡宜矣！"陈垣论曰："此以常理证其妄。"③ 以常理考证事实记载之妄，

① （清）叶昌炽：《语石》，398 页，北京，中华书局，1985。
② 陈垣：《通鉴胡注表微·考证》，98 页，北京，中华书局，1962。
③ 陈垣：《通鉴胡注表微·考证》，106 页，北京，中华书局，1962。

这是理证法。

清王夫之也重视理证的方法。例如，《续春秋左氏传博议》卷下"士文伯论日食"条，用天历原理驳斥士文伯关于日食的天人感应的妄说，并且提出即事以穷理、因理以证事的考证方法，曰："日月维有运而错行之事，则因以有合而相掩之理；既维有合而必掩之理，因而有食而不爽之事。"

运用理证法进行考证，有赖于研究者对人情世故、社会历史、科技学术等具有丰厚的知识学养，非通人不办，因此必须极其审慎。

二、古籍考证的特殊方法

除了本证、旁证、理证这三种一般的考证方法之外，常用的考证方法还有循名责实法、二重证据法、诗史互证法等，这些方法主要适用于不同的古籍种类或知识内容。

（一）循名责实法

循名责实法，指文字训诂与事实考证相结合的方法。这种方法多用于名物、地理、典制等的考证。

在《水经注》中，郦道元对山名、水名和地名，注意循名责实，据实考名，把地理考证与语言文字辨析相结合，反对专以字说水，以澄清名异实同或名同实异的混乱现象。他把文献记载与实际考察互相印证，即所谓"脉水寻经"，考察实际河流的脉络，按寻《水经》的记述。他把察今与考古相结合，即所谓"考古推地"，考证历史旧貌以推断地理方位。例如，卷六解释经文"东南过晋阳县东，晋水从县南东流注之"云：

> 太原郡治晋阳城，秦庄襄王三年立。《尚书》所谓"既修太原"者也。《春秋说题辞》曰："高平曰太原。原，端也，平而有度。"《广雅》曰："大卤，太原也。"《释名》曰："地不生物曰卤，卤，垆也。"《穀梁传》曰："中国曰太原，夷狄曰大卤。"《尚书大传》曰："东原底平，大而高平者谓之太原，郡取称焉。"《魏土地记》曰："城东有汾水南流。水东有晋使持节都督并州诸军事镇北将军太原成王之碑。水上旧有梁，青荓殒于梁下，豫让死于津侧，亦襄子解衣之所在也。汾水西迳晋阳城南，旧有介子推祠。祠前有碑，庙宇倾颓，惟单碑独存矣。今文字剥落，无可寻也。"①

这段文字将文献对"太原"语义的解释，太原古与今的状况，都做了考证。

颜之推坚持实际考察与文献记载及语义辨析相结合，如《颜氏家训·书证》曰：

> 《诗》云："参差荇菜。"《尔雅》云："荇，接余也。"字或为莕。先儒解释皆云："水草，圆叶细茎，随水浅深。"今是水悉有之，黄花似莼，江南俗亦呼为猪

---

① （北魏）郦道元著，陈桥驿校证：《水经注校证》，157～158，北京，中华书局，2007。

莼，或呼为荇菜。刘芳具有注释。而河北俗人多不识之，博士皆以参"差者"是
苋菜，呼"人苋"为"人荇"，亦可笑之甚。①

颜之推将文献记载与实际俗语结合起来考证，认为《诗经·周南·关雎》所云"荇菜"
即江南俗语所说的猪莼。又如，《颜氏家训·书证》考"宣务山"即"罐务山"，云：

> 柏人城东北有一孤山，古书无载者。唯阚骃《十三州志》以为舜纳于大麓，
> 即谓此山，其上今犹有尧祠焉；世俗或呼为宣务山，或呼为虚无山，莫知所出。
> 赵郡士族有李穆叔、季节兄弟、李普济，亦为学问，并不能定乡邑此山。余尝为
> 赵州佐，共太原王邵读柏人城西门内碑。碑是汉桓帝时柏人县民为县令徐整所
> 立，铭云："土有罐务山，王乔所仙。"方知此罐务山也。"罐"字遂无所出。务字
> 依诸字书，即旄丘之旄也；旄字，《字林》一音亡付反，今依附俗名，当音权务
> 耳。入邺，为魏收说之，收大嘉叹。值其为《赵州庄严寺碑铭》，曰："权务之
> 精。"即用此也。②

他根据碑刻铭文、字音及地理位置考证地名之实，很有说服力。

（二）二重证据法

二重证据法是王国维于1925年提出来的，他在《古史新证》的第一章中说：

> 至于近世，乃知孔安国本《尚书》之伪、《纪年》之不可信，而疑古之过，乃
> 并尧、舜、禹之人物而亦疑之。其于怀疑之态度及批评之精神不无可取，然惜于
> 古史材料未尝为充分之处理也。吾辈生于今日，幸于纸上之材料外，更得地下之
> 新材料。由此种材料，我辈固得据以补正纸上之材料，亦得证明古书之某部分全
> 为实录，即百家不雅驯之言，亦不无表示一面之事实。此二重证据法，惟在今日
> 始得为之。虽古书之未得证明者，不能加以否定，而其已得证明者，不能不加以
> 肯定，可断言也。③

所谓二重证据法，即是用地下新出土的材料，结合纸上存世的材料，用以考证古籍。
陈寅恪的《王静安先生遗书序》指出《王静安先生遗书》的"学术内容及治学方法"
之一云："取地下之实物与纸上之遗文互相释证，凡属于考古学及上古史之作，如
《殷卜辞中所见先公先王考》及《鬼方昆吾猃狁考》等是也。"在《古史新证》中，王国
维所用地上之史料有《尚书》《诗》《易》《五帝德》《帝系姓》《春秋》《左氏传》《国
语》《世本》《竹书纪年》《战国策》《史记》及周秦诸子，地下之实物则有甲骨文和金

---

① （北齐）颜之推：《颜氏家训》，32页，上海，上海古籍出版社，1992。
② （北齐）颜之推：《颜氏家训》，38页，上海，上海古籍出版社，1992。
③ 王国维：《古史新证——王国维最后的讲义》，2～3页，北京，清华大学出版社，1994。

文。王国维不仅用二重证据法考证史实，还用以考证典制，如《周书顾命考》（《观堂集林》卷一）用彝器册命之制与《礼经》之例诠释《尚书·顾命》，纠正了沿袭两千余年的今古文家关于周册命之礼的误注。

陈寅恪也擅长二重证据法，他的《隋唐制度渊源略论稿》和《唐代政治史述论稿》两部著作，论说透辟，考证严谨，为人推重，堪称典范。在《隋唐制度渊源略论稿·叙论》中，他说："兹综合旧籍所载及新出遗文之有关隋唐两朝制度者，分析其因子，推论其源流，成此一书。"①

凭借地下发掘所得的实物、书籍或其他资料，用来考证图书文献的内容，这种方法古已有之。《太平御览》卷五百六十引《皇览·冢墓记》云："汉明帝朝，公卿大夫诸儒八十余人，论《五经》误失。符节令宋元上言：'臣闻秦昭王与不韦好书，皆以书葬。王至尊，不韦久贵，冢皆以黄肠题凑，处地高燥，未坏。臣愿发昭王、不韦冢，视未烧诗书。'"汉明帝时宋元主张发掘古墓，期待从中发现未烧的诗书，以考证当时传本的正误。宋元的建议在当时虽未实行，但据此可见汉人已重视地下发掘对考证古籍的重要作用。但其方法实为旁证法，即用出土文物或文献来考辨传世文献的正误。而二重证据法与旁证不尽相同，重在将实物与文献互相结合以考证某一史事、典制、名物等。

（三）诗史互证法

诗文与史籍相互参证这一思路，最早可以追溯到汉人解《诗》。《毛传》解读《诗经》，多与史事相结合。《邶风·燕燕》，《毛传》云："《燕燕》，卫庄姜送归妾也。"《邶风·日月》，《毛传》云："《日月》，卫庄姜伤己也。遭州吁之难，伤己不见答于先君，以至困穷之诗也。"《邶风·终风》，《毛传》云："卫庄姜伤己也，遭州吁之暴，见侮慢而不能正也。"《邶风·击鼓》，《毛传》云："《击鼓》，怨州吁也。卫州吁用兵暴乱，使公孙文仲将而平陈与宋。国人怨其勇而无礼也。"但这大多是以史证诗，揭示诗之本事。

明清之际的钱谦益擅长诗史互证法，在《钱注杜诗》中，或据杜诗以探寻唐代史实，或据史实以证明杜甫诗意，二者兼容并用。陈寅恪对其十分称道，说："牧斋之注杜，尤注意诗史一点，在此之前，能以杜诗与唐史互相参证，如牧斋所为之详尽者，尚未之见也。"②

陈寅恪本人亦长于运用诗史互证的考证方法，取得了杰出的成就。其诗史互证方法的特点，"一是以诗文为史料，或补正史乘，或别备异说，或互相证发；另一种方法是以史释诗，通解诗意"③。这实际上是一种方法的两个方面，不可分割，互为一体，以达到诗史互融。例如，《元白诗笺证稿》一书用元稹、白居易诗笺证史事，同时

---

① 陈寅恪：《隋唐制度渊源略论稿》，5页，石家庄，河北教育出版社，2002。

② 陈寅恪：《柳如是别传》，993页，上海，上海古籍出版社，1980。

③ 胡守为：《陈寅恪先生的史学成就与治史方法》，见《纪念陈寅恪教授国际学术讨论会文集》，106页，广州，中山大学出版社，1988。

也考察史事以释元、白之诗。而《柳如是别传》一书，则通过笺释钱谦益和柳如是的诗文，论述明末清初的历史以及一些重大事件，如复社事迹、钱谦益投清、郑成功复明等，考证始末甚详，可以补史载之阙。

陈寅恪还通过考史实以证音韵。其《从史实论切韵》一文，通过大量人物、史事的考证，得出结论："《切韵》内所列之字音，实以东汉、曹魏、西晋时代洛阳京畿之旧音为主要因素。"①

此后游国恩的古史与《楚辞》研究，缪钺在《杜牧年谱》中以晚唐史研究杜牧诗歌，邓广铭在《稼轩词编年笺注》中以文史互证研究辛弃疾词等，都受到诗史互证学术方法的启迪，并取得可喜的学术成果。

思考与练习

1. 什么是本证法？举例说明如何运用本证法。

2. 什么是旁证法？举例说明如何运用旁证法。

3. 什么是理证法？举例说明如何运用理证法。

4. 举例说明如何运用循名责实法。

5. 以王国维的古史研究为例，说明如何正确运用二重证据法。

6. 以陈寅恪的文史研究为例，说明如何正确运用诗史互证法。

第四节　古籍考证著述的类型与体式

古籍考证的成果，从著述角度考察，可以分为综合考证和专题考证两种内容类型，以及史志、传注与札记三种体式。

一、综合考证和专题考证

古籍综合考证，指著述中考证所涉及的内容相当丰富，不止一端。例如，唐杜佑的《通典》、宋郑樵的《通志·二十略》、元马端临的《文献通考》、清《续通典》《续通志》《续文献通考》《皇朝通典》《皇朝通志》《皇朝文献通考》，合称"九通"。这些著述涉及的内容非常广泛，举凡食货、选举、职官、礼、乐、兵、刑、州郡、边防、郊祀、宗庙、帝系、户口、钱币、学校、象纬、物异、氏族、谥法、方外、图谱、金石、昆虫草木等，社会生活的各个方面几乎无所不包。其他如经史类的传注、集解、学者的学术札记，大都属此类。

古籍专题考证，指著述中仅就某一专题进行考证，不涉及其他。《史记》"八书"、《汉书》"十志"、《后汉书》"八志"，实开专题考证之例。在中国古代，古籍考证学涉

---

① 陈寅恪：《金明馆丛稿初编》，404页，北京，生活·读书·新知三联书店，2001。

及的各方面内容，都有专门著述：经义类，如清朱彝尊的《经义考》；目录学类，如《汉书·艺文志》《隋书·经籍志》、宋晁公武的《郡斋读书志》和陈振孙的《直斋书录解题》等；天文历法类，如清俞樾的《春秋岁星考》；地理类，如宋王应麟的《诗地理考》、清阎若璩的《四书释地》《释地余论》；金石类，如宋欧阳修的《集古录》；典章制度类，如清江永的《周礼疑义举要》；名物类，如清王夫之的《诗经稗疏》、清姚炳的《诗识多解》、清多隆阿的《毛诗多识》等，不一而足。

二、史志、传注和札记

史志如《史记》的"八书"、《汉书》的"十志"、《后汉书》的"八志"、《隋书》的"十志"等史籍的志书，多有考证内容，属于专题考证性质。考证的内容，分别涉及律历、祭祀、礼仪、音乐、地理、食货、河渠、五行、百官、舆服、艺文、经籍等诸多方面。随着时代的变迁，正史中志书的内容也越来越丰富。

自汉代古文经学大兴，传注中多有考证内容。后代于经部、史部典籍的注疏及正义，也有很多考证内容。例如，汉代郑玄的《毛诗笺》和《三礼注》、三国魏何晏的《论语集解》、据称成于三国魏王肃之手的《尚书孔安国传》、三国吴韦昭的《国语解》、晋杜预的《春秋左氏经传集解》、南朝宋裴松之的《三国志注》、梁刘昭的《后汉书注》、刘孝标的《世说新语注》、北魏郦道元的《水经注》、元胡三省的《资治通鉴注》等，在名物典制、天文地理等方面的考证颇多创获。

历代学者的读书札记、学术笔记，内容多涉及考证。其卓著者如下：唐代封演的《封氏见闻记》，讲唐代的典章制度、风俗习尚、名胜古迹及嘉言懿行；北宋沈括的《梦溪笔谈》，在自然科学方面如天文、数学、物理、地理等方面，富有考证成果；南宋洪迈的《容斋随笔》，考证广及经史子集，尤详于汉唐的史事故实；南宋王应麟的《困学纪闻》，考证了经籍名物典制、天文、地理、诸子、史实等；明胡应麟的《少室山房笔丛》，考证了经、史、子、小说、佛道，其中《四部正讹》为从事古籍辨伪者所重视；清顾炎武的《日知录》，考证了政事、世风、科举、天象、地理、史事等方面，其考证成果富有原创性和思想性；明代方以智的《通雅》，为文字、音韵、训诂、天文、地理、名物、典制、医药等方面的考证类编；清钱大昕的《十驾斋养新录》，考证及经义、小学、史学、职官、地理、姓氏、金石、诗文等多方面；清王念孙的《读书杂志》，是阅读《逸周书》《战国策》《史记》《汉书》《管子》《墨子》等古籍的札记，多有考证内容；清俞正燮的《癸巳类稿》，学问博而有见识；清陈澧的《东塾读书记》，考察各个时代学术的面貌，对研治学术思想史有重要的参考价值。

思考与练习

1. 什么是综合考证？什么是专题考证？

2. 分别说明《史记》的"八书"、《汉书》的"十志"、《后汉书》的"八志"、《隋书》的"十志"的考证体例。

3. 分别说明晋杜预的《春秋左氏经传集解》、南朝宋裴松之的《三国志注》、梁刘孝标的《世说新语注》、北魏郦道元的《水经注》的考证体例。

4. 分别说明胡应麟的《少室山房笔丛》、顾炎武的《日知录》、钱大昕的《十驾斋养新录》的考证学理论与方法。

第七章 古籍编纂学和古籍检索学

第一节 古籍编纂学理论

中国古籍大多由编纂而成，编纂内容广泛，形式多样，理论丰富，具有多方面的功用。历代古籍编纂积累了丰富的实践经验，也为我们今天的古籍编纂提供了极好的借鉴依据。

一、古籍编纂的性质与功用

（一）古籍编纂的性质

编，最早见于甲骨文，由"册"与"糸"组成。《说文》云："编，次简也。"段玉裁的《说文解字注》云："以丝次第竹简而排列之曰编。"可知"编"的本义是编连简册，即顺次编排、编列之意。

纂，本义为赤色带子。《说文》云："纂，似组而赤。"《国语·齐语》云："缕纂以为奉。"韦昭注："纂，织文也。"古人以带编连竹简，故引申为编辑，《晋书·刑法志》云："虽时有蠲革，而旧律繁芜，未经纂集。"清《四库全书总目》卷一百二十六《西圃丛辨》提要云："是书杂采诸家说部，分类排比，皆因其旧文，不加论断，故卷首题名不曰'撰著'，而曰'纂集'云。"可见"纂"是将原有材料（"旧文"）"分类排比"。编纂连言成词，即为此意。此外尚有"纂修""纂述"之称。

编纂也称"编辑"。辑，本义为车舆，又同"集"，如《汉书·礼乐志》云："河间献王采礼乐古事，稍稍增辑，至五百余篇。"同书《艺文志》又云："《论语》者，孔子应答弟子、时人，及弟子相与言而接闻于夫子之语也。当时弟子各有所记，夫子既卒，门人相与辑而论纂，故谓之《论语》。"可知"辑"与"论""纂"义同，都是收集编次的意思。辑，又通"缉"，所以"编辑"又作"编缉"。《魏书·李琰之传》记李琰之尝修国史，"前后再居史职，无所编缉"。《北齐书·魏收传》云："所引史官……刁柔、裴昂之以儒业见知，全不堪编缉。"至唐代，"编辑"一词更偏重于收集材料、整理成稿之意。《唐大诏令集》卷八十二仪凤元年《颁行新令制》曰："然以万机事广，恐听览之或遗；四海务殷，虑编辑之多缺。"在这一意义上，编辑即编纂。

在古人观念中，编纂与著作的区别是很分明的。中国古代文献以编撰方式划分，可分为著作、编述、抄纂三种类型（见本书第一章第二节）。编纂包括编述和抄纂这两种类型，即或者是凭借旧有的文献典籍，用新创的体例，重新加以剪裁、编次；或者是将原有的纷杂的文献材料，加以分门别类地抄录、编集。前者如《史记》《汉书》

等二十四史，后者如《艺文类聚》《太平御览》等类书。

（二）古籍编纂的功用

古籍编纂的功用有如下三种。

第一，便于文献保存。从中国古籍编纂史看，先秦文献大多先是单篇行世，后来经过编纂，才以书的形式流传，如《诗经》《尚书》《春秋》等。宋郑樵的《通志·校雠略·编次失书论》，曾从编制书目的角度说明编纂具有保存文献的功能："书之易亡，亦由校雠之人失职故也。盖编次之时，失其名帙，名帙既失，书安得不亡也。"

古籍编纂便于文献保存，最典型的事例莫过于类书和丛书。类书和丛书保存了大量文献典籍，尤其是一大批原始资料已经失传的文献。例如，成于明代的《永乐大典》，共计 22877 卷，目录 60 卷，其中收录大量的宋元文献；成于清代的《四库全书》，总计存书 3461 部，79337 卷，存目 6793 部，93556 卷，许多文献堪称孤本。

第二，古籍编纂也是整理文献的一项基础而重要的工作。文献整理离不开编纂。历史上第一次大规模的文献整理工作发生在汉成帝时，由刘向主持对众多古籍进行整理，广搜众本，详加校正，去其重复，订正讹文脱简，编定篇次，确定书名，写成叙录，编纂成果极其卓著。《汉书·艺文志》总结道："大凡书，六略三十八种，五百九十六家，万三千二百六十九卷。"

类书的编纂对于文献的整理，更有不可替代的作用。其一，类书可以用于辑佚。古类书多存先秦、两汉、六朝遗文，其后类书的编纂也多存唐宋以下的逸书。清代乾隆后期掀起辑录先秦、两汉、六朝逸书遗文的高潮，即大量运用类书，成果很多，影响甚大，泽被后世，功不可没。其二，类书可以用于校勘、考订古籍。范希曾的《书目答问补正》说："古类书不特所引佚文足资考证，即见存诸书，亦可订正文字异同。"类书征引古籍，都用当时或更早的版本，如果类书本身的版本完善，当然可以校正流俗之误，这是其他方法无法做到的。清代校勘学大兴，校勘学者无不使用古类书，得力甚多。

第三，古籍编纂还有助于序化资料，便于查检。通过古籍编纂，可以使散乱的文献有序地汇集在一起，从而便于查检和阅读。历代学者编纂类书、丛书、总集、方志、谱录及目录、索引，使大量单独行世的图书趋于有序化，为学术研究提供了宝贵而便捷的资料。例如，成于清代的大型类书《古今图书集成》，体制完备严整，全书分为六汇编，每编下分若干典，共 32 典，每典下分部，全书共分 6117 部。如"理学汇编"下分经籍、学行、文学、字学四典，经籍典下分河图、洛书、十三经、国语、国策、列代史、通鉴、史学、地志、诸子、集部、类书、杂著等部。每部之下，又分汇考、总论、图、表、列传、艺文、选句、纪事、杂录、外编等细类。《古今图书集成》共一万卷，计 1.6 亿字，是我国现存最大的类书。如此大规模的类书，编排分类条理清晰，查找方便，成为学术研究的资料渊薮。

二、古籍编纂的特点

中国古籍编纂起源甚早，现在可考的最早古籍编纂家当属西周宣王时宋国大夫正考父。《国语·鲁语下》记载："昔正考父校商之名《颂》十二篇于周大师，以《那》为首。"经过乐师指点，正考父编定《商颂》时，把《那》放在首篇，现存的《诗经·商颂》仅存《那》《烈祖》《玄鸟》《长发》《殷武》五篇，仍以《那》为首篇。历经千载，中国古代的古籍编纂形成了多方面的特点。

（一）编纂者有官私之别

从编纂者的角度看，中国古代的古籍编纂有官修和私修的区别。最早的图书编纂者，当是史官。夏商时期，已设有史官，由于文献阙如，不得其详。西周至战国时期，中央朝廷和诸侯国都有藏书机构和相应的职官，这些藏书机构的职官即最早的图书编纂者。自西汉始，历代都有典藏制度，书籍由专人掌管，藏于固定的馆阁，由国家选派专人主持的书籍编纂活动相当频繁，成果也非常丰富。历代官修图书最重要的有经籍、史著、群书目录、类书和丛书。因由政府出资，官修图书往往规模庞大，非私家编述可比。

但是现存古籍仍以私修为多。先秦时期最著名的私家古籍编纂者是孔子。据《史记》和《汉书·艺文志》所载，六经都经过孔子的整理编次。自孔子之后，私家图书编纂者历代不乏其人。至宋，私人藏书事业发达，编纂书目，编刻类书、丛书者遂层出不穷。明代私修类书、丛书数量很大，种类很多。仅《四库全书总目》即著录明人所编类书13部，存目120多部。除普通丛书外，还有族姓丛书、自著丛书、地方丛书和各种专科丛书，名目繁多。清代私修丛书，除前代出现的种类外，最突出的是辑佚书，其中佼佼者，有严可均的《全上古三代秦汉三国六朝文》、黄奭的《汉学堂丛书》、马国翰的《玉函山房辑佚书》等。除个人外，历代书坊也多主持编修类书、丛书，如南宋时期刻版盛行，编纂刊刻了《事林广记》《古今合璧事类备要》等。除类书、丛书以外，宋代以后，私人、书坊编纂别集、总集也蔚然成风。

（二）编纂内容广泛

中国古籍编纂的内容极其广泛，无所不包，仅以《四库全书总目》所编类目，即可知大概。

> 经部——易、书、诗、礼、春秋、孝经、五经总义、四书、乐、小学。
>
> 史部——正史、编年、纪事本末、别史、杂史、诏令奏议、传记、史抄、载记、时令、地理、职官、政书、目录、史评。
>
> 子部——儒家、兵家、法家、农家、医家、天文算法、术数、艺术、谱录、杂家、类书、小说家、释家、道家。
>
> 集部——楚辞、别集、总集、诗文评、词曲。

在这些类目中，尽管有些古籍具体内容属于"著作"，如集部的楚辞类、别集类，但究其成书过程，则大多仍属于编纂。

（三）编纂方式多样

古籍编纂的内容包罗万象，编纂方式亦多种多样，这大体上可以从时间、地区、主题、体类等几个方面划分。

第一，以时间为序加以编纂。历代史书中有编年体，如《春秋》《资治通鉴》；有通史体，如《史记》；有断代体，如《汉书》《西汉会要》《东汉会要》。后人也按作品写作时间编纂别集，如杨万里的《诚斋集》133 卷，按任职时间先后分为《江湖集》《荆溪集》《西归集》等 9 集。

第二，以地区为序加以编纂。例如，《诗经》的"国风"分十五个地区辑录诗篇，《国语》分记八国历史人物言论，《战国策》分记十二国策士言行。此外，如《元和郡县图志》《太平寰宇记》等地理类总志，都是先划分地区，再记人物、艺文。

第三，以主题为序加以编纂。历代史书中有记人的，如二十四史；记事的，如《春秋》《左传》；记言语的，如《尚书》《国语》《战国策》；纪事本末体，如《通鉴纪事本末》《左传纪事本末》等。此外，记隽言轶事的图书如《世说新语》，分德行、言语、政事、文学等 36 个主题，编成 36 篇；政书如"三通"之一的郑樵之《通志》，分氏族、六书、七音、天文、地理、都邑等 20 个主题编纂。地理书、目录书、职官书、图谱、学术笔记等，也多以主题为序加以编纂。

第四，以体类为序加以编纂。历代文选类总集及作家个人作品集，大多以体类划分。例如，《文选》大体分为有韵与无韵两类，具体分为赋、诗、骚、七、诏、册、令等 39 类，《文苑英华》分为 39 类，《唐文粹》分为 26 类，《宋文鉴》分为 60 类，《元文类》分为 43 类，《文章辨体》分为 59 类，《明文衡》分为 41 类，《文体明辨》分为 127 类，《明文在》分为 46 类。别集如清赵殿成笺注的王维之《王右丞集笺注》，全书 28 卷，卷一至卷六为古诗，卷七至卷十四为近体诗，卷十五为外编，卷十六为赋表，卷十七为表，卷十八为状文书记，卷十九为序，卷二十为文赞，卷二十一至卷二十三为碑，卷二十四、卷二十五为碑铭，卷二十六为志铭，卷二十七为哀辞祭文连珠判，卷二十八为论画，卷末附弁言、诗评、画录、年谱、序文等。

此外，还有一些比较特殊的编纂方法，如以音乐分类编辑的，如《诗经》的风、雅、颂三部分，宋人郑樵的《诗辨妄》认为"风土之音曰风，朝廷之音曰雅，宗庙之音曰颂"。还有按韵编排的，如《永乐大典》《佩文韵府》；以数字编排的，如王应麟的《小学绀珠》。

（四）编纂理论丰富

自先秦至清，学者从事编纂活动，大都有一定的编纂思路、具体原则及方法总结。这些思想大多散见于书录、序跋、题记、凡例、校勘记及书信、文论、札记之中，虽然比较零散，不够系统，但极为丰富。比如，人们根据《论语》的记载，总结出孔子整理六经的三条编纂原则：一是"述而不作"，即阐述原作的文辞，不妄加己意论断；二是"不语怪、力、乱、神"，即不谈怪异、勇力、叛乱和鬼神之事；三是"攻乎异端，斯害也已"，即要排除不正当的言论。这些编纂思想对后世编纂活动影响至为深远。

以下简要介绍有关史籍编纂、群书目录编纂和古籍编纂史的相关理论。

第一，关于史籍编纂的理论。中国史部编纂相当发达，很多史学家对史籍编纂进行了深刻的阐述。例如，司马迁编纂《史记》，其主要原则是求真求实，排斥虚妄之说，如《五帝本纪》云："学者多称五帝，尚矣。然《尚书》独载尧以来，而百家言黄帝，其文不雅驯，荐绅先生难言之……余并论次，择其言尤雅者，故著为本纪书首。"《仲尼弟子列传》云："学者多称七十子之徒，誉者或过其实，毁者或损其真，钧之未睹厥容貌。则论言弟子籍，出孔氏古文近是。"

唐代刘知几的《史通》对史籍的编纂原则也多有论述。如主张叙事与记言分开，《史通·载言》云："秦师败绩，缪公诚誓，《尚书》之中，言之大者也，而《春秋》靡录，此则言、事有别，断可知矣。"他还主张史籍叙事要简要，叙事不可妄饰等。

清代章学诚对史书编纂的类例颇多论述。他把史籍分为著述和比类两种类型，十分重视史书类例的源头。例如，他认为《后汉书·文苑传》起于晋挚虞的《文章志》，《列女传》本于刘向，《隐逸传》本于皇甫谧，等等。对《左传》和《史记》等在类例上的得失，章学诚论述甚详，如《文史通义·繁称》云："尝读《左氏春秋》，而苦其书人名字，不为成法也……左氏则随意杂举，而无义例；且名字溢行以外，更及官爵封邑，一篇之中，错出互见。苟非注释相传，有受授至今，不复识为何如人……史迁创列传之体……然而列人名目，亦有不齐者，或爵，或官，或直书名，虽非左氏之错出，究为义例不纯也。"章学诚一生预修多种方志，总结出一整套编纂方志的类例，《文史通义》中有 40 多篇文章谈及方志的类例，外篇三卷更集中论述方志类例，内容相当完备。

第二，关于群书目录编纂的理论。刘歆承其父刘向遗业编纂《七略》，即长于分类。他把群书分为六艺、诸子、诗赋、兵书、术数和方技六大类，大类下又有小类，这种分类，开创了我国目录学史上的优良传统，其作用在于"辨章学术，考镜源流"。刘向、刘歆父子撰写解题叙录，包括篇目编次、校勘说明、作者介绍、思想内容、学术源流、作品真伪等内容，发凡起例，贡献甚巨。

当然，刘向、刘歆父子的编纂理论主要渗透在他们的具体编纂工作及成果中，缺乏系统表述，至宋代郑樵在《通志·校雠略》中则全面阐述了目录编纂的相关问题。他认为，书目分类当辨章学术，考镜源流："古人编书，必究本末，上有源流，下有沿袭。故学者亦易学，求者亦易求。"书目要做到辨章学术，关键在于类例："类例既分，学术自明，以其先后本末具在。"郑樵对书目编纂的具体方法也有很多论述，如应当著录亡书、著录图谱等。

清代纪昀主持《四库全书总目》的编纂，全书卷首的《凡例》，对图书分类方法、编纂体例、著录方法、著录次序等问题均有具体而严明的论说。例如，关于分类《凡例》云："是书以经、史、子、集提纲列目，经部分十类，史部分十五类，子部分十四类，集部分五类。或流别繁碎者，又各析子目，使条理分明。"论编纂体例，云："四部之首，各冠以总序，撮述其源流正变，以挈纲领。四十三类之首，亦各冠以小序，详述其分并改隶，以析条目。如其义有未尽，例有未该，则或于子目之末，或于本条之下，附注案语，以明通变之由。"论著录次序，云："所录诸书，各以时代为次。""诸书次序，虽从其时代，至于笺释旧文，则仍从所注之书而不论作注之人。"关于每书提要的撰写，云："今于所列诸书，各撰为提要，分之则散弁诸编，合之则共为总目。每书先列作者之爵里，以论世知人；次考本书之得失，权众说之异同，以及文字增删，篇帙分合，皆详为订辨，巨细不遗。而人品学术之醇疵，国纪朝章之法戒，亦未尝不各昭彰瘅，用著劝惩。"《总目》的书目编纂理论价值极高，至今仍值得我们借鉴。

章学诚在《文史通义》中，对于书目编撰，除明确指出编纂书目的目的和功用是"辨章学术，考镜源流"外，还谈到编制群书索引的重要性及关于书目编纂的组织管理等问题。

第三，关于古籍编纂史的理论。在这方面，历代学者也多有论述。明代胡应麟在《少室山房笔丛》中提出：古籍编纂史整体的趋势是由简至繁，"凡经籍缘起，皆至简也，而其卒归于至繁"（《经籍会通二》）；中国古籍编纂的源头是经书，"史出于《春秋》《礼》《乐》，史则经也；子出于《大易》《论语》，子亦经也；集出于《尚书》《毛诗》，集又经也。百家之学，亡弗本于经也"（《华阳博议上》）；子书的编纂"盛于秦汉，而治子书者错出于六朝、唐、宋之间"（《九流绪论引》）。凡此皆言人所未言，卓然有所见。

章学诚的古籍编纂史理论也多有建树。如他认为，著述始于战国。《文史通义·诗教上》云："至战国而著述之事专……《论语》记夫子之微言，而曾子、子思俱有述作以垂训，至孟子而其文然后闳肆焉，著述至战国而始专之明验也。"而文集的撰著则始于晋代，《文史通义·文集》云："自挚虞创为《文章流别》，学者便之，于是别聚古人之作，标为别集。则文集之名，实仿于晋代。"对前代的古籍编纂者，他特别推崇宋代郑樵"通史家风"及"志乎求义"的编纂思想，反对单纯汇辑资料的简单做法。

总之，古代的编纂理论相当丰富而深刻，值得我们好好地加以总结和发扬。

（五）编纂成果具有时代性

中国古籍编纂历史悠久，各个历史时期有不同的时代特点，编纂成果具有时代性。一般而言，先秦图书以汇编整理为主，子书居多。汉代大规模开展古籍整理、编目工作，经部、史部、子部的图书编纂都很发达，并出现刘歆的《七略》这样大型古籍分类目录的编纂。魏晋南北朝时期史书大量涌现，并出现了总集和别集、志怪小说、佛经目录、道教典籍目录等新型书籍的编纂，而编纂形式多为抄录。唐代则史书、法律书、传奇、类书和诗文集数量极多，类书的编纂也出现新的局面。宋代史籍以野史笔记居多，医书、类书、唐人诗文别集的编纂亦层出不穷。在编纂形式上，宋代经部书籍始有经注合一，编纂唐诗别集大多采用分类编排的方式。辽金元时期，官方组织大量编辑农书，影响最大的是《农桑辑要》。明代杂史、方志、文集、西学书籍较多，尤其是盛行戏曲小说书籍，每部作品多有书序、评点、插图，成为一大特色。清代官方修书多、规模大，如《全唐诗》《古今图书集成》《四库全书》《全唐文》《康熙字典》等。此外，地方志、丛书、家谱数量大增。清代图书编纂体例规范化，通常书前有凡例说明编者的编纂思想及方法。还出现新的编纂形式，如记述学术源流的学案体等。

思考与练习

1. 举例说明古籍编纂的功用。
2. 对比其他类书，谈谈《古今图书集成》以体类为序的编纂特色。
3. 结合文本与案例，分别分析郑樵、胡应麟、章学诚的古籍编纂理论。

第二节　古籍编纂的方法

一、古籍编纂的基本方法

章学诚的《文史通义·答客问中》认为，编纂之法（即所谓"比次之法"）宁愚毋智，"不名家学，不立识解，以之整齐故事，而待后人之裁定，是则比次欲愚之效也"。同书《答客问下》又说："比次之道，大约有三，有及时撰集，以待后人之论定者，若刘歆、扬雄之《史记》，班固、陈宗之《汉记》是也；有有志著述，先猎群书，以为薪樵者，若王氏《玉海》，司马《长编》之类是也；有陶冶专家，勒成鸿业者，若迁录仓公技术，固裁刘向《五行》之类是也。夫及时撰集，以待论定，则详略去取，精于条理而已；先猎群书，以为薪樵，则辨同考异，慎于覈核而已；陶冶专家，勒成鸿业，则钩玄提要，达于大体而已。"这既指明了编纂之法的基本原则，又辨析了编纂之法的不同类型。

从古籍的内容角度讲，编纂方法包括：书名、序跋、凡例、目录、卷端著名题名、内容编排、引文、广告、插图等各项具体内容的编排方法。从编纂的工作程序角度讲，编纂方法包括：确定选题、拟订凡例、精选材料、分类编排、写定目录、撰写序跋、注明出处、编撰附录等。

大体而言，古籍编纂工作常用四种基本的方法，即集录、删补、分类和定例。

集录。集录即根据某种特定的需求或功用，广泛地搜集相关的文献资料，按照一定的体例加以编纂。这是古籍编纂最重要的一种方法。刘知几在《史通》卷五《采撰》中说："盖珍裘以众腋成温，广厦以群材合构。自古探穴藏山之士，怀铅握椠之客，何尝不求诸异说，采摭群言，然后能成一家，传诸不朽。观夫丘明受经立传，广包诸国，盖当时有周志、晋乘、郑书、楚杌等篇，遂乃聚而编之，混成一录。向使专凭鲁策，独询孔氏，何以能殚见洽闻，若斯之博也。"这里所说的"征求异说，采摭群言"，就是编纂常用的集录法。

删补。现存最古老的几部典籍，都是经过长时间的积累，并经过删补而成的。例如中国第一部诗歌总集《诗经》，据传是经孔子删削的。司马迁在《史记·孔子世家》中说："古者诗三千余篇，及至孔子，去其重，取可施于礼义。"据此可知，古诗大概经孔子删去十分之九，存留的 305 篇，编纂而成后世流传的《诗经》。再如《尚书》，分虞、夏、商、周四书，其中虞夏书部分所收的篇章如《尧典》《舜典》《禹贡》，多有经战国时人增补的痕迹，并非当时之文，显然是后人依据某些残缺的原始资料补充而成的。

分类。书籍必由分类乃成，分类对古籍之编纂至为重要。不论是总集、别集还是类书、丛书，都需要按一定的类别加以编排。古籍传统的分类法是经、史、子、集四部分类法，而每一部古籍的具体编排又灵活变化，呈现出纷繁复杂的局面。

定例。说明著作内容和编纂体例的文字，称为"凡例"，也称"例言""发凡"。早期中国古籍的编纂，虽然没有单独、明确的关于著作内容及体例的说明，但从成书来看，是有明确甚至严格的编纂体例的。古籍的定例由来已久，所以杜预的《春秋左传序》云："其发凡以言例，皆经国之常制，周公之垂法，史书之旧章。"史书编纂最早类似"凡例"的定例、言例之作，当是司马迁的《史记·太史公自序》。类书和丛书的编纂也非常重视体例，时代越往后，越有明确的关于凡例的编写。例如，明代的《永乐大典》有《凡例》21 条，清代的《四库全书总目》有《凡例》20 条，凡此皆明确规定全书的编纂体例，作为编纂活动的基本标准。定好编纂体例，纲举而目张，这是编纂工作中极其重要的一环，也是重要的编纂方法之一。

二、古籍辑佚的方法

佚，同"逸"，通"遗"，义为散失、亡失。因此所谓辑佚，指将散见于现存古籍文献中的业已散佚或亡佚文献的残篇散句等各种佚存之文，逐一摘录出来，按一定的原则、方法加工后，编辑成册（篇），使之得以流传。以辑佚的对象特点为依据，古籍辑佚可分为六种类型：辑集散佚之书、辑补缺佚之书、辑校脱佚之文、辑拾漏佚之篇、辑汇散佚之篇、辑录佚存之目。

辑佚是一种比较特殊的古籍编纂活动，因此辑佚的方法有别于普通的编纂。

首先，要确定辑佚资源。在确定某书或某书某部分确实散佚之后，到何处寻找辑佚的资源，前人对此做了很多总结。郑樵在《通志·校雠略》中指出"求书之道有八"："一曰即类以求，二曰旁类以求，三曰因地以求，四曰因家以求，五曰求之公，六曰求之私，七曰因人以求，八曰因代以求。当不一于所求也。"明万历间祁承㸁在《澹生堂藏书约·藏书训略》中进一步指出："如书有著于三代而亡于汉者，然汉人之引经多据之；书有著于汉而亡于唐者，然唐人之著述尚存之；书有著于唐而亡于宋者，然宋人之纂集多存之。每至检阅，凡正文之所引用，注解之所证据，有涉前代之书而今失其传者，即另从其书，各为录出。"梁启超在《中国近三百年学术史》中专列《辑佚书》一节，指出欲将《汉书·艺文志》《隋书·经籍志》中曾经著录而今已佚者次第辑出，所凭借之重要资料当有如下诸类：以唐宋间类书为资料，以汉人子、史及经注为辑周秦古书之资料，以唐人义疏等书为辑汉人经说之资料，以六朝、唐人史注为辑逸文之资料。张舜徽在此基础上又有所调整、补充，《中国古代史籍校读法》第四编第二节和《广校雠略·搜集佚书论五篇·论辑佚之依据》分别论及。例如，《论辑佚之依据》认为"其所依据，不外五端"："取之唐、宋类书，以辑群书，一也；取之子史及汉人笺注，以辑周、秦古书，二也；取之唐人义疏，以辑汉、魏经师遗说，三也；取之《一切经音义》，以辑小学训诂书，四也；取之史注及总集，以辑遗文，五也。"①

载有佚文的书籍，有早有晚，有详有略，从事辑佚，一般应选择成书较早、记载较详的古籍为底本。例如，《述异记》已佚，书中记载陆机所畜"黄耳犬"故事，《艺文类聚》《太平御览》《太平广记》《事类赋注》《初学记》《草堂诗笺》等均有记载，其中《艺文类聚》所记最详，而时代也比较早，故鲁迅《古小说钩沉》所辑，即以《艺文类聚》为底本。至于选定辑佚所用书目后，还要选择好的版本，才能保证辑佚的质量。

其次，要对佚文进行移录、校勘、补缀、考证、编次。辑录佚文是辑佚的基础工作，不能出现丝毫差讹，要做到不漏、不误，还要详细注明佚文出处，以便查对。有的佚文辑自多处，如文字互有详略，差异较大，就要随文注明异同；如文字微有差别，则只需进行校勘即可。所辑佚文，如果是零散的片段，则需要连缀成段、成篇，补缀时也要力求准确无误。如所辑佚文有讹夺，则需校正文字。由于佚文大多散见各书或一书的不同部分，东鳞西爪，不相连续，且凌乱无序，所以辑佚者必须考其体例，确定佚文的先后次序，分类排比，力求恢复原书篇第，保持原书义例。

思考与练习

1. 举例说明集录的编纂方法。

2. 举例说明删补的编纂方法。

3. 以《文苑英华》《唐文粹》《宋文鉴》《元文类》《文章辨体》《文体明辨》等为例，简析历代文选类总集的分类编纂方法。

4. 从书目归类、排序、收录标准等角度，简析《四库全书总目·凡例》的理论价值。

5. 从辑佚对象、辑佚方法、辑佚编例三方面，分别归纳王先谦的《诗三家义集疏》、严可均的《全上古三代秦汉三国六朝文》、鲁迅的《古小说钩沉》、逯钦立的《先秦汉魏晋南北朝诗》的辑佚特色。

第三节　古籍检索学理论

中国古典文献浩如烟海，要迅速准确地查找所需的文献资料，必须熟悉掌握并善于利用各种文献检索工具。古籍检索学是研究古籍存贮方式和查找方法的学问。

---

① 洪湛侯归纳了"辑佚的取材依据"，有类书、古注、子史群书、总集、杂纂杂抄、地方志、金石、石室秘藏与出土佚书、海外流散佚书等，参见洪湛侯：《中国文献学新编》，205～213 页，杭州，杭州大学出版社，1994；曹书杰归纳了"辑佚的主要资源"，有类书、古注、史书、地志、字书、杂钞等，参见曹书杰：《中国古籍辑佚学论稿》，322～342 页，长春，东北师范大学出版社，1998。

一、古籍检索的内容

检索是研究工作的开始，掌握古籍检索的理论与方法，有助于快速准确地获取知识与信息，提高研究工作的科学性和效率。1984 年和 1985 年，教育部和国家教委先后下发文件，要求各高校开设文献检索与利用课程，1986 年又成立了全国高等学校文献检索与利用课系列教材编审委员会，足见检索对于学习与研究的重要性。

古籍检索包括四个方面的内容。

第一，目录检索，又称书目检索，即利用书目、索引等检索工具，查找资料，获知古籍的书名、著者、内容提要、版本等相关信息。

第二，事实检索，即查找具体的事实，如人物生平、历史事件、典章制度、词语典故等。

第三，数值检索，即通过由目录检索、事实检索获得的资料，加以统计，获取某种相关的数值，如汉代道家类著述有多少种，李白诗歌的用韵情况等。

第四，全文检索，即以某种文献或某些文献的全文为基础，查找这种文献或这些文献中某一知识单元或某一单字的所有出处。例如，通检《论语》一书，查询"仁"和"礼"出现的次数，出现在何种上下文中；通检《庄子》一书，查询"道"出现的次数，出现在何种上下文中。

二、古籍检索的工具书类型

古籍检索的工具书很多，主要有以下几种类型。

（一）书目

书目是检索古籍首要的工具书，包括历代史志书目、私家藏书目录、《四库全书总目》、图书馆馆藏书目、《中国古籍善本书目》、《中国古籍总目》等，还有孙启治、陈建华的《古佚书辑本目录》可供查考亡佚书的情况。

（二）索引

把特定范围内的文献资料中的有关项目（如字词、句子、专名、篇目、事项等）摘录出来，以此作为标目，注明出处，按一定的顺序编排的工具书，称为索引。

根据摘录的对象不同，索引的种类可分为字词索引、语汇索引、句子索引、专名索引、篇目索引、主题索引、引书索引及索引的索引。

逐字逐词索引，有原哈佛燕京学社引得编纂处与巴黎大学北平汉学研究所编纂的若干种索引，如《周易引得》《毛诗引得》《尚书通检》等。

语汇索引，有《后汉书语汇集成》《金瓶梅词话语汇索引》《红楼梦语汇索引》《儒林外史语汇索引》《中国古典戏曲语汇索引》等。

句子索引，有叶绍钧编的《十三经索引》，栾贵明等编的《全唐诗索引·杜甫卷》，胡昭著、罗淑真主编的《唐五代词索引》等。

专名索引，指以文献中的人名、地名等专有名词作为索引对象的索引。后面所列查考人名、地名的工具书大多属此类。

篇目索引，指以古籍中的篇目作为检索对象者。后面所列查考文集篇目的工具书多属此类。

主题索引，指以某一特定的研究对象作为检索对象者，如《八大山人研究资料索引编目》《楚文物著录索引》《笔记小说大观丛刊索引》《全唐文宗教类篇目分类索引》《清代文史笔记地理类索引》等。

引书索引，指以某一部古籍注书所引文献为检索对象者，如哈佛燕京学社引得编纂处出版的《春秋经传注疏引书引得》(1937)、《毛诗注疏引书引得》(1937)、《文选注引书引得》(1935，上海古籍出版社1990年影印)、段书安编《史记三家注引书索引》(中华书局，1982)、许逸民编《初学记索引》(中华书局，1980)等。

索引的索引，有卢正言主编《中国索引综录》(上海辞书出版社，2000)，收录1900年至1998年中国各种公开或内部出版的社会科学索引文献，以及日本等国出版和发表的部分汉籍索引，共3192种。

（三）类书

类书大多数分门别类地汇辑资料，因此性质与百科全书相近，是中国古籍中很重要的工具书。现存最早的完整的类书，是唐代欧阳询主编的《艺文类聚》。现存类书有300种左右，著名的如徐坚等编《初学记》、宋代李昉等编《太平御览》、王钦若和杨亿等编《册府元龟》、吴淑编《事类赋》、南宋末陈元靓编《事林广记》、明代解缙等编《永乐大典》、清代陈梦雷等编《古今图书集成》等。

（四）丛书

丛书将单行的图书汇集在一起，因而也便于查找资料。大型的综合类丛书有《古逸丛书》《续古逸丛书》《古逸丛书三编》《四库全书》《四库全书存目丛书》《四库禁毁书辑刊》《续修四库全书》《四部丛刊》《四部备要》《北京图书馆古籍珍本丛刊》《丛书集成初编》《丛书集成续编》《丛书集成新编》等。

（五）政书、会要和会典

政书专门记载典章制度，也是分门别类地汇编资料，因而是常用的检索典章制度方面的工具书。我国古籍有"十通"之说，即"三通典""三通志"加"四通考"（"三通典"指唐杜佑撰著的《通典》、清乾隆年间官修的《续通典》和《清朝通典》，"三通志"指宋代郑樵撰著的《通志》、清乾隆年间官修的《续通志》和《清朝通志》，"四通考"指元代马端临撰著的《文献通考》、清乾隆年间官修的《续文献通考》和《清朝文献通考》，以及民国时期刘锦藻撰著的《清朝续文献通考》）。上海商务印书馆在1935年至1937年影印"十通"合刊本，另配有《十通索引》，为关键词索引，按四角号码编排。

"十通"属通史型政书，而断代型政书称"会要"或"会典"。会要主要有《春秋会要》《七国考》《秦会要》《西汉会要》《东汉会要》《三国会要》《稿本晋会要》《宋齐梁陈会要》《唐会要》《五代会要》《宋会要辑稿》《明会要》等。上海古籍出版社整理出版了先秦至清代各个时期的会要，总称《历代会要丛书》。会典主要有《唐六典》《元典章》《明会典》《清会典》等。

（六）字典、词典

古籍中有专门字词训释类的词典，如汉代的《尔雅》《方言》《释名》《说文解字》等。后代有纂集这类资料的著作，如清代阮元编纂的《经籍籑诂》，武汉大学古籍研究所在《经籍籑诂》基础上全面搜集先秦至清末的训释资料，编成《故训汇纂》（商务印书馆，2003），使用方便。其他尚有于省吾主编《甲骨文字诂林》（中华书局，1996）、容庚编《金文编》（科学出版社，1959），周法高主编《金文诂林》（香港中文大学出版社，1975），李圃主编《古文字诂林》（上海教育出版社，2003），谢纪锋编《虚词诂林》（商务印书馆，2015）等。还有一些专书的训释资料汇编，如丁福保编纂的《说文解字诂林》（中华书局，1988），朱祖延编《尔雅诂林》（湖北教育出版社，1996，2014），徐复编《广雅诂林》（江苏古籍出版社，1992，1998），徐在国编《楚帛书诂林》（安徽大学出版社，2010）等。

现当代出版的词典主要有《辞源》（修订本）、《辞海》及《汉语大词典》等。

（七）图录和表谱

以图像为主体，辅以文字说明的工具书，称图录，又称图谱。古代的图录，主要有北宋吕大临撰《考古图》（中华书局，1987 年影印），北宋王黼撰《宣和博古图》，明代王圻、王思义父子编撰《三才图绘》（上海古籍出版社，1988 年影印）。现当代编著出版的图录种类繁多，有绘画、雕塑、器物、建筑、服饰等，如北京图书馆编《中国版刻图录》（文物出版社，1961 年增订本），中国历史博物馆编《中国古代史参考图录》（上海教育出版社，1987—1991，全 9 册），中国人民银行编《中国历代货币》（新华出版社，1982），孙机著《汉代特质文化资料图说》（文物出版社，1991），上海戏曲学校编《中国历代服饰》（学林出版社，1984），沈从文编著《中国古代服饰研究》（上海书店出版社，2002），高春明著《中国服饰名物考》（上海文艺出版社，2001），等等。

用编年、表格等形式来揭示时间概念或谱列历史事实的工具书，称表谱。表谱起源甚早，《史记》中谈到《五帝系谱》《春秋历谱牒》等早期谱牒，司马迁仿效这些谱牒，创史书中的"表"体。《史记》中有《三代世表》《十二诸侯年表》等十表，《汉书》有八表，后代纪传体史书也多有表体。还有很多专门性的表谱，如查地理沿革的，有清陈芳绩编《历代地理沿革表》；查人物的，如张慧剑编《明清江苏文人年表》（上海古籍出版社，1986）等。

思考与练习

1. 举例说明如何恰当运用检索手段，解决实际研究中的问题。
2. 举例说明索引工具书的不同种类及其适用场合。
3. 什么是"十通"？古人对《通典》《通志》《文献通考》有哪些评价？

第四节　古籍检索的方法

古籍检索的主要对象有书籍、人物、地名、职官、历史事件、典故等。古籍检索的工具从材料方面划分有两种：一是纸质文献检索，二是电子文献检索。相对而言，纸质文献的检索方法是基础，而随着科学技术的不断进步，更多电子检索方法的出现，正极大改变着古籍检索乃至古籍研究的面貌。

一、纸质文献的检索途径

（一）书籍

查找书籍主要包括查找书名、版本、篇目和作者四项。除了查阅古人所著各种目录学著作外，还可查阅下列现当代编纂的各种书目。

海内外各图书馆馆藏书目，如《中国古籍总目》《北京图书馆普通古籍总目》《国学图书馆图书总目》《江苏省立国学图书馆现存书目》《四川省图书馆馆藏古籍书目》《北京师范大学图书馆中文古籍书目》《杭州大学图书馆线装书总目》《台湾公藏普通本线装书目书名索引》等。近年来，国家图书馆组织进行各地图书馆书目的普查登记工作，已相继出版《国家图书馆古籍普查登记目录》以及首都、福建省、贵州省等图书馆的《古籍普查登记目录》，未来还将继续覆盖到全国各大型图书馆。

善本书目，如《中国古籍善本书目》（上海古籍出版社自 1989 年到 1996 年陆续出版）、《中国善本书提要》（王重民著，上海古籍出版社，1983）、《北京图书馆古籍善本书目》（书目文献出版社，1987）、《中南西南地区省市图书馆馆藏古籍稿本提要》（阳海清主编，华中理工大学出版社，1998）、《台湾公藏善本书目书名索引》（"国立中央图书馆"编印，1971）等。不少大学图书馆，如北京大学图书馆、山东大学图书馆、贵州师范大学图书馆、香港中文大学图书馆等，也相继出版了馆藏古籍善本书目。

版本书目。除一般著录版本的书目之外，要了解某部古籍版本在前人目录学著作中记述的情况，可以查阅罗传国、胡平编《古籍版本题记索引》（上海书店，1991）。所谓版本题记，指与古籍版本有关的书目、题跋、读书志、书影等，此书以晁公武的《郡斋读书志》、陈振孙的《直斋书录解题》、黄丕烈的《荛圃藏书题识》、傅增湘的《藏园藏书题记》、张元济的《涉园序跋集录》、北京图书馆的《中国版刻图录》等共 102 种目录学著作作为检索对象，编有书名索引和著者索引。

丛书目录索引，有《中国丛书综录》（上海古籍出版社，1982）、阳海清编《中国丛书广录》（湖北人民出版社，1999）、《中国丛书综录补正》（江苏广陵古籍刻印社，1981）、施廷镛编《中国丛书综录续编》（北京图书馆出版社，2003）、《中国近代现代丛书目录》（上海图书馆编印，1979）、王宝先编《台湾各图书馆现存丛书子目、作者索引》（台湾成文出版社，1977）等。

查考篇目及作者，可利用的索引有：《全上古三代秦汉三国六朝文篇名目录及作者索引》（中华书局编印，1965），《先秦两汉魏晋南北朝诗作者篇目索引》（常振国、降云编，中华书局，1988），《全唐文篇名目录及作者索引》（马绪传编，中华书局，1985），《全唐诗索引》（作者篇名索引）（史成编，上海古籍出版社，1990），《〈全宋诗〉1～72 册作者索引》（许红霞主编，北京大学出版社，1999），《全宋词作者词调索引》（高喜田、寇琪编，中华书局，1991），《词话丛编索引》（人名、书名索引）（李复波编，中华书局，1991）。

此外，一些大型类书和丛书如《初学记》《艺文类聚》《文苑英华》《太平广记》《永乐大典》《古今图书集成》《四库全书》等，都有相应的索引出版。中华文化复兴运动推广委员会四库全书索引编纂小组编有几种《四库全书》分类索引：《四库全书文集篇目分类索引：学术文之部》《四库全书文集篇目分类索引：杂文之部》《四库全书文集篇目分类索引：传记文之部》于 1989 年出版。

（二）人物

关于人物的资料可以查考的途径很多，以下分类加以列举。

1. 传记资料索引

《二十四史纪传人名索引》，张枕石、吴树平编，中华书局，1980。

《二十五史纪传人名索引》，上海古籍出版社和上海书店编，上海古籍出版社，1990。

《二十四史人名索引》，中华书局编印，1998。

《二十五史人名索引》，中华书局编印，1956。

《春秋左传集解》附录《春秋左传人名索引》，上海人民出版社编印，1977。

《国语》后附《国语人名索引》，上海师范大学古籍整理组编，上海古籍出版社，1978。

《两汉不列传人名韵编》，庄鼎彝编，商务印书馆，1935。

《三国志人名录》，王祖彝编，商务印书馆，1956。

《资治通鉴人名索引》，［日］佐伯富主编，日本京都大学东洋史研究会，1961。

《唐五代人物传记资料综合索引》，傅璇琮等编，中华书局，1982。

《四十七种宋代传记综合引得》，哈佛燕京学社引得编纂处编印，1939，上海古籍出版社 1986 年影印，中华书局 1987 年影印。

《宋人传记资料索引》，昌彼得等编，台北鼎文书局，1977 年增订版，中华书局影印。

《辽金元传记三十种综合引得》，哈佛燕京学社引得编纂处编印，1940，上海古籍出版社 1986 年影印，中华书局 1987 年影印。

《元人传记资料索引》，王德毅等编，台北新文丰出版公司，1979—1982，中华书局 1987 年影印。

《八十九种明代传记综合引得》，田继综编，哈佛燕京学社引得编纂处，1935，上海古籍出版社 1986 年影印，中华书局 1987 年影印。

《明遗民传记索引》，谢正光编，上海古籍出版社，1992。

《三十三种清代传记综合引得》，杜联喆、房兆楹编，哈佛燕京学社引得编纂处，1932，上海古籍出版社 1986 年影印，中华书局 1987 年影印。

《清代传记丛刊索引》，周骏富编，台北明文书局，1985。

《清代碑传文通检》，陈乃乾编，中华书局，1959。

《清史稿纪表传人名索引》，何英芳编，中华书局，1996。

《辛亥以来人物传记资料索引》，王明根主编，上海辞书出版社，1990。此书收录活动于 1911—1949 年各类人物 1.8 万人。

《四库全书传记资料索引》，商务印书馆，1991。

此外，中华书局和上海古籍出版社从 20 世纪 70 年代后期到 90 年代，陆续出版了二十四史各史人名索引，如《史记人名索引》《新旧唐书人名索引》《明史人名索引》等，都是根据中华书局点校本二十四史编制的。

2. 年谱与家谱

《中国历代年谱总录》（增订本），杨殿珣编，书目文献出版社，1996。

《中国历代人物年谱考录》，谢巍编撰，中华书局，1992。

《近三百年人物年谱知见录》，来新夏著，上海人民出版社，1983。

《中国家谱综合目录》，国家档案局二处、南开大学历史系和中国社会科学院历史所合作编纂，中华书局，1997。书后附地区索引。

《上海图书馆馆藏家谱提要》，上海图书馆编，上海古籍出版社，2000。书后附《分省地名索引》《堂号索引》《人名索引》。

3. 方志

《宋元方志传记索引》，朱士嘉编，中华书局上海编辑所，1963，上海古籍出版社，1986 年新 1 版。

《中国地方志宋代人物资料索引》，沈治宏、王蓉贵编，四川辞书出版社，1997。

《中国地方志宋代人物资料索引续编》，王蓉贵、沈治宏编，四川辞书出版社，2002。

《天一阁藏明代方志选刊》附《天一阁藏明代方志选刊人物传记资料索引》，华东师范大学图书馆编，上海书店，1996。

《北京天津地方志人物传记索引》，高秀芳等编，北京大学出版社，1987。

《广西方志传记人名索引》，广西通志馆旧志整理室、广西社会科学院情报所编，广西人民出版社，1989。

商务印书馆 1934—1936 年影印《畿辅通志》《浙江通志》《湖北通志》《湖南通志》《广东通志》等 6 种通志，都附有关键词索引，可以从中查找人名。

4. 文集中的人物资料索引

《全唐文篇目分类索引》，冯秉文主编，中华书局，2001。

《全宋文篇目分类索引》，吴洪泽主编，四川大学出版社，2014。

《宋代文集索引》，［日］佐伯富编，日本京都大学东洋史研究会，1970。

《宋人文集篇目分类索引》，邓广铭、张希清主编，中华书局，2013。

《元人文集史料索引》，〔日〕安部健夫编，日本京都大学人文科学研究所，1960。

《元人文集篇目分类索引》，陆峻岭编，中华书局，1979。

《清代文集篇目分类索引》，王重民、杨殿珣等编，中华书局，1965。

《清人文集篇目分类索引全编》，杨忠、漆永祥主编，尚未出版。

5. 石刻资料

《石刻题跋索引》（增订本），杨殿珣编，商务印书馆，1990。

《四十年出土墓志目录》，荣丽华编集，王世民校订，中华书局，1993。此书共收录 1949—1989 年出土的东汉至清代墓志 1464 件。书后附《志主及撰书人综合索引》。

《陕西石刻文献目录集存》，李慧主编，三秦出版社，1990。

6. 人物生卒年工具书及其他

《中国古代名人生卒·历史大事年谱》，清吴荣光撰，陈垣校注，北京图书馆出版社，2002。收录汉高祖元年至清道光二十三年的历史名人生卒年表。

《历代人物年里碑传综表》，姜亮夫编，中华书局，1959。此书专门考订人物生卒年，收录孔子至卒于 1919 年的历代人物约 1.2 万人。书后有人名索引。

《中国历史人物生卒年表》，吴海林、李延沛编，黑龙江人民出版社，1981。

《释氏疑年录》，陈垣撰，中华书局，1964。考订晋代至清初僧人 2800 人的生卒年。

《清代人物生卒年表》，江庆柏编，人民文学出版社，2005。考证清代 2.5 万人生卒年及字号、籍贯。

《明清进士题名碑录索引》，朱保炯等编，上海古籍出版社，1980。明清两代举行过进士考试 201 科，取中进士 51 624 人。此书揭示每个进士的籍贯、考中年份和甲第。

《清朝进士题名录》，江庆柏编，中华书局，2007。考证清代约 2 万名进士的籍贯、甲第、名次等，并附有人名索引。

《唐五代五十二种笔记小说人名索引》，方积六、吴冬秀编，中华书局，1992。

7. 人名辞典、别名索引

《中国人名大辞典》，臧励龢等编，商务印书馆，1921，上海书店 1980 年影印。

《古今同姓名大辞典》，彭作桢编，好望书店，1936，上海书店 1983 年影印。

《历代名人并称辞典》，龙潜庵、李小松、黄昏编著，上海辞书出版社，2001。

《民国人物大辞典》，徐友春主编，河北人民出版社，1991。

《中国人名大词典》，上海辞书出版社，1989—1992。

《中国历代人名辞典》（增订本），邱树森主编，江西教育出版社，1989。

《二十五史人名大辞典》，黄慧贤主编，中州古籍出版社，1997。

《中国佛教人名大辞典》，《中国佛教人名大辞典》编委会，上海辞书出版社，1999。

《中国人名异称大辞典》，尚恒元、孙安邦主编，山西人民出版社，2002。

古代历史人物，有名，有字，有号，还有室名、排行、封号、谥号等，有关人物别名的索引如下。

《古今人物别名索引》，陈德芸编，长春市古籍书店 1982 年影印。

《室名别号索引》（增订本），陈乃乾编，丁宁等补编，中华书局，1982。

《明人别名字号索引》，王德毅编，台北新文丰出版公司，2000。

《明人室名别称字号索引》，杨廷福、杨同甫编，上海古籍出版社，2002。

《清人室名别称字号索引》（增补本），杨廷福、杨同甫编，上海古籍出版社，2001。

《历代名人室名别称字号辞典》（增订本），池秀云编撰，山西古籍出版社，1998。

《历代人物谥号封爵索引》，杨震方、水赉右编，上海古籍出版社，1996。

《中国古代文学家字号室名别称词典》，张福庆编，华文出版社，2002。

《中国历代书画篆刻家字号索引》，商承祚、黄华编，人民美术出版社，1960。

此外，检索历史人物的图像，可以查阅：上海人民美术出版社编《明清人物肖像图画选》（上海人民美术出版社，1982），苏州大学图书馆编《中国历代名人图鉴》（上海书画出版社，1987），瞿冠群、华人德主编《中国历代人物图像索引》（江苏教育出版社，1994），华人德编《中国历代人物图像集》（上海古籍出版社，2004）等。

（三）地名

古今地名及管辖区域有很多变化，历史地名检索，可以帮助我们解决古籍中的地名所在方位及其历史建置沿革，以及今天在何地、称何名。可查考下列索引。

《中国古今地名大辞典》，臧励龢等编，商务印书馆，1931。

《中国历史地名辞典》，复旦大学历史地理研究所等编，江西教育出版社，1986。

《中国历史地名大辞典》，魏嵩山主编，广东教育出版社，1995。

《中国古典诗词地名辞典》，魏嵩山主编，江西教育出版社，1989。

《中国地方志联合目录》，中国科学院北京天文台主编，中华书局，1985。

《史记地名索引》，嵇超等编，中华书局，1990。

《汉书地名索引》，陈家麟、王仁康编，中华书局，1990。

《后汉书地名索引》，王天良编，中华书局，1988。

《三国志地名索引》，王天良编，中华书局，1980。

《元和郡县图志》附地名索引，中华书局，1983。

《太平寰宇记索引》，王恢编，台湾文海出版社有限公司，1975。

《嘉庆重修一统志》附索引，《四部丛刊续编》本，中华书局影印，1986。

《中国历史地图集》，谭其骧主编，地图出版社，1982—1989 年修改增订。该书自原始社会至清代，共分八册，各册附地名索引。

（四）其他

1. 职官

《历代职官表》，清纪昀等编，上海古籍出版社，1989。

《历代职官表》，清黄本骥编，上海古籍出版社，1980 年新 1 版。

《简明古代职官辞典》，孙永都、孟昭星编著，北京图书馆出版社，1987。

2. 年代

中国历史年代纪年法多用王位、年号和干支纪日，中西历换算问题也要依靠工具书。

《中国历史纪年表》，万国鼎编，万斯年、陈梦家补订，商务印书馆，1956。

《中国历史纪年》，荣孟源编，生活·读书·新知三联书店，1956。

《公元干支推算表》，汤有恩编，文物出版社，1961。

《二十史朔闰表》，陈垣编，中华书局，1962。

《中国历史纪年表》，方诗铭编，上海辞书出版社，1980。又见《辞海》附录。

《中国史历日和中西历日对照表》，方诗铭等编，上海辞书出版社，1987。

3. 历史事件

古代史书中的纪事本末体，可以用来查考历史事件，如宋袁枢的《通鉴纪事本末》、清高士奇的《左传纪事本末》，以及《宋史纪事本末》《辽史纪事本末》《金史纪事本末》《西夏纪事本末》《元史纪事本末》《续通鉴纪事本末》《明史纪事本末》《三藩纪事本末》《清史纪事本末》等。

纪传体史书的索引，也可用于查考历史事件。例如，哈佛燕京学社引得编纂处在 20 世纪三四十年代编印《史记及注释综合引得》《汉书及补注综合引得》《后汉书及注释综合引得》《三国志及裴注综合引得》，黄福銮编《史记索引》《汉书索引》《后汉书索引》《三国志索引》（香港中文大学，1963—1973）等。

还可以利用各种历史大事年表，如翦伯赞主编《中外历史年表（公元前 4500 年—公元 1918 年）》（中华书局，1961），沈起炜编著《中国历史大事年表（古代史卷）》（上海辞书出版社，1983），张习礼等主编《中国历史大事编年》（北京出版社，1987），虞云国等编《中国文化史年表》（上海辞书出版社，1990）等。

4. 典故

古籍尤其是诗文作品中，典故很多。查考典故的出处，除《辞源》《辞海》等综合性词典以外，还可以利用一些专门的词典，如《汉语成语大词典》《中国成语大辞典》《汉语成语考释词典》《古书典故辞典》《全唐诗典故辞典》《全宋词典故辞典》《全宋词典故考释辞典》《全元散曲典故辞典》《中国古代名句辞典》等。

类书也是常用的查找典故的工具书，如《艺文类聚》《古今图书集成》《佩文韵府》《骈字类编》等。

二、纸质文献的检索方法

古籍纸质文献的检索方法主要有以下五种。

第一，部首法。汉字多有部首，按部首排字，创始于东汉学者许慎，《说文解字》设立 540 个部首。后代字典大多采用此法，如梁代顾野王的《玉篇》、辽释行均的《龙龛手鉴》、明梅膺祚的《字汇》、清《康熙字典》，以及现代编的《辞海》《汉语大词典》等。

第二，笔画法，就是以笔画数的多少为序排检汉字的方法。用这种方法编制的索引有《十三经索引》（重订本，中华书局，1983）、《经籍籑诂》索引（成都古籍书店，1982）、《说文解字》后附检字（中华书局，1963），以及《汉语大字典》的《笔画检字表》等。

第三,音序法。隋代陆法言的《切韵》,是现在能考知的最早按音序排列的字典。后代大多数韵书都用音序法,如宋代的《广韵》《集韵》,金代的《平水韵略》,清代的《佩文韵府》《经籍籑诂》等。

我国语音史上有"三十六字母"之说,这是唐宋之际汉语"雅言"的声母系统。有些工具书根据三十六字母来排序,如清王引之的《经传释词》,现代裴学海的《古书虚字集释》等。

韵目法和字母法对于今人来说使用起来都很不方便,因此用这些方法排序的工具书今天重印时大都附有四角号码法、笔画法等编制的索引。现代编纂索引,则通用拼音音序法,颇为便利。

第四,号码法,特指四角号码检字法。现代出版的古籍索引常用此法,如《十三经索引》后所附检字,《全唐文》所附作者索引以及《全唐诗索引》《二十五史纪传人名索引》《中国丛书综录》等,因此掌握此法非常重要。

第五,分类法,即将字词根据意义分类排列的方法。西汉初期的词典《尔雅》就用的是分类法。古代的类书、政书大都用分类法排列。这种方法检索起来比较费力,因为古代类书的分类往往类目纷繁,时有重复,查检不便。比如,宋代编成的类书《太平御览》,分 55 部,5363 类,有些类又有附类,总共有 63 个附类,合类与附类共有 5426 类。不同部有重复之类,如卷三十五"时序部"和卷八百七十九"咎征部"都有"旱"类,卷一百八十八"居处部"和卷七百六十七"杂物部"都有"瓦"类。有的在同部中也有重复现象,如"太白山"和"岷山"两类列于"地部",重复出现在卷四十和卷四十四中。历代政书也大多分类排列,如《通典》分食货、选举、职官、礼、乐、兵、刑、州郡、边防九典,每典下又分若干子目。

三、电子文献的检索途径

本书所说的电子文献,特指电子古籍文献。传统的电子古籍以光盘为载体,清代以来一些重要的丛书、类书,如《景印文渊阁四库全书》《四部丛刊》《古今图书集成》等,均制作了光盘版,今人也整理制作了《汉籍全文检索系统》(陕西师范大学袁林主持)、《国学宝典》(北京国学时代文化传播公司尹小林研制)等光盘版古籍检索软件,用户可在计算机上使用。

随着时代的发展,光盘正逐渐退出主流电子文献的舞台。相比于光盘,网络数据库具有占用硬盘资源少、不受时空条件限制等诸多优势,目前正取代光盘版而成为更为普及也更为实用的电子文献。本节主要介绍一些有价值的网络电子文献数据库及检索平台。

电子文献的检索无疑为我们进行学术研究提供了前所未有的便捷条件,但是检索什么和如何处理检索结果,还需要研究者充分发挥自身的智慧和才能。

(一)中国基本古籍库

中国基本古籍库是由爱如生数字化技术研究中心开发的综合类古籍数据库,由刘俊文教授总编纂,黄山书社出版发行。该数据库分为经、史、子、集四个子库,20 个

大类，100 个细目，收录自先秦至民国时期文献 1 万多种，1.5 万余种重要版本，16
万卷，总计 17 亿字。同时附有文本对照的书影，计 1200 万页、320G。

　　用户需下载客户端使用，一般由各高校、研究机构购买，读者需在相应 IP 地址下
访问。检索时可通过书名、作者、时代、版本、篇目等信息进行条目检索，亦可根据
字词进行全文检索（包括二级检索、逻辑检索）。检索结果不可直接复制，但检索页
面有打印按钮，也可将相关电子文本复制到剪贴板使用，但有字数限制。图 7-1 是在
中国基本古籍中搜索"李白"后的一个检索结果界面，点击上方功能按钮，可实现版
本对照、标点批注、分类收集等功能。

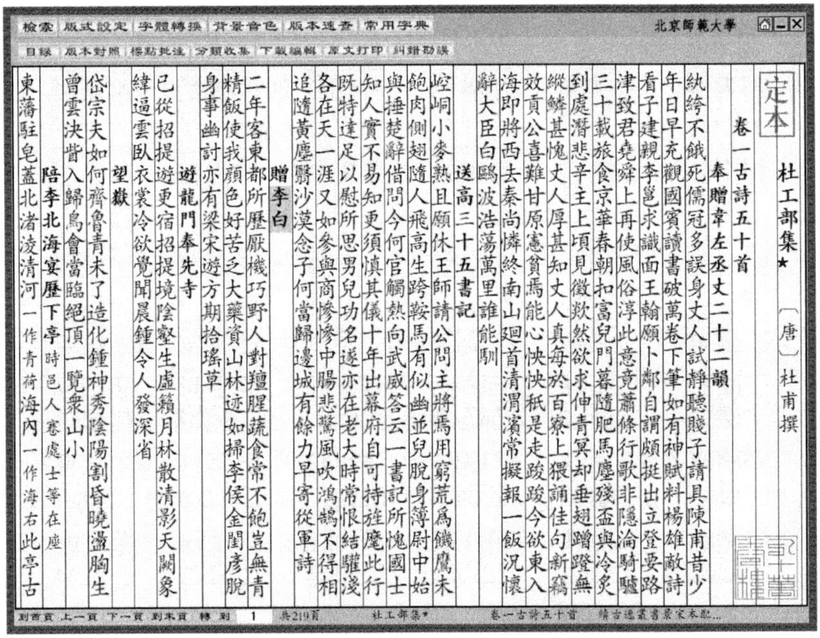

图 7-1　中国基本古籍库全文检索结果界面

（二）瀚堂典藏数据库

　　瀚堂典藏数据库是由北京时代瀚堂科技有限公司开发的综合类古籍数据库。该数
据库亦分经、史、子、集四部，另附有出土文献、敦煌文献等专题文献库以及近代报
刊库等 14 个分库。全库收录 15000 多种古籍，25000 种民国报刊，总计 40 亿字，大多
数文本附有对照的书影。

　　用户可搜索"瀚堂典藏数据库"，直接在该数据库的网页上检索，检索时需登录，
不少高校等购买成为机构用户，在校内 IP 地址下可直接访问检索。检索时可根据标
题、书目、全文、出处四种方式进行书目、条目、全文等的检索。点击检索结果可跳
转到书籍对照界面，文字及图片均可直接复制或保存，在使用时较为便利。图 7-2 是
瀚堂典藏数据库的检索结果界面，该界面可实现图文对应。

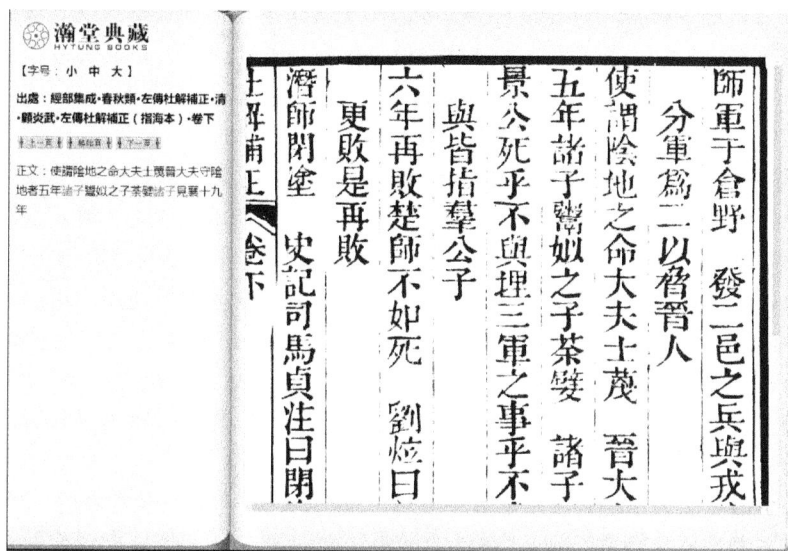

图 7-2　瀚堂典藏数据库的检索结果界面

（三）中华经典古籍库

中华经典古籍库是由中华书局旗下古联（北京）数字传媒科技有限公司开发的古籍数据库。该数据库基于中华书局点校出版的古籍整理图书建设而成，包括二十四史、新编诸子集成、史料笔记丛刊、古典文学基本丛书等。因而不同于以 OCR（光学字符识别）识别方式识读的古籍，该数据库的文献校勘质量较优。而且该数据库还在不断整合其他古籍专业出版社的整理本古籍文本数据，截至 2016 年年底，已整合凤凰出版社、巴蜀书社、齐鲁书社、华东师范大学出版社、天津古籍出版社、辽海出版社的数字资源，规模在 1274 种古籍，7.5 亿字左右。

用户可搜索"中华经典古籍库"，直接在网页上检索，使用时需注册并购买，否则仅可检索以及阅读部分开放的免费资源，不能全文阅读。此数据库的检索系统具有全文检索、二次检索、逻辑检索等功能。检索结果可以使用复制、笺注、纠错等功能，但复制时有字数限制。本数据库有如下特色。第一，建设了专名词库，将人名、事件、地点、职官等专名分类标引，形成知识库，比如检索人名时可以关联字号、籍贯等信息。第二，可以自动生成引用格式，包括中华书局原出版物的版本信息、页码等，便于撰写论文时引用。第三，设计了分类主题词表，包括科技、天文、岁时、经济、文学、音乐、选举等诸多大类，大类下又各分小类，其中的主题词会显示相关信息，如书籍作者、成书时间、事件地点、人物等，该主题词表目前尚不完善，正在建设中。此外，中华经典古籍库亦有微信版，在数字化时代更便于使用。

（四）国家图书馆数字古籍资源

2007 年以来，国家图书馆开启了"中华古籍保护计划"，该项目目前主要有两大成果："全国古籍普查登记基本数据库"和"中华古籍资源库"。

"全国古籍普查登记基本数据库"是致力于全面呈现全国古籍存藏情况，截至

2016 年 9 月，已发布 96 个单位的 388963 部、587347 册古籍的普查数据。该数据库主要功能是便于读者检索到所需书籍的馆藏地、版本信息、册书、存缺卷数、收藏单位的索书号等信息，实现"一站式"图书馆联合查询。但是目前因为参与单位尚有限，因而检索效果并不十分理想，期待未来更多古籍收藏机构的参与。

"中华古籍资源库"以国家图书馆所藏善本胶片为基础，将善本缩微胶片转换为电子图像。截至 2016 年，已发布的古籍善本书影计 10975 部，91467 册，占国家图书馆所藏善本资源的三分之一。国家图书馆将逐步推进善本资源的免费阅读工作。

目前，两个数据库都需要在国家图书馆网站读者门户登录后使用，用户可在线注册，若在国家图书馆现场注册，则能开放更多国家图书馆购买的数据库的访问权限（如"中国知网"镜像版等），建议现场注册。注册账户后，可在"中华古籍资源库"中免费阅读古籍善本的全本书影。但目前只能根据书名、作者、索书号检索，不能实现全文检索，书影亦不可直接保存。

此外，国家图书馆还开放了"数字方志""宋人文集""徽州善本家谱""哈佛大学哈佛燕京图书馆善本特藏资源""东京大学东洋文化研究所汉籍全文影像数据库"等古籍图片资料库，使用方法类似"中华古籍资源库"，可全文阅读，但不提供全文检索及下载。图 7-3 是中国国家图书馆网站的界面，读者可以通过"读者门户登录注册"进入各类数字资源库。

图 7-3　中国国家图书馆网站首页界面

（五）学苑汲古——高校古文献资源库

"学苑汲古"由北京大学牵头，联合国内 23 家高等院校图书馆合力建设而成，汇集了高校古文献资源的信息资源。读者可通过该网络平台检索国内主要高校图书馆馆藏古籍的版本信息以及索书号信息。其功能类似于中国国家图书馆的"全国古籍普查

登记基本数据库",但目前对高校图书馆古籍馆资源信息的整理程度优于中国国家图
书馆的普查库。

"学苑汲古"可以通过题名、作者、出版者、主题词、典藏号、出版地等信息对馆
藏古籍资源进行检索,亦可实现多检索项之间逻辑关系的高级检索。检索结果会以目
录形式出现,部分古籍会配有一至两幅书影。该数据库不能直接获取古籍文本资源,
但可为读者寻找书籍及版本提供参考。由于"学苑汲古"属于中国高等教育文献保障
系统(CALIS)三期建设的子项目之一,因此部分高校图书馆之间可以实现馆际文献
的复制传递,这是此数据库的优势所在。图7-4表现的是中国国家图书馆"读者门户"
中可使用的部分电子资源。

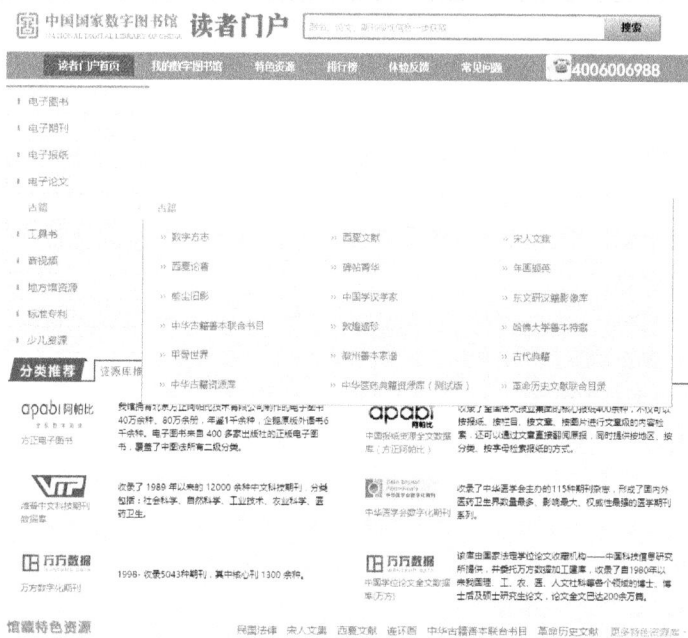

图7-4 中国国家图书馆"读者门户"中可使用的部分电子资源

(六)汉籍电子文献——瀚典全文检索系统

"汉籍电子文献"是我国台湾地区建设的古籍文献资料库,该数据库主体部分由"汉
籍全文资料库"构成(包含二十五史、十三经等),亦延伸包括"古汉语语料库""台湾文
献丛刊"(台湾方志、台湾档案等)、"近代史全文资料库"、(需要提出申请)"清代经世文
编"等数据库,收录历代典籍1044种,6.7亿字,但部分内容的检索需付费。

汉籍全文资料库可全文检索,亦支持高级检索,检索结果以原文电子文本形式呈
现,不提供书影。网站还附有书目浏览功能,部分文献可全文阅读。

(七)古籍与特藏文献资源资料库

我国台湾地区自1990年起开始进行文献数字化工作,先后推出古籍影像检索、金

石拓片检索、家谱等子系统，2013 年整合为"古籍与特藏文献资源"资料库，截至 2016 年年底，该数据库收录资料 771650 笔，古籍影像约 6528494 页，金石拓片影像 21076 幅，并于 2017 年 1 月正式对外开放。

读者可以浏览及检索该资料库上的古籍资源，特别是可检索部分仅存台湾的稿钞本、孤本，多数附有书影，可全文阅读，但不提供下载。

（八）东京大学东洋文化研究所汉籍善本全文影像资料库

东京大学东洋文化研究所汉籍善本全文影像资料库由日本东京大学东洋文化研究所建设，宗旨是构筑一个理想的国际性连接善本汉籍影像资料库。截至 2009 年 3 月，该数据库收录了 4019 种可在世界范围内浏览的古籍，611 种日本特定机构可浏览的古籍。

读者可根据书名或内容分类检索，内容分类使用四部分类法。检索结果中标有"文"者可全文浏览并下载影印本或排印版古籍资源。标有"彩"者可全文浏览并下载古籍扫描版书影。此资料库最大的优点在于可直接下载古籍书影。

此外，东京大学东洋文化研究所还有"双红堂文库"全文影像资料库，以收藏小说类文献为主，可下载的古籍扫描书影资料相对前者偏少。

（九）日本早稻田大学图书馆藏汉籍善本

日本早稻田大学图书馆馆藏部分汉籍善本资源，读者可在其网站以书名或作者信息检索，多数检索结果可以点击图片链接进入下载界面，提供分卷的扫描版书影下载，使用极为便利。

此外，该网站还会定期推出一些专题页面，以日本与中国古代图片、书影为主，提供介绍式的浏览与下载。

（十）日本国会图书馆

日本国会图书馆所藏的汉籍资料，亦在其网站公布扫描版书影，就馆藏数量来说，较之东京大学与早稻田大学的收藏更为丰富。该网站提供全书阅读，但不直接提供整本古籍电子版的下载功能，有需要的读者可在网站上分页将书影保存为图片（可选择缩放比例）或选择打印（有不得超过 50 页的限制）。

（十一）日本"公文书馆"

日本"公文书馆"中的"内阁文库"藏有汉籍文献，在其网站公布了部分所藏古籍的全文图像资料。读者检索时可以通过勾选条件框，直接检索提供扫描版书影的古籍资源。该网站提供了电子文档和图片两种格式的保存方式，使用时较为便利。

（十二）日本"宫内厅书陵部收藏汉籍集览"

日本宫内厅书陵部收藏汉籍集览收录藏于宫内厅的汉籍古籍，其优点在于所有文本除了可以全文浏览影像版之外，还有书志详细著录各书的封面、装帧、版式、题识等信息，因而更具研究价值。截至 2016 年，该网站已上传了日本 14 世纪以前的旧抄本和宋刊本汉籍，可惜目前仅有 100 多种。但预计该项目日后仍会继续更新。

（十三）韩国古典综合数据库

韩国古典综合数据库由韩国古典翻译院建设，内容包括"古典翻译书""古典原文""韩国文集丛刊""朝鲜王朝实录""承政院日记"和"日省录"，所藏汉籍数量较为丰富。该数据库收录古籍以韩文编目，大多可在线浏览全文影像，部分有中文电子文本。使用者若习韩语，可事半功倍。

（十四）美国哈佛燕京图书馆藏中文善本

美国哈佛大学图书馆中国学研究导览界面下的"数字项目"中，包含了哈佛燕京图书馆中文善本特藏的数个数据库，包括经、史、子、集、丛书、稿钞本、孤本、民国文献等数据库，总计 8400 多种，全部可开放获取，读者可点击"view online"按钮在线阅读全书的扫描书影，亦可点击"print"按钮，将全书（或指定页）转换为 pdf 文档保存（需提供邮箱地址，由后台发送下载链接到所提供的邮箱中）。

此外，该网站还提供了"中国旧海关资料""中国珍稀旧方志""拓片""老照片""明清妇女著作"等书籍及影像资料，均为开放获取。

（十五）中国历代人物传记资料库

中国历代人物传记资料库，简称"CBDB"，由哈佛大学费正清中国研究中心、北京大学中国古代史研究中心等机构合作建设，目标是系统地收录中国历史上所有重要的传记资料，并且无限制、免费地公诸学界。截至 2016 年 4 月，该资料库共收录自 7 世纪至 19 世纪约 37 万人的传记资料。

该资料库是一种关系型数据库，支持进行人物与亲属关系、籍贯、职官、社会身份等信息之间关系的查询，以此发现并解决学术研究中涉及历史人物的诸多问题，目前已有不少应用该资料库而完成的优秀报告与论文。该资料库支持在线查询，亦开放下载单机版，单机版的查询功能比在线版更丰富。

此外，哈佛大学还开发了中国历史地理信息系统（China Historical Geographic Information System），并提供数据集的免费下载，但读者需有一定计算机专业功底才能使用该数据。

（十六）中国哲学书电子化计划

中国哲学书电子化计划由哈佛大学德龙博士创办，该网站是一个在线电子图书馆，将中国古籍数字化呈现（不仅限于哲学，亦收录了《文心雕龙》、通俗小说、《全唐诗》等文学文献）。目前已收录文献 30000 部、50 亿字，分为"先秦两汉"与"汉代之后"两大部分，先秦两汉按儒、墨、道、法等主题分类，汉代之后按魏晋、隋唐、宋明等时代分类，可实现全文检索，也可限定一定检索范围部分检索。

该网站基于维基技术框架构建，提供收录文献的数字化文本资料，不提供图片资料。此数据库的一个特色是支持对文献引文的关联，如检索《论语·学而》时，可自动查找其他收录文献中提到该篇的文本资料。此外，此网站可通过文本挖掘技术，自动实现对数据库中相似段落的提取，对于史源学的考察有所助益。

（十七）明清妇女著作数据库

明清妇女著作数据库由加拿大麦吉尔大学与哈佛大学及中国部分高校合作建设。截至 2016 年年底，该数据库已收入 221 部古籍，4939 位女作家及 1398 位男作家的数据资料。可以书名、人名、关键词等方式查找，进行全文影像浏览。值得一提的是，该数据库还提供了单机版，并且每半年更新一次数据。

（十八）书格网

书格网建立于 2013 年，由热心的民间人士创办，致力于古籍资源的传播与保存。虽然是个人网站，但截至 2017 年 3 月，该网站已发布超过 1000 种古籍资源（包括海外文献），均为高清彩色影像，总资源量约 420G 以上，且还在继续更新，平均每周更新 10 种文献。

该资源库按史地、社科、艺术、文学、哲学等专题分类，可贵之处在于对每种文献都做了简单的叙录，多数文献附有原书目录，便于读者使用。用户可根据书名、作者及叙录等信息进行检索，但不支持全文检索。该网站所有书籍均可开放获取，可免费下载，且图像为高清版，在古籍的传播方面多有贡献。

（十九）搜韵网"影印古籍资料"

搜韵网是一家以古诗词写作与研究为主题的综合性网站。该网站主要从四库系列丛书中获取古籍影印版，并在其平台上分享，截至 2017 年 7 月已收入 7200 多种古籍。

此网站还有很多有趣的功能，比如中南民族大学王兆鹏教授设计的"唐宋文学编年地图"，将唐宋时期比较著名的作家以具体时间、地点的坐标呈现在地图上，便于发现、解决更多文学史问题，可惜公布的作家人数比较有限。又如该网站的"自动笺注"系统，可自动标引输入的诗词用典情况，便于读者理解文本。该网站的"律诗校验""词格校验"则服务于诗词写作爱好者。

（二十）殆知阁网

殆知阁网同样为热心民间人士创办，免费分享古籍资源。截至 2014 年，已收录超过 20 亿字文本资料。可贵之处是网站创办者将所有文件以 txt 格式分享，总量达 4.8G，用户可下载后在本地使用（如自建语料库等）。

殆知阁网主要提供古籍的文本检索，按儒、释、道、子、史、诗、医、艺等主题分为十类，因而可以实现全文检索以及按主题的分类检索。该网站不能实现二次检索、逻辑检索等功能，但由于可以将资源下载到本地，因而实可借助其他单机软件实现复杂检索功能。当然，由于该网站不提供古籍影像，因而检索的结果仅可作为简单参考，研究者需另行核对原文。

（二十一）其他数据库

此外，还有一些商业数据库或出版社开发的数据库，如北京书同文数字化技术有限公司的"《景印文渊阁四库全书》电子版""《四部丛刊》全文检索版""《十通》全文检索版""中国历代石刻史料汇编""历代汉方医书大成电子版"；北京国学时代文化传播股份有限公司的"国学宝典"（收书 5000 余种，10 亿字）、"中国历代基本典籍库"（收书 3000 种，6 亿字）；国家图书馆出版社的"中华再造善本数据库""新编古籍影印丛书书目查询系统""中国历代人物传记资源数据库"（目前收录 881413 人，7799 种文献，370 余万张文献图片，总量 2.79TB）等；上海交通大学出版社的"中国地方历史文献数据库"；陕西师范大学出版社的"汉籍数字图书馆"（包括传世文献库与敦煌文献库）。这些数据库都各有不同功能定位及规模、价值上的侧重，适用于不同需求的使用者。

思考与练习

1. 举例说明如何运用古籍编纂学知识，整理古代天文类、时令类或古代赋学、骈文、文评类等分类文献目录。

2. 试考证十位目前资料中未标明生卒年的古代人物的生卒年。

3. 试以《全唐诗》、《红楼梦》、古代人物传记资料等研究为例，谈谈电子文献检索如何应用于学术研究。

4. 分别利用纸质文献检索和电子文献检索，查询《史记》《文选》《花间集》《唐宋八大家文选》等书的版本和馆藏情况，并详细说明检索途径和检索方法。

阅读参考书目

凡 例

1. 本书目既收录了写作本教材时所参考的主要著作，也收录了为学生提供的阅读参考著作。为避免重复罗列，故而编为一录。凡标 * 者，均为推荐学生阅读的主要著作。

2. 本书目分为八类，依次为：通论、古典文献形态学、古籍版本学、古籍校勘学、古籍目录学、古籍注释学、古籍考证学、古籍编纂学与古籍检索学。在此分类中，除"通论"之书以外，从第二类以下，对应全书第一章至第七章。

3. 本书目每类之下，按作者姓氏首字拼音为序，同一作者的同类著作则以出版时间为序。

一、通论

〔日〕长泽规矩也编著，梅宪华、郭宝林译. 中国版本目录学书籍解题. 北京：书目文献出版社，1990

迟铎、党怀兴. 中国古典文献学. 香港：金陵书社出版公司，2001

*杜泽逊. 文献学概要. 北京：中华书局，2008

冯浩菲. 文献学理论研究导论. 济南：山东大学出版社，2009

洪湛侯. 中国文献学新编. 杭州：浙江大学出版社，2008

洪湛侯. 中国文献学要籍解题. 杭州：杭州大学出版社，1997

黄永年. 古籍整理概论. 西安：陕西人民出版社，1985

*黄永年. 古文献学四讲. 厦门：鹭江出版社，2003

*来新夏. 古籍整理讲义. 天津：南开大学出版社，2019

刘青松. 中国古典文献学概要. 长沙：湖南大学出版社，2002

*罗孟祯编著. 古典文献学. 重庆：重庆出版社，1989

倪波主编. 文献学概论. 南京：江苏教育出版社，1990

潘树广、黄镇伟、涂小马. 文献学纲要. 桂林：广西师范大学出版社，2005

孙钦善. 中国古文献学史. 北京：中华书局，1994

*孙钦善. 中国古文献学史简编. 北京：高等教育出版社，2001

*孙钦善. 中国古文献学. 北京：北京大学出版社，2006

孙钦善撰注. 中国古文献学文选. 南京：江苏教育出版社，2008

王欣夫述. 文献学讲义. 上海：上海古籍出版社，1986

＊王欣夫．王欣夫说文献学．上海：上海古籍出版社，2000

王以宪编著．中国文献学纲要．南昌：江西高校出版社，2003

王余光．中国历史文献学．武汉：武汉大学出版社，1988

王余光．文献学与文献学家．北京：国家图书馆出版社，2008

王燕玉．中国文献学综说．贵阳：贵州人民出版社，1997

吴枫．中国古典文献学．济南：齐鲁书社，2005

项楚、罗鹭主编．中国古典文献学．北京：中国人民大学出版社，2013

熊笃、许廷桂编著．中国古典文献学．重庆：重庆出版社，2003

杨燕起、高国抗主编．中国历史文献学．北京：北京图书馆出版社，2003

余嘉锡．余嘉锡说文献学．上海：上海古籍出版社，2001

张传玺主编．中国历史文献简明教程．北京：北京大学出版社，1990

张家璠、黄宝权主编．中国历史文献学．桂林：广西师范大学出版社，1989

＊张君炎．中国文学文献学．南昌：江西人民出版社，1986

＊张三夕主编．中国古典文献学．武汉：华中师范大学出版社，2018

张舜徽．广校雠略．北京：中华书局，1963

＊张舜徽．中国古代史籍校读法．上海：上海古籍出版社，1980；昆明：云南人民出版社，2004

＊张舜徽．中国文献学．郑州：中州书画社，1982；武汉：华中师范大学出版社，2004；姚伟钧导读，上海：上海古籍出版社，2005

张舜徽选编．文献学论著辑要．西安：陕西人民出版社，1985

章学诚撰，叶瑛校注．文史通义校注．北京：中华书局，2014

赵国璋、潘树广主编．文献学辞典．南昌：江西教育出版社，1991

郑鹤声、郑鹤春，郑一奇导读．中国文献学概要．上海：上海古籍出版社，2001

周彦文．中国文献学．台北：五南图书出版公司，1993

二、古典文献形态学

昌彼得．中国图书史略．台北：文史哲出版社，1976

陈登原．古今典籍聚散考．上海：华东师范大学出版社，2010

程千帆、徐有富．校雠广义·典藏编．济南：齐鲁书社，1998

傅璇琮、谢灼华主编．中国藏书通史．宁波：宁波出版社，2001

管锡华．中国古代标点符号发展史．成都：巴蜀书社，2002

来新夏．中国古代图书事业史概要．天津：天津古籍出版社，1987

＊来新夏等．中国古代图书事业史．上海：上海人民出版社，1990

刘国钧．中国书史简编．北京：书目文献出版社，1982

刘国钧．中国古代书籍史话．北京：中华书局，1962

刘仁庆．中国古纸谱．北京：知识产权出版社，2009

卢子博、倪波主编，倪波、程德璋执笔．古籍基础知识问答．北京：书目文献出

版社，1984

潘吉星. 中国造纸史. 上海：上海人民出版社，2009

钱存训. 书于竹帛：中国古代的文字记录. 上海：上海书店出版社，2002

钱存训. 中国古代书籍纸墨及印刷术. 北京：北京图书馆出版社，2002

邱陵编著. 书籍装帧艺术简史. 哈尔滨：黑龙江人民出版社，1984

谢灼华主编. 中国图书和图书馆史. 武汉：武汉大学出版社，1987

＊杨永德. 中国古代书籍装帧. 北京：人民美术出版社，2006

＊余嘉锡. 古书通例. 上海：上海古籍出版社，1985

袁晖、管锡华、岳方遂. 汉语标点符号流变史. 武汉：湖北教育出版社，2002

赵振铎. 古代文献知识. 成都：四川人民出版社，1980

浙江图书馆编. 中国古籍修复纸谱. 北京：国家图书馆出版社，2017

郑如斯、肖东发编著. 中国书史. 北京：书目文献出版社，1987

郑如斯、肖东发编. 中国书史教学参考文选. 北京：书目文献出版社，1987

三、古籍版本学

北京图书馆编. 中国版刻图录. 北京：文物出版社，1961

＊曹之. 中国古籍版本学. 武汉：武汉大学出版社，2015

陈国庆编著. 古籍版本浅说. 沈阳：辽宁人民出版社，1957

陈正宏、梁颖编. 古籍印本鉴定概说. 上海：上海辞书出版社，2005

＊程千帆、徐有富. 校雠广义·版本编. 济南：齐鲁书社，1991

戴南海. 版本学概论. 成都：巴蜀书社，1989

洪北江主编. 古书版本学. 台北：洪氏出版社，1974

＊黄永年. 古籍版本学. 南京：江苏教育出版社，2009

李清志. 古书版本鉴定研究. 台北：文史哲出版社，1986

李致忠. 古书版本学概论. 北京：书目文献出版社，1990

李致忠. 历代刻书考述. 成都：巴蜀书社，1990

李致忠. 古书版本鉴定. 北京：北京图书馆出版社，2007

罗锦堂. 历代图书板本志要. 台北：台湾编译馆中华丛书审委员会，1958

＊毛春翔. 古书版本常谈. 上海：上海古籍出版社，2003

钱基博. 版本通义. 上海：上海古籍出版社，2007

瞿冕良编著. 中国古籍版刻辞典. 苏州：苏州大学出版社，2009

屈万里、昌彼得. 图书版本学要略. 台北：华冈出版有限公司，1978

任继愈主编：“中国版本文化丛书”（共 14 种）. 南京：江苏古籍出版社，2002—2003

施廷镛. 中国古籍版本概要. 天津：天津古籍出版社，1987

史梅岑. 中国印刷发展史. 台北：商务印书馆，2000

孙毓修. 中国雕版源流考. 上海：商务印书馆，1918

魏隐儒、王金雨编著. 古籍版本鉴定丛谈. 北京：中国社会科学出版社，2017

*魏隐儒编著. 中国古籍印刷史. 北京：印刷工业出版社，1984

魏隐儒. 古籍版本鉴赏. 北京：北京燕山出版社，1997

新文丰出版有限股份公司编辑部. 中国古书版本研究. 台北：新文丰出版有限股份公司，1984

徐忆农. 中国古代印刷图志. 扬州：广陵书社，2006

中国图书版本学论文选辑. 台北：学海出版社，1981

严佐之. 古籍版本学概论. 上海：华东师范大学出版社，2008

阳海清主编. 版本学研究论文选集. 北京：书目文献出版社，1995

*姚伯岳. 版本学. 北京：北京大学出版社，1993

*叶德辉. 书林清话. 长沙：叶氏观古堂刻本，1920；北京：中华书局，1957；北京：中华书局，1999 重印（附《书林余话》）；长沙：岳麓书社，1999（附《书林余话》、李冰《书林清话校补》）

张秀民：中国印刷术的发明及其影响. 北京：人民出版社，1950

*张秀民. 中国印刷史. 上海：上海人民出版社，1989

张秀民、韩琦. 中国活字印刷史. 北京：中国书籍出版社，1998

中国书店编. 古书版本知识. 北京：中国书店，1961

四、古籍校勘学

*陈垣. 校勘学释例. 上海：上海书店出版社，2023

*程千帆、徐有富. 校雠广义·校勘编. 济南：齐鲁书社，1998

戴南海. 校勘学概论. 西安：陕西人民出版社，1986

*管锡华. 校勘学. 合肥：安徽教育出版社，1991

管锡华. 汉语古籍校勘学. 成都：巴蜀书社，2003

管锡华. 校勘学教程. 北京：北京大学出版社，2013

林艾园. 应用校勘学. 上海：华东师范大学出版社，2008

*倪其心. 校勘学大纲. 北京：北京大学出版社，1987，2004，2022

钱玄. 校勘学. 南京：江苏古籍出版社，1988

田代华. 校勘学. 北京：中国医药科技出版社，1995

王叔岷. 校雠学. 北京：中华书局，2007

杨树达. 古书句读释例. 北京：中华书局，1954

俞樾、刘师培. 古书疑义举例. 北京：中华书局，1954

*赵仲邑编. 校勘学史略. 长沙：岳麓书社，1983

五、古籍目录学

昌彼得. 中国目录学资料选辑. 台北：文史哲出版社，1981

昌彼得、潘美月. 中国目录学. 台北：文史哲出版社，1986

*程千帆，徐有富. 校雠广义·目录编. 济南：齐鲁书社，1998

范希曾编. 书目答问补正. 上海：上海古籍出版社，1983

傅增湘. 藏园群书经眼录. 北京：中华书局，1983

高路明. 古籍目录与中国古代学术研究. 南京：江苏古籍出版社，1997

＊何新文. 中国文学目录学通论. 南京：江苏教育出版社，2001

＊来新夏. 古典目录学浅说. 北京：中华书局，1981，2003

来新夏. 古典目录学. 北京：中华书局，1991，2013

来新夏、柯平主编. 目录学读本. 上海：上海交通大学出版社，2014

李日刚编著. 中国目录学. 台北：明文书局，1983

吕绍虞. 中国目录学史稿. 合肥：安徽教育出版社，1984

李致忠释评. 三目类序释评. 北京：北京图书馆出版社，2002

刘纪泽. 目录学概论. 上海：中华书局，1931；台北：中华书局，1979

刘咸炘. 刘咸炘论目录学. 上海：上海科学技术文献出版社，2008

罗孟祯. 中国古代目录学简编. 重庆：重庆出版社，1983

彭斐章、乔好勤、陈传夫编著. 目录学. 武汉：武汉大学出版社，1986，2003

彭斐章、谢灼华、乔好勤编著. 目录学研究文献汇编（修订版）. 武汉：武汉大学出版社，1996

（清）孙从添. 藏书纪要. 上海：古典文学出版社，1957

汪国垣（辟疆）. 目录学研究. 上海：商务印书馆，1934

王重民. 中国善本书目提要. 上海：上海古籍出版社，1983

＊王重民. 中国目录学史论丛. 北京：中华书局，1984

王锦民. 古典目录与国学源流. 北京：中华书局，2012

武汉大学、北京大学《目录学概论》编写组. 目录学概论. 北京：中华书局，1982

徐召勋. 目录学. 合肥：安徽教育出版社，1985

徐有富. 目录学与学术史. 北京：中华书局，2009

许世瑛编著. 中国目录学史. 台北：台湾中国文化大学出版部，1982

姚名达. 目录学. 上海：商务印书馆，1934

＊姚名达. 中国目录学史. 北京：商务印书馆，2014

（清）叶昌炽. 藏书纪事诗. 上海：古典文学出版社，1958

＊余嘉锡. 目录学发微. 北京师范大学、北京大学等铅印本，1930—1948；北京：中华书局，1963；成都：巴蜀书社，1991

＊余嘉锡. 余嘉锡说文献学. 上海：上海古籍出版社，2001（该书包括《古书通例》与《目录学发微》二书）

《中华大典》工作委员会、《中华大典》编纂委员会编. 中华大典·文献目录典·文献学分典·目录总部. 桂林：广西师范大学出版社，2015

周少川. 古籍目录学. 郑州：中州古籍出版社，1996

周彦文. 中国目录学理论. 台北：台湾学生书局，1995

六、古籍注释学

＊董洪利. 古籍的阐释. 沈阳：辽宁教育出版社，1993

冯浩菲. 中国训诂学. 济南：山东大学出版社，1995

冯浩菲. 中国古籍整理体式研究. 北京：北京图书馆出版社，1997

郭在贻. 训诂学. 北京：中华书局，2005

＊陆宗达、王宁. 训诂方法论. 北京：中华书局，2018

陆宗达、王宁. 训诂与训诂学. 太原：山西教育出版社，1994

陆宗达. 训诂简论. 北京：北京出版社，2002

（清）皮锡瑞. 经学历史. 北京：中华书局，1959

＊汪耀楠. 注释学纲要. 北京：语文出版社，1991

汪耀楠. 注释学. 北京：外语教学与研究出版社，2010

＊王宁. 训诂学原理. 北京：中国国际广播出版社，1996

＊杨端志. 训诂学. 济南：山东文艺出版社，1992

＊周大璞主编. 训诂学初稿. 武汉：武汉大学出版社，1987

七、古籍考证学

陈其泰主编. 20世纪中国历史考证学研究. 北京：北京师范大学出版社，2005

＊陈垣. 通鉴胡注表微. 北京：商务印书馆，2011

陈垣著，陈智超编. 史源学实习及清代史学考证法. 北京：商务印书馆，2014

邓瑞全、王冠英主编. 中国伪书综考. 合肥：黄山书社，1998

郭康松. 清代考据学研究. 武汉：崇文书局，2001

＊梁启超. 古书真伪及其年代. 北京：中华书局，1955

＊梁启超. 中国历史研究法. 上海：上海古籍出版社，1987，2006；上海：华东师范大学出版社，1995；北京：东方出版社，1996；汤志钧导读，上海：上海古籍出版社，1998；上海：上海文艺出版社，1999；石家庄：河北教育出版社，2000

林庆彰. 清初的群经辨伪学. 上海：华东师范大学出版社，2011

林庆彰. 明代考据学研究. 上海：华东师范大学出版社，2015

罗炳良. 清代乾嘉历史考证学研究. 北京：北京图书馆出版社，2007

漆永祥. 乾嘉考据学研究. 北京：中国社会科学出版社，1998

荣孟源. 史料和历史科学. 北京：人民出版社，1987

佟大群. 清代文献辨伪学研究. 北京：人民出版社，2012

汪启明. 考据学论稿. 成都：巴蜀书社，2010

李国祥、杨昶主编. 国学知识指要——古籍整理研究. 南宁：广西人民出版社，1993

＊杨绪敏. 中国辨伪学史. 天津：天津人民出版社，1999

张心澂编著. 伪书通考. 上海：上海书店出版社，1998

＊赵光贤. 中国历史研究法. 北京：中国青年出版社，1988

郑良树编著. 续伪书通考. 台北：台湾学生书局，1984

郑良树. 古籍辨伪学. 台北：台湾学生书局，1986

八、古籍编纂学与古籍检索学

＊曹书杰. 中国古籍辑佚学论稿. 长春：东北师范大学出版社，1998

＊曹之. 中国古籍编撰史. 武汉：武汉大学出版社，2015

董源主编. 信息检索学. 北京：中国林业出版社，2000

郭英德. 中国古代文体学论稿. 北京：北京大学出版社，2005

韩仲民. 中国书籍编纂史稿. 北京：中国书籍出版社，1988；北京：商务印书馆，2013

胡道静. 中国古代的类书. 北京：中华书局，2005

黄镇伟编著. 中国编辑出版史. 苏州：苏州大学出版社，2003

来新夏、惠世荣、王荣授编著. 社会科学文献检索与利用. 天津：南开大学出版社，1986

李建主编. 文献信息检索学. 南京：南京师范大学出版社，2003

卢正言主编. 中国索引综录. 上海：上海辞书出版社，2000

＊潘树广编著. 古籍索引概论. 北京：书目文献出版社，1984

＊潘树广主编. 中国文学史料学. 合肥：黄山书社，1992

孙启治、陈建华编. 古佚书辑本目录（附考证）. 北京：中华书局，1997

王彦坤编著. 文史文献检索教程. 北京：商务印书馆，2010

吴怀祺主编，白云著. 中国史学思想通论·历史编纂学思想卷. 福州：福建人民出版社，2011

吴新博编著. 现代信息检索简明教程. 北京：清华大学出版社，2006

＊徐有富主编. 中国古典文学史料学. 南京：南京大学出版社，1992

杨琳. 古典文献及其利用. 北京：北京大学出版社，2021

喻春龙. 清代辑佚研究. 上海：上海古籍出版社，2010

赵生群.《史记》编纂学导论. 南京：凤凰出版社，2006

翟维琦. 语言文学文献信息检索学. 北京：中国社会科学出版社，2004

朱建亮、毛润政编著. 文科文献检索. 武汉：华中科技大学出版社，2002